天地有大美而不言：

庄子
精义

张远山 著

北京出版集团
北京出版社

图书在版编目（CIP）数据

天地有大美而不言：庄子精义 / 张远山著 . — 北
京：北京出版社，2022.10
ISBN 978-7-200-17330-7

Ⅰ . ①天… Ⅱ . ①张… Ⅲ . ①道家②《庄子》—研究
Ⅳ . ① B223.55

中国版本图书馆 CIP 数据核字（2022）第 134407 号

选题策划：吴剑文
责任编辑：王忠波　吴剑文
责任印制：陈冬梅
责任营销：猫　娘
装帧设计：吉　辰

天地有大美而不言
庄子精义
TIANDI YOU DAMEI ER BUYAN

张远山　著

出　　　版：北京出版集团
　　　　　　北京出版社
地　　　址：北京北三环中路 6 号
邮　　　编：100120
网　　　址：www.bph.com.cn
发　　　行：北京出版集团
印　　　刷：北京华联印刷有限公司
经　　　销：新华书店
开　　　本：880 毫米 ×1230 毫米　1/32
印　　　张：15.625
字　　　数：370 千字
版　　　次：2022 年 10 月第 1 版
印　　　次：2022 年 10 月第 1 次印刷
书　　　号：ISBN 978-7-200-17330-7
定　　　价：78.00 元

如有印装质量问题，由本社负责调换
质量监督电话：010-58572393

目 录

序　言　道者万物之奥，德者宇宙之精

　　《庄子奥义》详尽抉发了庄子所撰"内七篇"隐晦深藏的庄学义理，书中大量引用庄门弟子后学所撰"外杂篇"作为旁证。《庄子精义》将在《庄子奥义》的基础上，展开四项工作。

　　其一，抉发"外杂篇"重要篇什的重要义理，使"内七篇"奥义进一步由隐趋显，更为明晰坚实和丰富完整。

　　其二，梳理"外杂篇"重要篇什的文体结构和义理结构，探究郭象对其保存的二十六篇"外杂篇"，如何裁剪，如何拼接，如何篡改，如何反注。

　　其三，阐释"外杂篇"重要篇什记载的庄子言论事迹。庄子所撰"内七篇"的庄学义理，业已"既其文"；庄门弟子后学所撰"外杂篇"的庄子言论事迹，将会"既其实"。

　　其四，把"外杂篇"定义为庄子学派的作品，梳理庄子学派与反庄派的博弈史。

　　今传郭象版《庄子》删残本"外杂篇"，大抵分为三类。
　　第一类，忠实演绎"内七篇"义理，使之由隐趋显。
　　第二类，继承发展"内七篇"义理，使之更为丰富。
　　第三类，误读曲解"内七篇"义理，使之偏离背离。
　　第一、第二类属"外杂篇"佳篇，通常记载庄子言论事迹，文体结构、义理结构与"内七篇"差别不大，甚至神似乱真。撰者大抵属于庄子亲传弟子，或悟性极高的再传弟子。目前确知的仅有二人：庄子弟子蔺且，庄子再传弟子魏牟。

第三类属"外杂篇"劣篇，通常不记载庄子言论事迹，文体结构、义理结构与"内七篇"差别甚大，义理有时合于庄学，有时合于老学，甚至合于其他学派。撰者大抵属于庄门后学，或受庄子影响的其他学派。

本书精选《庄子复原本》之魏牟版《庄子》初始本的七篇外篇，即庄子弟子蔺且所撰三篇《达生》、《山木》、《寓言》，以及庄子再传弟子魏牟所撰四篇《知北游》、《秋水》、《外物》、《天下》，予以系统阐释，以证《庄子奥义》所言庄学要义，均能在庄子弟子和庄子再传弟子所撰之篇得到全面印证。七篇的排列顺序，不按撰者，而按义理。

另加两篇绪论和三篇余论。绪论一《〈庄子〉外杂篇无一庄撰论》，总论"外杂篇"无一庄撰，均为庄门弟子后学所撰。绪论二《〈庄子〉三大版本及其异同》，总论战国晚期的《庄子》初始本、西汉早期的《庄子》大全本、西晋早期的《庄子》删残本（即今之通行本）。余论一《〈老子〉：君人南面之术》，概述老学纲要。余论二《〈庄子〉：内圣外王之道》，概述庄学纲要。余论三《庄子学派与反庄派两千年博弈史》，总论庄子、蔺且、魏牟开创的战国庄子学派，枚乘、刘安为代表的西汉庄子学派，嵇康、阮籍为代表的魏晋庄子学派，陶渊明、李白、苏轼为代表的宗庄派，与反庄派的两千余年博弈史。

全书以庄子为元点，向前追溯至道家祖师老子，向后延续至今日，便于读者对老子开其端、庄子集其成的两千五百年道家史，以及庄子学派发展史、影响史，有一较为完整的了解。

2022 年 2 月 26 日

绪论一 《庄子》外杂篇无一庄撰论

弁言 风格软证，事实硬证

郭象版《庄子》删改本（即今之通行本），删除了刘安版《庄子》大全本的十九篇"外杂篇"。除此之外，郭象为了反注《庄子》，又对其所保留的二十六篇"外杂篇"，做了大量手脚。其中一项是删去其所保留的二十六篇"外杂篇"的大量庄子死后史实，为其谬见"外杂篇均为庄撰"制造伪证。

历代有识之士，根据"外杂篇"的文风不同于"内七篇"，认为"外杂篇均非庄撰"。比如明代杨慎《庄子解》曰："外篇、杂篇，断断乎非庄子之言矣。"再如明代朱得之《庄子通义》亦曰："外篇、杂篇，疑或有闻于庄子者之所记，犹二戴之《礼》，非出一手，明目者自能识之。"然而文风不同仅是软证，难以推翻郭象及其追随者的权威谬见"外杂篇均为庄撰"。

今人高亨所著《庄子新笺》，列举六证，论证"外杂篇非庄所撰"。其言曰：

> 儒者多谓："内篇庄周自撰，外篇杂篇皆其弟子所述。"是也。请列六证以证之。
>
> 庄周之主要思想皆具内七篇中。外篇杂篇皆内篇之余论，

虽在引申发挥上，可补内篇之不足，然要其旨归，未超逾内篇之范围。其证一也。

内篇文辞雄伟磅礴，气象万千。外篇杂篇虽多有奇横诙诡之处，然骨力较内篇为弱，风格较内篇为卑，显非出于一人之手。其证二也。

内篇篇名《逍遥游》、《齐物论》、《养生主》、《人间世》、《德充符》、《大宗师》、《应帝王》，皆有意义，足以概括篇中要旨，当为庄周所自题。外篇杂篇大抵取其篇中首句二字或三字以名篇，当为编述所追题。其证三也。

外篇《胠箧》曰："田成子十二世有齐国。"据《史记·田完世家》，其世次为田成子常、襄子盘、庄子白、太公和、桓公午、威王因齐、宣王辟疆、湣王地、襄王法章、王建，共十代。据《竹书纪年》，庄子白与太公和之间，有田悼子一代。太公和与桓公午之间，有田侯剡一代。所以由田成子至王建，正十二代。可见"田成子十二世有齐国"之说有史实为据。俞樾欲改"十二世"为"世世"，非也。然则此篇作于齐亡之后甚明。考《史记·六国表》，齐亡于秦始皇二十七年，是时庄周死已久，此篇非庄周自撰，亦甚明。其证四也。

杂篇《盗跖》曰："汤武立为天子，而后世绝灭。"可见此篇作于周亡之后。考《史记·六国表》，周赧王五十九年秦灭周，是时庄周已死。此篇非庄周自撰，亦甚明。其证五也。

杂篇《列御寇》曰："庄子将死，弟子欲厚葬之。"岂有将死之人尚秉笔作书者！此篇非庄周自撰，又甚明。其证六也。

有此六证，则内篇为庄周自撰，外篇杂篇非出于庄周之手，殆可论定。[1]

高亨之见，诚为高见。但是所谓"儒者多谓：内篇庄周自撰，外篇杂篇皆其弟子所述"，前一句是事实，后一句并非事实。事实是：郭象坚执"内外杂均为庄撰"，无数追随者盲从。不太坚定的郭象追随者，至少认定"外杂篇必有庄撰"，比如认定《寓言》为"庄子自序"，《天下》为"庄子后序"，《秋水》"非庄叟不能撰"。许多庄学家对"外杂篇"是否庄撰不置可否，但是仍然张冠李戴地引用"外杂篇"评价庄子，引用"外杂篇"常常多于引用"内七篇"。因为被郭象篡改得面目全非的"内七篇"，郭象追随者根本看不懂。

倘若高亨以前"儒者多谓：外篇杂篇皆其弟子所述"是事实，何须高亨再予论证？倘若哥白尼以前"学者多谓：地球绕着太阳转"是事实，何须哥白尼再予论证？因此高亨所谓"儒者多谓"，违背事实，遮蔽真相，仅是制造舆论。

高亨之所以制造舆论，对外而言是掩饰自己的孤立，同时制造论敌十分孤立的假象，对内而言是自知硬证不足，缺乏"论定"之力。学术研究的第一要义是陈述事实，不能出于任何动机而制造舆论。制造违背事实、遮蔽真相的虚假舆论，必与学术研究的求真宗旨背道而驰。

细辨高亨所举六证，前三是论旨、文风、标题，均为非庄所撰的风格软证，因而信者信之，疑者疑之。后三是庄后史实，才是必非庄撰的事实硬证，但是硬证太少，仅及三篇，据此断言"外篇杂篇非出于庄周之手"，实有以偏概全之嫌。为免疑者疑之和以偏概全，本文不举风格软证，仅举事实硬证，遍证"外杂篇"无一庄撰。

1　高亨：《诸子新笺》，山东人民出版社 1961 年版，41—42 页。

一　非庄所撰，事实硬证

郭象版《庄子》删改本的二十六篇"外杂篇"，每一篇均有必非庄撰的诸多事实硬证。其中部分硬证，具有一定普遍性，可以概括为五类：其一，庄后史实。其二，明引庄言。其三，著录庄事。其四，赞扬庄子。其五，没有寓言或仅有单一寓言。五类硬证，涉及二十四篇"外杂篇"，以下分类举证。

第一类硬证：至少六篇"外杂篇"，涉及庄后史实。

涉及庄后史实的"外杂篇"，除了高亨所举《胠箧》《盗跖》《列御寇》三篇，尚有多篇。不过高亨认为《胠箧》之"十二世有齐国"，意味着该篇撰于前221年秦灭齐之后，亦即庄殁六十五年之后。不确。因为《吕览》引用了《胠箧》之"盗亦有道"，而《吕览》成书于前239年，比秦灭齐早十八年，因此《胠箧》所言"十二世有齐国"，没有"田齐十二世即灭"之意，仅仅意味着田齐第十二世、齐王建（前264—前221在位）已经即位，庄殁二十二年。

由于战国年表淆乱，许多史实的认定，常常见仁见智，不易取得共识。为免繁琐论证，仅补互有关联、较易简述的《让王》《秋水》《说剑》三篇涉及的庄后史实。

《让王》言及庄子再传弟子魏牟（前320—前240）。魏牟原为中山先王之子，早年不恤国事，迷恋名辩之学，是公孙龙信徒。前296年，赵灭中山，魏牟亡国。十年后的前286年，庄子仙逝。十年之间，比庄子小四十九岁的魏牟，理论上有机会拜晚年庄子为师，但是史料无此记载，魏牟自己从未提及。魏牟亡国以后流落天下，曾经长期"身在江海之上，心在巍阙之下"（《让王》），后经楚国道家詹何教诲，才从公孙龙信徒，转为庄子信徒。因此魏牟并非庄子弟子，而是再传弟子，其师当为庄子弟子蔺且。由此可证，言及魏牟的《让王》必非庄撰。

《秋水》言及魏牟面斥公孙龙（前325—前250）。魏牟经楚国道家詹何教诲，从公孙龙信徒转为庄子信徒之后，仍然出入诸侯之门，曾是担任秦相的魏人范雎之门客。秦赵长平之战（前260—前258）次年，秦围赵都邯郸（前257），又次年失败（前256）。魏牟深知，范雎掣肘白起，是秦围邯郸失败的原因之一，因而预知范雎即将失去秦昭王信任，为免殃及自身，于是辞别范雎，从秦都咸阳转往赵都邯郸，拜见赵相平原君赵胜（前308—前252），再次见到平原君的门客公孙龙，于是极赞庄子，极斥公孙龙，成为平原君黜退公孙龙的原因之一。《秋水》第四章即存其事，其时庄子已殁三十年以上。

《说剑》虚构庄周应赵太子之请，游说赵文王勿重剑客。赵武灵王赵雍，在位二十八年（前325—前298），十六年（前310）娶赵惠文王之母吴娃，十七年（前309）生赵何（赵惠文王），此后又生同母弟赵胜（平原君）、赵豹（平阳君），二十八年（前298）禅位年仅十二岁的嫡长子赵何，又封年仅十一岁的嫡次子赵胜为"平原君"，自号"主父"，亲自领兵于赵惠文王三年（前296）伐灭中山。赵惠文王赵何，在位三十三年（前298—前266），二十二年（前277）立太子赵丹（赵孝成王），其时庄子已殁九年。即便假设：赵惠文王赵何在庄子临死之年（前286），即立赵丹为太子，并且太子赵丹立刻延请庄子游说父君，仍然两不可通。其一，此年庄子已是八十四岁的耄耋老叟，不可能如《说剑》所述充任剑客。其二，此年赵惠文王赵何仅有二十四岁，太子赵丹必定小于十岁，不可能如《说剑》所述干预国事。何况赵惠文王赵何必须在前266年殁后，方能得谥"惠文"（赵国别无谥"文"之王），其时庄子已殁二十年。

第二类硬证：五篇"外杂篇"，在非对话语境明引庄子之言。

"内七篇"仅在与惠施对话的语境中，才四见"庄子曰"；非对话语境均无"庄子曰"，因为"内七篇"均为庄撰，无须多此一举。古今中外任何作者，均无如此荒谬之举。但是庄门弟子后学撰文，无论是明引"内七篇"任何文字，还是明引不在"内七篇"的任何庄子之言（或亲闻于庄子，或转闻于庄子弟子），必须标明"庄子曰"或"夫子曰"，以便区别于撰者之言，遂成必非庄撰之硬证。

在非对话语境明引庄子之言的"外杂篇"，共计《天地》《天道》、《则阳》、《外物》、《列御寇》五篇七章。《天地》两章和《天道》一章之"夫子曰"，明引不在"内七篇"的庄子之言。《天道》一章之"庄子曰"，明引《大宗师》"吾师乎"数句。《则阳》、《外物》、《列御寇》之"庄子曰"，明引不在"内七篇"的庄子之言。

第三类硬证：十篇"外杂篇"，著录庄惠之辩和庄子生平。

晚年庄子与晚年惠施盘桓甚久，其间涉及辩题甚多，但是"内七篇"仅仅录入与宗旨相关的庄惠三辩，而未录入与宗旨无关的其他庄惠之辩。追随庄子后半生的弟子蔺且，亲历亲闻大量的庄惠之辩，因此在庄子死后，根据所撰篇什之需，录入一些庄惠之辩，如《寓言》之庄惠辩孔。再传弟子魏牟，也从其师蔺且之处，转闻大量庄惠之辩，也根据所撰篇什之需，录入一些庄惠之辩，如《秋水》之庄惠辩鱼，《外物》之庄惠辩用，《徐无鬼》之庄惠辩射。

庄子所撰"内七篇"，从未记录自己的任何生平实事。因为庄子的生平实事，无不迥异常人，仅须白描实录，就有自矜自得之嫌。由于《逍遥游》主张"至人无己"，《齐物论》主张"丧我"、"不用而寓诸庸"，《德充符》主张"才全德不形"，贬斥"临人以德"，《大宗师》主张"坐忘"、"当而不自得"，《应帝王》主张"尽其所受乎天，而无见得"，因此庄子所撰"内七篇"不记录自己的任何生平实事，以免自矜自得。"外杂篇"著录大量庄子之事，著录之旨正是赞扬庄子，遂成必非庄撰之硬证。

著录庄子生平实事的"外杂篇"，共计《天运》、《秋水》、《至乐》、《山木》、《知北游》、《徐无鬼》、《外物》、《列御寇》八篇十四章，涉及庄事十三件，其中《列御寇》之"庄拒聘相"与《秋水》之"庄拒楚聘"，是同一庄事的变文重言。另有三篇"外杂篇"，含有以庄子为主角的虚构寓言，即《至乐》之"庄子见空髑髅"，《田子方》之"庄子见鲁哀公"，《说剑》之"庄子见赵文王"。虚构寓言的赞庄意图，比实录史事的赞庄意图更为明显。侧重于寓言之涉庄，可以归于第三类硬证；侧重于意图之赞庄，则可归于第四类硬证。

第四类硬证：三篇"外杂篇"，明赞庄子。

如上所论，庄子为免自矜自得，"内七篇"未记一件生平实事，更无一字自称自赞。因此"外杂篇"虚构寓言含蓄赞庄，已是必非庄撰之硬证。而"外杂篇"运用卮言明确赞庄，更是必非庄撰之硬证。

运用卮言明确赞庄的"外杂篇"，共计《寓言》、《天下》、《秋水》三篇。《寓言》称赞庄子"人而无以先人，无人道也"，《天下》极赞庄子"独与天地精神往来"，《秋水》极赞庄子所撰"内七篇"为"极妙之言"。

第五类硬证：五篇"外杂篇"，通篇没有寓言；二篇"外杂篇"，仅有单一寓言。

"内七篇"的根本文体特征，体现于"寓言十九"。庄子讲寓言，不必预先构思，无须苦心经营，而是张嘴即来，脱口而出。上举"外杂篇"八篇十四章著录的十三件庄子生平实事，其中九事，即"庄拒楚聘"，"庄惠初见"，"庄论间世"，"庄过魏王"，"庄子悟道"，"庄过惠墓"，"庄周贷粟"，"庄斥曹商"，"庄斥宋王"，均含情节生动的美妙寓言，毫不逊色于精心打磨、千锤百炼的"内七篇"寓言。

另外四事，即"太宰问仁"，"庄子妻死"，"东郭问道"，"庄子将死"，尽管不含情节完整的虚构寓言，但是均含即景设喻的连环妙喻。庄子的日常思维，均属彻底寓言化的形象思维，而且至死不衰。因此庄子所撰之文，不可能没有寓言。通篇没有寓言的"外杂篇"，共计《骈拇》、《马蹄》、《刻意》、《缮性》、《天下》五篇，必非庄撰。

另外，"内七篇"的根本思想宗旨，体现于"卮言日出"。"卮言日出"的前提，就是每篇寓言不止于一。"内七篇"共计四十七则寓言，平均一篇七则寓言。《养生主》篇幅最短，仅有570字，全文四章，首章卮言58字，占十分之一篇幅；后三章的三则寓言512字，占十分之九篇幅。每篇寓言越多，则角色越多，涉及历史知识就越多，所需文学才华也越高，还要不断穿插哲学卮言，需要极高的文史哲综合素养，写作难度极大，但是有利于阐明天道遍在永在于天地万物。每篇仅有单一寓言，则角色较少，涉及历史知识就较少，所需文学才华也较低，而且不必穿插哲学卮言，无须极高的文史哲综合素养，写作难度大为降低，但是容易产生天道只能被极少数人领悟，不能被所有人领悟的错觉。因此庄子所撰之文，不可能仅有单一寓言，也不可能没有卮言。仅有单一寓言、通篇没有卮言的"外杂篇"，至少有《说剑》、《渔父》两篇，必非庄撰。

《庚桑楚》、《盗跖》、《列御寇》三篇之前半，均为情节连贯的长篇单一寓言（刘安版《庄子》大全本之原貌，后半是郭象裁剪别篇移入之蛇足），必非庄撰。

上举五类硬证，涉及郭象版二十六篇"外杂篇"之二十四篇。为便直观，列表如下。

新象版"外杂篇"无一庄撰硬证表

编号篇名	庄后史实	明引庄言	著录庄事	赞庄	寓言
8 骈拇					无
9 马蹄					无
10 胠箧	前264年田齐十二世王建即位，庄殁22年				
11 在宥					
12 天地		夫子曰			
13 天道	素王 十二经	庄子曰 夫子曰			
14 天运			太宰问仁		
15 刻意					无
16 缮性					无
17 秋水	前256年魏牟面斥公孙，庄殁30年		庄拒楚聘 庄惠初见 庄惠辩鱼	极妙	
18 至乐			庄子妻死 见空髑髅		
19 达生					
20 山木			庄论间世 庄过魏王 庄子悟道		
21 田子方			庄见鲁哀		
22 知北游			东郭问道		
23 庚桑楚					单一
24 徐无鬼			庄惠辩射 庄过惠墓		
25 则阳		庄子曰			
26 外物		庄子曰	庄周贷粟 庄惠辩用		
27 寓言			庄惠辩孔	先人	

编号篇名	庄后史实	明引庄言	著录庄事	赞庄	寓言
28 让王	魏牟小庄子 49 岁				
29 盗跖	前 256 年秦灭周，庄殁 30 年				单一
30 说剑	前 266 年赵文王得谥，庄殁 20 年		见赵文王		单一
31 渔父					单一
32 列御寇	庄子将死，不能著书	庄子曰	庄斥曹商 庄斥宋王 庄拒聘相 庄子将死		单一
33 天下				极赞	无
26 篇	7 篇	5 篇	11 篇	3 篇	10 篇

二　仅剩二篇，再予补证

上举必非庄撰的五类硬证，涉及郭象版《庄子》二十六"外杂篇"之二十四篇。概括的仅是具有普遍性的事实硬证，其实每篇"外杂篇"均有更多缺乏普遍性的事实硬证。有些事实硬证虽具普遍性，但是必须详尽辨析，不易概括简述。由于必非庄撰之硬证，具有一票否决的绝对性质，因此每篇"外杂篇"仅需一条必非庄撰之硬证即可。

《达生》、《在宥》二篇，缺乏以上五类硬证，另有必非庄撰的诸多硬证，或是不具普遍性而难以归类，或是具有普遍性而不易简述，分举如下。

《达生》必非庄撰的事实硬证，详见《〈达生〉精义》，本文仅举其一。《人间世》描述鲁哀公前倨后恭：先自称"寡人"，被孔子教诲之后，改为自称"吾"。《徐无鬼》撰者领悟并仿拟"内七篇"

这一笔法，魏武侯同样前倨后恭：先自称"寡人"，被徐无鬼教诲之后，改为自称"吾"。《达生》撰者未能领悟"内七篇"这一笔法，导致周威公前恭后倨：先自称"吾"，被田开之教诲之后，反而改为自称"寡人"。足证《达生》必非庄撰，同时证明《达生》撰者、《徐无鬼》撰者必非一人。

《在宥》必非庄撰的事实硬证，充斥全篇。第一开篇卮言章，随后是寓言三章，即第二崔瞿问于老聃章，第三黄帝往见广成子章，第四云将适遭鸿蒙章。最后是终篇卮言三章，即第五世俗之人章，第六达人之教章，第七贱而不可不任章。总观《在宥》全篇，前六章既有小合"内七篇"之处，也有小悖"内七篇"之处，第七章少有合于"内七篇"之处，而有大悖"内七篇"之处。

尊奉郭象为庄学至高权威的旧庄学，尽管不知《在宥》前六章小悖"内七篇"，但是深知《在宥》第七章大悖"内七篇"，例如终篇数句："有天道，有人道。无为而尊者，天道也；有为而累者，人道也。主者，天道也；臣者，人道也。"这一卓识本应得出一个合理结论：《在宥》必非庄撰。可惜旧庄学坚执"外杂篇均为庄撰"之成心，因此这一卓识仅仅得出一个荒谬结论：《在宥》前六章为庄所撰，《在宥》第七章非庄所撰。于是明人胡文英，清人刘凤苞、宣颖，近人马叙伦、冯友兰、李勉、陈鼓应等众多庄学家，均将《在宥》第七章240字，视为"衍文"删去。

这是旧庄学高度一致的一个特例。然而旧庄学对"内七篇"的理解又高度不一致，因此每位庄学家还会根据自己对"内七篇"的谬解，而把"外杂篇"的章节字句，视为"衍文"删去。

旧庄学其实混淆了性质不同、真假有别的两类"衍文"。

真衍文不属任何"外杂篇"，或是注文无意羼入正文，或是郭象有意添入正文。对于真衍文，确有硬证理应删去，没有硬证则不能妄删。

假衍文原属其他"外杂篇"，是郭象裁剪《庄子》大全本五十二篇之十九篇"外杂篇"的残片，移入其所保留的二十六篇"外杂篇"。对于假衍文，不仅没有硬证不能妄删，即便确有硬证也不能妄删，只能注明"佚篇之文"。"佚篇之文"对于郭象移入之篇，固然属于"衍文"，但是对于郭象所删之篇，却非"衍文"，而是正文。

判别衍文之真假，个案辨析各各不同，通用标准是字数多寡。不属任何"外杂篇"的真衍文，无论是注文无意羼入正文，还是郭象有意添入正文，必定仅有个别字词、少量字句，不可能是大段章节。原属郭删"外杂篇"十九篇的假衍文，才有可能是大段章节。《在宥》第七章多达 240 字，不可能是真衍文。理论上可能是假衍文，但是认定需要硬证，不能仅拍脑袋，更不能盲目从众。即便确有硬证，也只能注明"佚篇之文"，不能轻率删去。然而没有一位删去此章的庄学家，举出此章属于"佚篇之文"的任何硬证，妄删的理由仅是不合"内七篇"。

其实有些"外杂篇"局部不合"内七篇"，有些"外杂篇"通篇不合"内七篇"，仅仅证明非庄所撰。倘若使用最为严格的标准，"外杂篇"无一尽合"内七篇"。比如"内七篇"之每一篇，无不运用"四境动植象征"、"四境排行隐喻"命名寓言人物，而"外杂篇"之每一篇，均未运用"四境动植象征"、"四境排行隐喻"命名寓言人物。连众多庄学家奉为"外杂篇之冠"、认定"非庄叟不能撰"的《秋水》，也把"河伯"、"仲尼"同列大境，混淆了"伯仲"排行。"外杂篇"无一尽合"内七篇"，既不是把所有"外杂篇"视为"衍文"的正当依据，更不是把所有"外杂篇"视为"衍文"而尽删的正当理由。因为世上没有一篇文章，通篇均为"衍文"。"外杂篇"无一尽合"内七篇"，仅仅证明了无可辩驳的历史真相："外杂篇"无一庄撰。

结语　削足适履，必非学术

研究《论语》《孟子》乃至任何先秦诸子的学者，从不因为《论语》、《孟子》乃至任何先秦子书之中的孔孟诸子弟子之言不合孔孟诸子思想，就视为"衍文"任意删去。为何独有研究《庄子》的学者，常常因为庄门弟子后学所撰"外杂篇"的段落字句不合庄子所撰"内七篇"，就视为"衍文"任意删去？因为这些学者都是郭象追随者，盲信郭象谬论"外杂篇均为庄撰"。

郭象在一千七百年前，把不合"内七篇"的十九篇"外杂篇"，视为"衍文"任意删去，仅仅保留二十六篇"外杂篇"。郭象追随者又纷纷效尤，在郭象之后的一千七百年中，变本加厉地把不合"内七篇"的二十六篇"外杂篇"的段落字句，视为"衍文"任意删去。郭象删去十九篇"外杂篇"，仅是郭象删改"外杂篇"的坚实证据，而非郭象追随者继续删改郭象保留的二十六篇"外杂篇"之章节字句的正当依据。

郭象及其追随者删改"外杂篇"，不妨用他们坚信"内外杂均为庄撰"来解释。然而郭象及其追随者删改"内七篇"，却无法用他们坚信"内外杂均为庄撰"来解释。郭象及其追随者，究竟想让删改之后的"内七篇"符合什么？答曰：符合反庄学的郭象伪庄学。

郭象及其追随者，首先削"内七篇"之足，适"郭子玄"之履，使"内七篇"符合反庄学的郭象伪庄学。然后削"外杂篇"之足，适"内七篇"之履，使"外杂篇"符合郭象篡改曲解的"内七篇"。郭象及其追随者主题先行的伪学术研究，对《庄子》文本缺乏最低限度的尊重，没有任何硬证就任意删改原文，导致了中外学术史上罕见的非学术奇观：没有两个注家的《庄子》文本全同。

研究"外杂篇",首先必须尊重文本,"然于然"地辨析其与"内七篇"相合之处,"不然于不然"地辨析其与"内七篇"不合之处。其次必须价值中立,不以"内七篇"之"然"为"然",不以"内七篇"之"不然"为"不然"。"外杂篇"不合"内七篇",并不意味着必然错误,也可能意味着补足了"内七篇"之局限。"外杂篇"合于"内七篇",也不意味着必然正确,也可能意味着承袭了"内七篇"之局限。因为天道至大,庄学至小。古之博大真人庄子,尽管是探索天道的先驱巨擘,但是庄子不可能穷尽天道,庄门弟子后学乃至过去、现在、未来的任何人,同样不可能穷尽天道。

尽管如此,庄学研究者仍然没有权力为被研究者修改文章,无论被研究者是庄子还是庄门弟子后学。倘若研究者认为被研究者水平不高,不妨自撰水平更高的名文,或者放弃水平甚低的研究。既然从事学术研究,那么对被研究者最低限度的尊重,就是不削足适履,不任意整容,不迁就己见,不迎合成心。郭象及其追随者坚执"内外杂均为庄撰"的错误信念,对整部《庄子》妄加斧斤,超出了学术研究的正当权限,丧失了学术研究的基本操守,从而成为学术之敌、庄学之敌、天道之敌。

2008 年 10 月 8—27 日初稿

2022 年 1 月 26 日定稿

绪论二 《庄子》三大版本及其异同

弁言 湮灭两千年的《庄子》初始本

2008 年出版的拙著《庄子奥义》，预告了下一部拙著是《庄子复原本》。很多读者以为我欲复原的是亡佚一千多年的《庄子》大全本，其实我欲复原的是湮灭两千多年的《庄子》初始本。

在我复原《庄子》初始本之前，郭象以降一千七百年的世人仅知《庄子》两大版本：

其一，"十余万言"（《史记》）、"五十二篇"（《汉书》）的《庄子》大全本。

其二，六万余言、三十三篇的郭象版《庄子》。

大多数学者，对郭象版《庄子》持盲信态度，不知其为《庄子》大全本的删残篡改本，更不知《庄子》大全本"外杂篇"中原先大量存在庄殁之后的战国、秦汉史实，在郭象版《庄子》中业已消失殆尽，遂被郭象误导，以为"外杂篇"均为庄撰。

极少数学者，对郭象版《庄子》不持盲信态度，有意追溯《庄子》大全本，然而一切论断无不深陷三大误区。第一误区，把《庄子》大全本视为郭象之前的唯一版本。第二误区，认为《庄子》大全本成书于司马迁之后。第三误区，认为《庄子》大全本的编纂者是司马迁之后的刘向。

深陷三大误区的原因，是不知西汉早期的《庄子》大全本之前，更有战国晚期的《庄子》初始本。

　　本文选取后于庄子的先秦三子之书，即《荀子》、《韩非子》、《吕览》，列举其大量抄引《庄子》之史实，考定《庄子》初始本之存在。进而列举庄殁之后的战国、秦汉史实，考定《庄子》初始本成书于战国晚期，编纂者是庄子再传弟子魏牟，考定《庄子》大全本成书于西汉早期，编纂者是先于司马迁的淮南王刘安。最后列举先于西晋郭象的魏晋崔譔、向秀所注诸多"外篇"，被郭象移至"杂篇"等史实，综述《庄子》三大版本的重大异同。

一　《荀子》明斥、暗引《庄子》初始本

　　《庄子·内篇·齐物论》："圣人和之以是非。是不是，然不然。"《荀子·性恶》不点名隐斥："不恤是非，'然不然'之情，以期胜人为意，是下勇也。"[1]

　　《庄子·内篇·大宗师》："知天之所为，知人之所为者，至矣。"《荀子·天论》不点名隐斥："明于天人之分，则可谓至人矣。唯圣人为不求知天。"

　　《荀子·解蔽》点名明斥："庄子蔽于天而不知人。"

　　荀况把庄子视为头号论敌，正如孟轲把杨朱视为头号论敌。孟轲贬斥杨朱是"无君无父"的"禽兽"，荀况也贬斥"不臣天子，不友诸侯"的庄子、魏牟"禽兽行"。《荀子·非十二子》贬斥二人一组的六组论敌，第一组是："纵情性，安恣睢，禽兽行，不足以

1　本文引用《庄子》《荀子》《韩非子》《吕览》多为撮引。全书引用《庄子》均据拙著《庄子复原本》（成都：天地出版社，2021 年），文字异于郭象版。下文不再说明。

合文通治；然而其持之有故，其言之成理，足以欺惑愚众；是它嚣、魏牟也。"《性恶》又不点名隐斥："纵性情，安恣睢，而违礼义者，为小人。"全部先秦文献，"它嚣"仅此一见。"它嚣"被荀况列为头号论敌，必定影响极大，声名不逊杨朱，不可能是当时无人提及、后世无人知晓的泛泛之辈。"它嚣"被荀况列于"魏牟"之前，只能是魏牟的师祖"庄周"之代号或讹文："庄"讹为"它"，"周"讹为"嚣"。其旁证是枚乘《七发》连言"庄周、魏牟"。

荀况尽管视庄子为头号论敌，仍然一再暗引、化用《庄子》初始本，仅因不愿明引，遂致后人难辨其源。

《荀子·正论》："语曰：浅不可与测深，愚不足与谋知，坎井之蛙，不可与语东海之乐。"暗引《庄子·外篇·秋水》魏牟对公孙龙所言"坎井之蛙"寓言。"语曰"是暗引《庄子》初始本之标志。

赵人荀况（前313—前238），赵人公孙龙（前325—前250），中山人魏牟（前320—前240），是同时代人，均比宋人庄子（前369—前286）小四五十岁。荀况必知《秋水》非庄所撰，进而可能推知《庄子》初始本之"内篇"均为庄撰，《庄子》初始本之"外篇"均非庄撰，甚至可能推知《庄子》初始本的编纂者正是魏牟。这或许是荀况以"它嚣"代"庄周"、直点"魏牟"之名的原因，因为"魏牟"是头号论敌"庄周"影响最大的当代传人，荀况的直接论敌。

隐去论敌之名，或用代号攻击论敌，实为荀况之惯技。《荀子》频频攻击"惠施邓析"，即以"邓析"代"公孙"，所以把战国"惠施"列于春秋"邓析"之前。《荀子·不苟》："山渊平，天地比，卵有毛，是说之难持者也，而惠施邓析能之。"既以"邓析"代"公孙"，又暗引《庄子·外篇·惠施》[1]："惠施曰：天与地卑，山与泽平。天下之辨者（桓团、公孙龙）相与乐之：卵有毛。""卵有毛"等辩者二十一事，多为公孙龙首创，不可能出自先于孔子的邓析。由于公孙龙是赵相平原君赵胜极其崇敬、长期供养的著名门客，荀况为免得罪平原君，断绝出仕母邦之路，所以不愿明攻公孙龙，而以"邓析"代"公孙"。

《荀子·荣辱》："故曰：短绠不可以汲深井之泉。"暗引《庄子·外篇·达生》："绠短者不可以汲深。""故曰"也是暗引《庄子》初始本之标志。

《荀子·不苟》："负石而赴河，是行之难为者也，而申徒狄能之。"化用《庄子·外篇·盗跖》："申徒狄负石自投于河，为鱼鳖所食。"[2]

《荀子·成相》："天乙汤，论举当，身让卞随举牟光。"化用《庄子·外篇·让王》："汤伐桀克之，以让卞随，又让务光。"

《荀子·宥坐》："昔晋公子重耳霸心生于曹，越王勾践霸心生于会稽，齐桓公小白霸心生于莒。"化用《庄子·外篇·让王》："昔桓公得之莒，文公得之曹，越王得之会稽。"郭象版中，这三句已被删去，详见拙著《庄子复原本》。

《荀子·哀公》之"东野毕驭车"章，化用《庄子·外篇·达生》之"东野稷御车"章。

知道《荀子》明斥"庄子"者多，知道《荀子》抄引《庄子》者少，故予详引。综上所举，《荀子》之《性恶》、《天论》、《解蔽》、《非十二子》四篇，至少明斥、隐斥、暗引、化用《庄子》初始本"内

1　郭象删去"外篇"《曹商》《管仲》《宇泰定》《惠施》篇目，将残篇分别拼接于《列御寇》、《徐无鬼》、《庚桑楚》、《天下》。详见拙著《庄子复原本》。

2　魏牟版、刘安版《盗跖》均在"外篇"，郭象移至"杂篇"。本书所言"外篇"、"杂篇"，均从魏牟版、刘安版，不从郭象版。

篇"二篇五条。《正论》、《荣辱》、《哀公》、《宥坐》、《不苟》、《成相》六篇，至少暗引、化用《庄子》初始本"外篇"六篇七条。总计《荀子》之十篇，至少抄引、涉及《庄子》初始本"内篇"、"外篇"八篇十二条。

二　《韩非子》隐斥、暗引《庄子》初始本

荀况至少明斥庄子一次，其弟子韩非却从不明斥庄子，因为韩非敌视庄子远过其师。

《庄子·内篇·逍遥游》："举世誉之而不加劝，举世非之而不加沮。"《庄子·内篇·人间世》："天子之与己，皆天之所子。"《庄子·外篇·让王》："天子不得臣，诸侯不得友。"均为大反庙堂名教的先秦独家之言。

《韩非子·外储说右上》不点名判决："赏之誉之不劝，罚之毁之不畏，四者加焉不变，则除之。不臣天子，不友诸侯，吾恐其乱法易教也，故以为首诛。"

《韩非子·五蠹》也不点名隐斥："世之所谓智者，微妙之言也，上智之所难知也，非民务也。"《韩非子·忠孝》又不点名隐斥："世之所谓烈士者，虽众独行，取异于人，为恬淡之学，而理恍惚之言。臣以为，恍惚之言，恬淡之学，无用之教也，无法之言也，天下之惑术也。"

韩非之前的"微妙之言"、"恍惚之言"、"恬淡之学"，仅有老、庄二家。"上智"如韩非，十分明白《老子》是庙堂的统战对象，于是《解老》、《喻老》，篡改原文，反注其义，经过韩非的系统"思想改造"，韩非版《老子》变成了庙堂的愚民工具。因此韩非不点名隐斥的，必为《庄子》。"上智"如韩非，更加明白《庄子》难以

"思想改造"，无法成为庙堂的统战对象和愚民工具，于是杀气腾腾地必欲"除之"，"以为首诛"。

韩非尽管极端敌视庄子，仍然大量暗引、化用《庄子》初始本，仅因不愿提及"庄子"，遂致后人难辨其源。

《韩非子·外储说左上》："《书》曰：既雕既琢，还归其朴。"暗引《庄子·外篇·山木》："既雕既琢，复归于朴。"韩非所言之《书》，正是《庄子》初始本。

《韩非子·难三》："宋人语曰：一雀过羿，羿必得之，则羿诬矣。以天下为之罗，则雀不失矣。"暗引《庄子·外篇·宇泰定》："一雀过羿，羿必得之，惑也。以天下为之笼，则雀无所逃矣。"韩非所称"宋人"，正是宋人庄子，"语曰"是暗引《庄子》初始本之标志。

《韩非子·外储说左上》："不以仪的为关，则射者皆如羿也。莫能复其处，不可谓善射，无常仪的也。"化用《庄子·外篇·徐无鬼》："庄子曰：射者非前期而中，谓之善射，可乎？"此处韩非隐去"庄子"。

《韩非子·内储说上》："宋崇门之巷人服丧而毁，甚瘠，上以为慈爱于亲，举以为官师。明年，人之所以毁死者岁十余人。"化用《庄子·外篇·外物》："庄子曰：演门有亲死者，以善毁，爵为官师，其党人毁而死者半。"此处韩非又隐去"庄子"。

《韩非子·说林下》："惠子曰：置猿于柙中，则与豚同。故势不便，非所以逞能也。"暗引《庄子·外篇·山木》："庄子曰：腾猿得柘棘枳枸之间也，处势不便，未足以逞其能也。"此处韩非以"惠子"代"庄子"，仿效其师荀况以"它嚣"代"庄周"、以"邓析"代"公孙"之故伎。

顺便一提，《韩非子》频频嘲笑"宋人"，如《说难》之宋人智子疑邻，《喻老》之宋人献玉遭拒、宋人雕刻楮叶费时，《外储说左上》之宋人棘刻母猴无功，《外储说右上》之宋人狗猛酒酸，《五蠹》之宋人守株待兔，均与韩非极端敌视的宋人庄子有关。韩非也敌视宋人后裔孔子、宋人墨子，故韩非寓言不断攻击"宋人"，不仅针对庄子，但以极端敌视的庄子为主。有学者把韩非寓言不断攻击"宋人"，扩大化为先秦诸子普遍攻击"宋人"，有失准星。

韩非隐斥、暗引、化用《庄子》初始本之"内篇"、"外篇"，都一再点明"宋人"，足证他把《庄子》初始本之"内篇"、"外篇"全都视为庄撰。或许荀况没把关于魏牟的前代学界常识传给韩非。"上智"如韩非，恐怕无法回答这一疑问：倘若"外篇"均为庄撰，那么所有"外篇"的全文均属庄子之言，那么非对话语境的部分文句，为何标明"庄子曰"？为何"外篇"又有众多庄殁以后史实？

把"外杂篇"全都视为庄撰的后世学者，也无法回答这一疑问："内七篇"之"庄子曰"，均在对话语境。"外杂篇"之"庄子曰"，为什么既在对话语境，又在非对话语境？后者难道不是非庄所撰之硬证？

《韩非子》从不明斥"庄子"，导致知道《韩非子》抄引《庄子》者，比知道《荀子》抄引《庄子》者更少。其实《韩非子》抄引《庄子》甚多，以上仅举暗藏引用标志或改头换面的五例，其他皆略。据我统计，《韩非子》之《外储说右上》、《五蠹》、《忠孝》、《说林上》、《解老》五篇，至少隐斥、暗引、化用《庄子》初始本"内篇"四篇四条。《解老》、《喻老》、《说林上》、《说林下》、《内储说上》、《外储说左上》、《外储说左下》、《外储说右上》、《显学》、《难三》十篇，至少暗引、化用《庄子》初始本"外篇"七篇十四条。另有《十过》、《说林下》、《难一》、《难势》四篇，至少暗引、化用《庄子》初始本之佚文三条四次。总计《韩非子》之十五篇，至少抄引、涉及《庄子》初始本"内篇"、"外篇"十一篇二十一条。

三　《吕览》大量抄引《庄子》初始本

荀、韩师徒如此敌视庄子，暗引《庄子》初始本，尚且如此之多。吕不韦及其门客并不敌视庄子，《吕览》又是杂抄之书，所以明抄、暗引、化用《庄子》初始本的数量更大，堪称先秦之冠。

《吕览·必己》"庄子行于山中"整章，全抄《庄子·外篇·山木》，并且照抄"庄子"二字，毫无荀、韩师徒的心理障碍。

《吕览·去尤》："庄子曰：'以瓦殳者翔，以钩殳者战，以黄金殳者殆。其祥一也，而有所殆者，必外有所重者也。外有所重者泄，盖内掘。'"明引《庄子·外篇·达生》："以瓦注者巧，以钩注者惮，以黄金注者昏。其巧一也，而有所矜，则重外也。凡外重者，内拙。"此处"庄子"，若是书名，即指《庄子》初始本。若是人名，则与韩非相同，也把《庄子》初始本之"内篇"、"外篇"全都视为庄撰。

《吕览·有度》"故曰：通意之悖，解心之缪"整章，全抄《庄子·外篇·宇泰定》。《吕览·贵公》"故曰：大匠不斫，大庖不豆，大勇不斗，大兵不寇"，暗引《庄子》初始本之佚文"大勇不斗，大兵不寇"。两处"故曰"，都是暗引《庄子》初始本之标志。

知道《吕览》抄引《庄子》者极多，以上仅举具有引用标志的四例。刘文典、高亨、王叔岷、崔大华、刘笑敢、方勇等现当代学者，均曾统计《吕览》抄引《庄子》，因尺度宽严不同和各有遗漏，数量各异。据我统计，《吕览》之《至忠》、《别类》、《求人》、《听言》、《精通》、《期贤》、《召类》、《禁塞》、《下贤》九篇，至少暗引、化用《庄子》初始本"内篇"五篇八条。《当务》、《长利》、《去尤》、《必己》、《适威》、《精谕》、《有度》、《听言》、《应同》、《召类》、《贵公》、《贵生》、《审为》、《离俗》、《观世》、《慎人》、《诚廉》、《慎势》十八篇，至少明抄、暗引、化用《庄子》初始本"外篇"十三篇二十七条。《博志》《精谕》《用民》《季春》《贵公》五篇，至少暗引、化用《庄子》初始本之佚文五条。总计《吕览》之二十八篇，至少抄引、涉及《庄子》初始本"内篇""外篇"十八篇四十条。

所谓《庄子》"佚文"，即被西晋郭象删去的《庄子》之文。战国《韩非子》《吕览》均非引自《庄子》"佚文"，而是引自《庄子》初始本。

综上所列，先秦三书至少抄引、涉及《庄子》初始本"内篇"五篇、"外篇"十六篇，总计涉及二十一篇七十条，全部引文详见拙著《庄子复原本》。足证西汉早期成书的《庄子》大全本之前，另有战国晚期成书的《庄子》初始本。

根据先秦三书的成书时间和撰者生卒年，即可考定《庄子》初始本的成书时间和编纂者。

先秦三书唯一确知成书时间的是《吕览》，即前239年。此后六年，三子尽殁。前238年，荀况死于楚国兰陵，《荀子》必成书于此前。前235年，吕不韦自杀于河南封邑。前233年，韩非被李斯毒死于秦狱，《韩非子》必成书于此前。《庄子》初始本的成书时间，必在《吕览》成书的前239年之前。此前一年，正是庄子再传弟子魏牟（前320—前240）之卒年。因此包含庄子所撰"内篇"，弟子蔺且、再传弟子魏牟等人所撰"外篇"的《庄子》初始本，必为魏牟编纂，成书时间必在魏牟死去的前240年之前。上限是前256年，因为《秋水》著录的魏牟面斥公孙龙，《盗跖》涉及的秦灭周，均在此年；下限是前240年，即魏牟卒年。上下限之间，仅有十六年。

《庄子》初始本的成书时间，即使取其上限，距《吕览》成书也仅有十七年，距韩非死去也仅有二十三年。而荀况先在赵国、后在楚国，韩非在韩国，吕不韦及其门客在秦国，无不大量抄引《庄子》初始本，足证《庄子》初始本在成书以后的极短时间之内，传播范围即已甚广。秦汉之际传播范围更广，汉初士人贾谊、韩婴等人笔下，均已充满《庄子》独有的名相，成为《庄子》大全本于稍后问世的时代氛围。

四　三大版本涉及史实之异同

根据涉及史实之异同，即可考定《庄子》大全本的编纂者，必为先于司马迁的淮南王刘安。

三大版本共有的"内七篇"，无一庄殁之后史实，必为庄撰。三大版本分类构成不同、篇目原文大异的"外杂篇"，多有庄殁之后史实，必非庄撰。

由于魏牟版、刘安版编纂时间相距百年，"外杂篇"的庄殁之后史实，又可分为二类：庄殁之后、魏殁之前的甲类史实，魏殁之后、刘殁之前的乙类史实。

魏牟版"外篇"，仅有甲类史实，没有乙类史实。如《曹商》之"庄子将死，弟子欲厚葬之"，可证此篇撰于前286年庄殁之后。又如《胠箧》之"田成子十二世有齐国"，可证此篇撰于田齐第十二世齐王建前264年即位之后，庄殁至少二十二年。高亨等人认为《胠箧》撰于前221年秦灭齐之后，与抄引《胠箧》的《吕览》成书于前239年抵牾。又如《秋水》之魏牟面斥公孙龙，可证此篇撰于前256年秦围赵都邯郸失败、魏牟离秦至赵会见公孙龙之后，庄殁至少三十年。又如《盗跖》之"汤武立为天子，而后世绝灭"，可证此篇撰于前256年秦灭周之后，庄殁至少三十年。

刘安只做加法，所以刘安版"外篇"、"杂篇"、"解说"，除了新增不少甲类史实，又出现了魏牟版不可能有的乙类史实。

刘安保留魏牟版"外篇"约二十二篇，增补符合刘安思想、融合儒道名法的《在宥》、《天道》等"新外篇六"，既有甲类史实，如先秦三书一字不引"新外篇六"。假如大谈"有天道，有人道"、"上无为，下有为"的"新外篇六"，原先已在魏牟版"外篇"，《荀子》贬斥"庄子蔽于天而不知人"就难以理解，《韩非子》必欲"除之"、"以为首诛"也十分奇怪，同样融合儒道名法的《吕览》一字不引就更不合理。也有乙类史实，如《天道》之"十二经"（即六经六纬）、汉语史首见之"素王"。前139年，刘安进献汉武帝的《淮南子·主术训》之"素王"，为汉语史第二见。前134年，董仲舒应汉武帝诏的《天人三策》之"素王"，为汉语史第三见。

刘安版新增"杂篇十四"，既有甲类史实，如先秦三书一字不引"杂篇十四"。又如《说剑》之"赵文王"，可证此篇撰于前266年赵王何殁后得谥"惠文"之后（别无谥"文"之赵王），庄殁至少二十年。也有乙类史实，如佚文之"荆轲"、"燕太子丹"、"田光"，可证佚篇撰于前227年荆轲刺秦之后，庄殁至少五十九年，魏殁至少十三年。又如佚文之"封于泰山，禅于梁父"，可证佚篇撰于前219年秦始皇封禅之后，庄殁至少六十七年，魏殁至少二十一年。又如佚文之"卢敖"，即替秦始皇求仙药的秦博士"卢生"，后与侯生等四百余人同被坑杀，可证佚篇撰于前212年秦始皇坑儒之后，庄殁至少七十四年，魏殁至少二十八年。

刘安版附录"解说三"，既有甲类史实，如先秦三书一字不引"解说三"。也有乙类史实，如"解说三"均为刘安或其门客所撰，其中两篇《庄子略要》、《庄子后解》，见于李善《文选注》转引司马彪《庄子注》。总之，《庄子》大全本既有魏殁之后史实，又无刘殁之后史实，更有刘安所撰之篇，足证编纂者必为刘安。

刘安编纂《庄子》大全本，同时稍后的司马迁、更后的刘向等人可能心知肚明，仅因刘安被汉武帝诬为谋反而自杀，遂避讳不言。刘安所撰"解说三"，同时收入刘安自著的《淮南子·外篇》，原为考定《庄子》大全本编纂者的重要证据。由于《淮南子·外篇》很快亡佚，刘安编纂《庄子》大全本之史实，遂长期隐入历史忘川。

郭象只做减法。甲类史实在郭象版中大量消失，仅有少量遗漏，因为"田齐十二世"、"赵文王"、"秦灭周"、"魏牟面斥公孙龙"等庄殁之后的甲类史实极为隐晦，郭象不易删尽。乙类史实在郭象版中消失殆尽，因为"荆轲"、"卢敖"等庄殁之后的乙类史实极为明显，郭象极易删尽。

郭象竭力删去庄殁之后史实，是后世不知魏牟版《庄子》初始本、误以为"外杂篇"均为庄撰的根本原因。庄学研究从此被引入歧途，深陷"外杂篇"是否庄撰、有无庄撰的泥淖，一切论断皆失准星。

五　三大版本分类构成之异同

现将《庄子》三大版本之重大异同，尤其是分类构成之异同，综述如下。

版本一，《庄子》初始本，成书于战国晚期，编纂者是庄子再传弟子魏牟。包括庄子所撰"内篇七"，庄子弟子蔺且、庄子再传弟子魏牟等人所撰"外篇"二十二篇。"外篇"二十二篇，分为三组。第一组是庄子弟子蔺且所撰五篇，即《寓言》、《山木》、《达生》、《至乐》、《曹商》。第二组是庄子再传弟子魏牟所撰十三篇，即《秋水》、《田子方》、《知北游》、《庚桑楚》、《徐无鬼》、《管仲》、《则阳》、《外物》、《让王》、《盗跖》、《列御寇》、《天下》、《惠施》。第三组是其他庄子弟子或庄子再传弟子所撰四篇，即《宇泰定》、《胠箧》、《天地》、《天运》。魏牟版《庄子》初始本，篇数总计二十九篇，字数总计约六万，平均每篇约两千字。

后于魏牟（前320—前240）的荀况（前313—前238）、吕不韦（前290—前235）、韩非（前280—前233）等先秦士人，先于刘安（前179—前122）的贾谊（前200—前168）、韩婴（前200—前130）等汉初士人，所见、所引、所论都是魏牟版《庄子》初始本。

版本二，《庄子》大全本，成书于西汉早期，编纂者是淮南王刘安。对魏牟版《庄子》初始本之"内篇"、"外篇"全予保留，仅做加法。增补慕庄后学所撰"新外篇六"，即《骈拇》、《马蹄》、《刻意》、《缮性》、《在宥》、《天道》，凑成"内篇七"的四倍，合为"外篇二十八"。新增慕庄后学所撰"杂篇十四"，即《说剑》、《渔父》、《泰初》、《百里奚》、《子张》、《马捶》、《阄弈》、《游凫》、《子胥》、《意修》、《卮言》、《重言》、《畏累虚》、《庚桑子》，凑成"内篇七"的两倍。刘安为了凑数而降低标准，在"新外篇六"、"杂篇十四"中编入不少劣篇，意在把内外杂的总数，凑成"内篇七"的七倍，即四十九篇。加上作为附录的刘安所撰"解说三"，即《庄子后解》《庄子略要》《解说第三》，刘安版《庄子》大全本，篇数总计五十二篇，字数总计十余万言，平均每篇约两千字。

后于刘安（前179—前122）的司马迁（前145—前90）、刘向（前79—前6）、扬雄（前53—18）、刘歆（前46—23）等西汉士人，班固（32—92）、高诱（160—212）等东汉士人，先于郭象（252—312）的阮籍（210—263）、嵇康（224—263）、司马彪（？—306）、孟氏（生卒不详）、崔譔（略先向秀）、向秀（227—272）等魏晋士人，所见、所论、所注都是刘安版《庄子》大全本。

魏晋之际，何晏（？—249）、王弼（226—249）大谈老庄，嵇康宣称"老子庄周，吾之师也"（《与山巨源绝交书》)，阮籍宣称"以庄周为模则"（《太平御览》一○一引《七贤传》)，《庄子》遂成显学。先于郭象的司马彪、孟氏等魏晋士人，全注刘安版《庄子》大全本，包括仅为附录的"解说三"。先于郭象的崔譔、向秀等魏晋士人，选注刘安版《庄子》大全本，全注"内篇七"，选注"外篇二十八"之二十篇左右，全都不注质量低劣的"杂篇十四"，全都不注仅为附录的"解说三"。唐人陆德明《经典释文·序录》，称之为"有外无杂"。

版本三，《庄子》删改本，成书于西晋初年，编纂者是儒生郭象。对《庄子》大全本大做减法，又予大肆篡改。删改"内篇七"关键字句，改造成违背庄学义理、符合郭象义理的郭象版"内篇七"。删去"外篇二十八"之四篇，即《曹商》《管仲》《惠施》《宇泰定》，又把魏牟版、刘安版的九篇"外篇"，即《寓言》《庚桑楚》《徐无鬼》、《则阳》《外物》《让王》《盗跖》《列御寇》《天下》，移至"杂篇"，再删改剩下的十五篇，改造成违背庄学义理、符合郭象义理的郭象版"外篇十五"，刘安版"新外篇六"均在其中。删去"杂篇十四"之十二篇，保留《说剑》《渔父》两篇，与移外入杂、已被删改的"新杂篇九"混在一起，改造成违背庄学义理、符合郭象义理的郭象版"杂篇十一"。全删"解说三"。郭象版《庄子》删改本，篇数总计三十三篇，字数总计六万六千言，平均每篇约两千字。

郭象"移外入杂"九篇的证据之一是，先秦三书抄引了其中七篇，弃而不抄的两篇，是专论内七篇的《寓言》、大反庙堂名教的《则阳》。证据之二是，其中八篇（包括《寓言》《则阳》）之下，唐人陆德明均引先于郭象、"有外无杂"的崔譔注、向秀注，仅有《让王》之下未引，因为崔、向均未选注《让王》。《让王》是先秦三书抄引最多之篇，《荀子》《韩非子》各化用其二章，《吕览》抄引其十四章，必在魏牟版"外篇"，刘安版承之。郭象把极其重要的"外篇"九篇移至"杂篇"，意在贬低其重要性，炮制反庄学的郭象伪庄学。

郭象版"杂篇十一"，仅有《说剑》、《渔父》原属刘安版"杂篇十四"。证据是唐人陆德明未引先于郭象、"有外无杂"的崔譔注、向秀注，仅引后于郭象、以郭象版《庄子》删改本为底本的李颐注。

后于郭象的西晋李颐、唐人成玄英、唐人陆德明等无数士人，以及一千七百年来的无数读者，所见、所论、所注都是郭象版《庄子》删改本。

《庄子》三大版本篇目、分类异同表

内篇七	外篇二十八				杂篇十四		解说三
逍遥游	→寓言	知北游	→盗跖	天运	说剑	游凫▲	庄子后解▲
齐物论	山木	→庚桑楚	→列御寇	骈拇	渔父	子胥▲	庄子略要▲
养生主	达生	→徐无鬼	→天下	马蹄	泰初△	意修▲	解说第三△
人间世	至乐	管仲△	惠施▲	刻意	百里奚△	卮言▲	
德充符	曹商△	→则阳	宇泰定△	缮性	子张△	重言△	
大宗师	秋水	→外物	胠箧	在宥	马捶▲	畏累虚▲	
应帝王	田子方	→让王	天地	天道	阏弈▲	亢桑子▲	

结语　真庄学与伪庄学

魏牟版《庄子》初始本和刘安版《庄子》大全本，篇数、字数相差很多，但是魏牟版《庄子》初始本之全部，均被刘安版《庄子》大全本保留，基本倾向并未逆转。因此魏牟版《庄子》初始本的先秦读者荀况、韩非，均知《庄子》是大反庙堂名教的"反书"。刘安版《庄子》大全本的两汉读者，同样均知《庄子》是大反庙堂名教的"反书"，所以司马迁《史记·老子韩非列传》认为庄周"诋訿孔子之徒"，刘向《别录·孙卿书录》认为庄周"滑稽乱法"，扬雄《法言·问道》认为庄周"罔君臣之义"，班固除了撰写《难庄论》

（今佚），《汉书·古今人表》又把"严周（庄周）"、"魏牟"贬为第六等"中下"之人。

魏牟版《庄子》初始本和郭象版《庄子》删改本，篇数、字数相差不多，但是篇目原文、分类构成大为不同，基本倾向彻底逆转。针对魏晋时代"为学穷于柱下，博物止乎七篇"（《宋书·谢灵运传论》）、"聃周当路，与尼父争途"（《文心雕龙·论说》）的庙堂意识形态危机，郭象起而反击，炮制反庄学的郭象伪庄学，删残篡改刘安版《庄子》大全本，反注其义，认为《庄子》的主旨是"名教即自然"。经过郭象的系统"思想改造"，大反庙堂名教、贬孔斥儒的魏牟版、刘安版真《庄子》，变成了拥护庙堂名教、尊孔尊儒的郭象版伪《庄子》。与韩非版《老子》、王弼版《老子》一样，郭象版《庄子》也变成了庙堂的统战对象和愚民工具。

若有二人争论《金瓶梅》是否"黄书"，而二人所读都是《金瓶梅》全本，那么仅是观点不同。倘若一人所读是《金瓶梅》全本，一人所读是《金瓶梅》"洁本"，那么"观点不同"就是伪命题。伪命题的根源是：二人所读《金瓶梅》，原文详略不同。

若有三人争论武松是否"好汉"，而一人所读是《水浒》，一人所读是取资《水浒》的《金瓶梅》，一人所读是反《水浒》的《荡寇志》，那就不仅是原文详略不同，而是原文毫不相干，宗旨完全相反。

对刘安版《庄子》而言，郭象版《庄子》不仅是原文不全的"洁本"，删残的原文也被篡改成了伪原文。对魏牟版《庄子》而言，郭象版《庄子》是反《庄子》的伪《庄子》。

古今中外的众多学者早已发现，盲从郭象义理，不可能得庄真义，所以不断对郭象义理提出修正。然而一切郭象义理的修正主义，都是据《金瓶梅》"洁本"论《金瓶梅》是否"黄书"，据《金瓶梅》《荡寇志》论武松是否"好汉"。郭象修正主义的"学术进步"，常比反庄学的郭象伪庄学，更加符合郭象版《庄子》的伪原文。

为了使郭象版《庄子》的伪原文更符合郭象义理，郭象追随者又反复删改郭象版《庄子》的伪原文，甚至反复删改郭象注文。据宋人陈景元《庄子阙误》统计，北宋的郭象版《庄子》三十三篇伪原文有 65923 字，然而据我统计，清人郭庆藩《庄子集解》的郭象版《庄子》三十三篇伪原文减至 65181 字，少了 742 字，清人王先谦《庄子集解》的郭象版《庄子》三十三篇伪原文又减至 65149 字，少了 774 字。足证自宋至清的一千多年，郭象追随者又不断删改郭象版《庄子》的伪原文，清除难以自圆的障碍，炮制越来越多的伪证，反庄学的郭象伪庄学，遂成难以撼动的庄学至高权威。

尽管郭象版《庄子》是伪《庄子》，郭象义理是反庄学的伪庄学，但是郭象版伪《庄子》和反庄学的郭象伪庄学仍然大有研究价值。因为郭象版伪《庄子》和反庄学的郭象伪庄学，流传中国已有一千七百年之久，流传世界也有数百年之久，对中国文化、中华民族性、世界之中国观的负面影响之大，鲜有及者。

唯有复原魏牟版《庄子》初始本和刘安版《庄子》大全本的本来面目，研究作为古典中国之文化圣经的《庄子》，才有可能正本清源，研究中国文化的深层结构和隐秘内涵，才有可能不失准星。

2009 年 5 月 11 日—7 月 24 日初稿

2022 年 1 月 27 日定稿

《知北游》精义

弁言　郭版辨析，章次调整

庄门弟子后学所撰"外杂篇"，是对庄子所撰"内七篇"的仿拟。

庄子所撰"内七篇"的文体结构：寓言起，中杂卮言，寓言收。《逍遥游》、《齐物论》、《德充符》、《应帝王》四篇皆然。另外三篇文体结构小异，各有特殊理由。《养生主》、《人间世》专明庄学俗谛"因应外境"：前者卮言起、寓言收，后者寓言起、卮言收，两者结构相对封闭。《大宗师》总论庄学义理：先是抽象总论的卮言七章，继以形象总论的寓言七章。

与"内七篇"文体结构相应的，是"内七篇"的义理结构：开篇先以若干虚构人物寓言，形象说明并初步暗示篇旨；继以卮言章，抽象概括篇旨；再以基本符合历史时序的若干历史人物寓言，落实应用并深入展开篇旨；最后庄子或庄子式道家至人在篇末成为终极论道者，形象总结篇旨。《逍遥游》、《齐物论》、《德充符》三篇，篇末主角均为庄子。另外四篇，篇末主角均为庄子式道家至人：《养生主》是老聃、秦佚，《人间世》是接舆，《大宗师》是子舆、子桑，《应帝王》是壶子、列子。

庄门弟子后学所撰"外杂篇"佳篇，无不同时仿拟"内七篇"的文体结构和义理结构。比如《秋水》、《外物》、《列御寇》、《天下》

四篇，篇末主角均为庄子（郭象版《天下》篇末之惠施章，为郭象裁剪《惠施》残篇移入，详见《〈天下〉精义》）。再如《天地》、《天道》、《天运》、《达生》、《山木》、《则阳》、《寓言》七篇，篇末主角均为庄子式道家至人：伯成子高、轮扁、老子、子扁庆子、阳子（杨朱）、太公调、老聃。所以无论是魏牟版《庄子》初始本的二十九篇，还是刘安版《庄子》大全本的五十二篇，篇末的终极论道者无一例外都是道家至人。

但在郭象版《庄子》删改本三十三篇中，却有一个例外：《知北游》篇末的终极论道者，不是道家至人，而是儒家祖师孔子。这一例外，是郭象调整章节次序的结果，也是郭象为其谬论"庄子尊儒尊孔至极"制造的伪证。因为《知北游》是郭象版《庄子》删改本的外篇最后一篇，郭象让孔子成为《知北游》的终极论道者，就会给人如下观感："内篇"是庄子的系统论述，重要性第一。"外篇"是庄子对"内篇"的系统补充，重要性第二。"杂篇"是庄子的零散札记，不具重要性。庄子对重要性第一的"内篇"和重要性第二的"外篇"，进行了整体布局和整体构思，并在"外篇"最后一篇《知北游》的篇末，让孔子成为终极论道者，可见庄子尊儒尊孔至极。

其实郭象版"外篇"的总体价值低于郭象版"杂篇"，因为刘安版"外篇"的九篇佳篇已被郭象贬入郭象版"杂篇"。陆德明《经典释文》概括历代不同注本："内篇众家并同，自余或有外而无杂。"崔大华《庄学研究》说："崔譔、向秀的二十七篇选注本，除去内篇七篇，下剩外篇二十篇中，有八篇属于后来郭象本的杂篇。可见在崔、向时，《庄子》还是外、杂篇不分的。"崔大华认为崔譔、向秀的外篇，"有八篇属于后来郭象本的杂篇"，确为卓见，但是认为崔譔、向秀之时"外、杂篇不分"不确。五十二篇分为内篇七、外篇二十八、杂篇十四、解说三，是西汉早期刘安编纂《庄子》大全本时确定的，司马彪、孟氏的《庄子》全注本承之。崔譔、向秀的《庄子》选注本同样承之，仅是全注"内七篇"，选注"外篇二十八"，不注"杂篇十四"和"解说三"，遂成"有外而无杂"，并非崔譔、向秀之时"外、杂篇不分"。郭象把刘安版"外篇"佳篇移至郭象版"杂篇"，是为了便于反注庄学。

"杂"字原有低劣之意。刘安版"外篇"佳篇，如《秋水》《山木》、《田子方》、《庚桑楚》、《徐无鬼》、《则阳》、《外物》、《列御寇》、《寓言》、《天下》等，都像"内七篇"一样贬孔。不过是否贬孔，并非判断"外杂篇"优劣的标准。刘安版"外篇"佳篇像"内七篇"一样，不仅对孔子"不然于不然"（俗谛否定原则）、"不然然"（真谛否定原则），也对孔子"然于然"（俗谛肯定原则）。恰恰是文采甜俗平庸、义理粗疏浅陋的"外杂篇"劣篇，贬孔最甚，仅对孔子"不然于不然"，未曾"然于然"，坚执庄学俗谛之一偏，罕及庄学真谛。

旧庄学不知郭象重排了"外篇"和"杂篇"的篇目，不知郭象把最重要的九篇"外篇"移至"杂篇"，不知《知北游》原本不是"外篇"最后一篇，不知《知北游》篇末的终极论道者原是庄子而非孔子，又盲信郭象谬论"外杂篇均为庄撰"，于是把孔子在"外篇"末篇《知北游》成为终极论道者，视为"庄子尊儒尊孔至极"的重要证据。

于是明儒奚侗《庄子补注》掉进了郭象所挖的巨坑，《知北游》篇末注曰："以此终外篇之旨。"明儒陆长庚《南华真经副墨》也掉进了郭象所挖的巨坑，注《知北游》曰："所论道妙，迎出思议之表。读《南华》者，《知北游》最为肯綮。"

倘若不明白旧庄学坚执儒学成心，必欲把《庄子》之贬孔颠倒为褒孔，就很难理解竟会有人把《知北游》推崇为整部《庄子》至为高妙者。

旧庄学把《庄子》之贬孔颠倒为褒孔，因整部《庄子》义理隐晦而不易揭穿。况且在 1911 年帝制终结之前，论证《庄子》之贬孔，纯属"往刑"找死。由于经郭象删改妄断的"内七篇"极为难懂，而"外杂篇"较为好懂，加上"外篇"又被旧庄学妄断为价值高于"杂篇"，因此孔子在"外篇"末篇《知北游》的篇末成为终极论道者，遂被旧庄学如获至宝、以偏概全地作为《庄子》全书推崇孔子的证据。然而这是郭象捣鬼制造的伪证，而且是孤证。

郭象对"外杂篇"予以裁剪拼接，已有不少有识之士论之。

王叔岷《庄子佚文》序曰："所谓三十三篇，非五十二篇中删去十九篇之数，盖三十三篇中，于旧书有篇第，有删略；亦有合（或两篇合为一篇）；有分（或一篇分为两篇）。"

崔大华《庄学研究》曰："推测郭象的删削、修订原则大致有二：一是约十分之三的'巧杂'篇目、文字全删，如'《厄言》、《游凫》、《子胥》之篇'。这是'略而不存'。二是篇目虽删，其中个别章节的文字仍然保留，并入他篇，如'《阏奕》、《意修》之首'，即这些篇的首章连同篇目一起删去，其后面的某些章节仍为保留，并联入他篇内容相近的章节之后。"

本文以郭象版《知北游》为例，探索郭象裁剪拼接的大致操作方式。

郭象版《知北游》十二章，章次如下：

一、知北游章

二、厄言章

三、啮缺章

四、虞舜章

五、老孔章

六、庄子章（原《知北游》疑终于此章）

七、神农章（以下六章疑为郭象裁剪别篇移入）

郭象版《知北游》的前六章，文体结构、义理结构与"内七篇"全同：第一知北游章，先以虚构人物"知"问道于三人，形象说明并初步暗示篇旨；继以第二厄言章，抽象概括篇旨"天地有大美而不言"；再把篇旨落实应用并深入展开于基本符合历史时序的历史人物寓言：第三啮缺章，啮缺问道于被衣。第四虞舜章，舜问道于丞。第五老孔章，孔子问道于老聃；第六庄子章，东郭子问道于庄子，庄子形象总结篇旨。因此《知北游》前六章的撰者，必为文学悟性、哲学悟性俱高的庄门高徒。

郭象版《知北游》后六章，疑为郭象裁剪其所删十九篇"外杂篇"（未必属同一篇）之片断移入。后六章均为寓言，因此并未破坏文体结构，然而破坏了义理结构。其证有三。

其一，第八泰清章、第九光曜章与第一知北游章，义理重复。

其二，后六章寓言与前六章的五章寓言，时序错乱。

其三，篇末的第十一孔冉章、第十二孔颜章，孔子成为终极论道者，是唯一的孤例。

儒生郭象出于尊孔成心而移入后六章，让孔子在篇末成为终极论道者，违背庄学。

"内七篇"孔子出场四篇，仅在《人间世》出现于篇末，而且一言未发地被接舆教诲。"外杂篇"中，孔子出场十五篇。其中十一篇，即《山木》、《达生》、《秋水》、《田子方》、《徐无鬼》、《则阳》、《外物》、《让王》、《列御寇》、《天地》、《天道》，孔子出现于篇中，大都属于被教诲者。《天运》，孔子出现于篇末，被老聃教诲，与《人间世》之被接舆教诲相似。《盗跖》（郭象版《盗跖》篇末，郭象裁剪《子张》残篇移入，详见《庄子复原本》）、《渔父》，孔子贯穿全篇，被盗跖、渔父教诲。

因此孔子在《知北游》篇末成为终极论道者，在郭象版《庄子》中也无第二例。旧庄学却据此孤例断言：认为《庄子》贬孔贬儒者，没有看懂《庄子》。孔子是整部《庄子》最为高妙的《知北游》篇末的终极论道者，因此整部《庄子》均对孔子"实予而文不予，阳挤而阴助之"（苏轼既要护庄又迫于语境的违心语）。

由于郭象版《知北游》义理重复，时序错乱，后六章疑为郭象裁剪别篇之片断移入，因此我把郭象版章次调整如下：

第一知北游章：开篇寓言，形象说明篇旨

　　第八泰清章：疑为郭象移入

　　第九光曜章：疑为郭象移入

第二厄言章：抽象概括篇旨

第三啮缺章：落实应用篇旨

　　第七神农章：疑为郭象移入

第四虞舜章：落实应用篇旨

第五老孔章：落实应用篇旨

　　第十马捶章：疑为郭象移入

　　第十一孔冉章：疑为郭象移入

　　第十二孔颜章：疑为郭象移入

第六庄子章：终篇寓言，形象总结篇旨

疑为郭象移入的后六章，当属刘安版《庄子》大全本的郭删十九篇之文，因此不予删除，而按时序附于前六章之后。

本文把《知北游》分为两部分，一是疑为《知北游》原文的六章，二是疑为郭象移入的六章，合计白文 2629 字：补脱文 22 字，删衍文 7 字，订讹文 20 字。更正文字误倒 2 处。厘正通假字、异体字 21 字，重复不计。纠正重大标点错误 4 处，小误不计。

一 首章虚构寓言，形象说明篇旨

知北游于玄水之北[1]，登隐弅之丘，而适遭无为谓焉。

知谓无为谓曰："予欲有问乎若：何思何虑则知道？何处何服则安道？何从何道则得道？"三问而无为谓不答也。非不答，不知答也。

知不得问，返于白水之南，登狐阕之上，而睹狂屈焉。知以之言也问乎狂屈。

狂屈曰："唉！予知之，将语若。"中欲言，而忘其所欲言。[2]

知不得问，返于帝宫，见黄帝而问焉。

黄帝曰："无思无虑始知道，无处无服始安道，无从无道始得道。"

知问黄帝曰："我与若知之，彼与彼不知也，其孰是邪？"

黄帝曰："彼无为谓真是也，狂屈似之，我与汝终不近也。

---

1 "北"旧讹为"上"，当属郭象妄改。陆释："司马、崔本'上'作'北'。"成疏："北是幽冥之域。"王叔岷："'玄水之北'与'白水之南'相对而言。作'北'较长。"

2 "中欲言，而忘其所欲言"，诸本误为狂屈语；此与上节"非不答，不知答也"，均为撰者叙述性插语。故下文知对黄帝曰："吾问无为谓，无为谓不应我；非不我应，不知应我也。吾问狂屈，狂屈中欲告我而不我告；非不我告，中欲告而忘之也。"

夫知者不言，言者不知，故圣人行不言之教¹。道不可致，德不可至，仁可为也，义可亏也，礼相伪也。故曰：'失道而后德，失德而后仁，失仁而后义，失义而后礼。礼者，道之华而乱之首也²。'故曰：'为道者日损，损之又损之，以至于无为，无为而无不为也³。'今已为物也，欲复归根，不亦难乎⁴？其易也，其唯达人乎⁵？生也死之徒，死也生之始，孰知其纪⁶？人之生，气之聚也；聚则为生，散则为死。若死生为徒，吾又何患？故万物一也。是其所美者为'神奇'，非其所恶者为'臭腐'⁷；臭腐复化为神奇，神奇复化为臭腐。故曰：'通天下一气耳。圣人故贵一。'"

知谓黄帝曰："吾问无为谓，无为谓不应我；非不我应，不知应我也。吾问狂屈，狂屈中欲告我而不我告；非不我告，

---

1 化用《老子》："知者不言，言者不知。""圣人居无为之事，行不言之教。""不言之教，无为之益，天下希及之矣。"本书引用《老子》均据作者校订版，文字异于通行版，详见拙著《老子奥义》（即出）。

2 明引《老子》："故失道而后德，失德而后仁，失仁而后义，失义而后礼。夫礼者，忠信之薄，而乱之首也。"

3 明引《老子》："为学者日益，为道者日损。损之又损之，以至于无为，无为而无不为。"

4 化用《老子》："天道圆圆，各复其根。"

5 郭象改"达"为"大"，以圆谬解庄子褒大知、贬小知。"达人"为《齐物论》"达者"之变文，即至人。郭象版《秋水》两见"达人"，也被郭象妄改为"大人"（参看《〈秋水〉精义》）。"大人"义同"君子"，与"小人"对举。《大宗师》颠覆"君子/小人"的宗法伦理："天之小人，人之君子；天之君子，人之小人。""内七篇"齐一小大，未见"大人"，而且反复贬斥居于宗法伦理之世俗高位的"君子"（义同"大人"），反复褒扬居于宗法伦理之世俗低位的"小人"。"外杂篇"一切"大人"均为郭象篡改，原文均为"达人"。

6 化用《老子》："出生入死。生之徒，十有三。死之徒，十有三。""坚强者死之徒也，柔弱者生之徒也。""以知古始，是谓道纪。"

7 诸本旧脱"非"字，义遂不通。下句"臭腐复化为神奇，神奇复化为臭腐"，正是贬斥这种未"丧我"的伪"是非"。郭注："各以所美为神奇，所恶为臭腐耳。"似乎郭象版"非"字尚存，其后或脱或删。

中欲告而忘之也。今予问乎若，若知之，奚故不近？"

黄帝曰："彼其真是也，以其不知也。此其似之也，以其忘之也。予与若终不近也，以其知之也。"

狂屈闻之，以黄帝为知言。

原第一知北游章，篇名取自篇首三字"知北游"。"知"是寓言人名。

"知北游于玄水之北"，"玄"训黑，为北方之色。"玄水之北"，扣《逍遥游》"无极之外复无极"和"终北之北"，兼扣《老子》"玄之又玄，众妙之门"，点破《逍遥游》"终北之北"为《老子》"玄之又玄"之变文[1]。郭象既删《逍遥游》"无极之外复无极"，又改《逍遥游》"终北之北"为"穷发之北"，遂改《知北游》"玄水之北"为"玄水之上"，本篇精义于是隐而不彰。原文"玄水之北"（终北之北），与下文"白水之南"（终南之南）对举，是郭象篡改之铁证。

知以三问，连问三人。三人之中，"终北之北"的无为谓，属造化至境。自然外境倘若不被觉解，仅是造化初境，一旦觉解自然外境为造化伟力所致，自然外境即成造化至境。把自然外境觉解为造化至境的，正是文化至境。"无为谓"象征文化至境对造化初境的至高觉解，即庄学至境的真谛义："至知不知"、"至言不言"。故曰："非不答，不知答也。"

1　庄子熟知子思、孟子所倡五行学说。《大宗师》"颛顼得之，以处玄宫"，颛顼为儒墨倡导的五帝之"北帝"。《大宗师》"闻道九阶"，最高阶"拟始"前的第八阶，正是承之老聃的"玄冥"。"玄冥"又是《逍遥游》开篇二字"北冥"之变文。"玄"、"北"异名同实，"北"寓暗，"玄"训黑，故北方神兽名"玄武"。《老子》"玄之又玄，众妙之门"意为：至道幽微难识。魏晋"玄学"之名，源于《老子》"玄之又玄"；然而后世"玄学"之义，污染、遮蔽了《老子》奥义"（道）幽微难识"。详见拙著《老子奥义》（即出）。

"终南之南"的狂屈，属文化至境。"狂屈"象征文化至境对文化小境、文化大境的至高因应，即庄学至境的俗谛义："至知忘知"、"至言忘言"。故曰："中欲言，而忘其所欲言。"

"不知不言"是至人抵达文化至境之后，在理想外境中复归造化初境的真谛理想；"忘知忘言"则是至人抵达文化至境之后，在不理想外境中"不得已"的俗谛因应。"不"境与"忘"境，是庄学至境之两面。造化至境"至知不知"与文化至境"至知忘知"，合为造化、文化合一的庄学至境："至知无（致无、丧忘）知"。

"狂屈"之"狂"，为"猖狂"之略语。"猖狂"为庄门弟子独有的庄学褒词，意为不受文化伪道约束，亦即拒绝"仁义"伪道之黥劓而"自适其适"。儒家官学把拒绝"名教"黥劓、不受宗法伦理约束者斥为"猖狂"，"猖狂"遂转为贬词沿用至今。"屈"为"屈伸"之略语，义同"支离其德"。合"狂屈"二字之命意，就是因循内德而自适其适，以逃名教之治心；同时因应外境而隐匿真德，以逃刑教之治身。

不南不北、五帝居"中"的黄帝，未达庄学至境，仅为庄学大境"大知矜知"、"大言炎炎"。不过大知黄帝像《逍遥游》的大知唐尧一样"自视缺然"，自贬自己并非至知，不及"终北之北"的无为谓和"终南之南"的狂屈，故曰："彼无为谓真是也，狂屈似之；我与汝终不近也。夫知者不言，言者不知；故圣人行不言之教。"

"知者不言，言者不知"为老聃首倡，庄子承之。"内七篇"最为明确的"知者不言，言者不知"之例，是《德充符》哀骀它寓言。哀骀它"无言而信"，与其化身王骀一样"立不教，坐不议"，感化了鲁哀公，此即"知者不言"。鲁哀公虽受感化，却不明哀骀它之为人，于是请教孔子，孔子言之甚详，此即"言者不知"。撰者借黄帝自贬"言者不知"，点破《德充符》之孔子"言者不知"。坚执儒学成心的郭象，既把"内七篇"之贬孔曲解为褒孔，又把本篇之贬黄曲解为褒黄。成玄英出于道教成心，更是必褒"黄老"。旧庄学无不沿袭郭、成谬说，故对本篇始解皆错。

黄帝语："道不可致，德不可至，仁可为也，义可亏也，礼相伪也。故曰：'失道而后德，失德而后仁，失仁而后义，失义而后礼。礼者，道之华而乱之首也。'"点破庄子承之老聃的价值递降序列：道↘德↘仁↘义↘礼。正是《大宗师》"坐忘"寓言颜回教诲孔子的"回忘礼乐"、"回忘仁义"、"离形去知，同于大通"之旨。

信奉"仁义"伪道的儒生郭象，曲注"道"句、"德"句，却不肯按原文之义贬斥儒家"仁义"，因而跳过"仁"句、"义"句不注，至"礼"句又注："礼有常则，故矫诈之所由生也。"郭象曲解虽悖原旨，尚较收敛，觉得"仁义"不可贬，但"礼"不妨一贬，只是不肯直说"礼"易致"狡诈"，而故意写成"矫诈"。然而坚执儒学成心的治庄后儒，连郭象避实就虚、避重就轻的稍稍贬"礼"也不能容忍，遂改郭注"矫诈"为"矫效"或"矫放"[1]。贬斥"仁义"伪道之原义，遂被彻底曲解为儒义：宗法伦理"仁义礼乐"符合天道，真诚信奉很好，仅仅矫饰仿效不好。

"生也死之徒，死也生之始，孰知其纪？人之生，气之聚也；聚则为生，散则为死。若死生为徒，吾又何患？故万物一也。"演绎《齐物论》之旨：万物无论生死，无不齐一于道，因此对"仁义礼乐"之类伪道伪德必须"损之又损之"，复归真"德"、真"道"。

随后贬斥文化伪道之伪是非："是其所美者（即生，伪道俗见所美者）为'神奇'，非其所恶者（即死，伪道俗见所恶者）为'臭腐'。""是／非"对举，均为动词。由于"非"字被治庄儒生妄删，

1　诸本郭注作"矫效"，《南华真经注疏》从辑要本作"矫诈"，赵谏议本作"矫放"。

句义遂致不通。

随后阐明造化真道之"真是"（黄帝肯定无为谓之语）："臭腐（死）复化为神奇（生），神奇（生）复化为臭腐（死）。故曰：'通天下一气耳。圣人故贵一。'"

由于生死均属无尽物化过程的暂时形态，互相转化而循环不已，万物无论生死成毁，均属一体，最后无不复归浑沌元气，复归物德原质，复归至高天道。因此拘执于"仁义礼乐"，把伪道伪德误奉为真道真德，就是未达天道。

"通天下一气"，是对后世中国思想影响极其深远的"外杂篇"名句。"气"指浑沌元气、物德原质，用于阐明死生一体："死生为徒，万物一也。"生是物德元"气"之"聚"，死是物德元"气"之"散"；生死之异，仅是元"气"之聚散，而非"气"息之有无。

然而旧庄学多引《管子·枢言》："有气则生，无气则死。"以及《韩诗外传》："得气则生，失气则死。"其实《韩诗外传》所谓"失气"，《管子》所谓"无气"，均指生物鼻息之"气"，而非物德原质之"气"。旧庄学违背原义地把物德原质之"气"，谬解为生物鼻息之"气"，进而导致种种后续谬解。

> 泰清问乎无穷曰[1]："子知道乎？"
>
> 无穷曰："吾不知。"
>
> 又问乎无为。
>
> 无为曰："吾知道。"
>
> 曰："子之知道，亦有数乎？"
>
> 曰："有。"

1　章首旧衍"于是"二字。张默生："'于是'两字疑衍。"

曰："其数若何？"

无为曰："吾知道之可以贵，可以贱，可以约，可以散。此吾所以知道之数也。"

泰清以之言也问乎无始曰："若是，则无穷之弗知，与无为之知，孰是而孰非乎？"

无始曰："不知深矣，知之浅矣；弗知内矣，知之外矣。"

于是泰清仰而叹曰[1]："弗知乃知乎？知乃不知乎？孰知不知之知、知之不知乎[2]？"

无始曰："道不可闻，闻而非也；道不可见，见而非也；道不可言，言而非也。孰知形形之不形乎[3]？道不当名。"

无始曰[4]："有问道而应之者，不知道也；虽问道者，亦未闻道。道无问，问无应。无问问之，是问穷也；无应应之，是无内也。以无内，待问穷，若是者，外不观乎宇宙，内不知乎太初，是以不过乎昆仑，不游乎太虚。"

疑为郭象移入的第八泰清章，核心句是"孰知不知之知、知之不知乎"，演绎庄学至境"至知忘知"，贬斥庄学大境"大知矜知"。同时针对性极强地隐斥孔子名言："知之为知之，不知为不知，是知也。"治庄后儒嗅出异味，删去"知之不知乎"，斥孔针对性遂隐

---

1 "仰"原作"卬"，后讹为"中"。褚伯秀、奚侗、于鬯、刘文典、王叔岷、陈鼓应据陆释崔本作"卬"、成疏"中道而嗟叹"、《泰初》"卬而视之"、《淮南子·道应训》作"仰"校改。

2 旧脱"知之不知乎"五字。奚侗、马叙伦、刘文典、王叔岷据《淮南子·道应训》、《齐物论》"庸讵知吾所谓知之非不知邪？庸讵知吾所谓不知之非知邪"校补。

3 句前旧脱"孰"字。奚侗、刘文典、王叔岷据《淮南子·道应训》校补。

4 "无始曰"三字或衍，则此下无始语当上接无始语。或前脱泰清。上"无始曰"后无泰清语，复续"无始曰"，"内七篇"及先秦子书均无此笔法。

而不彰。

"形形之不形"："形形"之前"形"，动词，义同"造化"；"形形"之后"形"，名词，指有形的万物。句义：形塑万形的无形之道。郭象谬注："形自形耳，形形者竟无物也。"前句再申"独化"谬论，后句继续否定道之存在。然而道之无形，不能证明道不存在，反而证明道是主宰万物的宇宙终极规律。

"道不可闻，闻而非也；道不可见，见而非也；道不可言，言而非也。"三句意为：道是宇宙终极规律，以人类之物德，不可能终极表述，只能终极信仰。任何人自诩终极表述了终极之"道"，均属伪道；故《秋水》痛斥"以天下之美为尽在己"，《天下》痛斥"以其有，为不可加"。旧庄学不解三句之意，又误以为内外杂篇均为庄子亲撰，于是谬解庄子既在"内七篇"言道（肯定的仅是对"道"的终极信仰，而非对"道"的终极表述），又在"外杂篇"否定言道（否定的仅是对"道"的终极表述，而非对"道"的终极信仰），厚诬庄子前后矛盾。

光曜问乎无有曰："夫子有乎？其无有乎？"

无有弗应也。[1]

光曜不得问，而熟视其状貌，窅然空然，终日视之而不见，听之而不闻，搏之而不得也。

光曜曰："至矣！其孰能至此乎？予能有'无'矣，而未能无'无'也。及为'无'，有矣[2]，何从至此哉？"

1　旧脱"无有弗应也"五字。俞樾、刘文典、王叔岷、张默生、陈鼓应据《淮南子·道应训》校补。

2　诸本错误连读"及为无有矣"。马叙伦、杨树达、刘文典、王叔岷因旧说不通，而误据《淮南子·俶真训》《淮南子·道应训》改为"及为无无矣"，仍不可通。

疑为郭象移入的第九光曜章，经郭象曲解，撰者对庄学的发展，变成了对庄学的反对。

"光曜"之名，源于《老子》"光而不耀"而取其反义，意为彰显其德，即《人间世》贬斥的"临人以德"。

"无有"之名，是《逍遥游》"无何有"的变文，意为致无其有，义同《逍遥游》"无己"、《齐物论》"丧我"。

光曜自贬，是本章核心："予能有'无'矣，而未能无'无'也。及为'无'，有矣，何从至此哉？"其中"及为'无'，有矣"，则是关键。郭象及其追随者，连字面显义也未懂，误读成"及为'无有'矣"，因此旧解无一可通。

光曜自贬语，意为：我能"致无"，却未能"致无其致无"。倘若执着于"致无"，仍属"有"境，怎能抵达"无有"那样的境界呢？

"有'无'"之"无"，"无'无'"之后"无"，均为动词，训"致无"。即《逍遥游》"无何有之乡"之"无"，庄学至境"至知无知"之"无"。

"无有"与"光曜"，有其相同之处：均能"致无其有"，即"致无一切物德的自得性持有"，不自矜"天下之美为尽在己"（《秋水》），不可能"以其有，为不可加"（《天下》）。

"无有"与"光曜"，又有不同之处："无有"对自己的"致无其有"，没有自得之心，而是"当而不自得"（《大宗师》），达至"无'无'"之至境。"光曜"对自己的"致无其有"，却有自得之心，虽能"为'无'"而"致无"，却又"有'无'"而自得其"致无"，对未能"致无"者尚有"光曜"之心，尚未抵达"去名与功，而还与众人同"（《山木》），尚未抵达"独与天地精神往来，而不傲睨于万物"（《天下》）。

因此"光曜"面对"无有"，深感惭愧，认为自己也应该像"无有"那样再进一步，做到"无'无'"，即"致无其致无"。不过"致无其致无",并非放弃"致无（其有）",而是不自得自己的"致无（其有）"。

倘若阐释正确,那么外杂篇之"无'无'",确实是对内七篇之"无何有"、"无有"的重大发展。然而郭象及其追随者主张"逍遥即自得",所以把"有'无'"之"无","无'无'"之后"无",谬解为名词,训"道",于是"有'无'"被谬解为相信"道"之存在,"无'无'"被谬解为不相信"道"之存在。

由于旧庄学误把内外杂篇均视为庄子亲撰,同时认定庄子先撰"内七篇"、后撰"外杂篇",于是得出如下谬论:早期庄子撰写"内七篇"时,主张"有'无'",相信"道"之存在,主张"万物倚待天道的造化论";晚期庄子撰写"外杂篇"时,主张"无'无'",否定"道"之存在,主张"万物无待天道的独化论"。所以晚期庄子否定了早期庄子,认为"道"不存在。

就这样,庄门弟子原本符合"内七篇"义理的"无'无'",郭象曲解之后用于反对"内七篇"义理,断言庄子最终否定了"道"之存在。

东晋儒生张湛深受西晋儒生郭象之影响,又深受当时已成显学的佛学之影响,认为"无'无'"胜过"有'无'",因此张湛的伪《列子》也大量抄袭"无'无'"。郭象《庄子注》谬解"无'无'"为"没有'道'",张湛《列子注》谬解"无'无'"为"致无'道'",两者共同影响了后世禅宗。

庄子原本信仰"道",背叛庄学的郭象却主张"没有道"。佛教原本信仰"佛",呵佛骂祖的禅宗却主张"没有佛"（意为:佛非外在,佛在自性。其义理别有价值）。唐宋以后两者合流,共同融入程朱"理学",极致性发展为陆王"心学",最终融入儒释道"三教合一"的庙堂意识形态,完成了中华专制帝国治下的臣民不信上帝（老庄之

"道"和佛教之"佛"，与"上帝"位格相同，但义理不同）、只拜皇帝，不信客观真道、只信"仁义"伪道的全过程。

郭象版第八泰清章、第九光曜章，与第一知北游章中隔六章，位置不对，因为都是虚构人物寓言。按"内七篇"基本文体结构，应该紧接于知北游章之后。这是郭象移花接木的文体结构证据。

然而第八泰清章、第九光曜章置于知北游章之后，仍不合适，因为义理重复。"内七篇"每则寓言，均有无可替代的独特义理；全部47则寓言，义理无不层层推进，从无义理重复的"重言"。这是郭象移花接木的义理结构证据。

疑为郭象移入的六章，其中五章（马捶章除外）可能出于原《知北游》撰者所撰之别篇，所以义理相近，这是郭象移入的"合理性"。而别篇被删部分，或与郭象义理冲突太大，或者"诋訾孔子之徒"过甚，这是郭象删去的"必要性"。

知北游章以抽象名相"知"、"无为谓"、"狂屈"命名虚构人物，泰清章、光曜章也以抽象名相"泰清"、"无穷"、"无为"、"无始"、"光曜"、"无有"命名虚构人物，是原《知北游》六章与郭象移入六章中的五章（马捶章除外）出自同一撰者的证据之一，同时证明撰者不知"内七篇"命名虚构人物的基本法则是四境动植象征、四境排行隐喻。"内七篇"命名虚构人物，罕有抽象名相，更未仅用单字。

文学悟性、义理悟性俱高的庄门弟子后学，有领悟四境动植象征者，无领悟四境排行隐喻者。即便领悟四境动植象征者，也从未运用四境动植象征命名虚构人物。全部"外杂篇"，无论佳篇劣篇，命名虚构人物均未运用四境动植象征和四境排行隐喻，这是"外杂篇"非庄子所撰的重要证据。

或问：为何庄门高徒也未领悟四境排行隐喻？为何领悟四境动

植象征的庄门高徒，也未窥"内七篇"以四境动植象征命名虚构人物之法？因为庄子不可能对弟子挑明一切奥义，而是听任弟子各凭悟性，深者得其深，浅者得其浅。倘若某些奥义暂时无人领悟，就寄望于"万世之后而一遇知其解者"（《齐物论》）。

二　次章卮言承上，概括说明篇旨

天地有大美而不言，四时有明法而不议，万物有成理而不说。

圣人者，原天地之美，而达万物之理，是故至人无为，大圣不作，观于天地之谓也；合彼神明至精[1]，与彼百化；物己死生方圆[2]，莫知其根也。

遍然而万物，自古以固存[3]；六合为巨，未离其内；秋毫为小，待之成体。

天下莫不沉浮，终身不固；阴阳四时运行，各得其序。

昏然若亡而存，油然不形而神，万物畜而不知，此之谓本根。可以观于天矣。

原第二卮言章，首句"天地有大美而不言"，也是"外杂篇"名句，深远影响了后世中国的"含蓄"美学。儒生治庄，常把此句与

1　"合"旧讹为"今"，义遂不通。疑郭象以形近之字妄改以圆谬注。奚侗据《阙误》刘得一本校正。刘文典、王叔岷、王孝鱼、陈鼓应从之。

2　"己"旧讹为"已"，义遂不通。马其昶厘正曰："物己，犹人我。"疑郭象以形近之字妄改以圆谬注。正如《齐物论》"咸其自己"，郭象妄改为"咸其自已"。

3　旧庄学昏从郭象，"万物"与后文连读。原义"（道）自古以固存"，遂被反注为"万物自古以固存"。

《论语·阳货》的孔子名言"天何言哉，四时行焉，百物生焉"挂钩。其实"天地有大美而不言"是造化至境（觉解方为至境，未觉解仍是初境），"至言无（致无、丧忘）言"则是文化至境。所以老聃、庄子及"外杂篇"撰者均有言，而无碍其抵达文化至境。本篇义理核心，正是阐释"至言无（致无、丧忘）言"的吊诡性庄学至境。

第二厄言章，紧承第一知北游章，抽象概括篇旨，整章主语是"道"。"万物之理"、"本根"，均为"道"之变文。"六合为巨，未离其内；秋毫为小，待之成体"，"阴阳四时运行，各得其序"，均言万物离不开道；仅因"万物畜而不知"，"莫知其根"，才会不悟道之永在遍在。

"遍然而万物，自古以固存"倘若正确断句，同时明白"道"是整章主语，原本极易理解：道遍在于万物，自古以来固存。

前句下启第六庄子章所言"道无所不在"，亦即《齐物论》所言："道恶乎往而不存？……道未始有封。"《天下》所言："古之所谓道术者，果恶乎在？曰：无乎不在。"后句承自《大宗师》："夫道……自本自根，未有天地，自古以固存。"由于郭象反注"内七篇"之时，竭力否定"道"之存在，因而反注"外杂篇"之时，继续系统化地自圆谬说。郭象以降的旧庄学，无一例外地将"（道）遍然而万物，自古以固存"两句，错误连读为"翩然而万物自古以固存"，于是"自古以固存"的主语"道"，被偷换成"万物"。"道自古以固存"，被反注为"万物自古以固存"。

万物"物化"不止，从无固定不变之时，是"内七篇"反复重言的庄学基本义理。上文第一知北游章，黄帝反复阐明万物之"生死聚散"、"臭腐复化为神奇，神奇复化为臭腐"，此处第二厄言章，明言"物已死生方圆"，"天下（万物）莫不沉浮，终身不固"，下文又有"已化而生，又化而死"等诸多相关句。连"天地"也有"未有"

之时，"万物"怎么可能"自古以固存"？旧庄学错误连读"万物自古以固存"，既反庄学义理，又反本篇篇旨，更违背宇宙普遍事实。

三　三章托史寓言，落实应用篇旨

卮言章之后，是落实应用篇旨的托史人物寓言三章（疑为郭象裁剪别篇移入的篇末四章，各按历史时序穿插附入）。

> 啮缺问道乎被衣。
>
> 被衣曰："若正汝形，一汝视，天和将至；摄汝知，一汝度，神将来舍。德将为汝美，道将为汝居，汝瞳焉如新生之犊[1]，而无求其故。"
>
> 言未卒，啮缺睡寐。
>
> 被衣大悦，行歌而去之，曰："形若槁骸，心若死灰；真其实知，不以故自持。昧昧晦晦，无心而不可与谋，彼何人哉！"

原第三啮缺章，两位寓言人物虽非历史人物，然而均为承自"内七篇"的"庄学史"人物，是撰者自明师承的有意仿拟。被伪道所啮而真德有缺的"啮缺"，先在《齐物论》问道于"王倪"，又在《应帝王》问道于"蒲衣子"。撰者把"蒲衣子"变文为"被衣"本无不当，意为"植被地衣"。可惜变文导致植物属性更为隐晦，于是《淮南子·俶真训》撰者误引为"披衣"。旧庄学进而谬解为"披、被古通"，又误据《天地》仿拟"内七篇"的寓言，谬解《应帝王》之"蒲衣子"、《知北游》之"被衣"为王倪之师，既不知"外杂篇"

1　诸本作"瞳焉"，《淮南子·道应训》引作"惷然"。《说文》："惷，愚也。"惷，即蠢。

不能据以解释"内七篇",又不知"王倪"是"天倪"之变文。王倪之师只能是天道,不可能别有人师。

啮缺在《齐物论》中经王倪息黮补劓而从无知成长为小知,又在《应帝王》中经蒲衣子息黮补劓而从小知成长为大知。本篇撰者又让啮缺被蒲衣子的变文化身"被衣"终极息补,成长为"至知／无知"。被衣"言未卒,啮缺睡寐",足证撰者已明庄学四境"无知—小知—大知—至知／无知"。末句"彼何人哉",正是启发读者:至人究竟是"至知",还是"无知"?

郭象谬注:"夫死者已自死,而生者已自生,圆者已自圆,而方者已自方,未有为其根者,故莫知。"否定作为万物本根的"道"之存在。王叔岷驳之:"以觉为悟,斯乃凡情。睡寐无知,乃契至道。"

郭象又谬注"彼何人哉"曰:"独化者也。"撰者讲了半天"万物无不待道而被化",完全对牛弹琴,郭象及其追随者仍然坚执反庄成心,妄言"万物无待天道而独化"。

　　妸荷甘与神农同学于老龙吉。

　　神农隐几,阖户昼瞑。

　　妸荷甘日中奓户而入曰:"老龙死矣。"

　　神农拥杖而起[1],曝然放杖而叹曰[2]:"天知予僻陋慢诞,故弃予而死。已矣! 夫子无所发予之狂言而死矣夫?"

　　弇堈吊[3],闻之曰:"夫体道者,天下之君子所系焉。今于道,秋毫之端万分未得处一焉,而犹知藏其狂言而死,又况夫体道

1　"拥杖"前,旧衍"隐几"二字。俞樾、王叔岷、陈鼓应均删。

2　"嘆"(叹)旧讹为"咲"(笑)。王叔岷厘正。

3　多本盲从郭象,连读"弇堈吊"为人名,误断为"弇堈吊闻之"。"弇堈"为人名,"吊"谓吊丧。宣颖:"弇堈来吊也。"王先谦从之。

者乎？视之无形，听之无声[1]，于人之论者，谓之冥冥。所以论道，而非道也。"

疑为郭象移入的第七神农章，按时序应在第四虞舜章之前，故前移附此。

首句"婀荷甘与神农同学于老龙吉"，仿拟《德充符》"申徒嘉与郑子产同师于伯昏无人"。

"神农隐几，阖户昼瞑"："隐几"仿拟《齐物论》开篇南郭子綦之"隐几"。"昼瞑"反讽孔子批评弟子宰予"昼寝"是"朽木不可雕"（《论语·公冶长》），因为"昼瞑"的神农并非"朽木"，而是达道至人。

老龙吉死，其友弇堈前来吊唁，闻知老龙吉无言而殁，遂发议论，句义甚明。然而郭象以降，多以"弇堈吊"为人名，连字面显义也未解。"藏其狂言"，一扣《逍遥游》肩吾对接舆之言"狂而不信"，二扣《德充符》伯昏无人始终未发一言。

"所以论道，而非道也"，演绎《齐物论》"一（道）与言（论道）为二"，辨析道之实体（一）与"道"之名相（"一"）相异。未窥此义的旧庄学谬解为：一切"论道"均不合道。加上错误认定此篇撰者即庄子，于是断言庄子自相矛盾，自我否定了"内七篇"的全部"论道"。

"婀荷甘"、"老龙吉"、"弇堈"之人物命名，均不符合"内七篇"四境动植象征和四境排行隐喻。

1　化用《老子》："视之不见，名之曰微；听之不闻，名之曰希；搏之不得，名之曰夷。"参看《天运》："听之不闻其声，视之不见其形。"

舜问乎丞曰："道可得而有乎？"

曰："汝身非汝有也，汝何得有夫道？"

舜曰："吾身非吾有也，孰有之哉？"

曰："是天地之委形也。生非汝有，是天地之委和也；性命非汝有，是天地之委顺也；子孙非汝有[1]，是天地之委蜕也。故行不知所往，处不知所持，食不知所味，天地之徜徉气也[2]，又胡可得而有邪？"

原第四虞舜章，上接第三啮缺章：小知啮缺问道于至知被衣之后，续以大知虞舜问道于至知丞。

尽管寓言角色已换，义理主线并无改变，而是承上递进申论：啮缺章之旨是抵达"至知"之后退守"无知"，演绎《应帝王》核心寓言"巫相壶子"的知雄守雌。虞舜章之旨进而演绎《逍遥游》之"无何有"，《大宗师》之"不自得"。

天地之"委形"、"委和"、"委顺"、"委蜕"，演绎《齐物论》"物化"。

郭象反注曰："明其委结而自成耳，非汝有也。"万物均由道凝聚物德元气"委结"而成，怎能谓之"自成"？

成疏盲从郭象曰："阴阳结聚，故有子孙，独化而成，犹如蝉蜕也。"蝉由道凝聚物德元气而成，蜕为蝉之进一步"物化"，怎能谓之"独化"？

"行不知所往"，扣开篇"狂屈"之"猖狂"自适。《在宥》"猖

---

1 "子孙"旧误倒为"孙子"。刘文典、王叔岷、陈鼓应据《阙误》张本、敦煌唐写本、成疏、《白帖》、《太平御览》校正。

2 "徜徉"原作"强阳"。郭注、成疏训"运动"。王闿运谓即"徜徉"，始得其正。"强阳"又见《寓言》："彼强阳，则我与之强阳。强阳者，又何以有问乎？"

狂不知所往"，《山木》"猖狂妄行"，《庚桑楚》"百姓猖狂不知所如往"，"猖狂"之义均同：因循内德而自适其适，拒绝倚待伪道所谓"天下归往"的俗君僭主。"处不知所持"，演绎《逍遥游》"无何有"（致无一切物德之自得性持有）。"食不知所味"，演绎《大宗师》"其食不甘"。

结语"（夫道与德，）天地之徜徉气也，又胡可得而有邪？"阐明至人不会自命"得道"，因为"至得无得"；至人也不会自矜"有道"，因为"至有无有"。

郭象反注曰："夫身者非汝所能有也，块然而自有耳。"不通之至！"汝身非汝有"，即"汝身非汝自有"，怎能谓之"自有"？

孔子问于老聃曰："今日晏闲，敢问至道？"

老聃曰："汝斋戒，疏瀹尔心，澡雪尔精神，掊击尔知。夫道，窅然难言哉！将为汝言其崖略：夫昭昭生于冥冥，有伦生于无形，精神生于道。形本生于精，而万物以形相生，故九窍者胎生，八窍者卵生。其来无迹，其往无崖，无门无房，四达之皇皇也。邀于此者，五藏宁[1]，四肢强，思虑恂达，耳目聪明；其用心不劳，其应物无方。天不得不高，地不得不广，日月不得不行，万物不得不昌，此其道欤？且夫博之不必知，辩之不必慧[2]，圣人已断之矣。若夫益之而不加益，损之而不加损者[3]，圣

---

1 "五藏宁"三字旧脱。武延绪据《文子·原道》校补。"四肢强"下，奚侗疑脱"良"字，王叔岷疑脱"梁"字，说皆未允。

2 化用《老子》："知者不博，博者不知。善者不多，多者不善。"

3 化用《老子》："或损之而益，或益之而损。"

人之所保也[1]。渊渊乎其若海，巍巍乎其若山[2]，终则复始也，运量万物而不遗[3]。则君子之道，彼其外欤？万物皆将资焉而不匮，此其道欤？

"中国有人焉，非阴非阳，处于天地之间，直且为人，将返于宗。自本观之，生者，喑噫物也[4]；虽有寿夭，相去几何？须臾之说也。奚足以为尧桀之是非？果蓏有理，人伦虽难，所以相齿；圣人遭之而不违，过之而不守。调而应之，德也；偶而应之，道也；帝之所兴，王之所起也。

"人生天地之间，若白驹之过隙，忽然而已。注然勃然，莫不出焉；油然漻然，莫不入焉；已化而生，又化而死。生物哀之，人类悲之；解其天弢，堕其天褒。纷乎宛乎，魂魄将往，乃身从之，乃大归乎？不形之形，形之不形，是至人之所同知也。非将至之所务也，此众人之所同论也。彼至则不论，论则不至。明见无值，辩不若默。道不可闻，闻不若塞，此之谓大得。"

原第五老孔章，是《知北游》篇幅最长的核心寓言，上接第四虞舜章：大知虞舜问道于至知丞之后，续以大知孔子问道于至知老聃。

虞舜章"息补"君主大知之后，老孔章进而"息补"倚待君主的儒墨大知。尽管寓言角色又换，义理主线仍未改变，仍是承上递

---

1 化用《老子》："道者万物之主也，善人之葆也，不善人之所葆也。"

2 "若山"二字旧脱。马叙伦、王叔岷、陈鼓应校补。

3 "遗"旧讹为"匮"，义遂不通。林希逸、刘文典、于省吾、王叔岷、陈鼓应据《阙误》文如海本、刘得一本、《易传·系辞》"曲成万物而不遗"校正。郭注"我不匮"，证明郭象为自圆己注而妄改。

4 "噫"旧讹为"醷"，义遂不通。吴侗、王叔岷据《一切经音义》、成疏"喑噫"校正，阐释仍非。

进申论，继续深化"物化"义理，进而追溯至主宰"物化"的"造化"之道。因此老聃之言，分为两部分。

老言第一部分，阐释至道的"造化"。孔子"敢问至道"，老聃"言其崖略"。"其来无迹，其往无崖"、"运量万物而不遗"的主语都是"道"。"益之而不加益，损之而不加损"，演绎《齐物论》"如求得其情，与不得，无益损乎其真"。本章反复重言：万物离不开道。

郭象反注曰："此皆不得不然而自然耳，非道能使然也。"全反本章老聃之言"天不得不高，地不得不广，日月不得不行，万物不得不昌，此其道欤"。《韩非子·解老》："道者，天得之以高，地得之以藏，日月得之以恒其光，万物得之以死、得之以生。"化用本章老聃之言，同时点破本章老聃之言省略主语"道"。

郭象反注曰："皆所以明其独生而无所资借。"全反本章老聃之言"万物皆将资焉"，马捶章"物孰不资焉"。

"君子之道，彼其外欤？"贬斥孔子鼓吹的君子之"道"，仅是外道伪道。然而郭象反注曰："各取于身而足。"成玄英妄疏曰："夫运载万物，器量群生，潜被无穷而不匮乏者，圣人君子之道。此而非远，近在内心，既不藉禀，岂其外也？"全反原义。

老聃既斥儒家祖师孔子，又强调"道"之永在。郭象竭力护孔，又否定"道"之存在，当然要做手脚。

郭象先把"运量万物而不遗"之"遗"改为"匮"，然后反注曰："还用万物，故我不匮。此明道之赡物，在于不赡，不赡而物自得，故曰'此其道欤'。言至道之无功，无功乃足称道也。"再申"独化"、"自得"谬说，把原义"道不遗万物"反注为"我不匮（万物）"，谬解庄学"无（致无、丧忘）功"为没有功。然而《应帝王》明言至人"功盖天下"，仅仅是致无其功；《大宗师》也明言天道以及信仰天道的至人"泽及万世"，仅仅是不自居"仁义"。

老言第二部分，阐释万物的"物化"。"已化而生，又化而死。生物哀之，人类悲之；解其天弢，堕其天袠。"演绎《养生主》"帝之悬解"。"弢"为弓袋，"袠"为箭袋。死亡是无尽物化进程、大化流行的阶段性节点，是悬系于物形的暂时解脱，不值得悲哀。

"调而应之，德也；偶而应之，道也"：兼明达道至人因应外境之二义，既因循内德，又顺应天道。

"暗噎物"旧解音义均谬，"噎"被误读为 yī，乃至妄改为"醷"，义遂不明。"暗噎"是《齐物论》"大块噫气"之"噫"的增义变文："暗"训无言，上扣"天地有大美而不言"；"噎"读 ài，训噎吐。"暗噎物"意为：无言的天地大块，噎吐物德元气，凝聚而成之物。

"自本观之，生者，暗噎物也，须臾之说也"，意为：用道极视点观之，天地万物乃至所有生命，均属无言的天地大块噎吐物德元气凝聚而成之物，方生方死，方死方生，须臾之间不断转化。

"注然勃然，莫不出焉；油然漻然，莫不入焉"，揭破物与道之关系：物之生，出于道；物之死，归于道。"出入"即"生死"，参看《老子》："出生入死。"《大宗师》："古之真人，不知悦生，不知恶死；其出不欣，其入不拒。"

"不形之形，形之不形"，成玄英妄疏曰："气聚而有其形，气散而归于无形。"承上谬解物德原质之"气"为生物鼻息之"气"，又把"不形"之道，谬解为物未成形。盲从者众。其实两"之"均为动词，训往、到。句义：万物从不具形体，到被道赋予形体；又从具有形体，复归不具形体之道。义同上章"物已死生方圆"、本章"已化而生，又化而死"，演绎《齐物论》"方生方死，方死方生"及《大宗师》"万化而未始有极"。

"至则不论，论则不至"，上扣知北游章"知者不言，言者不知"。两"至"重言双扣庄学至境，再证撰者已悟庄学四境。倘若撰者像郭象及其追随者一样，误以为庄子褒扬"大知"，那就该说"大则不论，论则不大"。

"果蓏有理，人伦虽难，所以相齿"，褒扬以长幼年齿为"人伦"的天道伦理，旧庄学曲解为褒扬以君臣主奴为"人伦"的宗法伦理。郭象反注曰："人伦有智慧之变，故难也。然其智慧自齿耳，但当从而任之。"成玄英妄疏曰："人之处世，险阻艰难，而贵贱尊卑，更相齿次。但当任之，自合天道，譬彼果蓏，有理存焉。"

"圣人遭之而不违，过之而不守"，兼明因应外境的真俗二谛：圣人遇年长之人即礼敬，偶有违过也不泥守年齿，因为上文已论，"虽有寿夭，相去几何"？不违长幼年齿，仅是委蛇随顺的俗谛；不执长幼年齿，则是超越达道的真谛。旧庄学却把万物齐一的天道伦理，曲解为尊卑贵贱的宗法伦理。成玄英妄疏曰："遭遇轩冕，从而不违，既以过焉，亦不留舍也。"

> 大马之捶钩者，年八十矣，而不失毫芒。
>
> 大马曰："子巧欤？有道欤？"
>
> 曰："臣有守也。臣之年二十而好捶钩，于物无视也，非钩无察也。是用之者，假不用者也，以长得其用。而况乎无不用者乎？物孰不资焉？"

疑为郭象移入的第十马捶章，在郭象版中置于孔子两章之前，位置不对。在调整版中仍无恰当位置，姑仍其旧。

"臣有守"，王念孙据《达生》"我有道也"，训"守"为"道"。然而马捶章"臣有守"及《达生》"我有道"，均不符合庄学"无何有"、"不自得"之义，亦非《达生》之真义。因为《达生》第三章承蜩丈人自诩"我有道"之后，第九章续以吕梁丈夫之"吾无道"，超越性否定了"我有道"。庄学认为,至知至人永不自矜自得"有道"。"有守"更不合本篇主旨:原《知北游》第四虞舜章:"汝身非汝有也,汝何得有夫道? ……天地之委顺气也,又胡可得而有邪? "疑为郭象移入的第九光曜章,也已明确褒扬"无有",而贬斥"有无":"予能有'无'矣,而未能无'无'也。""有守"相当于"有无",即"未能无'无'"。

郭象既移入贬斥"有无"的第九光曜章,又移入褒扬"有守"的第十马捶章,而且两章紧连,不通之至。据此推测:疑为郭象移入的六章,其中五章可能出于原《知北游》撰者所撰之别篇;唯有马捶章,必非原《知北游》撰者所撰。

郭象版《知北游》之马捶章,当属郭象所删十九篇"外杂篇"之一《马捶》的开篇寓言。《南史·何子朗传》:"(子朗)尝为《败家赋》,拟庄周《马捶》,其文甚工。"当即此章所属之《马捶》。崔大华认为何子朗《败家赋》模仿的《马捶》,即《至乐》之第四章"庄子之楚,见空髑髅,髐然有形,撽以马捶",十分合理。但是郭象所删十九篇"外杂篇"之一《马捶》的篇名,不应出自"庄子之楚"寓言,因为"马捶"二字不在"庄子之楚"寓言的首句,且与主旨无关不合。"外杂篇"篇名的通例,是取开篇二字或开篇首句二字。

郭象裁剪原《知北游》撰者所撰别篇之五章,移花接木于《知北游》,是为了尊孔。而裁剪《马捶》篇首的马捶章75字,移花接木于《知北游》,则是为了支持其"独化自得"谬说。这位自矜自得的捶钩者与郭象一样,正是《天下》贬斥的"以其有,为不可加"者。

大司马是掌兵之官,故"钩"为兵器。旧庄学大多妄从成疏,谬解为腰带钩。腰带钩与大司马,殊无关联。马叙伦曰:"钩者,即《考工记·庐人》'勾兵欲无弹'之'勾',注:'谓戈戟属。'故属于大司马。"

"好捶钩"，不合庄子反战之旨。"假不用者也，以长得其用"，仅仅略沾庄学俗谛之皮毛。或许原《马捶》既不合庄学，更不合儒学，自居"有道"而贬孔贬儒至极，遂被郭象删去大半。

冉求问于仲尼曰："未有天地，可知邪？"

仲尼曰："可。古犹今也。"

冉求失问而退，明日复见曰："昔者吾问：'未有天地，可知乎？'夫子曰：'可。古犹今也。'昔日吾昭然，今日吾昧然。敢问何谓也？"

仲尼曰："昔之昭然也，神者先受之；今之昧然也，且又为不神者求邪？无古无今，无始无终。未有子而有孙，可乎？"[1]

冉求未对。

仲尼曰："已矣，末应矣[2]！不以生生死，不以死死生。死生有待邪？皆有所一体。有先天地生者物邪？物物者非物。物固不得先物也[3]，犹其有物也，犹其有物也无已。圣人之爱人也终无已者，亦乃取于是者也。"

疑为郭象移入的第十一孔冉章，撰者仿拟"内七篇"，让真际孔子充当庄学代言人，却被郭象篡改曲解，改造为郭象代言人。

冉求问："未有天地，可知邪？"仲尼曰："可。"隐扣《论语·为

1　诸本"子"后衍"孙"，"孙"前衍"子"，作"未有子孙而有子孙"，不通之至。郭注："言世世相极。"成疏："言子孙相生，世世无极。"陆释："'未有子孙而有孙子'，言其要有由，不得无故而有。传世故有子孙，不得无子而有孙也。"陆本后一"子孙"作"孙子"。疑治庄后儒受困于原文"未有天地"及郭注"言天地常存，乃无未有之时"，将原文"未有子而有孙"增为"未有子孙而有子孙"，为郭象谬注"未有天地而有天地"弥缝。

2　"末"旧讹为"未"。唐写本、褚伯秀本均作"末"。

3　"固"旧讹为"出"，义遂不通。吴汝纶："'出'字疑当作'固'。"

政》："子张问：'十世可知邪？'子曰：'殷因于夏礼，所损益可知也；周因于殷礼，所损益可知也；其或继周者，虽百世可知也。'"隐贬大知孔子尽管思及"百世"，远胜思及"十世"的芸芸小知，但与思及"万世"的至人庄子无法比拟，未悟"未有天地"之前的道。

郭象反注曰："言天地常存，乃无未有之时。"成玄英妄疏曰："故知无未有天地之时。"陆德明妄释："天地不得先无而今有。"全反原义。"未有天地"，蕴涵天地并非长存。

冉问"未有天地"，是"道"之变文，义本《大宗师》："夫道……自本自根，未有天地，自古以固存。神鬼神帝，生天生地。"孔答"先天地生者"、"物物者"，仍是"道"之变文。

郭象为了尊孔，裁剪别篇的孔子二章，移于原《知北游》篇末。然而孔子二章之孔子，实为庄学代言人，所论始终紧扣"道"，这又与否定"道"之存在的郭象义理完全冲突，因此郭象不得不把作为庄学代言人的孔子，改造成郭象代言人，把庄学曲解为儒学，继续鼓吹"独化自得"谬说。郭象谬解《知北游》，在孔子两章达于不通之极致。亦步亦趋的成疏亦然。追随郭注、成疏的旧庄学皆然。

第一知北游章"生也死之徒"，郭注："知变化之道者，不以死生为异。"成疏："气聚而生，犹是死之徒类。生死既其不二，万物理当归一。"大致符合原义。

本章"死生有待邪？皆有所一体"，郭注："独化而足。死与生各自成一体。"成疏："死生聚散，各自成一体耳，故无所因待也。"则与原义完全相反，又违背知北游章"死生为徒，万物一也"、"通天下一气"，老孔章"虽有寿夭，相去几何"，以及《大宗师》"死生存亡之一体"，更与知北游章的郭注、成疏自相矛盾。

旧庄学对郭注、成疏的自相矛盾毫无察觉，无一例外盲从：知北游章紧跟郭注、成疏，阐释为"死与生合为一体"。孔冉章又紧跟郭注、成疏，阐释为"死与生各自成一体"。比如王先谦曰："死生不相待，各有成体。"王叔岷曰："生为一体，死为一体，各不相待，犹形影之各不相待也。"王叔岷之说，又与《齐物论》魍魉问影本义对立。郭注常常含混，其谬不显。追随者想使郭注从含混变成明晰，乃至系统化，于是彰显郭注之谬而不自知。

其实治庄后儒的实际思维水平，不可能如此之低，不可能不发现郭注之矛盾，仅因在尊孔、反庄的立场上与郭象"莫逆于心"，所以发现郭注矛盾的治庄后儒不是推翻郭注，而是修改郭注掩盖其矛盾，于是删去郭注"知变化之道者，不以死生为异"的"死生"二字，变成了不知所云的"知变化之道者，不以为异"[1]。经过治庄后儒不断修改和不断弥缝，义理浅陋不通的郭象反注，遂成旧庄学的至高权威。

"圣人之爱人也终无已者,亦乃取于是者也"：贬斥儒墨"仁爱"、"兼爱"均属未达"周、遍、咸"的普遍之爱。"取于是"，即取法于天道之"不仁"，对万物一视同仁，而非亲亲偏爱之仁；即庄学至境"至仁无仁"、"至亲无亲"。

> 颜渊问乎仲尼曰："回尝闻诸夫子曰：'无有所将，无有所迎。'回敢问其游。"

> 仲尼曰："古之人外化而内不化，今之人内化而外不化。与物化者，一不化者也。安化安不化？安与之相磨？必与之莫多。君子之人若儒墨者师，故以是非相齑也，而况今之人乎？圣人处物，不伤物。不伤物者，物亦不能伤也。唯无所伤者，为能与之相将迎。"

---

1 刘文典："注'不以'下，脱'死生'二字。今依唐写本补。"王孝鱼从之。

疑为郭象移入的第十二孔颜章，撰者笔下的孔子仍是庄学代言人，又被郭象篡改曲解，改造为郭象代言人。

"外化而内不化"意为：因应外境，灵活变化；因循内德，自适其适。演绎《齐物论》"其形化，其心与之然，可不谓大哀乎？"以及"不化以待尽"。

"安化安不化？安与之相磨？""安"是问词，两句皆为问句。句义：外形与内德，什么该化该磨？什么不该化不该磨？

郭象反注曰："化与不化，皆任彼耳，斯无心也。"成玄英妄疏曰："安，任也。夫圣人无心，随物流转，故化与不化，斯安任之，既无分别，曾不概意也。"

郭注、成疏均把问词"安"，谬解为动词"安心于"、"听任于"，曲解句义为：听任外形之化磨，听任内德之不化不磨。尽管未悖庄学，然而不合句义。故意曲解的目的，是为下文全反庄学的进一步曲解预作铺垫。

林希逸驳正曰："安，犹'岂'也。"林云铭驳正曰："安化安不化是诘词。言安所化乎，安所不化乎？"然而林希逸、林云铭的驳正毫无作用，旧庄学仍然盲从郭注、成疏，继续把两个问句误读为陈述句，继续把两个反问词"安"误释为"安任"。比如王叔岷曰："'安与之相磨'承'安化'而言，此谓安于与物相随顺，而与物随顺不过度也。"

"相磨"扣《齐物论》贬斥大知、小知"与物相刃相磨"。"相磨"原与"相刃"义同，由于郭注、成疏谬解庄子褒大知、贬小知，谬解"相刃"为逆、"相磨"为顺，因此郭注、成疏此处仍把贬词"相磨"，反注为褒词"随顺"。

"君子之人若儒墨者师，故以是非相虀也"是证明寓言中的真际孔子实为庄学代言人的铁证。撰者在寓言中借儒家祖师孔子之口批评儒家后学与墨家"以是非相齑",演绎《齐物论》"故有儒墨之是非,以是其所非而非其所是"。"齑"之名词本义:切碎的菜末;名词引申义:辛辣植物切碎成末的调味品。"齑"之动词本义:切碎、毁灭;动词引申义:辛辣诋毁攻击。"相齑"之"齑"为动词,与"相刃"之"刃"、"相磨"之"磨"词性、命义均同,即《大宗师》"(道)齑万物而不为义"之"齑"。

《大宗师》许由颂扬"吾师"(天道)"齑(毁)万物而不为义,泽及万世而不为仁",晦藏了贬斥儒墨伪道"毁灭万民而自居义,祸及万世而自居仁"之义,郭象嗅出异味,于彼处反注"齑"为"调和"。此处同样嗅出异味,又施故技,仍训"齑"为"调和"。成疏、陆释亦步亦趋。于是批评"儒墨者师"以伪是非互相非毁攻击之原义,遂被反注为"儒墨者师"泯除是非而互相调和。既反撰者之旨,又反撰者演绎的《齐物论》之旨。

王叔岷此处难能可贵地驳正郭象:"章太炎:'言儒墨之师,故以是非相齑,而况今之人乎!齑读为排挤之挤。'钱穆:'此《在宥》所谓'乃始脔卷𢙐囊而乱天下也'。《列御寇》'使人轻乎贵老,而齑其所患',陆释:'齑,乱也。'与章所谓排挤义相因,与钱所引《在宥》'乱天下'之说亦相符。郭训齑为和,此非其义。"旧庄学偶尔会在字义训诂上驳正郭象反注,但是从不驳正郭象对根本义理的反注。

郭象深知魏晋士人重视而且谙熟庄子亲撰的"内七篇",因此不敢把"内七篇"中的孔子移至篇末,重塑为终极论道者。郭象同样深知魏晋士人不重视不熟悉庄门弟子后学所撰的"外杂篇",因此裁剪"外杂篇"别篇孔子二章,移于原《知北游》篇末,伪造了孔子在篇末成为终极论道者的孤证。

本章主旨是探讨:"究竟应该选择内德随外境变化,被名教黥劓,而力保肉身；还是应该选择外形随外境变化，不被刑教惩罚，而永葆真德？"也就是问：何"所将"（拒绝）？何"所迎"（接受）？演绎《大宗师》"至人之用心若镜，不将不迎，应而不藏，故能胜物而不伤。"因此孔子回答颜回所问"将迎"，至"圣人处物，不伤物。不伤物者，物亦不能伤也。唯无所伤者，为能与之相将迎"，业已告终。然而郭象版《知北游》在"必与之莫多"之后，"君子之人若儒墨者师"之前，多出与"将迎"无关的四句："狶韦氏之囿，黄帝之圃，有虞氏之宫，汤武之室。"又在"为能与之相将迎"之后，多出与"将迎"无关的一段："山林欤！皋壤欤！……齐知之所知，则浅矣。"多出之言与颜回所问无关，而且属于连文，当属郭象为了把水搅浑而裁剪别篇故意插入。

今将郭象裁剪别篇插入两处之言，合而为一，如下：

　　狶韦氏之囿，黄帝之圃，有虞氏之宫，汤武之室；山林欤！皋壤欤！与我无亲[1]，使我欣欣然而乐欤！乐未毕也，哀又继之。哀乐之来，吾不能御，其去弗能止。悲夫，世人直为物逆旅耳！夫知遇而不知所不遇，能能而不能所不能[2]。无知无能者，固人之所不免也。夫务免乎人之所不免者，岂不亦悲哉？至言去言，至为去为。齐知之所知，则浅矣。

此段虽与颜回所问"将迎"无关，却很符合庄学。直译如下——
狶韦氏的园囿，黄帝的悬圃，虞舜的宫苑，商汤周武的静室；

1　旧脱"与我无亲"四字。刘文典、王叔岷据《阙误》江南本、郭注"山林皋壤，未善于我"校补。

2　句前旧衍"知"字。马其昶、于省吾、王叔岷、陈鼓应均据敦煌唐写本及郭注、成疏校删。

山林啊！原野啊！与我并非亲戚，却能使我欣然快乐！快乐尚未尽享，悲哀又继之而来。哀乐之来我不能抵御，哀乐之去我不能阻止。可悲啊，世人作为物只是暂住人间旅舍罢了！个人只是知解此生所遇之境而不能知解此生不遇之境，能有此生所有之能而不能有此生所无之能。必有无知无能之处，固为人所不可避免。务求避免个人不可避免的，岂不可悲？至高之言是去除语言，至高之为是去除有为。剪齐众人之知于一己有限之知，太浅陋了。

"至言去言，至为去为"，表述庄学至境。"去"训致无、丧忘。句式同于第一章"知者不言，言者不知"。

"齐知之所知，则浅矣"，意为：倘若齐一至知、大知、小知、无知之所知，就太浅陋了。

仅论物德之质，则万物齐一于道，此为庄学真谛；若论物德之量，则万物决不齐一，此为庄学俗谛。物德有厚薄，天池有小大，天机有深浅，至知、大知、小知、无知，其知决不齐一。此为"庄学四境"的根本依据：大知、小知、无知均不知"道"之遍在永在，唯有至知彻悟"道"之遍在永在。然而至知尽管彻悟"道"之遍在永在，仍然自知无知，同时深知人类的普遍无知，深知人类永远不可能终极表述"道"，只能终极信仰"道"，无限趋近"道"。

四 末章庄子出场，终极阐明篇旨

东郭子问于庄子曰："所谓道，恶乎在？"

庄子曰："无所不在。"

东郭子曰："期而后可。"

庄子曰："在蝼蚁。"

曰："何其下邪？"

曰："在稊稗。"

曰："何其愈下邪？"

曰："在瓦甓。"

曰："何其愈甚邪？"

曰："在屎溺。"

东郭子不应。

庄子曰："夫子之问也，固不及质。正获之问于监市，履狶也，每下愈况。汝唯莫必，无乎逃物。至道若是，言大亦然[1]。周、遍、咸三者，异名同实，其指一也。尝相与游乎无何有之宫，同合而论，无所终穷乎？尝相与无为乎？澹而静乎？漠而清乎？调而闲乎？寥矣吾志，既往焉[2]，而不知其所至；去而来，而不知其所止。吾已往来焉，而不知其所终，彷徨乎冯闳[3]。大知入焉，而不知其所穷。物物者，与物无际；而物有际者，所谓物际者也。不际之际，际之不际者也，谓盈虚长杀[4]。彼为盈虚，非盈虚；彼为长杀，非长杀；彼为本末，非本末；彼为积散，非积散也。"

原第六庄子章，疑为原《知北游》终篇章，庄子最后出场，总

1　"言大"，被郭象妄改为"大言"。

2　"既"原作"旡"，又讹为"无"，义遂不通。王叔岷："郭注：'无往焉，故往而不适其所至。'无往，自无所至，何待言'不适其所至'？'无'盖'旡'之形近而讹。旡，古既字。'既往焉，而不知其所至'，与下句'去而来，而不知其所止'相对成义。下文'吾已往来焉，而不知其所终'，又紧承此二句言之。郭氏不知'无'是误字而强说，非也。"

3　"不知其所终"后，当逗而诸本皆句。"彷徨乎冯闳"后，当句而诸本皆逗。两处错误断句的根源，是旧庄学被郭象误导，误以为庄子襄扬"大知"，所以此处庄子自居"大知"。其实"吾"与"大知"对举："吾"往而复来，不知所终，即知其不知，故彷徨知止。"大知"入而不出，不知所穷，即不知其不知，故往而不返。

4　"长"（长）旧讹为"衰"，形近而讹。下两"长"字亦讹为"衰"。王叔岷："衰疑为长之形近而讹。长杀，犹消长。"

结篇旨。

"外杂篇"有三位"东郭"：《知北游》问道于庄子的"东郭子"，《田子方》的田子方之师"东郭顺子"，《寓言》的颜成子游之师"东郭子綦"。

本章著录庄事，并非寓言。问道于庄子的东郭子，必定实有其人，或居庄子本邑蒙城东门，或居宋都商丘东门，也可能本姓东郭，名子綦。庄子所撰《齐物论》设为寓言人物，改"东"为"南"，使之成为抵达南溟的首席庄学代言人。蔺且所撰《寓言》把"南郭子綦"还原为"东郭子綦"。魏牟所撰《知北游》则记载了"东郭子"问道于庄子，当属闻于其师蔺且。魏牟所撰《田子方》又变文为"东郭顺子"，使之成为田子方之师。

旧庄学把《知北游》中问道于庄子的"东郭子"，《田子方》的田子方之师"东郭顺子"，妄解为同一人，不仅混淆了寓言与史事，而且混淆了年代。成玄英妄疏曰："居在东郭，故号东郭子，则无择（田子方之名）之师东郭顺子也。"陈景元妄注曰："田子方之师。"田子方与魏文侯（前445—前396在位）同时，庄子与魏文侯之孙魏惠王（前369—前319在位）同时，两个"东郭"相差近百年，怎能混为一谈？旧庄学经常无知强解，误导读者。

本章分为三部分。

第一部分，东郭先问"道恶乎在"，庄子答"无所不在"。

"无所不在"之"道"，兼有二义：

其一，道之体，谓之"无"，意为非物质性的宇宙终极规律，"无所不在"地遍行于宇宙。

其二，道之用，谓之"有"，意为物质性的万物浑沌原质（现代科学谓之"基本粒子"），"无所不在"地遍在于万物。

东郭既闻"无所不在"之教，进而要求庄子指实。庄子愈答愈下，越言越小，均兼二义：道之体（宇宙终极规律）遍行于蝼蚁、稊稗、瓦甓、屎尿，道之用（万物浑沌原质）遍在于蝼蚁、稊稗、瓦甓、屎尿。

庄子所谓"道"，均兼二义。不明其旨者，妄斥庄子含糊矛盾，不过自曝浅陋而已。

第二部分，"东郭子不应"以下，至郭象版庄子章末。庄子举例说明愈答愈下、越言越小的原因。

"汝唯莫必，无乎逃物"意为：除非你不要我指实道之所行所在，否则离不开具体之物。

"至道若是，言大亦然"意为：至道就是这样遍在遍行于宇宙万物，包括至贱至下、至微至小之物。欲明猪之肥瘦，越近猪脚越易明；猪脚若肥，猪身必肥。欲明道之遍在万物、遍行宇宙，越言小物越易明。道既然在于小物、行于小物，必然在于大物、行于大物。

"言大亦然"之"言大"，与第一部分之"言小"对举。郭象为了自圆其谬解《齐物论》褒大知大言、贬小知小言，妄改"言大"为"大言"，义遂不通。然而成疏却为之弥缝："至道，理也；大言，教也。理既不逃於物，教亦普遍无偏也。"宣颖仍然为之弥缝："汝以我前四言为琐小，不知虽大言之，亦与四者同耳。"刘凤苞继续为之弥缝："四者特举其至小者言之耳，更易广大之言，亦无加乎此。"旧庄学昏聩无识，盲从郭象如此。

庄子继而褒扬至知"游乎无何有之宫"，"往而至，去而来"；贬斥"大知入焉，而不知其所穷"，即往而不至，去而不来，不自知其知之鄙陋。由于郭象谬解《齐物论》褒大知大言、贬小知小言，因而同样把此处庄子所贬的"大知"，谬解为庄子所褒。

庄子随后阐明，"物物者，与物无际"。"物物者"即道，义同《大宗师》"造物者"。前"物"动词，训驾驭。后"物"名词，训万物。

句义：主宰万物的道，与具体之物没有界限，"遍然而万物"地遍在遍行于每物之中。

否定"道"之存在的郭象反注曰："物物者无物，而物自物耳。"然而孔冉章明谓"物物者非物"（再次证明包括孔冉章在内的五章，出自《知北游》撰者所撰别篇）。撰者所谓"非物"，强调"道"的非物质性，不可能得出"物自物"的"独化"谬论。郭象所谓"无物"，强调"道"之不存在，于是得出"物自物"的"独化"谬论。

成玄英进而妄疏："夫能物于物者，圣人也。"然而《山木》庄子之言"物物而不物于物"（驾驭万物而不被万物驾驭），严格区分了"物物"（驾驭万物）与"物于物"（被万物驾驭）的对立。成玄英却为郭象反注弥缝，把"物物者"等同于"物于物者"。"物于物者"是被万物驾驭的奴才，怎么可能是驾驭万物的圣人？东郭问道，庄子论道，又与圣人何干？

"物有际者，所谓物际者也。不际之际，际之不际者也，谓盈虚长杀。彼为盈虚，非盈虚；彼为长杀，非长杀；彼为本末，非本末；彼为积散，非积散也"：物才是有局限的，这正是物的局限。没有局限的道，在有局限的万物中仍然没有局限，仅是随着物的盈虚消长而盈虚消长。然而物有盈虚，道无盈虚；物有消长，道无消长；物有本末，道无本末；物有积散，道无积散——此旨可用今语表述：主宰宇宙的基本规律不变，组成宇宙的基本粒子不灭。基本粒子会重新组合成新物，但是任何新物仍受基本规律主宰。

第二部分主旨是"物之不逃于道"，郭象却反注为"道之不逃于物"。庄义是言道不言物，旨在强调"道"之绝对性。郭义却言物不言道，旨在否定"道"之绝对性。庄学"造化"论以物明道，肯定"道"之至高存在。郭象"独化"论以物废道，否定"道"之至高存在。庄义与郭义针锋相对，不可两立。

结语　辨伪存真，继长增高

本文尝试以"内七篇"义理为据，疏理"外杂篇"。由于缺乏原始文本外证，只能以"内七篇"义理为内证。即便我尽量持之有故，言之成理，仍然未必探明历史真相。调整章次，不过是探究历史真相的推测，仅有参考价值，未必尽合史实。调整章次的部分作用是：即便章次调整不合史实，起码有助于读者理解因郭象篡改反注而无法理解、难以读通的文本。

郭象按照儒学成心改编而成的《知北游》，结构极其不合理，必非原貌。我按"内七篇"义理重新调整过的《知北游》，结构相对合理，但也未必尽合原貌。"外杂篇"原貌，或许介于两者之间。

庄门弟子后学所撰的"外杂篇"，是"内七篇"问世后第一时间出现的第一批"内七篇"研究成果。由于"内七篇"的支离其言、晦藏其旨，即便"外杂篇"撰者亲炙于庄子，也未必能够尽窥"内七篇"奥秘，未必能够全合"内七篇"义理。即便"外杂篇"撰者文学悟性、哲学悟性俱高，模仿乃师文风也未必能够神似乱真，阐发内篇义理也未必能够无所偏离。

庄学研究者，首先必须明白"外杂篇"并非庄子亲撰，其次必须对郭象版"外杂篇"辨伪存真，明其得失，方能寄望庄学研究的继长增高。

2007 年 11 月 4 日—2008 年 2 月 15 日初稿

2022 年 1 月 27 日定稿

《秋水》精义

弁言 "齐物"指南，竟成指北

古今论庄者，常把《秋水》视为整部《庄子》首屈一指的名篇。比如李白《赠宣城宇文太守兼呈崔侍御》曰："过此无一事，静谈《秋水》篇。"马定国《读〈庄子〉》曰："吾读漆园书，《秋水》一篇足。安用十万言，磊落载其腹？"陈深曰："《庄子》书有迂阔者，有荒唐者，有愤懑者，语皆未平，独此篇说义理阔大精辟，有前所未发，衍后儒所不及闻者。"林云铭曰："是篇大意，自内篇《齐物论》脱化出来，立解创辟，既踞绝顶山巅，运词变化，复擅天然神斧。此千古有数文字，开后人无数法门。"方人杰曰："从来文章之家，并未有此手笔。"所以大学中学教材从《庄子》中挑选范文，首选《秋水》，不过往往仅选第一河伯章。钱锺书则取《秋水》之"用管窥天，用锥指地"，命名其最终著作《管锥编》。

旧庄学推崇《秋水》如此不留余地，根本原因是被郭象谬见"内外杂均为庄撰"误导，以为《秋水》撰者是庄子。然而史实硬证证明，《秋水》撰者绝非庄子，亦非庄子弟子蔺且。篇中著录魏牟面斥公孙龙，证明撰于前256年魏牟自秦至赵，至前240年魏牟卒年（魏牟版《庄子》初始本成书下限）之间，庄殁三十年以上，蔺殁四年以上。《秋水》文风张扬夸诞，意旨鲜明辛辣，撰者当为庄子再传弟子魏牟。著录庄子三事："庄拒楚聘"、"庄惠初见"发生之时，魏牟尚未出生，"庄惠辩鱼"发生之时，魏牟尚未亡国，均非亲历亲闻，当属转闻于其师蔺且。

《秋水》被后于魏牟的《荀子》《韩非子》，先于刘安的贾谊《吊屈原赋》抄引，必在魏牟版"外篇"。刘安版、郭象版仍在"外篇"。

旧庄学已知，《秋水》的宗旨是演绎《齐物论》义。林云铭曰："是篇大意，自内篇《齐物论》脱化出来。"王叔岷曰："此篇发挥《齐物论》，盖庄子门人所述。"

《秋水》演绎《齐物论》义理，兼及内七篇其他义理。结构缜密，气势恢宏，文章之美，不逊庄子，尽管义理略有小失，仍为魏撰诸篇之冠，堪称千古不朽杰作。流畅浅白的《秋水》，确为晦涩艰深的《齐物论》之"指南"，指向南溟的至知至人。郭象篡改版《秋水》，却是郭象篡改版《齐物论》之"指北"，指向北溟的大知大人。

《晋书·郭象传》记载："先是，注《庄子》者数十家，莫能究其旨统。向秀于旧注外而为解义，妙演奇致，大畅玄风，惟《秋水》《至乐》二篇未竟而秀卒。秀子幼，其义零落，然颇有别本迁流。象为人行薄，以秀义不传于世，遂窃以为己注，乃自注《秋水》、《至乐》二篇，又易《马蹄》一篇，其余众篇或点定文句而已。"

由于向秀注《秋水》未完即死，剽窃向秀遗著的郭象只能自注《秋水》，并以《秋水》的篡改反注，支持其对《齐物论》的篡改反注，支持其对整部《庄子》的篡改反注，支持其否定"道"之存在的"独化"谬说。因此，揭露郭象对《秋水》的篡改反注，遂成颠覆郭象谬说的第一突破口。

《秋水》复原近真本，白文 2845 字：补脱文 29 字，删衍文 4 字，订讹文 31 字，更正文字误倒 4 处。厘正通假字、异体字 36 字，重复不计。纠正重大标点错误 2 处，小误不计。

全文七章。三章寓言，四章记事，没有专明篇旨的卮言章，异于内七篇之每篇均有卮言章。

第一河伯观海章为全文核心，章末五句具有卮言功能，其后六章演绎展开。

第二夔怜蚿章演绎庄学四境，因与郭象二境抵牾，郭象删去二节。我根据三种旁证仿拟206字，仅供参考。

一　大知"自多"，至知"自少"

第一河伯观海章，共有七番问答。

秋水时至，百川灌河，泾流之大，两涘渚崖之间，不辨牛马。于是焉河伯欣然自喜，以天下之美为尽在己。顺流而东行，至于北海，东面而视，不见水端，于是焉河伯始旋其面目，望洋向若而叹曰："野语有之，曰'闻道百，以为莫己若'者，我之谓也。且夫我尝闻少仲尼之闻，而轻伯夷之义者，始吾弗信，今我睹子之难穷也，吾非至于子之门则殆矣。吾长见笑于大方之家。"

北海若曰："井鱼不可以语于海者[1]，拘于墟也；夏虫不可以语于冰者，笃于时也；曲士不可以语于道者，束于教也。今尔出于崖涘，观于大海，乃知尔丑，尔将可与语大理矣。天下之水，莫大于海。万川归之，不知何时止而不盈；尾闾泄之，不知何时已而不虚。春秋不变，水旱不知。此其过江河之流，

1　"鱼"旧讹为"蛙"。王引之、刘文典、王叔岷、张默生据《吕览·谕大》、《淮南子·原道训》、《水经·赣水注》、《太平御览》时序部、鳞介部、虫豸部、《困学纪闻》引文校改。

不可为量数。而吾未尝以此自多者，自以比形于天地，而受气于阴阳，吾在天地之间，犹小石小木之在泰山也。方存乎见少，又奚以自多？计四海之在天地之间也，不似礨空之在大泽乎？计中国之在海内，不似稊米之在太仓乎？号物之数，谓之万，人处一焉；人卒九州，谷食之所生，舟车之所通，人处一焉。此其比万物也，不似毫末之在于马体乎？五帝之所禅[1]，三王之所争，仁人之所忧，任士之所劳，尽此矣。伯夷辞之以为名，仲尼语之以为博，此其自多也，不似尔向之自多于水乎？"

第一番问答，贬斥大知小知，褒扬至知至人。

《秋水》开篇，即运用《逍遥游》首创的名相"宇宙"，通过时空两种坐标，描述水之"小大"，抉发"内七篇"晦藏甚深的庄学四境。

首先是时间坐标：春天冰雪消融，春雨绵绵细小，隐喻小知。秋有大雨暴雨，秋水大于春潮，隐喻大知。"春秋不变，水旱不知"的大海，隐喻至知。

其次是空间坐标："灌河"之"百川"，"泾流之小"，隐喻小知。受灌之黄河，"泾流之大"，隐喻大知。"天下之水，莫大于海"，隐喻至知。

陷溺人间视点的大知小知，其知囿于时空。故曰："井鱼不可以语于海者，拘于墟也；夏虫不可以语于冰者，笃于时也。"两喻分扣"宇（空）/宙（时）"，又略合四境动植象征。

达至道极视点的至知/无知，其知超越时空。故曰，大海"春秋不变，水旱不知"。

大知河伯，面对至知北海若而自愧，一如《逍遥游》之大知唐

1　"禅"字旧多讹为"连"，《阙误》江南本讹为"运"。王叔岷厘正，张默生、陈鼓应是之。

尧，面对至知许由而"自视缺然"，于是引出本篇锋芒所指："少仲尼之闻，而轻伯夷之义。"

至知北海若又变文重言，再次强调本篇锋芒所指："伯夷辞之以为名，仲尼语之以为博，此其自多也，不似尔向之自多于水乎？"

对此贬孔语，儒生郭象避而不注。道士成玄英则无心理障碍："伯夷让五等以成名，仲尼论六经以为博，用斯轻物，持此自多，亦何异乎向之河伯自多于水！"

即此可证，撰者深明《逍遥游》的"小大之辨"蕴涵庄学四境，深明"内七篇"褒至知、贬大知之旨（第二章演绎），因而开篇即以河伯、北海若之重言，贬斥"以天下之美为尽在己"而"自多"的大知孔子（第三章演绎），褒扬"自见其少，未尝自多"的至知北海若（隐喻庄子，第四、第五、第六、第七章揭破）。参看《天下》："天下之治方术者多矣，皆以其有，为不可加矣。……天下多得一察焉以自好。"

郭象既已谬解"内七篇"褒大知、贬小知，因此继续系统谬解《秋水》同样褒大知、贬小知，认为"秋水时至，百川灌河，泾流之大，两涘渚崖之间，不辨牛马"是形容"小知"河伯，无视"小知"与"泾流之大"无法匹配。郭象又认为"万川归之，不知何时止而不盈；尾闾泄之，不知何时已而不虚"是形容"大知"北海若，不知北海若象征"至知"。

郭象既已把"内七篇"核心义理"逍遥"谬解为"自得"，因此继续系统谬解《秋水》也褒扬"自得"。其实"自得"与"自多"义同，郭象鼓吹的"自得"，与《秋水》之贬斥"自多"、主张"不能自得"，完全对立。

郭象既已谬解"内七篇"褒扬孔子，因此继续把《秋水》之明贬孔子，反注为褒扬孔子。如此"义理不正确"的谬说，却因"政治正确"而被旧庄学力挺千年，盲从至今。

> 河伯曰："然则吾大天地，而小毫末，可乎？"
> 北海若曰："否。夫物，量无穷，时无止，分无常，终始无固[1]。是故至知观于远近[2]，故小而不寡，大而不多，知量无穷；证向今故，故遥而不闷，掇而不跂，知时无止；察乎盈虚，故得而不喜，失而不忧，知分之无常也。明乎坦途，故生而不悦，死而不祸，知终始之不可固也。计人之所知，不若其所不知；其生之时，不若未生之时。以其至小，求穷其至大之域，是故迷乱而不能自得也。由此观之，又何以知毫末之足以定至细之倪？又何以知天地之足以穷至大之域？"

第二番问答，贬斥大知小知的伪道俗见，兼褒至知至人的真道洞见。

经至知北海若教诲，大知河伯不敢再"自多"，继而又问：那么"吾大天地而小毫末"，可以吗？

北海若否定之，因为"大天地而小毫末"仍是囿于人间视点的伪道俗见，不合《齐物论》达至道极视点的至知洞见：大毫末而小泰山。

至知对天地万物之知，包括四方面："夫物，量无穷，时无止，分无常，终始无固。""是故至知……"以下，逐一分论。"至知"是其下四层分论的总主语，原义是褒至知、贬大知。由于不合郭象褒大知、贬小知之谬解，于是郭象把"至知"妄改为"大知"，义

1　"终始无固"、下文"知终始之不可固也"之"固"，旧皆讹为"故"。高亨校正。
2　郭象篡改"至知"为"大知"，以自圆其谬解《齐物论》褒大知、贬小知。

遂不通。

分论一："至知观于远近，故小而不寡，大而不多，知量无穷。"句义：至知观于远近，彻悟小物之德虽薄，也是道所分施，无须"自小"其德；大物之德虽厚，仍是道所分施，不能"自多"其德，更不能拔高己德为道。此即至知所知物德之量差别无穷。——小知不能观于远近，才会"自小"其德；大知不能观于远近，才会"自多"其德，乃至拔高己德为道。

分论二："（至知）证向今故，故遥而不闷，掇而不跂，知时无止。"句义：至知面向古今综合取证，以来鉴往，对遥远的古代不纳闷迷惑；以往鉴来，对切近的未来不企羡幻想。此即至知所知时间之流永无终止。——大知小知，知今不知古，知古不知今，因而或迷恋古代，或幻想未来。

分论三："（至知）察乎盈虚，故得而不喜，失而不忧，知分之无常也。"句义：至知洞察万物无不盈亏物化，因而己有所得不喜悦，己有所失不忧愁。此即至知所知物化分际变迁无常。——大知小知，知失不知得，知得不知失，因而或喜其所得，或忧其所失。

分论四："（至知）明乎坦途，故生而不悦，死而不祸，知终始之不可固也。"句义：至知明白大道，因而生于造化既无喜悦，死于物化也无悲戚。此即至知所知万物生死不可固执。——大知小知，则不知造化之道，不知物化之德，因此既喜其生，又悲其死。

北海若分论既毕，进而总论人类之知极为有限："计人之所知，不若其所不知；其生之时，不若未生之时；以其至小求穷其至大之域，是故迷乱而不能自得也。"

至知虽有如上之知，却能致无其知，因为自知"其所不知"多于"所知"，自知"迷乱"，自知"不能自得"终极天道，只能"以德为循，自适其适"（《大宗师》）。因循真德的自适其适必合天道，也必有"当"，然而至知至人"当而不自得"（《大宗师》），"未尝自多，不能自得"（《秋水》），不正众生，仅正己生。

大知小知不自知"其所不知"多于"所知"，因而不自知"迷乱"，反而自矜其知，自以为"自得"终极天道，于是违背真德地"役人之役，适人之适"（《大宗师》）。违背真德的适人之适必悖天道，也必不"当"，然而悖道大知却"临人以德"（《人间世》），"自得自多，以天下之美为尽在己"（《秋水》），不正己身，妄正众生。

由此可明，《秋水》褒扬的至知之"不自多"，正是"内七篇"褒扬的至知之"不自得"。然而郭象及其追随者，既无视《大宗师》主张"当而不自得"，又无视《秋水》主张"不能自得"，而以"自得"谬说反注《秋水》全篇，进而反注《齐物论》全篇，直至反注整部《庄子》。

　　河伯曰："世之议者皆曰：'至精无形，至大不可围。'是信情乎？"

　　北海若曰："夫自细视大者不尽，自大视细者不明。夫精，小之微也；垺，大之殷也；故异便耳[1]，此势之有也。夫精粗者，期于有形者也；无形者，数之所不能分也；不可围者，数之所不能穷也。可以言论者，物之粗也；可以意致者，物之精也；言之所不能论[2]，意之所不能致者[3]，不期精粗焉。是故达人

1　旧脱"耳"字。刘文典、王孝鱼、王叔岷据《阙误》张本校补。

2　两"谕"字旧皆讹为"論（论）"，据陆释"论，本或作谕"校改。"言……谕"与"意……致"对举，均为主谓结构。作"言……论"不通。

3　"致"前旧衍"察"字，马叙伦、严灵峰、陈鼓应均删。"言之所不能谕"，与前"可以言论者"对举。"意之所不能致者"，与前"可以意致者"对举。当为注者以"察"字旁注于"致"，后羼入正文。

之行¹，不出乎害人，不多仁恩；动不为利，不贱门隶；货财弗争，不多辞让；事焉不借人，不多食乎力；不贵清廉²，不贱贪污；行殊乎俗，不多僻异；为在从众，不贱佞谄；世之爵禄不足以为劝，戮耻不足以为辱；知是非之不可为分，细大之不可为倪。闻曰：‘至人不闻³，至德不得，达人无己。’⁴约分之至也。”

第三番问答，褒扬至知至人的真道洞见，兼斥大知小知的伪道俗见。

大知河伯的伪道俗见虽被否定，仍未领悟，继问至知的道极洞见“至精无形，至大不可围”，是否可信？

“无形”的“至精”，指物质性的“道之用”，即作为万物始基的浑沌原质，现代科学谓之“基本粒子”。“无形”并非没有形状，而是肉眼看不见。因为人类“知有聋盲”（《逍遥游》），“感官昏暗”（柏拉图）。

“不可围”的“至大”，指非物质性的“道之体”，即宇宙至高存在，今语谓之主宰万物运动变化的宇宙终极规律。

郭注：“精与大皆非无也，庸讵知无形而不可围者哉！”全反原义，再次否定“道”之存在。成疏：“无形不可围者，道也。”远

1　郭象篡改“达人”为“大人”，证见郭注“大人”。

2　“不贱贪污”前，旧脱“不贵清廉”四字。上下文均为二句相对之偶语，陶鸿庆、王叔岷均疑脱文。王据成疏“非关苟贵清廉，贱于贪污”，拟补“守贵清廉”。然而成疏无“守”义，且“守”、“贵”义复，故据《齐物论》“至廉不谦……廉清而不信”，《天运》所引庄言“忠信贞廉……不足多也”，拟补为“不贵清廉”。

3　“至”旧讹为“道”。据《山木》“至人不闻”校正。“闻曰”即魏牟闻于其师所述庄子语。《山木》撰者蔺且，是魏牟之师。

4　郭象篡改“达人”为“大人”，证见郭注“大人”。“达人无己”义同《逍遥游》“至人无己”，足证郭版“大人无己”必非原文。

胜郭注，已知"至精无形"与"至大不可围"均为"道"之变文。不过表述含糊，未能明辨道之体与道之用。因此后人仍然多从郭注谬见，少从成疏卓见。

北海若肯定了至知的道极洞见："夫自细视大者不尽，自大视细者不明。"重言申论"细（小知）视大"必有"不尽"，"大（知）视细"必有"不明"。阐明万物无论小大，均有不足。——然而郭象谬注曰："各安其分，则大小俱足。"全反原义，意在自圆《逍遥游》谬注"小大虽殊，逍遥一也"。

北海若关键语："可以言谕者，物之粗也；可以意致者，物之精也；言之所不能谕，意之所不能致者，不期精粗焉。"句义：言能谕、意能致的，仅是或粗或精的天地万物；言不能谕、意不能致的，则是超越精粗的终极天道。参看《天道》所引"夫子"（即庄子）之言："世之所贵道者，书也。书不过语，语有贵也。语之所贵者，意也。意有所随。意之所随者，不可以言传也。"然而否定"道"之存在的郭象反注曰："唯无而已，何精粗之有哉？"全反原义地曲解为：道根本不存在，哪里谈得上精粗？

由于郭象的篡改反注，"是故"以下百余字常被疑为错简而删除。陈鼓应曰："'是故大人之行……约分之至也'这一段和上下文义不相干涉，显系他文错入，或为后人羼入。当删。"疑之有理，删之轻率。

其中的最大疑点，是北海若两次褒扬"大人"，与北海若贬斥河伯"自大"不可兼容。庄子齐一小大，"内七篇"从未一见"大人"，仅有义同"大人"的"君子"。《大宗师》："天之小人，人之君子；天之君子，人之小人。"褒扬居于宗法伦理之低位的"小人"，贬斥居于宗法伦理之高位的"君子"即"大人"。郭象篡改版"外杂篇"多处褒扬"大人"，完全违背"内七篇"。然而"外杂篇"的所有"大人"，均属郭象篡改，原文均为"达人"。

郭象把《秋水》原文"达人无己"篡改为"大人无己",破绽毕露,无处遁形。因为"达人无己"是《逍遥游》"至人无己"的变文。"达人"是《齐物论》"达者"与《逍遥游》"至人"的变文,同时又是"达者"、"至人"的合词。郭象把《秋水》原文"达人"篡改为"大人"之后,又把"外杂篇"的所有"达人"系统篡改为"大人",《在宥》、《秋水》、《知北游》、《徐无鬼》、《则阳》皆然。

庄子所撰《齐物论》和魏牟所撰《秋水》,无不褒至知、贬大知。郭象既已篡改反注《齐物论》,又对演绎《齐物论》义理的《秋水》大肆捣鬼,先把《秋水》原文"至知"篡改为"大知",再把《秋水》原文"达人"篡改为"大人",于是郭象版《秋水》和郭象版《齐物论》,无不褒大知、贬小知。《秋水》原本是《齐物论》之"指南",指向南溟的至知至人,却被郭象改造成了《齐物论》之"指北",指向北溟的大知大人。

复原近真的此节原文,与《秋水》篇旨乃至《齐物论》篇旨均无冲突。为免繁琐,不再详解。直译如下——

因此达道至人的行为,既不存心害人,也不推崇仁恩;行动不为求利,也不鄙视求利之徒;既不争夺货财,也不虚假辞让;做事既不借重他人,也不矜夸自食其力;既不崇尚清高廉洁,也不鄙薄贪婪卑污;行为异于流俗,也不乖僻立异;为人随缘从众,也不鄙视巧言谄媚;庙堂爵禄不足以劝进之,庙堂刑戮也不足以羞辱之;知晓是非不可细分,小大不可终极。曾闻教诲说:"至人不求闻达,至德从不自得,达者无己丧我。"约束本分之至。

河伯曰:"若物之外,若物之内,恶至而倪贵贱?恶至而倪小大?"

北海若曰:"以道观之,物无贵贱。以物观之,自贵而相贱。

以俗观之，贵贱不在己。以差观之，因其所大而大之，则万物莫不大；因其所小而小之，则万物莫不小；知天地之为稊米也，知毫末之为丘山也，则差数睹矣。以功观之，因其所有而有之，则万物莫不有；因其所无而无之，则万物莫不无；知东西之相反，而不可以相无，则功分睹矣[1]。以趣观之，因其所然而然之，则万物莫不然；因其所非而非之，则万物莫不非；知尧、桀之自然，而不可以相非[2]，则趣舍睹矣[3]。昔者尧、舜让而帝，之、哙让而绝；汤、武争而王，白公争而灭。由此观之，争、让之礼，尧、桀之行，贵贱有时，未可以为常。梁丽可以冲城，而不可以窒穴，言殊器也；骐骥骅骝，一日而驰千里，捕鼠不如狸狌，言殊技也；鸱鸺夜撮蚤，察毫末，昼出瞋目而不见丘山，言殊性也。故曰'盖师是而无非，师治而无乱乎'？是未明天地之理、万物之情者也。是犹师天而无地，师阴而无阳，其不可行明矣，然且语而不舍，非愚则诬也。五帝殊禅[4]，三代殊继；差其时、逆其俗者，谓之篡夫；当其时、顺其俗者，谓之义徒。默默乎河伯！汝恶知贵贱之门，小大之家？"

---

1 "睹"旧讹为"定"。上文"差数睹"，下文"趣舍睹"，可证此处当作"功分睹"，不当作"功分定"。《秋水》反复申论"贵贱小大"之"反衍谢施"，正是"功分无定"。郭象以"功分定"谬注《秋水》，遂将"功分睹"妄改为"功分定"。

2 按照上文"知东西之相反，而不可以相无"，此句当作"知尧、桀之自然，而不可以相非"。按照庄义，尧、桀全都使"鱼处于陆"，"不可以相非"。郭象妄删"不可以"三字，因为按照儒义，尧、桀必须"相非"。

3 "捨（舍）"旧讹为"操"。形近而讹，刘文典厘正。"趣舍"之"趣"，兼训"取"、"趋"二义。

4 "五帝"旧讹为"帝王"。马叙伦厘正。夏商周三代合称"三王"，均非禅让。"五帝殊禅"，与下句"三代殊继"对举。"帝王殊禅"不合史实，义亦不通。疑郭象错误连读《应帝王》之"帝王"为合词（参阅《庄子奥义·〈应帝王〉奥义》）之后，为自圆谬注而系统篡改"外杂篇"之"五帝"为"帝王"。

第四番问答，阐明价值六观，齐一小大贵贱。

至知既然仍有不知，至高天道又无法言说，大知河伯陷入困惑："若物之外，若物之内，恶至而倪贵贱？恶至而倪小大？"句义：倘若以"物之外在伪德"和"物之内在真德"这两种价值观来评价"贵贱"、"小大"，结果将截然相反，世人应该何去何从？

北海若此答，是《秋水》全篇之精华，把《齐物论》的"以'我'观之"，系统化为"价值六观"：

第一价值观"以道观之"，是撰者褒扬的道极视点；义同《知北游》褒扬的"以本观之"。"物（含人）无贵贱"，即《齐物论》的"齐物"主旨，而又特别针对鼓吹"人有贵贱"的宗法伦理。

第二价值观"以物观之"，是撰者贬斥的人间视点；义同《齐物论》贬斥的"以'我'观之"。"自贵而相贱"，演绎《齐物论》贬斥的"我此是／偶彼非"。

第三价值观"以俗观之"，是超越人间视点的庄学俗谛。"贵贱不在己"阐明：世俗"贵贱"，不由造化所赋内在真德决定，而由文化所定外在伪德决定。"君子（大人）"乃至"天子"并不真贵，仅是"自贵"、"自多"、"自大"；"小人"并不真贱，仅是"自贱"、"自少"、"自小"。"小人"之所以"自贱"乃至"相贱"，是因为被庙堂意识形态"黥劓"、"雕琢"、洗脑，于是"以有君为愈乎己"（《大宗师》），不知"天子之与己，皆天之所子"（《人间世》），误以为"天子"、"君子"、"大人"比自己高贵，于是"畏天命，畏大人，畏圣人之言"（《论语·季氏》孔言"君子有三畏"），却不畏天道。

以上价值三观，均为一句，简明精准。以下价值三观，均非一句，稍加展开。

第四价值观"以差观之"，是超越庄学俗谛的庄学真谛。"因其所大而大之，则万物莫不大；因其所小而小之，则万物莫不小；知天地之为稊米也，知毫末之为丘山也，则差数睹矣。"义同《齐物论》主旨"天地与我并生，万物与我为一"，以及"大毫末，小泰山"。句义：与较小者相比而大之，则万物无不具有相对之大；与较大者相比而小之，则万物无不具有相对之小；知晓天地与至大之道相比，小如稊米；知晓毫末与至小之精相比，大如丘山，就能明白物德具有无穷差数。

庄学真谛之所以远比庄学俗谛重要，是因为倘若不能达至庄学真谛，庄学俗谛也难以坚守：事不关己之时，或能偶尔超越"我此是／偶彼非"；一旦事关切身利益，往往难以超越"我此是／偶彼非"。唯有达至真谛的至人，方能超越"我此是／偶彼非"，超越一己利益，达至"丧我丧偶"的超然客观，坚守俗谛"然于然，不然于不然"，不把本朝"天子"、"君子"、"大人"之"不然"颠倒为"然"，不把敌朝"天子"、异端、"小人"之"然"颠倒为"不然"，亦即不因事关切身利益而"其所言者特未定"（《齐物论》）。

第五价值观"以功观之"，阐明小大之物各有真德，各有自然功能。这是达至真谛之后的反观俗谛，一如《逍遥游》阐明真谛"至人无己"之后，续以反观俗谛的"圣人无名"、"神人无功"两翼，又如《齐物论》阐明真谛"待彼"之后，续以反观俗谛的《养生主》、《人间世》两篇。

"因其所有而有之，万物莫不有"：演绎《齐物论》"物各有是"。"因其所无而无之，万物莫不无"：演绎《齐物论》"物各有非"。"知东西之相反，而不可以相无，则功分睹矣"：演绎《逍遥游》"无极之外复无极，终北之北复有北"（郭象删前句、改后句），以"东／西"的相对性，揭示俗谛"功／分"的相对性。"功分"指天道伦理随机分施的天然物德厚薄，却被郭象及其追随者，谬解为宗法伦理强行规定的人为身分等级。

第六价值观"以趣观之",阐明小大之物的天赋物德不仅不是世代遗传,也非从生至死一成不变。这是超越物德"命定"论、符合庄学"物化"论的发展观,即《齐物论》阐明的"方生方死,方死方生"的无尽"物化"过程。

庄学"物化"论认为:一、物德厚薄由天道随机分施,此即先天之"命"。二、物德厚薄并非从生至死一成不变,而是"物化"不止。具体而论,因循内德则"葆光"不失,顺应天道则"息补"增厚,因应外境不当则或"亏德"或"亏身"(均属"亏生"),屈服外境"撄扰"则斫丧削薄,盲从伪道则"黥劓"尽失。因而先天之"命"所赋之"物德",在整个人生历程中必有盈亏消长。不同的价值趣舍(取舍),必将导致后天之"运"的不同趣向(趋向)。

"因其所然而然之,则万物莫不然":演绎《齐物论》"无物不然"。"因其所然"是《齐物论》"因是"的变文。句义:顺应天道,因循内德,就会明白尧、舜固有其"然",也有"不然",桀、纣固有"不然",也有其"然",从而达至"休乎天均"、"莫若以明"之境(《齐物论》)。

"因其所非而非之,则万物莫不非":演绎《齐物论》"无物不非"。"因其所非"是《齐物论》"因非"的变文。句义:盲从人道,违背内德,就难以明白尧、舜固有其"是",也有"不是",桀、纣固有"不是",也有其"是"。极端化地"是"尧、舜之"非",极端化地"非"桀、纣之"是",必将远离"休乎天均"、"莫若以明"之境。

"知尧、桀之自然,而不可以相非,则趣舍睹矣","自然"义同"自是",与"相非"对举。成疏不误:"'然',犹'是'也。夫物皆自是,故无不是;物皆相非,故无不非。"句义:知晓尧、桀无不自我肯定,但不可以相互否定,就能明白尧、桀均有可取可舍。

以上"价值六观",系统演绎《齐物论》之旨：无是即无非，无非即无是，如同无东即无西，无西即无东。东之东犹有东，西之西犹有西，故东西无极，是非无穷。东西、是非之相对，即天赋物德之"功分"。以俗谛观之，东与西、是与非似乎"相反"；以真谛观之，东与西、是与非却"不可以相无"。相对之"东"一旦自我拔高为绝对之"东"，那么在消灭相对之"西"的同时，也消灭了相对之"东"及其相对价值；相对之"是"一旦自我拔高为绝对之"是"，那么在消灭相对之"非"的同时，也消灭了相对之"是"及其相对价值。任何相对之"是"，一旦自我拔高为绝对之"是"，即为绝对之"非"，即为天道之敌。

再举史实四例："昔者尧、舜让而帝，之、哙让而绝；汤、武争而王，白公争而灭。"阐明"贵贱有时，未可以为常"。前316年燕王哙禅王位于燕相子之，齐宣王伐灭之，参看《庄子奥义》绪论一《战国大势与庄子生平》。前480年楚国白公胜作乱，叶公子高伐灭之，参看《庄子奥义·〈人间世〉奥义》。

又举文学三喻："梁欐可以冲城，而不可以窒穴，言殊器也；骐骥骅骝，一日而驰千里，捕鼠不如狸狌，言殊技也；鸱鸺夜撮蚤，察毫末，昼出瞋目而不见丘山，言殊性也。""殊器"、"殊技"、"殊性"，演绎《齐物论》"无正见"观，继续破除大知小知坚执的"我此是／偶彼非"。

然后先把大知小知之言，立为靶子："故曰：'盍师是而无非，师治而无乱乎？'"句义：有人说，何不拔高相对之"是"而消灭相对之"非"，拔高相对之"治"而消灭相对之"乱"？

再予贬斥："是未明天地之理、万物之情者也。是犹师天而无地，师阴而无阳，其不可行明矣，然且语而不舍，非愚则诬也。"句义：大知小知妄想拔高相对之"是"为绝对之"是"，误以为将会不再有"非";大知小知妄想拔高相对之"治"为绝对之"治",误以为将会不再有"乱"。纯属"未明天地之理、万物之情者",如同师法天而不师法地,师法阴而不师法阳,必不可行。必不可行还说个不休,若非愚蠢就是骗人。

最后小结:"五帝殊禅,三代殊继;差其时、逆其俗者,谓之篡夫;当其时、顺其俗者,谓之义徒。"句义:五帝禅让,三代相继,方式无一相同。唯有天道永恒不变,人间事务不断变迁。违背时势、悖逆民俗者,就是篡位独夫;切合时势、顺应民俗者,就是道义之徒。

"默默乎河伯!"让浅陋大知河伯闭嘴。

"汝恶知贵贱之门,小大之家?"再扣"内七篇"的"小大之辨",并予点破:像你这样"自多自大"的大知大人,怎么可能明白"小大之辨"?唯有"未尝自多"的至知至人,方明"小大之辨"。

河伯曰:"然则我何为乎,何不为乎?吾辞受趣舍,吾终奈何?"

北海若曰:"以道观之!何贵何贱?是谓反衍;无拘尔志,与道大蹇。何少何多?是谓谢施;无一尔行,与道参差。俨俨乎若国之有君[1],其无私德;繇繇乎若祭之有社,其无私福;泛泛乎若四方之无穷[2],其无所畛域;兼怀万物,其孰承翼?是谓无方。万物一齐,孰短孰长?道无终始,物有死生。不恃其成,一虚一盈[3],不位乎其形。年不可举,时不可止;消息盈虚,终则有始。是所以语大义之方,论万物之理也。物之生也,若骤

---

1 "俨俨乎"旧脱一字作"严乎",当与下文"繇繇乎"、"泛泛乎"一致。奚侗、刘文典、王叔岷、陈鼓应均已校补。

2 "泛泛乎"下旧衍"其"字,当与前二句一致。王叔岷校删。

3 "盈"旧作"满",避汉惠帝刘盈讳而改。杨树达厘正,陈鼓应从之。

若驰，无动而不变，无时而不移。何为乎？何不为乎？夫固将自化。"

第五番问答，既然各种价值尺度如此"樊然淆乱"，世人应该何去何从？

大知河伯不肯闭嘴，因为价值六观使他无所适从，遂发第五问："然则我何为乎，何不为乎？吾辞受趣舍，吾终奈何？"句义：你罗列了价值六观，那么我该如何趣舍（取舍），如何选择？

北海若唯独重言"以道观之"，以明道极视点是价值观的终极尺度。"以道观之"必须单独断句，是对河伯第五问的总答。旧庄学均未单独断句，而与"何贵何贱"连读，误为北海若重新论述"以道观之"，未窥问答之理路。

北海若总答"以道观之"之后，再运用《齐物论》的"物化"论，阐明以道极视点为终极尺度的理由，破除囿于人间视点的大知小知之成心。

先以四句十六字，破除大知小知的"贵贱"成心。

前八字"何贵何贱？是谓反衍"：哪有永恒不变的终极贵贱？不过是人道的反相衍生和偶然遭际。——郭注、成疏把"反衍"谬解为"反覆"，也有人谬解为"蔓衍"，均未明义理。"反衍"意为反相衍生，相互转化，义近《老子》"反者道之动"。

后八字"无拘尔志，与道大蹇"，倘若逗号分断，则"无"字须用两次：不要（囿于世俗等级）拘束你的心志，不要（囿于世俗等级）与大道背离。倘若不加逗号，则"无"字领后七字：不要（囿于世俗等级）拘束你的心志而与大道背离。——旧多未明句法，以为撰者主张"与道大蹇"，全反原义。

再以四句十六字，破除大知小知的"小大"成心。

前八字"何少何多？是谓谢施"，"谢施"是"反衍"的变文。"谢"即代谢，"施"即分施。句义：哪有永恒不变的物德厚薄？不过是天道的永恒代谢和偶然分施。

后八字"无一尔行，与道参差"，句法与"无拘尔志，与道大蹇"全同，"无"字同样领后七字：不要（囿于物德厚薄）坚执你的行为而与大道相左。——旧皆未明句法，以为撰者主张"与道参差"，全反原义。

八句三十二字之主旨："（无）与道大蹇"、"（无）与道参差"即"顺应天道"，"无拘尔志"即"因循内德"，"无一尔行"即"因应外境"。

其中"贵贱"等级之"反衍"，揭示人类的社会属性、文化属性、伪德属性不可能永恒不变，而是不断反向转化。

其中"小大"物德之"谢施"，揭示万物的自然属性、造化属性、真德属性不可能终生不变，而是不断反向转化。

或问：庄学不是主张超越社会属性、文化属性、伪德等级，永葆自然属性、造化属性、真德属性吗？为何还要超越真德属性？

因为首先，真德仅是道之局部。其次，真德并非从生至死始终不变。因此真德固然高于伪德，仍然不可坚执，更不可拔高为道。真德一旦坚执，即成伪德。拔高真德为道，与拔高伪德为道一样，均属伪道。由于真道唯一而真德无数，因此拔高真德之一为道，就是对万千不同的其他真德之践踏，万物就不能"以德为循，自适其适"；"吹万不同"的造化至境，就会变成"舆论一律"的文化绝境。

超越伪德、伪道，洞观伪德遮蔽真德、伪道僭代真道的危害，较为容易；超越真德，洞观真德僭代真道的危害，远为艰难。每一个体的固有自爱，导致超越社会文化属性的外在伪德贵贱，极为困难。每一个体的固有自爱，导致超越自然造化属性的内在真德厚薄，尤为困难。

古今中外的无数哲人高士，均能超越社会文化属性的外在伪德之富贵名利；然而少有哲人高士能够超越"我执"，抵达"丧我"，超越自然造化属性的内在真德之小大厚薄。因此柏拉图笔下的西方哲学之父苏格拉底，仍然坚执人类分为"金银铜铁"四种真德等级，认为命中注定，永恒不变，尽管又不得不承认这是"高贵的谎言"。

用八句三十二字演绎"以道观之"以后，以下三句再上接"以道观之"："俨俨乎若国之有君，其无私德；繇繇乎若祭之有社，其无私福；泛泛乎若四方之无穷，其无所畛域。"三句均属对道的礼赞。"若国之有君"是明喻，即把天道视为万物之"真宰真君"（《齐物论》"道"之变文）。旧庄学无视"若"字，全反原义地谬解为至人尊奉"国之有君"，亦即尊奉"假宰假君"。

其后进一步申论。

"兼怀万物，其孰承翼？是谓无方。"是超越社会、文化、伪道属性之后的正面立论：超越后天等级贵贱，兼怀万物。

"万物一齐，孰短孰长？"是超越自然、造化、真德属性之后的正面立论：超越先天物德厚薄，齐一万物。

"道无终始，物有死生。"是超越后天等级贵贱、先天物德厚薄之后的正面立论：唯有天道绝对而永恒，万物无不相对而短暂。

"不恃其成，一虚一盈，不位乎其形。年不可举，时不可止；消息盈虚，终则有始。是所以语大义之方，论万物之理也。"描述万物被造化天道驱使的无止境"物化"进程。

随后概括："物之生也，若骤若驰，无动而不变，无时而不移。"造化所生的万物，无不经历若骤若驰、时空变移的无尽"物化"。

最后反问："何为乎？何不为乎？夫固将自化。"面对无为而无不为的造化之道，万物应该有为，还是应该无为？应该顺应无为天道，因循道所分施之德，自适而化。

《秋水》的"自化"论，易被误解为同于郭象的"独化"论。

其一，易被误解为不依赖于道而"独自变化"，亦即忽略"物化"的绝对前提"造化"。

其二，易被误解为不与外物互动而"独自变化"，亦即忽略"物化"的相对条件"外物"。

或许正因易被误解，因此"内七篇"未曾一见"自化"。庄子把"自化"的绝对前提"道"变文为"造化"，又把"自化"变文为"物化"，义理极为精密。《秋水》把庄子的"造化—物化"论，不恰当地演绎为"无为—自化"论，其两大易被误解之处，均被郭象利用，于是把《秋水》的"自化"论改造为"独化"论，然而两者仍有针锋相对的三大差异。

其一，《秋水》的"自化"论，以"道"为绝对前提，认为天道遍在永在，万物必须"自道而然"，因循道所分施之德，自适其适地顺道而化。郭象的"独化"论，抽去了绝对前提"道"，认为天道并不存在，万物必须"自己而然"，自愿适人之适，接受"黥劓"、"教化"。

其二，《秋水》的"自化"论，主张"物化"的全面互动，即"反衍"、"谢施"。郭象"独化"论，不仅否定"物化"的绝对前提"造化"——道，而且否定"物化"是万物的互动过程。

其三，《秋水》的"自化"论，主张"不自得"。郭象"独化"论，主张"自得"。

倘若郭象"独化—自得"谬论在否定无为天道的同时，又否定有为人道，那么尽管不合庄学，也不合《秋水》原义，仍然不失相对的进步意义，有利于专制外境下的人格独立；然而郭象否定无为天道的意图，正是肯定有为人道，从而强化了专制外境下的人格不独立。因此郭象所谓"独化—自得"并非真"独化—自得"，而是假独化自得，意为被俗君僭主恩赐而得，只不过高明的俗君僭主不予揭破。但是郭象《应帝王注》予以揭破："天下若无明王，则莫能自得。令之自得，实明王之功也。"

庄子"造化—物化"论，贬斥庙堂伪道、儒家"仁义"对天下人"黥劓"、"雕琢"、"教化"、洗脑。郭象系统篡改整部《庄子》之后，把"内七篇"的"造化—物化"论和"外杂篇"的"无为—自化"论，全都反注为"独化—自得"，要求天下人自我"黥劓"、自我"雕琢"、自我"教化"、自我洗脑，最后坚信庙堂伪道就是真道，坚信儒家"仁义"就是天道，坚信"名教即自然"。因此郭象玄学不仅有儒家之实，还有极具欺骗性的"新道家"之名。"众生"不仅失去了自由，还有伪自由的"自得"。"众生"不仅失去了自然和逍遥，还有"我自然"、"我逍遥"、"我独化"的良好错觉。这是郭象谬说在古典中国取得巨大成功，直至今日仍具欺骗性、蛊惑性的原因。

后世进步思想家批判"阿Q精神"，却又未窥庄学奥义，于是把郭象"独化—自得"谬说视为庄学正解，厚诬庄学是"阿Q精神"的源头。其实歪曲遮蔽庄学真义的郭象义理，才是"阿Q精神"的真正源头。

河伯曰："然则何贵于道邪？"

北海若曰："知道者必达于理，达于理者必明于权，明于权者不以物害己。至德者，火弗能热，水弗能溺，寒暑弗能害，禽兽弗能贼。非谓其薄之也，言察乎安危，宁于祸福，谨于去就，莫之能害也。故曰：天在内，人在外，德在乎天。知达人之行，本乎天，位乎德，踟蹰而屈伸，返要而悟极。"[1]

第六番问答，辨析因循内德的"自化"与顺应天道的"造化"之关系。

上文北海若先用"以道观之"总答，最后结于"自化"，引出大知河伯最后之疑：既然听任万物"自化"，"然则何贵于道邪？"

如上所释，"自化"是"自道而然地物化"、"自适顺化"的略语。而"道"之别名即"造化"，因此河伯所问，实为"物化"与"造化"之关系。

北海若先答以三句。第一句"知道者必达于理"，从囊括宇宙的天"道"，纵向下降一级，落实于天道总摄的物类之"理"。人类之物德固然厚于别物，然而不可能尽窥天"道"；但是由于人类之物德厚于别物，因此足以知解每一物类均有大同之"理"；并从每一物类的物"理"基本不变，推知总摄物"理"的天"道"永恒不变。

第二句"达于理者必明于权"，从每一物类的大同之"理"，再纵向下降一级，落实于每一物类的不同个体之间各有小异之"权"。全体人类之物德，总体而言固然厚于别物，然而每一人类个体之物德，却有厚薄小异，因此人类个体之间彼此相处，必须明"权"。"权"即秤砣，"衡"即秤杆。"权"（秤砣）必须移前移后不断"变"动位置，此即"权变"。"权变"的宗旨是达至动态平衡，此即"权衡"。"权衡"就是博弈。权衡博弈的规律，就是天"道"总摄的相同物"理"、

1　"知达人之行"，郭象篡改"达人"为"大人"，"大"又讹为"天"，义不可通。据本节首句"知道者必达于理"、上文"达人之行"校正。"位乎德"，郭象篡改为"位乎得"，证见郭注"常本乎天而位乎得矣"。褚伯秀、宣颖、王先谦、王叔岷据上句"德在乎天"校正。"悟极"之"悟"，旧讹为"语"，王叔岷据《渔父》"子之难悟"讹为"子之难语"校正。

相通人"性"，因此权衡博弈没有绝对"是非"，仅有相对"是非"。由于造化天道遍在永在，因此万物的权衡博弈永无终结，万物的"物化"进程也永无终结。

第三句"明于权者不以物害己"，从人类个体之间彼此相处的"权"变，落实于每一个体的终极目标："不以物害己"，同时蕴涵"不以己害物"。——两义为杨朱之学的精髓。

真道、伪道两种价值观，导致了完全相反的两种"权变"观。

真道之"权变"，由于"丧我"，首先达至俗谛相对之知，通晓相同之物"理"，相通之人"性"，进而上窥真谛绝对之知，彻悟天"道"永恒，万物无不为道所生，因此超越"我此是／偶彼非"，超越"自贵而相贱"，超越"自是而相非"。符合天道的"权变"，宗旨是"彼／此"都不吃亏，实质是童叟无欺的公平。彼此互相合理妥协，达至动态平衡的"德之和"（《德充符》），既"不以物害己"，又"不以己害物"，博弈双方均能"存吾"。

伪道之"权变"，由于未能"丧我"，因此既无俗谛相对之知，更无真谛绝对之知，仅能"自是"而不知"物皆有是"，不能超越"我此是／偶彼非"，不能超越"自贵而相贱"，不能超越"自是而相非"。违背天道的"权变"，宗旨是"我"不能吃亏，实质是暗箱操作的机诈。互不妥协的争斗双方，必欲消灭对方，无法达至动态平衡的"德之和"，只能妄想通过"以己害物"的方式，达到"不以物害己"的目标，结果常常事与愿违地"以物害己"，难以"存吾"，遭到天"道"、物"理"、人"性"的报复。

伪道之"权变"，今日已成"权变"之常义，足证两千年伪道"黥劓"、"雕琢"民众真德之恶果。伪道总是"以权为道"：一方面以权力为道，由权力裁判是非；另一方面以权变为道，终极目标是攫取权力。因此"以权为道"之两面，本质相同，均悖天道。

真道不奉"权变"为道，仅奉"权变"为技，如庖丁解牛之技，而且以道御技：以真谛之道，御俗谛之技。真道所御俗谛"权变"之技，仅限于因应外境外物，终极目标是因循内德，顺应天道。

三句之后再予展开："至德者，火弗能热，水弗能溺，寒暑弗能害，禽兽弗能贼。非谓其薄之也，言察乎安危，宁于祸福，谨于去就，莫之能害也。"句义：至人知天"道"，达物"理"（通人"性"），明"权"变，水火、寒暑、禽兽、君主都不能伤害他。

"莫之能害"是上文"不以物害己"的变文，又共同承之《大宗师》："至人之用心若镜，不将不迎，应而不藏，故能胜物而不伤"。后世神仙家，无视《人间世》反对"往尔刑"《大宗师》主张"不迎"，也无视《秋水》强调"非谓其薄之也"（"薄"、"迎"义同，训接近），全反庄学地曲解为"神人"主动冲向大火、跳进深水、逼近禽兽也不受害。更不知庄子及其弟子后学迫于专制语境而晦藏其旨：所谓"火弗能热，水弗能溺，寒暑弗能害，禽兽弗能贼"，意为至人洞察安危、预知祸福、慎于趋避、巧妙因应，不因无知妄行而受害于专制外境。

最后小结："故曰：天在内，人在外，德在乎天。知达人之行，本乎天，位乎德，蹢躅而屈伸，返要而悟极。"句义：所以说，天道内在于人，人道外在于人，物德受自于天道。须知达人的行为，顺应天道是根本，因循内德是本位，就能进退屈伸地因应外境，返归妙要地彻悟道极。

　　　　河伯曰[1]："何谓天？何谓人？"
　　　　北海若曰："牛马四足，是谓天；络马首，穿牛鼻，是谓

1　"河伯"二字旧脱，严灵峰、陈鼓应据上下文补。

人。故曰：无以人灭天，无以故灭命，无以德殉名。谨守而勿失，是谓返其真。"

第七番问答，天人之辨，概括章旨，也是篇旨。

前六番问答，以《齐物论》义理为核心，精妙抉发庄学四境，已把"内七篇"义理扼要演绎完毕。于是如同《大宗师》在总结"内七篇"义理时终极阐明"天人之辨"一样，第七番问答也落足于"天人之辨"。

北海若第六答之结语"天在内，人在外"，引出河伯第七问："何谓天？何谓人？"

北海若第七答，"故曰"前是影响深远的"外杂篇"名句，比支离其言、晦藏其旨的"内七篇"更为醒豁明晰，也是更为生动形象的"天人"之辨："牛马四足，是谓天；络马首，穿牛鼻，是谓人。"顺应自然的，就是造化"天"道；违背自然的，就是文化"人"道。

"故曰"后的五句卮言，既是第一河伯章的章旨，也是《秋水》全篇的篇旨："无以人灭天，无以故灭命，无以德殉名。谨守而勿失，是谓返其真。"

以下六章，逐一对应地精妙演绎第一河伯章的章末卮言。

刘凤苞曰："以下各段，分应'无以人灭天'五句。"诚为卓见，宣颖是之。

陈鼓应曰："本篇到此，文意完足。其余数节，疑是散段羼入。"未窥以下六章与河伯章章末五句逐一对应。

二　因任天机，以人顺天

夔怜蚿，蚿怜蛇，蛇怜风，风怜目，目怜心。

夔谓蚿曰："吾以一足趻踔而行，予无如矣。今子之使万足，独奈何？"

蚿曰："不然。子不见夫唾者乎？喷则大者如珠，小者如雾，杂而下者不可胜数也。今予动吾天机，而不知其所以然。"

蚿谓蛇曰："吾以众足行，而不及子之无足，何也？"

蛇曰："夫天机之所动，何可易邪？吾安用足哉？"

蛇谓风曰："予动吾脊胁而行，则似有也[1]。今子蓬蓬然起于北海，蓬蓬然入于南海，而似无有，何也？"

风曰："然。予蓬蓬然起于北海而入于南海也，然而指我则胜我，蹈我亦胜我。虽然，夫折大木，飞大屋者，唯我能也，故以众小不胜为大胜也。为大胜者，唯圣人能之。"

第二夔怜蚿章，演绎河伯章章末卮言之第一句："无以人灭天。"

"夔怜蚿，蚿怜蛇，蛇怜风，风怜目，目怜心"五句总领，标举"地籁"四项：夔、蚿、蛇、风；"人籁"两项：目、心。无论"地籁"、"人籁"，天地万物均属"天籁"（《齐物论》"道"之变文）的随机分施，因此物德有厚薄，天池有大小，天机有深浅。五句之谓语均为"怜"，训爱慕。由于万物之德，质同而量异，出于补偿心理，每物均有其所爱慕之外物。

总领五句之后，当有五节分别展开，然而郭象版《秋水》仅有展开"夔怜蚿，蚿怜蛇，蛇怜风"的三节。展开"风怜目，目怜心"的两节，已被郭象删去。不知郭象捣鬼的治庄诸家，大多以为原文如此。宣颖如此强解："目、心之用更神，当身可自喻之，故省文。"姚鼐不以为然："此段乃是残缺，以目、心不必言者，吾不以为然。"

---

[1] "似有"旧误倒为"有似"。马叙伦校正，王叔岷从之。王先谦视为倒装，释为"似有足"。

王叔岷也不以为然："上文共举五事，而所述夔与蚿、蚿与蛇、蛇与风之问答，仅及其三，此下疑尚有风与目、目与心之问答，简编脱略，其文已不可考矣。"按照宣颖谬说，整部《庄子》应该仅有动物寓言，人物寓言均可"当身自喻省文"。然而"内七篇"的所有动物寓言，均为人物寓言的铺垫，人物寓言从不"省文"。"外杂篇"佳篇同样如此。为了行文简约，可以省略动物寓言，不可省略人物寓言。

欲证郭象捣鬼，仅有义理辨析难以服人，尚需事实证据。

事实证据一，《太平御览》八九九所引《庄子》佚文："声氏之牛，夜亡而遇夔，止而问焉，曰：我尚有四足，动而不善，子一足而起踊，何以然？夔曰：吾以一足王于子矣。"

事实证据二，早于郭象的刘安版《庄子》大全本司马彪注："夔，一足；蚿，多足；蛇，无足；风，无形；目，形缀于此，明流于彼；心则质幽，为神游外。"司马彪注《庄》，一向严守原文，从不妄加发挥。倘若原文没有展开"风怜目，目怜心"的两节，他不可能凭空添注义理。

据此可知，"风怜目，目怜心"两节，见于司马彪注释的刘安版《庄子》大全本，但被郭象删去。向秀介于司马彪和郭象之间，因其注《秋水》未完，作案嫌疑极小。即便向秀已删，郭象不予补全，也是同案犯。郭象的捣鬼，导致千古妙文《秋水》失其完璧。直接后果是，第二夔怜蚿章成了残缺不全的游词浮文。间接后果是，其后数章成了逻辑脱钩的断线珍珠。因此选录《秋水》者，常常仅选第一河伯章，全略其后六章。

郭象所删二节，今已无从复原。姑以庄学义理、原文理路、司马彪注三项为据，仿补如下，仅供参考：

（风谓目曰："予固无形，且不辨有形，而行止因缘万形。今子形缀于此，而明流于彼，子其圣人乎？"

目曰："吾尝闻之：'有形寄乎天地，无形寄乎阴阳。'子固无形，亦寄之者也。万物皆寄也。吾寄乎不寄，故能达乎彼物邪？吾于圣人，亦远矣！"

目谓心曰："予观乎彼物，察乎有形，而虽观无感，虽察不知。今子深藏若瞽，然不睹而知，子其有道乎？"

心曰："予固幽眇之质也！有感何如无感？有知何如无知？吾固知吾之无知而已矣。此可谓有道乎？吾不知也。"）

仿补之后，第二夔怜蚿章义理，方显完整绵密——

夔自惭独足而蹇行，爱慕蚿之百足而从容。

蚿自惭有足而慢行，爱慕蛇之无足而快行。

蛇自惭有形而行地，爱慕风之无形而行天。

风自惭无知而行天，爱慕目之有知而感物。

目自惭有知而感物，爱慕心之至知而无知。

夔、蚿、蛇、风之本相，原属无知"地籁"，即庄学初境"无知"。无知的本质，就是不知彼此，不知是非，因而不可能超越彼此、泯合是非。"知"是"超越"的前提。道不可"知"，因此无法"超越"。

夔、蚿、蛇、风的寓言拟人化，比拟有知"人籁"，即庄学小境"小知"和庄学大境"大知"。知之小大均属相对：蚿之知，大于夔而小于蛇；蛇之知，大于蚿而小于风。有知的本质，就是知彼此，知是非，从而有可能超越彼此，有可能泯合是非。然而大知小知未能丧我丧偶，因而未能超越彼此，未能泯合是非：仅知万物的物德之量不齐，不知万物的物德之质齐一于道；仅知万物的不同是非，不知万物的不同是非齐一于道。

目、心均属有知"人籁"。

目象征顺道大知，已能超越身形，形寄于此，知见于彼，知此知彼，知是知非。然而"定乎内外之分，辨乎荣辱之境"（《逍遥游》形容宋荣子）的顺道大知，尚"犹有未树"、"犹有所待"。

心象征至知无知，又能超越德心，不仅知此知彼，知是知非，更能丧我丧偶，超越彼此，泯合是非。因为至知不仅有知，而且自知无知，致无其知，抵达了"无待此岸之物，独待彼岸之道"的庄学至境。

三　孔子知命，庄学代言

孔子游于宋，匡人围之数匝，而弦歌不辍。

子路入见，曰："何夫子之娱也？"

孔子曰："由，来[1]！吾语汝：我讳穷久矣，而不免，命也；求通久矣，而不得，时也。当尧、舜之时而天下无穷人，非知得也；当桀、纣之时而天下无通人[2]，非知失也；时势适然。夫水行不避蛟龙者，渔父之勇也；陆行不避兕虎者，猎夫之勇也；白刃交于前，视死如归者[3]，烈士之勇也；知穷之有命，知通之有时，临大难而不惧者，圣人之勇也。由，处矣！吾命有所制矣。"

无几何，持甲者进[4]，辞曰："以为阳虎也，故围之。今非也，

1　"由"字旧脱。刘文典、王叔岷据《太平御览》四三七引文校补。

2　"尧舜"、"桀纣"下，旧均脱"之时"二字。刘文典、王叔岷、张默生、陈鼓应据《阙误》张君房本及成疏校补。

3　"如归"旧讹作"若生"。王叔岷据《白帖》一五引文校正，张默生是之。"视死若生"不合庄学，当为误解庄学"齐死生"之义者妄改。"视死如归"方合《齐物论》以"死"为"归"。

4　"持"旧讹为"将"，形近而讹。刘文典、王叔岷据陆释"本亦作持"及《太平御览》四三七引文校改。

请辞而退。"

第三孔子章，演绎河伯章章末卮言之第二句："无以故灭命。"

撰者仿拟"内七篇"文风，让孔子担任庄学代言人。借孔子因长相酷似阳虎，而受困于宋之匡地[1]，却仍然信仰天命，阐明外境遭遇和世事变故，不应动摇对天道的终极信仰。

孔言末句"吾命有所制矣"，点明章旨：宰制万物之"命"的，并非"代大匠斫"的此岸"假君假宰"，而是无为而治的彼岸"真君真宰"。

否定"道"之存在的郭象反注曰："命非己制，故无所用其心也。"既不合句义，又与"独化—自得"谬说自相矛盾。成玄英妄疏："制，分限。"承之郭注"定分"谬说，仍不合句义。

"尧、舜之时而天下无穷人，桀、纣之时而天下无通人"，合于推崇尧、舜的孔学，不合贬斥尧、舜的庄学。根据《应帝王》"有虞氏不及泰氏"，当作："泰氏之时而天下无穷人，有虞之时而天下无通人。"由于本章的孔子是庄学代言人，毕肖人物口吻是文学高境，不必疑其已被篡改，不妨得意忘言。

"通人"是"达人"、"至人"的变文，再证郭象版上文"大人"原作"达人"。

此章兼有两种功能：既借用孔子之口，演绎庄学之旨"无以故灭命"；又隐讽孔子之身，正扣首章"仲尼语之以为博"。实为仿拟《德充符》之孔子教诲鲁哀公：既借用孔子之口演绎庄学，又隐讽孔子之身"言者不知"。

---

1 前496年，时年56岁的孔子去卫西行，至宋之匡地被围。一说匡地属卫，无确据不从。参看《论语·子罕》、《论语·先进》、《史记·孔子世家》。

四 魏牟改宗，极斥公孙

公孙龙问于魏牟曰："龙少学先王之道，长而明仁义之行；别同异[1]，离坚白；然不然，可不可；困百家之知，穷众口之辩；吾自以为至达矣。今吾闻庄子之言，茫焉异之。不知论之不及欤？知之弗若欤？今吾无所开吾喙，敢问其方？"

公子牟隐几太息，仰天而笑曰："子独不闻夫坎井之蛙乎？谓东海之鳖曰：'吾乐欤！出跳乎井干之上[2]，入休乎缺甃之崖。赴水则接腋持颐，蹶泥则没足灭跗；还视虷蟹与蝌蚪[3]，莫吾能若也。且夫专擅一壑之水[4]，而跨跱坎井之乐，此亦至矣。夫子奚不时来入观乎？'

"东海之鳖左足未入，而右膝已絷矣。于是逡巡而却，告之曰：'夫海[5]，万里之远不足以举其大[6]，千仞之高不足以极其深。禹之时十年九潦，而水弗为加益；汤之时八年七旱，而崖不为加损。夫不为顷久推移，不以多少进退者，此亦东海之大乐也。'于是坎井之蛙闻之，适适然惊，规规然自失也。

---

1 "别"旧讹为"合"。王叔岷据《淮南子·齐俗训》"公孙龙折辩抗辞，别同异，离坚白"校正。甚是。

2 "跳"下旧衍"梁"字。奚侗、马叙伦据《阙误》江南本及陆释校删。"出跳"与下句"入休"对举。

3 "还"下旧脱"视"字。马叙伦、刘文典、陈鼓应据《太平御览》一八九引文及司马彪注、成疏校补。

4 "专"字旧脱，"专擅"与下句"跨跱"对举。陆云《逸民赋序》："专一丘之欢，擅一壑之美。"王安石："我亦暮年专一壑，每逢车马便惊猜。"

5 "海"字旧误移于前句"告之"之后。俞樾、刘文典、王叔岷、张默生据《艺文类聚》《太平御览》《事类赋》引文校正。

6 "万"旧讹为"千"。刘文典据《太平御览》一一九引文校改。"万里"、"千仞"，错综为文。

“且夫知不知是非之境，而犹欲观于庄子之言，是犹使蚊负山，商蚷驰河也，必不胜任矣。且夫知不知论极妙之言，而自得一时之利者，是非坎井之蛙欤？且彼方跐黄泉而登太皇，无南无北，释然四解，沦于不测；无西无东[1]，始于玄冥，返于大通。子乃规规然而求之以察，索之以辩，是直用管窥天，用锥指地也，不亦小乎？子往矣！且子独不闻夫寿陵余子之学步于邯郸欤？未得国能，又失其故步矣，直匍匐而归耳。今子不去，将忘子之故步[2]，失子之业。”

公孙龙口呿而不能合，舌举而不能下[3]，乃逸而走。

第四魏牟颂庄章，以公孙龙为反面例子，演绎河伯章章末卮言之第三句：“无以德殉名。”

魏牟颂庄章，是撰者自明师承章。《秋水》撰者，即为魏牟。魏牟（前320—前240）是中山先王（前327—前310在位）之子，故自称“公子牟”。《让王》称其为“中山公子牟”，又因中山曾经称王，而称其为“万乘之公子”。前305年左右，前魏相惠施（前380—前300）在魏都大梁提出“历物十事”辩题，招致天下辩者齐集大梁辩论。年仅二十岁的公孙龙(前325—前250)在辩论中击败惠施，赢得了“不恤国事”而优游宗主国国都的魏牟之崇信。前296年赵灭中山时，魏牟二十五岁。前286年庄子仙逝时，魏牟三十五岁。

---

1 “无西无东”，与下句“返于大通”为韵，旧误倒为“无东无西”。姚鼐、王念孙、王叔岷厘正。

2 前二“步”字旧讹为“行”，此“步”字旧脱。刘文典据《汉书叙传》、《太平御览》三九四引文、成疏，王叔岷据《白帖》七及二六引文、《抱朴子·杂应篇》及《讥惑篇》、《文心雕龙·杂文》、李白《古风》五十九首之三十五、杜甫《风疾舟中伏枕书怀》校正。

3 二“不”下旧皆脱“能”。王叔岷据《天运》“口张而不能嗋，舌举而不能讱”、《荀子·正论》杨倞注引文、成疏校补。

比魏牟大四十九岁的庄子，很可能不知魏牟其人，"内七篇"从未提及。魏牟亡国之后流落天下，曾经西游秦国，成为主张"远交近攻"、出任秦相的魏人范雎（前267—前255担任秦相）之门客；又因"身在江海之上，心居巍阙之下"，经楚人詹何（前350—前270）教诲，转为庄子信徒，但可能终身无缘亲见庄子。前256年，秦相范雎掣肘秦将白起，导致秦围邯郸失败。魏牟预知范雎即将失去秦昭王信任，为免殃及自身而辞别范雎，转往赵都邯郸拜见赵相平原君（前307—前252），又再次见到平原君长期供养的著名门客、魏牟的早年偶像公孙龙，遂以极赞庄子来极斥公孙龙[1]。本章即存其事，贬斥公孙龙违背内德，怪论图名，作为章旨"无以德殉名"之反例。

魏牟一方面深知《齐物论》隐名所斥"指非指"、"马非马"属于公孙命题，明白庄子不以公孙龙为然；另一方面不恰当地把庄子对公孙龙的有限贬斥予以放大极化，与《盗跖》把"内七篇"对孔子的有限贬斥予以放大极化一样。两者共同成为"外杂篇"中贬斥篇幅最长、语气最为极端者，殊违庄学俗谛"然于然，不然于不然"。

早年亲见惠施、公孙大梁辩论的魏牟必知，名家两大巨子针锋相对：惠施主张"合同异，盈坚白"，公孙龙主张"别同异，离坚白"。然而郭象版《秋水》此章，公孙龙居然自称"合同异"，与"别同异"相反。魏牟所撰《秋水》原文，不可能犯此低级错误，必属不明名家之学、施龙之异的郭象或治庄后儒想当然妄改。

魏牟尽管不可能混淆惠施、公孙的学说主旨，但对自己极端推崇的庄子"极妙之言"，也未尽窥奥义，姑举二证。

其一，魏牟略知"内七篇"之四境动植象征，不知"内七篇"之四境排行隐喻。

1　参看《庄子复原本》绪论一《初始本编纂者魏牟论》。

第一河伯章：井鱼、夏虫属小鱼小虫，象征小知；河伯象征大知，落实于伯夷、孔子，预伏第三章之孔子；北海若象征至知，隐喻并预伏第四、第五、第六、第七章之庄子。

第四魏牟章：坎井之蛙属小兽，象征小知，落实于公孙龙；东海之鳖属大兽，象征大知，因其礼赞大海，属于顺道大知，落实于撰者魏牟。魏牟称颂的庄子，属于至知。

可见魏牟深明庄学四境，同时略知四境动植象征，但不知庄子又以四境动植象征命名虚构人物，更不知四境排行隐喻，因此先把"仲"字辈的虚构大知错误命名为"河伯"，再不恰当地落实应用于历史人物"伯夷"、"仲尼"，导致"伯／仲"混淆。[1]

其二，魏牟略知"内七篇"的庄学俗谛和庄学真谛，但未尽窥，颇有小误。

《〈齐物论〉奥义》已明，"可乎可，不可乎不可；然于然，不然于不然"属于庄学俗谛，"然不然，是不是"（晦藏"不然然，不是是"）属于庄学真谛，两者并无矛盾。魏牟并未尽窥《齐物论》晦藏极深的庄学真谛，误以为庄学真谛"然不然，是不是"为庄子所贬斥，于是变文为"然不然，可不可"移用于极斥公孙龙——让公孙龙自述后，再极斥之。成玄英受魏牟误导，也妄斥公孙龙"可为不可，然为不然"。魏牟、成玄英，以及被魏牟、成玄英误导的诸多后世治庄者，无不妄斥庄学真谛而不自知。

魏牟对公孙龙的极端贬斥，不仅是对庄学真谛"然不然，不然然"的误解，也是对庄学俗谛"然于然，不然于不然"的偏离。魏牟把庄子对公孙龙的有限贬斥予以无限极化，从而把公孙龙丑化成了翻云覆雨、信口雌黄的纵横家。

1　"内七篇"从未提及"伯夷"，或为避免"伯／仲"混淆，扰乱四境排行隐喻。

公孙龙与纵横家之差异，一目了然。

纵横家是"其所言者特未定"者，根本特点是"可与不可日变"：昨日以为可，今日又以为不可。昨日以为不可，今日又以为可。

公孙龙是"其所言者固有定"者，根本特点是"可与不可不变"：其以为可，则终生以为可。其以为不可，则终生以为不可。惠施亦然，只不过与公孙龙针锋相对。

庄学真谛与名家主旨的差异，以及惠施、公孙的差异，同样一目了然，然而传统误解甚深。此处无暇展开，只能稍加辨析。

其一，庄学真谛之"然不然，不然然"。

传统误解：庄子"然"自己旧日之"不然"，"不然"自己旧日之"然"。

庄学正解：庄子"然"伪道俗见（含儒墨）之"不然"，"不然"伪道俗见（含儒墨）之"然"。

其二，名家主旨之"然不然，可不可"。

传统误解：名家"然"自己原先之"不然"，"可"自己原先之"不可"。

名家正解：名家"然"众人（含儒道）之"不然"，"可"众人（含儒道）之"不可"。[1]

其三，惠施、公孙之相互"然不然，可不可"。

惠施"然"公孙之"不然"，"可"公孙之"不可"。

公孙"然"惠施之"不然"，"可"惠施之"不可"。

公孙龙的思维方式不仅在战国时代最为异质，而且在全部中华思维中也最为异质[2]，但其学说持之以恒，与纵横家毫无相似之处。

1　张默生："此言能然他人所不然者，可他人所不可者。"

2　参看拙著《思想真的有用吗》之《公孙龙〈指物论〉奥义》，北京出版社 2021 年版。

倘若公孙龙像纵横家那样"然"自己原先之"不然","可"自己原先之"不可",就不可能"困百家之知,穷众口之辩"。公孙龙像庄子、惠施一样,不是"其所言者特未定"、"可与不可日变"的纵横家,而是"其所言者固有定"、"可与不可不变"的思想家。因此对于权倾一时、名震天下、翻云覆雨、信口雌黄的纵横家张仪、苏秦,庄子认为不值一驳,"内七篇"从未提及。庄子固然不赞成与庄学小异的惠施之学,更不赞成与庄学大异的公孙之学,但又认为学理上值得一驳,所以小斥惠施,大斥公孙,同时严守庄学俗谛"然于然,不然于不然"(其"然"、其"不然"是否正确,另当别论)。而魏牟所撰《秋水》把庄学真谛变文后作为公孙龙的罪名予以极端贬斥,遮蔽了庄学真谛,违背了庄学俗谛,混淆了庄学二谛,成了其后两千多年的旧庄学彻底遮蔽庄学真谛之滥觞。

继第三孔子章正扣首章"仲尼语之以为博"之后,第四魏牟章又隐扣首章"仲尼语之以为博",即把自诩"困百家之知,穷众口之辩"的公孙龙,作为"以天下之美为尽在己"的河伯、伯夷、仲尼之旁证和陪绑,阐明"以为博"而"自多"的大知小知,必将"长见笑于大方之家"。

在第四魏牟章中,魏牟已通过自己之极赞,让庄子间接出场。而在终篇三章中,魏牟将让庄子作为至知北海若之真身,直接出场。

五　庄子辞相，曳尾涂中

庄子钓于濮水之上[1]。楚王使大夫二人往先焉,曰:"愿以

---

1 旧脱"之上"二字。刘文典、王叔岷据《史记·老子韩非列传》正义《艺文类聚》《文选》嵇叔夜《赠秀才入军诗》注《太平御览》七六七及八三四、皇甫谧《高士传》引文校补。

境内累夫子！"[1]

庄子持竿不顾，曰："吾闻楚有神龟，死已三千岁矣，王以巾笥而藏之于庙堂之上[2]。此龟者，宁其死留骨而贵乎[3]？宁其生而曳尾于涂中乎？"

二大夫曰："宁生而曳尾涂中。"

庄子曰："往矣！吾将曳尾于涂中。"

第五庄拒楚聘章，以庄子为正面例子，继续演绎河伯章章末卮言之第三句："无以德殉名。"同时初步演绎河伯章章末卮言之末二句："谨守而勿失，是谓返其真。"

庄子为免"物累"，此前已辞漆园吏；为葆真德并免"物累"，又辞楚王聘相。

楚威王熊商，前339年—前329年在位，正当庄子三十岁至四十岁之间。因闻庄子才名，遂遣两位大夫礼聘庄子为相。司马迁称颂庄子："王公大人不能器之。"庄子自言："终身不仕，以快吾志。"卿相之重名，千金之重利，均不能动摇庄子永葆真德、自适其适之志。

道家至人，一方面在政治制度层面，反对"有为而治"，因为用"代大匠斫"的专制方式救世，必将愈救愈乱，"以水救水，以火救火，名之曰益多"（《人间世》）。另一方面在个体选择层面，反对在专制外境下出仕为官，因为出仕为官必须遵守宗法伦理的等级制度，违

1　"夫子"旧作"矣"。刘文典、王叔岷据《文选》潘安仁《秋兴赋》注《艺文类聚》九六、《太平御览》九三一、《事类赋》二八《鳞介部一》注引皆作"累子"、《世说新语·言语》注引作"累庄子"、《太平御览》八四三引文"累夫子"校正，但均误以为无意脱讹。实则儒生欲使"夫子"归孔子专用而妄改，整部《庄子》其例甚多。

2　旧脱"以"、"于"二字。马叙伦、刘文典、王叔岷、陈鼓应据《后汉书·冯衍传》注、《白帖》二九、《合璧事类》别集六三引文校补。

3　"宁其死"下旧衍"为"字。刘文典据《后汉书·冯衍传》注《太平御览》九三一引文校删。

背"天子之与己，皆天之所子"(《人间世》)、"天子不得臣，诸侯不得友"(《让王》)，必将人在庙堂，身不由己[1]，难以永葆自身之真德，还要黥劓民众之真德。庄子主张："古之至人，先存诸己而后存诸人"(《人间世》)。只有自己先心如止水，"乘物游心"(《人间世》)，"以德为循，自适其适"(《大宗师》)，"独与天地精神往来"(《天下》)，然后方有可能对天下民众"息黥补劓"(《大宗师》)，使民众"鉴于止水"(《德充符》)。只有拒绝成为有用于专制庙堂的"文木"，方能成为大用于自由江湖的"散木"。庙堂之"黥劓"、"雕琢"，是为外境之"撄"；拒绝"黥劓"、"雕琢"，是为内德之"宁"。这就是《大宗师》、《应帝王》反复重言的"撄宁"、"撄而后成"、"雕琢复朴"。外境未"撄"之时，大知小知貌似能"宁"，其实心动如水，常怨"怀才不遇"。一旦外境来"撄"，立刻大唱"仰天大笑出门去，吾辈岂是蓬蒿人"（李白）。

"楚有神龟"，即《逍遥游》四境动植象征中象征大知的范型"楚有冥灵"。"冥"通"溟"，训海，如"北溟"、"南溟"之"溟"。"龟"为龙凤龟麟四大灵兽之一。因此"冥灵"即海龟。

儒墨大知，或如孔子、孟子、荀子之救世心切，或如惠施、张仪、苏秦之欲显其才，必应诸侯聘相，愿意如同神龟那样被俗君僭主供于庙堂之上，衣以文彩锦绣，不惜为王前驱，最后成为"牺牲"。因此《逍遥游》把神龟变文为"冥灵"，作为儒墨大知的象征范型。旧庄学未窥四境动植象征，更不明白大知范型"冥灵"源于庄子辞相时所言之"神龟"，而把《逍遥游》之"冥灵"谬解为与"大椿"

1　今语"人在江湖，身不由己"实有二义：其一，"江湖"为"庙堂"之婉词。其二，"江湖"业已"庙堂"化。自由社会，庙堂为白社会，江湖为黑社会。专制社会，则庙堂为黑社会，江湖为白社会；江湖又被庙堂异化，遂致黑白合流。

一样的大树。

本章章旨：反扣首章"伯夷辞之以为名"，讽刺伯夷辞孤竹国之君位，辞周武王之礼聘，是像大知河伯一样"自多于水"，"欣然自喜，以天下之美为尽在己"。庄子辞楚威王之聘相，则是像至知北海若一样"未尝自多"，"方存乎见少，又奚以自多"，旨在"谨守而勿失，是谓返其真"。

六　庄惠初见，不欢而散

惠子相梁，庄子往见之。

或谓惠子曰："庄子来，欲代子相。"

于是惠子恐，搜于国中三日三夜。

庄子往见之，曰："南方有鸟，其名为鹓雏，子知之乎？夫鹓雏，发于南海，而飞于北海，非梧桐不栖[1]，非楝实不食[2]，非醴泉不饮。于是鸱鸮得腐鼠[3]，鹓雏过之，仰而视之曰：'吓！'今子欲以子之梁国而吓我邪？"

---

1 "栖"旧讹为"止"。刘文典、王叔岷据《太平御览》九一五、《文选》鲍明远《芜城赋》李周翰注、《白帖》二九、《记纂渊海》四、《事文类聚》后集二三及四二、《合璧事类》别集五三及六二引文、《诗·大雅·卷阿》郑笺校正。

2 "楝"旧讹为"練（练）"，又或作"竹"。武延绪、王叔岷厘正。武延绪："《淮南子·时则训》：'七月官库，其树楝。'注：'楝食，凤凰所食。'疑此所谓'練食'，即'楝食'也，練乃楝之借字。"王叔岷："桓宽《盐铁论·毁学篇》、《诗·卷阿·笺》亦并云：'非竹实不食'作'練食'。则練借为楝，武说是。《广雅·去声》四：'楝，木名，鹓鹐食其实。'即本此文，字作楝。""楝实"讹为"練实"，难以索解，遂被改为"竹实"，以竹子三十年一开花结实，状鹓雏之择食。

3 "鸮"字旧脱。王叔岷据《白帖》二九、《合璧事类》别集六六引文、萧统《陶渊明集序》校补。成疏"凡猥之鸮"亦可证。

第六庄惠初见章，进一步演绎河伯章章末卮言之末二句："谨守而勿失，是谓返其真。"

"发于南海，而飞于北海"，与《逍遥游》"发于北溟而飞于南溟"相反，不过并非误倒。因为庄子是从南方之宋，前往北方之魏，当有因应外境、切合情景的相应变文。

旧庄学误以为庄、惠二子终生为友，起码早年业已为友。其实惠施长庄子十一岁，未及庄子成年，惠施早已游仕魏国，担任魏国客卿近半个世纪，担任魏相也长达十九年（前340—前322）。本章所记庄、惠初见，必定发生于惠施前340年至前322年担任魏相的十九年期间。惠施任魏相之早期深受魏惠王信任，无须担心罢相，故应发生于惠施任魏相之中期、晚期。但是直至惠施罢相的前322年，《秋水》撰者魏牟仍未出生。

庄子既辞漆园之吏，又拒强楚之相，然后赴魏考察。惠施或者未闻庄子峻拒楚相，或者虽闻而不解庄子为何如此，误以为庄子虽不欲为楚相，却有意觊觎魏国相位，因而派人搜捕庄子，以免庄子游说魏惠王得到赏识，从而取代惠施。庄子闻讯前去"自首"，讥讽惠施自珍"腐鼠"。于是庄、惠初见，不欢而散。

庄、惠订交，必在前322年惠施被张仪夺去魏相、逃归母邦宋国之后。此后三四年，是庄、惠晚年交友的第一时期。前319年魏惠王死，惠施立刻离宋返魏晋见魏襄王，图谋复相而未成功，此后留连大梁，直到前305年左右在大梁辩论中被公孙龙击败，惠施又再次返宋。此后四五年，是庄、惠晚年交友的第二时期。在晚年盘桓期间，惠施与庄子逐渐从针锋相对的论敌，变成了惺惺相惜的畏友。

本章章旨：再次以庄子为永葆真德、自适其适的至高典范。

七　庄惠辩鱼，话不投机

庄子与惠子游于濠梁之上。

庄子曰："儵鱼出游从容[1]，是鱼之乐也。"

惠子曰："子非鱼，安知鱼之乐邪？"[2]

庄子曰："子非我，安知我不知鱼之乐邪？"

惠子曰："我非子，固不知子矣；子固非鱼也，子之不知鱼之乐，全矣。"

庄子曰："请循其本。子曰'汝安知鱼乐'云者，既已知吾知之而问我，我知之濠上也。"

第七庄惠辩鱼章，终极演绎河伯章章末卮言之末二句："谨守而勿失，是谓返其真。"

"鱼乐之辩"，首先可从"意"的层面辨析：庄、惠各言其志，价值观迥异。

庄、惠晚年虽已成为惺惺相惜的畏友，仍是针锋相对的论敌，学说主旨、思想理路南辕北辙。二人闲游，庄子志在"以无用为大用"，故借水中游鱼，发挥"相忘江湖"之旨，讥讽惠施"拙于用大"（《逍遥游》）。惠施志在"大用于庙堂"，故也反唇相讥，发挥"救民水火"之旨，讥讽庄子"大而无用"（《逍遥游》）。老骥伏枥的惠施，似对重返魏国政坛尚未死心，因此"鱼乐之辩"发生在庄、惠交友第一

1　"儵"旧讹为"鲦"。卢文弨、刘文典、王叔岷据《道藏》白文本、注疏本、《文选·秋兴赋》注、《太平御览》一六九、四六八、九三七引文校正。

2　"邪"字旧脱，下句同。刘文典、王叔岷据《文选·秋兴赋》注、《世说》注、《意林》、《太平御览》一六九、九三七引文校补。

时期的可能较大。

"鱼乐之辩"，其次可从"言"的层面辨析：惠施逻辑胜，庄子表面胜。

惠施以"子非鱼"之事实，要求庄子证明"安知鱼之乐"，即"怎样知道"鱼之乐，是一个逻辑周延的知识论命题。庄子以"子非我"之事实，无法反驳"子非鱼"之事实，也无法反驳惠施"安知鱼之乐"之逻辑考问，不得不把惠施所问"怎样知道"，偷换成"哪里知道"，答以"我知之濠上也"。因此庄子表面胜，惠施逻辑胜。

对庄子的表面胜，也可予以批评性辨析。实际辩论中，伶牙俐齿的惠施必定指出庄子"易人之意"（《惠施》）即偷换概念。因此庄子的表面胜，并非与惠施实际辩论中的表面胜，仅是"记者片面报道"的字面胜。"记者"魏牟运用著述权，剥夺了惠施的话语权，庄子遂成"后息者胜"（韩非语）。

对庄子的表面胜，也可予以辩护性辨析。"鱼乐之辩"并未被庄子写入"内七篇"，原本可能是朋友之间不宜较真的戏言。深责庄子偷换概念，或许缺乏幽默感。"记者"魏牟正式录入文字而又偏袒庄子的"片面报道"，导致"鱼乐之辩"流毒甚广，庄子不仅未能增光，反而长期蒙羞。加上旧庄学误以《秋水》为庄子亲撰，庄子遂成扼杀中国逻辑学萌芽的罪魁之一。[1]

然而魏牟并不具有亲临现场的"记者"资格。魏牟比庄子小四十九岁，比惠施小六十岁。"鱼乐之辩"极可能发生在庄、惠交友的第一时期（前322—前319），其时魏牟（前320—前240）或未出生，或在襁褓。即便"鱼乐之辩"发生在庄、惠交友的第二时期（前304—前300），其时魏牟也未弱冠，又未亡国，尚属公孙龙

1　参看拙著《寓言的密码》之"知鱼之乐：诗人的强词夺理"，北京出版社2021年版。

信徒，不可能亲历濠梁之游，亲闻鱼乐之辩。魏牟亡国以后才从公孙龙信徒转为庄子信徒，但没有直接师事庄子的证据，因此魏牟当属庄子的再传弟子，即庄子弟子蔺且的弟子。魏牟所记"鱼乐之辩"必属转闻，亦即闻于其师蔺且。

本章章旨：仍以庄子为永葆真德、自适其适的至高典范，重点演绎第一河伯章末句"是谓返其真"。至此，第一河伯章章末卮言，业已逐一演绎完毕。《秋水》篇末之"庄子知鱼"，是对《齐物论》篇末之"庄周梦蝶"的仿拟。王安石之子王雱《庄子新传》业已言之："篇终言知鱼之乐，与《齐物》终于梦为蝴蝶之意同。"刘凤苞《南华雪心编》亦已言之："内篇'庄化为蝶，蝶化为庄'，可以悟《齐物》之旨；外篇'子亦知我，我亦知鱼'，可以得'返真'之义。"

魏撰《秋水》对庄撰《齐物论》的精妙演绎，就此落幕。

结语　专制降临，终结争鸣

郭象及其追随者，对《齐物论》奥义和《秋水》精义，均毫无会心，曲解也如出一辙，全反原义。旧庄学认定《齐物论》乃至整部《庄子》持"相对主义"，主张"此亦一是非，彼亦一是非"，主要证据是已被郭象篡改反注的《秋水》。我认定《齐物论》乃至整部《庄子》持"绝对主义"，超越"此亦一是非，彼亦一是非"，主要旁证也是复原近真的《秋水》。

比庄子小四十九岁的《秋水》撰者魏牟，哲学悟性稍逊庄子，文学才华则不逊庄子，故其所撰"外杂篇"部分佳篇，与庄子亲撰的"内七篇"神似到足以乱真，从而助长了"外杂篇"为庄子亲撰的传统谬见。很多人坚信，"外杂篇"或者均为庄子所撰，或者至少其中的佳篇为庄子所撰。本文已经证明，魏牟极斥公孙龙必在前

256 年秦围邯郸之后，庄子至少已死三十年，蔺且至少已死四年，所以《秋水》撰者既非庄子，亦非蔺且，当为魏牟。

魏牟另外著有《公子牟》四篇，《汉书·艺文志》列于道家，久佚。班固妄书曰："先庄子，庄子称之。"不仅弄错庄、魏先后，且把魏牟所撰《秋水》极赞庄子，荒谬地视为庄子所撰《秋水》言及魏牟。旧庄学不明庄子的生平纪年，也不明研究庄学不可不知的魏牟、惠施、公孙龙等诸子的生平纪年，从而把记载诸多庄子死后之事的"外杂篇"，视为庄子亲撰，导致其庄学研究毫无准星，动辄出错。

魏牟作为中山先王之子而沦为亡国之民，从贵位骤降至贱位，却能超越切身利益，信服庄学至理，主张"贵贱有时，未可以为常"，难能可贵，不愧为庄子学派代表人物。魏牟作为庄子再传弟子，理解"内七篇"颇有小误，未能尽窥庄学堂奥。

魏牟未能尽窥庄学真谛尚属客观无意，郭象彻底遮蔽庄学真谛纯属主观故意，出错性质完全不同。正如向秀篡改曲解《庄子》尚属被动违心，郭象篡改曲解《庄子》纯属主动存心，捣鬼程度大相径庭。郭象对《秋水》的篡改反注，放大并强化了魏牟对庄学真谛的误解和遮蔽，实为遮蔽庄学真谛的罪魁祸首。因为奉郭象谬说为至高权威的旧庄学，理解郭象篡改版《齐物论》乃至整部郭象篡改版《庄子》，主要依据是郭象篡改版《秋水》，因此郭象篡改版《秋水》，遂成遮蔽庄学真谛的旧庄学之义理源头。

庄子及其弟子后学，对作为中国逻辑学萌芽的先秦名家之学，有其"知之聋盲"，未能充分理解名家之学有助于推进人类对"道"的认知。庄子所撰"内七篇"之贬斥名家之学，尤其是庄门弟子后学所撰"外杂篇"之极斥名家之学，随着其后中华历史的独特演进，而搬起石头砸了自己的脚。

庄子、魏牟固可仰天长叹：我们播下了庄学龙种，收获了伪庄学跳蚤。

惠施、公孙却能反唇相讥：我们播下了名学龙种，却连伪名学跳蚤也没留下，对此你们难辞其咎。探究科学规律，抉发庄学真谛，都离不开名家之学的逻辑利器。名家之学的龙种被灭之后，庙堂江湖无不跳蚤横行，你们只能自食苦果，收获伪庄学跳蚤。

庄子师徒仍可自辩：惠施、公孙的名家之学确有诡辩色彩，我们的批评正当且有益，有助于名家后学根除诡辩，完善名学。"内七篇"的有限贬斥，"外杂篇"的无限极斥，绝非中国逻辑学萌芽未能完善即已夭折的主要原因。儒法一宗两派与专制庙堂联手，终结了百家争鸣，才是名家之学未能在正当批评之下进一步完善的根本原因。名家之学被庙堂剿灭之后，既波及科学理论未能萌芽，又殃及庄学真谛彻底遮蔽。

事实正是如此。一损俱损，一荣俱荣。先秦以后，不仅惠施、公孙龙的著作或灭或残，庄子、魏牟的著作也或残或灭。四子学说的唯一共性，就是反对儒家学说。导致四子之书或灭或残的根本原因，正是儒家学说成了庙堂官学。

鼓吹"仁义"的儒家祖师孔子，主张"攻乎异端"。鼓吹"王道"的儒家亚圣孟子，主张尽灭"杨墨"，肆意诋毁为"禽兽"。鼓吹"王霸"的儒家集大成者荀子更是全面出击，既无知妄贬庄子"蔽于天而不知人"，又蛮横叫嚣惠施、公孙的名家之学"持之有故，言之成理，其言虽辩，君子不听"，更肆意诋毁庄子、魏牟"纵情性，安恣睢，禽兽行"（《荀子·非十二子》）。秦始皇采纳大儒荀子的法家弟子李斯的献策"焚书坑儒，以法为教"，汉武帝则采纳大儒董仲舒的献策"罢黜百家，独尊儒术"，确立了佯儒实法、王霸杂用的专制伪道，一同成为中华顺道文化的两大浩劫，导致《惠子》和《公子牟》只字不存，导致《庄子》从五十二篇、十余万言变成了郭象版伪《庄子》的三十三篇、六万余言，导致《公孙龙子》从十四篇、数万言变成了今传本的五篇、近三千言[1]。儒法一宗两派，借助庙堂暴力终结了百家争鸣，遂使中华思想进入了两千年漫漫长夜。

2007 年 12 月 3 日—2008 年 4 月 28 日初稿

2022 年 1 月 28 日定稿

1　今本《公孙龙子》残存六篇，首篇《迹府》非公孙龙所撰。

《达生》精义

弁言 《达生》篇旨，演绎"养生"

庄子再传弟子魏牟所撰《知北游》、《秋水》，演绎庄学真谛极其精彩，然而略有偏离。庄子亲传弟子蔺且所撰《达生》、《山木》，演绎庄学俗谛极其精彩，而且有所发展。可见即使是庄子学派的代表人物，同样是俗谛易通达，真谛难尽窥。

《庄子奥义》业已阐明，达至道极视点的庄学，与囿于人间视点的孔学差别极大，所以贬斥孔学是"内七篇"的宗旨之一。由于庄学俗谛的思维层面，与孔学的思维层面相同，因此在专明庄学俗谛的《养生主》、《人间世》中，庄子对孔学既有"不然于不然"，也有"然于然"。蔺撰《达生》演绎庄撰《养生主》义理，蔺撰《山木》演绎庄撰《人间世》义理，对孔学同样如此。

儒生郭象篡改反注《养生主》、《人间世》，首先是遮蔽庄学对孔学的"不然于不然"，其次是夸大庄学对孔学的"然于然"，倘若原义难以曲解遮蔽，就篡改原文。对于演绎《养生主》义理的《达生》、演绎《人间世》义理的《山木》，郭象同样如法炮制，而且篡改动作更大。《达生》的郭象反注，承于《养生主》的郭象反注。

《达生》被后于魏牟的《吕览》、《荀子》，先于刘安的《韩诗外传》抄引，必在魏牟版"外篇"。刘安版、郭象版仍在"外篇"。

《达生》复原本，白文 2417 字：补脱文 75 字，删衍文 4 字，订讹文 19 字，更正文字误倒 2 处。厘正通假字、异体字 36 字，重复不计。纠正重大标点错误 2 处，小误不计。

《达生》十三章，卮言二章，寓言十一章。先以第一卮言章阐明义理，继以寓言十章展开义理，再以第十二卮言章总结义理，最后以寓意吊诡的寓言末章荡开。

一 形精不亏，达道全生

达生之情者，不务生之所无以为；达命之情者，不务命之所无奈何[1]。养形必先之以物，物有余而形不得养者有之矣[2]；有生必先无离形，形不离而生亡者有之矣。生之来不能却，其去不能止。悲夫！世之人以为养形足以存生，而养形果不足以存生，则世奚足为哉？虽不足为而不可不为者，其为不免矣。

夫欲免为形者，莫如弃事。弃事则无累[3]，无累则正平，正平则与彼更生，更生则几矣。事奚足弃，而生奚足遗？弃事则形不劳，遗生则精不亏。夫形全精复，与天为一。天地者，万物之父母也；合则成体，散则成始。形精不亏，是谓能移；精而又精，返以相天。

第一卮言章，总领全篇。阐明篇旨"形全精复"、"形精不亏"，演绎《养生主》保身葆德、身心兼养的"全生"之旨。

---

1 郭象改"命"为"知"，证见正文。武延绪、马叙伦、刘文典、王叔岷、张默生、严灵峰、王孝鱼、陈鼓应据《弘明集》引《正诬论》、《淮南子·诠言训》、《淮南子·泰族训》校改。

2 "得"字旧脱。王叔岷据唐写本校补。

3 两"事"旧讹为"世"。王叔岷据下文"弃事"校正。

《达生》开篇："达生之情者，不务生之所无以为；达命之情者，不务命之所无奈何。"支离重言"达……者"，即至人。至人深知：物德低于天道，作为万物之一的人类，不可能达至终极天道，仅能达于"生、命之情"，洞观"生"之实情，彻悟"命"之本质。

《养生主》开篇："吾生也有涯"，蕴涵二义：有涯之生，有限之德。有限之德，又有相对的厚薄小大，此即先天之"命"。有涯之生，又有相对的寿夭祸福，此即后天之"运"。后天之"运"，《人间世》、《德充符》称为"若命"。

《达生》的"生／命"之辨，演绎"内七篇"的"若命／命"之辨。"生"与"若命"相当。"生"兼身、心，"若命"之"运"也兼身、心。《曹商》曰："达生之情者傀，达于知者肖；达大命者随，达小命者遭。""傀"即大，"大命"即命。"肖"即小，"小命"即运。

首先是真谛层面的"知命"，即彻悟"造化"之"道"：洞观每物之"命"先天受制于"造化"天道，因此个体先天之"命"不可改变，此即《秋水》所言："吾命有所制。""知命"者必定"安命"，从而"不务命之所无奈何"：不妄想改变无法改变的先天物德定数，而是任其自然展开。

其次是俗谛层面的"知生"，即彻悟"物化"之"理"：洞观每物之"德（性）"后天又与万物博弈互动，因此人生后天之"运"随时变迁。"知生"者必定"安生"，从而"不务生之所无以为"：不妄为先天物德定数注定自己做不了之事，而是任其自然展开。今之口语"安生"，仍然保留本义，但多用于否定语"不安生"。

顺便一说，《达生》开篇"生／命"之辨的精义，却因郭象改"命"为"知"而湮灭千年。郭象篡改的硬证，见于《养生主》郭注："达命之情者，不务命之所无奈何也。"郭象注《养生主》之时，曾引《达生》原文"不务命之所无奈何也"入注，但他注《达生》之时，却把《达生》原文篡改为"不务知之所无奈何也",忘了注《养生主》之时曾引《达生》原文入注,浑然不知自留作案铁证。

对"命"的终极之"知",就是"知万物生于造化",知"命"受"造化"之"道"宰制。对"生"的终极之"知",就是"知万物死于物化",知"生"受"物化"之"理"宰制。"知命"、"知生",合为"知化"(《齐物论》),就是兼知"造化"之"道"、"物化"之"理"。

"知"而后行,德心必"安",不会悖道妄为。"安命"就是"安于万物之生于造化","安生"就是"安于万物之死于物化"。"安命"、"安生",合为"安化"(《大宗师》),就是兼安"造化"之"道"、"物化"之"理"。

"知化"属于理智层面,较易。"安化"属于践行层面,较难。"知化"而不能"安化",是因为个体自爱一旦偏执为自恋,就不易"无己"(《逍遥游》)、"丧我"(《齐物论》),从而陷入知行相悖,身心分裂,时而顺道,时而悖道。

个体之自由,不可能无限,而有双重限定:先天内德之"命",后天外境之"生"。在限定范围之外,不存在自由,既不可能悖道妄为,也不可能顺道而为。在限定范围之内,顺道而为则自由,悖道妄为则碰壁。限定范围之内的自由,就是顺道而为的"因任"、"任化"、"顺化"。因任先天之"命",就是"因循内德,自适其适";因任后天之"生",就是"因应外境,推移屈伸"。达道至人无不"因任",不仅顺真道之水推舟,而且逆伪道之风行船,达至知行合一、二谛圆融、觉行圆满,臻于"任化"、"顺化"之"化境",就是"顺应天道,与化为人"。故《大宗师》曰"与造物者为人",《天运》曰"与化为人"。

名相既明,首章其余文字已无难点,全承《养生主》义理:"生"兼身心,必须兼养;保身先于葆德,葆德重于保身。外物之搅扰,外境之雕琢，外道之黥劓，均不妨碍其游刃有余地达至"全生"。

"养形必先之以物，物有余而形不得养者有之矣"：养身必须依赖外物，外物有余却不用于养身者也有。那是本末倒置的守财奴！

"有生必先无离形，形不离而生亡者有之矣"：养生必先保有身形，身形虽存而德心已死者也有。那是本末倒置的亏生者！

"世之人以为养形足以存生，而养形果不足以存生"：本末倒置的世人误以为保养身形是人生至高目标，然而保养身形仅是身存心死的物类生存，葆全德心才是身存心在的人类存在。故《淮南子·泰族训》曰："治身，太上养神，其次养形。"

"夫欲免为形者，莫如弃事。弃事则无累，无累则正平，正平则与彼更生，更生则几矣"：欲避免仅仅养形的亏生，不如抛弃俗务。抛弃俗务就能不被外境牵累，不被外境牵累就能达至身心平衡，达至身心平衡就能与道同行，与道同行就能全生。[1]

"弃事则形不劳，遗生则精不亏。夫形全精复，与天为一。天地者，万物之父母也；合则成体，散则成始。形精不亏，是谓能移；精而又精，返以相天"：抛弃俗务则形体不劳，不再偏养身形则德心不亏。身形健全又德心永葆，方能与天道合一[2]。天地阴阳之道，如同万物的父母。阴阳相合则个体生成，阴阳离散则旧死新生[3]。身形德心均不亏损，方能顺应天道而推移屈伸；葆德进而上窥天道，道生之物就能返而参赞天道。"[4]

"形全精复"、"形精不亏"变文重言，均为"全生"之旨。"能移"就是不偏不执的屈伸推移；就是"丧我丧偶"的因任顺化，而

1　参看"与彼更生"宣颖注："与彼造化同其循环推移。"

2　参看"与天为一"宣颖注："合造化之自然。"

3　参看"散则成始"宣颖注："散于此者，为成于彼之始。"

4　参看"精而又精，反以相天"宣颖注："养精之至，化育赖其参赞。"

非"有我有偶"的顽固不化。

阐明篇旨的卮言首章之后，续以演绎篇旨、环环紧扣的寓言十章。

二 伪道生贼，真道生德

子列子问关尹曰："至人潜行不窒，蹈火不热，行乎万物之上而不慄。请问何以至于此？"

关尹曰："是纯气之守也，非知巧果敢之列。居，予语汝！凡有貌象声色者，皆物也，物与物何以相远？夫奚足以至乎先？是形色而已[1]。则物之造乎不形，而止乎无所化。夫得是而穷之者，焉得而正焉[2]？彼将处乎不淫之度，而藏乎无端之纪，游乎万物之所终始，壹其性，养其气，合其德，以通乎物之所造。夫若是者，其天守全，其神无隙，物奚自入焉？

"夫醉者之坠车，虽疾不死。骨节与人同，而犯害与人异，其神全也。乘亦不知也，坠亦不知也，死生惊惧不入乎其胸中，是故忤物而不慑。彼得全于酒而犹若是，而况得全于天乎？圣人藏于天，故物莫之能伤也。[3]

"复仇者，不折镆干；虽有忮心者，不怨飘瓦，是以天下平均。

---

1 "形"字旧脱。姚鼐、奚侗、刘文典、王叔岷、张默生、王孝鱼、陈鼓应据《阙误》江南本及郭注"同是形色之物"、《列子》张湛注引向秀注校补。

2 "焉得"前旧衍"物"字，笔者据《列子·黄帝》引文校删。郭象改"正"为"止"，证见郭注："止于所受之分。"刘文典、王孝鱼据《阙误》张君房本、《列子·黄帝》引文校正。

3 "物"字旧脱。王叔岷据《列子·黄帝》及成疏"故物莫之伤矣"校补。

故无攻战之乱，无杀戮之刑者，由此道也。不开人之人[1]，而开天之天；开天者德生，开人者贼生。不厌其天，不忽于人，民几乎以其真！"

第二关列章，文势承上。借用道家前辈关尹、列子之问答，形象演绎庄学"全生"之义理。

关尹，春秋末期人，与老聃（前570—480）同时而年辈略晚，大致与孔子（前551—479）相当。列子（前450—前375），战国初期郑国人，生于孔子殁后约三十年，可能是关尹晚年弟子或再传弟子。

列子开言，即称"至人"，点破开篇"达……者"即至人，足证撰者深明"内七篇"的庄学四境，以及褒至知、贬大知之旨。

列子问："至人潜行不窒，蹈火不热，行乎万物之上而不慄。请问何以至于此？"《秋水》也有类似语："至德者，火弗能热，水弗能溺，寒暑弗能害，禽兽弗能贼。"均为《逍遥游》"之人也，物莫之伤，大浸稽天而不溺，大旱金石流、土山焦而不热"之变文。《秋水》进而阐释："非谓其薄之也，言察乎安危，宁于祸福，谨于去就，莫之能害也。"点破并非"神仙"之说，而是洞察安危，不被君主专制的险恶外境戕害身心。战国后期神仙家，已把"潜行不窒，蹈火不热"坐实为神仙之神通。张湛伪《列子》亦然，又比附于佛教夸诞之神通。

至人不仅重视身形不被专制伪道黥劓戕害，尤重德心不被专制伪道"黥劓"洗脑。大知小知为了身形不被黥劓戕害，不惜德心被

---

1 "人"旧讹为"天"。下文"以天合天"意为"以人之天，合物之天"，与"不开人之天"牴牾。刘文典据《阙误》刘得一本校正。

"黥劓"洗脑，同时不知庙堂鼓吹的专制"人道"实属伪道。

关尹之语，分为三节。

第一节正论："是纯气之守也，非知巧果敢之列。"再证不被水火、寒暑、禽兽戕害，与"神仙"无关，并非自恃"知巧果敢"的主动"往刑"，而是"纯气之守"。《秋水》"谨守而勿失，是谓返其真"，也强调"守"。《达生》"纯气之守"，《秋水》"守德返真"，均为《齐物论》"葆光"之变文。《田子方》则变文为"葆真"。"葆"、"守"异名同实，"德"、"气"、"真"、"光"异名同实。

"凡有貌象声色者，皆物也，物与物何以相远？"人类个体在貌象声色的身形方面差别甚小，属于同一物类；然而个体与个体在德心方面差别甚大，大知小知无不潜行而窒，蹈火而热，临高而慄，至人为何如此反常？——庄学认为：德心差别中的极小部分，属于造化分施所致；德心差别中的绝大部分，属于文化洗脑所致。

此义近于孔子"性相近，习相远"（《论语·阳货》），再证"潜行不窒，蹈火不热"非关身形，而是隐喻德心。由于德心难以直观，所以借用身形隐喻。借用易于直观的身形，阐明难以直观的德心，乃是"内七篇"之惯技。比如借用身刑之黥劓，形容心刑之"黥劓"、"雕琢"、洗脑。倘若不知整部《庄子》都在"借身喻心"，《庄子》就会沦为修身之书、夸诞之言、荒唐之语。

"夫奚足以至乎先？是形色而已。"演绎《养生主》"保身先于葆德"之旨：保养形色之身，葆养真德之心，何者居先？保养形色之身居先。

"则物之造乎不形，而止乎无所化。夫得是而穷之者，焉得而正焉？"演绎《养生主》"葆德重于保身"之旨：万物均为无形的造化之道所生，而形色之身终将止于物化之节点（死亡）。倘若为了保身而穷极手段（却忘了葆德更为重要），怎能得悟养生之正道？

"彼将处乎不淫之度，而藏乎无端之纪。"首句言"德"，"不淫之度"即个体物德先天命定的限度。次句言"道"，"无端之纪"即循环无端的道之纲纪，《老子》谓之"道纪"。句义：至人永葆道所分施的有限真德，以此进窥并藏身于宰制万物的无限天道。

"壹其性，养其气，合其德"，演绎《人间世》"乘物"之旨。

"游乎万物之所终始"，"以通乎物之所造"，演绎《人间世》"游心（于道）"之旨。郭象反注前句："终始者，物之极。"否认"道"之存在。又反注后句："万物皆造于自尔。""自尔"即"自己而然"的"独化"，悖于"自道而然"的"造化"。

"夫若是者，其天守全，其神无隙，物奚自入焉？"至人葆全天赋真德，神志没有缝隙，外物之攫扰、外境之雕琢、外道之黥劓从何攻入呢？——人类个体的天赋物德固有厚薄小大，即使物德甚薄，仍可葆守真德，达道全生。能否成为达道全生的至人，并非取决于先天物德之厚薄，而是取决于后天能否葆守真德。

第二节类比申论，用直观易解的"醉者坠车，虽疾不死"，形象比况难以直观的"纯气之守"。"骨节与人同"上扣"物与物何以相远"，"犯害与人异，其神全也"上扣"其天守全，其神无隙"，再次申论：养生之主是葆养德心，而非保养身形。

"乘亦不知也，坠亦不知也，死生惊惧不入乎其胸中，是故忤物而不慑。彼得全于酒而犹若是，而况得全于天乎？"酒醉者借助外物，暂至葆全真德之高境，酒醒即离高境。葆德者无须借助外物，达至葆全真德之高境，而且永在高境。

"圣人藏于天，故物莫之能伤也。"义同《秋水》"不以物害己"，演绎《大宗师》"胜物而不伤"。达道全生的圣人藏身于天道所赋真德，所以外境外物外道无法伤害他，因为道生之物不可能战胜天道。

第三节设喻申论，先出二喻："复仇者，不折镆干；虽有忮心者，不怨飘瓦。"义近孔子"不迁怒"(《论语·公冶长》)。前喻是有心之人境:复仇者被他人用宝剑干将镆铘伤害,只会报复有意志的仇人,不会折断无意志的宝剑。后喻是无心之物境:恈急者被飘落的屋瓦砸伤,更不会怨恨无意志的屋瓦。

义同《山木》:"方舟而济于河,有虚船来触舟,虽有恈心之人,终不怒也。"这是《山木》、《达生》撰者均为蔺且之证。司马光已知二喻义理相通,其诗《酬王安之闻罢真率会》曰:"虚舟非有意,飘瓦不须嗔。"

随后议论:"是以天下平均,故无攻战之乱,无杀戮之刑者,由此道也。""平均"即首章"正平"之变文,义近孔子"以直报怨,以德报德"(《论语·宪问》)。撰者认为,战国时代的"攻战之乱"、"杀戮之刑",根本原因是不循"正平"、"平均"的天道。

然后主张:"不开人之人,而开天之天。"前之"人"、"天"是指称名词。后之"人"、"天"是义理名相,即《秋水》:"牛马四足,是谓天;络马首,穿牛鼻,是谓人。"句义:不要开启人为伪德,而应开启天赋真德。

进而申论:"开天者德生,开人者贼生。"开启天赋物德者,真德永葆;妄开人为伪德者,贼心渐生。"德 / 贼"之辨,源于《老子》:"以知治国,国之贼也;不以知治国,国之德也。"[1]孔子也曾言及:"乡愿,德之贼。"(《论语·阳货》)道家、儒家价值观不同,"德"与"贼"的定义也不同。儒学所奉有"德"之君,庄学视为最大之"贼"——盗。俗君僭主,庄学视为盗道窃德、自命仁义的窃国大盗。故《胠箧》曰:"田成子一旦杀齐君而盗其国,所盗者岂独其国邪?并与

1　语见《老子》初始本。《老子》传世本改为:"以智治国,国之贼;不以智治国,国之福。"遂湮《老子》初始本"德 / 贼"之辨。详见拙著《老子奥义》(即出)。

其圣知之法而盗之。……则是不乃窃齐国并与其圣知之法，以守其盗贼之身乎？……圣人不死，大盗不止。虽重圣人而治天下，则是重利盗跖也。……何以知其然邪？彼窃钩者诛，窃国者为诸侯；诸侯之门，而仁义存焉。则是非窃仁义圣知邪？"

章末三句小结："不厌其天"即顺应天道，"不忽于人"即因应外境，"民几乎以其真"即因循内德。与《秋水》篇旨相同："谨守而勿失，是谓返其真。"

"复仇者"一节72字，陈鼓应认为与文义无关，且《列子·黄帝》无之，疑为错简而删。实则文义相关，伪《列子》少抄一节，不足为凭。

三 丈人斥孔，拒绝传道

以上开篇二章，阐明《养生主》"全生"义理。以下孔子二章，对比阐明孔学部分合于庄学俗谛；运用庄学俗谛，对孔学"然于然，不然于不然"。

> 仲尼适楚，出游林中[1]，见佝偻者承蜩，犹掇之也。
> 仲尼曰："子巧乎！有道邪？"
> 曰："我有道也。五六月，累二丸而不坠[2]，则失者锱铢；累三而不坠，则失者十一；累五而不坠，犹掇之也。吾处身也，

1　"游"旧讹为"于"。刘文典据《太平御览》九四四校改。

2　"二丸"旧误倒为"丸二"。刘文典据《艺文类聚》九七、下文"累三"、"累五"及郭注"累二丸"厘正。

若橛株之枸[1]；吾执臂也，若槁木之枝；虽天地之大，万物之多，而唯蜩翼之知。吾不反不侧，不以万物易蜩之翼，何为而不得？"

孔子顾谓弟子曰："用志不分，乃凝于神，其佝偻丈人之谓乎？"

丈人曰："汝缝衣徒也，亦何知问是乎？修汝所以，而后载言其上！"[2]

第三仲尼适楚章，借用《逍遥游》形容藐姑射神人的"其神凝"，申论第二关列章的"天守全"。

撰者深明《养生主》第一寓言庖丁解牛之旨，是以真谛之"道"驾驭俗谛之"技"，因此先用第三章演绎庖丁之"技"。

《达生》演绎《养生主》，重心均在俗谛，而俗谛包含"然于然，不然于不然"两项原则，因此撰者既对承蜩丈人之神"技"，予以"然于然"；又对承蜩丈人之自诩"有道"，予以"不然于不然"——同时又隐伏而未挑明，直至第九章才挑明。旧庄学未窥第九章对第三章的超越性否定，因而误以为第三章肯定承蜩丈人之自诩"有道"。

尽管"技"低于"道"，有"技"不等于有"道"，更不能因"有技"而"自得"并自诩"有道"，然而精通俗谛之技，仍须"用志不分，乃凝于神"，"虽天地之大，万物之多，而唯蜩翼之知"。足证在俗谛层面，庄学不仅不反对寻求相对之知，而且主张充分掌握相对之

---

1 "橛"旧讹为"厥"，"枸"旧讹为"拘"。郭嵩焘、王叔岷、王孝鱼、陈鼓应据陆释《阙误》张君房本、江南本、道藏褚伯秀本、赵谏议本校正。旧脱"之"字皆未补，"橛株之枸"即断木所遗之树桩，形容丈人之处身不动。与"槁木之枝"对举。

2 郭象删去"丈人曰"以下二十四字。王叔岷："《列子》此下更有'丈人曰汝缝衣徒也'等二十四字，《释文》于'逢衣'下引向秀曰：'儒服宽而长大者。'是向本《庄子》有此文，郭本脱之。"郭窜向注，必非无意之脱，而是尊孔而删。"逢"通"缝"，证见《盗跖》盗跖斥孔子"缝衣浅带"。

知。仅在真谛层面，庄学才反对把相对之知拔高为绝对之知，因为相对之知属"技"，绝对之知属"道"。拔高"技"、"方"、"术"为"道"，就会导致"以技灭道"、"以方灭道"、"以术灭道"，也就是庄学根本反对的"以人灭天"（《秋水》）。

《养生主》之文惠君，居高临下地赞扬庖丁"技盖至此乎"，庖丁却反过来居高临下地教诲文惠君："臣之所好者道也，进乎技矣。"演绎《养生主》的《达生》，亦予仿拟。孔子居高临下地赞扬承蜩丈人之"技"，承蜩丈人也反过来居高临下地教诲孔子——

"丈人曰：'汝缝衣徒也，亦何知问是乎？修汝所以，而后载言其上！'"句义：你这穿缝衣、系腰带的君子之徒，怎么可能明白真谛之道？还是先修炼俗谛之技，然后再问更高的真谛之道吧！

儒生郭象不能容忍撰者贬低孔子，因而全删承蜩丈人贬斥孔子的二十四字，导致旧庄学无法明白撰者之旨：孔子囿于人间视点，未达道极视点，其学部分合于俗谛，未能上窥真谛。

四　津人斥颜，拒绝授技

颜渊问于仲尼曰[1]："回尝济乎觞深之渊[2]，津人操舟若神。吾问焉，曰：'操舟可学邪？'曰：'可。能游者，可教也[3]。善游者，数习而后能也[4]。若乃夫没人，则未尝见舟而便操之也。'吾问

1　"问"下旧脱"于"字。王叔岷据《列子》、《白帖》三、《合璧事类》外集五八引、《太平御览》三九五、七六八、成疏校改校补。

2　"回"旧讹作"吾"。刘文典据《太平御览》七六八校改。

3　"能游者，可教也"六字旧脱。王先谦、刘文典据《列子·黄帝》校补。

4　"数"下三字"习而后"旧脱，刘文典据《白帖》十一及郭注校补，张默生从之。有人因下文孔子解释时，省略为"数能"，而删三字。"能"下"也"字旧脱，笔者据上下文补。

焉而不吾告，敢问何谓邪？"

仲尼曰："能游者之可教也，轻水故也[1]。善游者之数能也，忘水故也[2]。若乃夫没人之未尝见舟而便操之也，彼视渊若陵，视舟之覆犹其车却也。覆却万物方陈乎前[3]，而不得入其舍，恶往而不暇？以瓦注者巧，以钩注者惮，以黄金注者惛。其巧一也，而有所矜，则重外也。凡外重者，内拙。"

第四颜回问孔章，文势仍然承上。上章的承蜩丈人，对孔子尚肯言俗谛之技，仅仅不肯言真谛之道；本章的操舟津人，对颜回不仅不肯言真谛之道，而且不肯言俗谛之技。

颜回问津人："操舟可学邪？"意为想学操舟之"技"。

津人告知颜回，有三种人："能游者"（隐喻小知），"可教"操舟之技。"善游者"（隐喻大知），未必需要人教，只需勤于练习，就能掌握操舟之技（上章承蜩丈人定位于此，即顺道大知）。"没人"（隐喻至知），不仅无须人教，而且无须练习，"则未尝见舟而便操之"。

"操舟"隐喻俗谛之"技"，"游泳"隐喻真谛之"道"，即"逍遥游"、"乘物游心"之"道"。一旦掌握"游泳"之道，"操舟"之技自然不在话下。

由于孔学并非"逍遥游"之学，因此津人之答非所问，暗示孔门首徒颜回连"能游"小知也算不上，不肯教他操舟之技。

颜回只好转问孔子："吾问焉而不吾告，敢问何谓邪？"

孔子逐一解释津人所言三种人：能游小知"可教"，是因为"轻

---

1 "能游者之可教也轻水故也"十一字旧脱。王先谦、王叔岷据《列子·黄帝》、《太平御览》三九五、七六八校补。

2 "之"、"也"、"故"三字旧脱。刘文典据《太平御览》三九五、七六八校补。

3 "物"字旧脱。俞樾据《列子·黄帝》校补。张默生从之。

水"。善游大知"数能"，是因为"忘水"。没水至人"未尝见舟而便操之"，是因为视深渊如平地，视水中翻船如坡地倒车。由于"没人"齐一万物，即使天翻地覆，万物易位，德心也不受撄扰，因此操舟之自如，一如承蜩丈人之使臂。

《论语·微子》记载："长沮、桀溺耦而耕，孔子过之，使子路问津焉。长沮曰：'夫执舆者为谁？'子路曰：'为孔丘。'曰：'是鲁孔丘欤？'曰：'是也。'曰：'是知津矣。'"

孔子遣子路"问津"，长沮、桀溺讥讽孔子理应"知津"，不予正面回答。本章予以戏仿，因此颜回"问津人操舟之技"，津人也不予正面回答。颜回转问孔子而孔子居然"诲人不倦"地教诲之，则是撰者隐讽孔子"不知津"却自居"知津"，不知"道"却自居知"道"。

领悟这一隐讽，仅须具备以下三项的任意一项。然而确证这一隐讽，以下三项缺一不可：

第一，郭象未删上章承蜩丈人斥孔语"修汝所以，而后载言其上"。那么上章既已明斥孔子，本章隐斥孔子就不甚隐晦。上章既斥孔子不知俗谛之技，本章孔子妄言真谛之道，就是"言者不知"。

第二，明白本章为《论语》"问津"章的反讽性戏仿。然而《论语》虽为郭象及其追随者熟读，他们却不可能联系《论语》"问津"章理解本章，即便联系也难以得出正解，即便得出正解也不肯形诸笔墨。

第三，明白斥孔是整部《庄子》的主旨之一，不以尊孔成心刻意遮蔽之，肆意否认之。然而即便郭象及其追随者明白斥孔是整部《庄子》的主旨之一，也明白本章对孔子之隐讽，也必刻意遮蔽之，肆意否认之，这正是郭象及其追随者治庄的根本宗旨，因此全部旧庄学不可能正确阐释本章。

随后孔子像《人间世》寓言的第三层一样，转为庄学代言人，另补一喻，阐明真谛之道高于俗谛之技，未达道者，其技必失：某人用瓦片做赌注，赌博技艺发挥正常；倘若用腰带钩做赌注，赌博技艺必定滞重；倘若用黄金做赌注，赌博技艺必定昏聩。此人的赌博技艺（隐喻天赋真德）原为定数，仅因德心逐渐系于外物，导致赌博技艺渐趋昏乱。结论："凡外重者，内拙。"德心系于外物，真德必定亏损。

赌博技艺隐喻天赋真德，足以纠正对天赋物德的惯常误解。许多人抱怨自己天赋真德不厚，其实第二章关尹语"物与物何以相远"业已阐明，人类个体之间，先天真德差别即便极大，实为有限。小知、大知、至知的差别，并非道所分施的先天真德定数之差别，而是因应外境导致的后天真德变数之差别。先天真德较薄者，只要后天顺道葆德，"谨守勿失"，重德轻形，重内轻外，必能达至"全生"，"终其天年而不中道夭"。先天真德较厚者，倘若后天悖道丧德，"拙于用大"，重形轻德，重外轻内，迎合黥劓，必定降至亏生、迫生，甚至"中于机辟，死于网罟"，"不终其天年而中道夭于斧斤"。

作为天道独厚的人类[1]，天赋真德最薄的人类个体，同样足以顺应天道，因为天赋物德薄于人类的天地万物，仍能不自觉地按其本能遵循天道。

德心不系外物的至人，用瓦片、用腰带钩、用黄金做赌注，赌博技艺均能正常发挥，恒定不变，因此"过而弗悔，当而不自得"（《大宗师》），此即"平常心"。赌黄金之时若有"平常心"，就不会输掉黄金。缺乏"平常心"者，当而必"自得"，过而必后悔，因此输掉黄金之后，才自我安慰"生不带来，死不带去"。这种事后强装的虚假"平常心"，实为"后悔药"的伪形，而且必将自我揭露：

1　今人已知进化使然，古人仅知天道独厚人类。

下次再赌黄金之时，德心仍将昏聩，技艺仍将失常。

黄金仅是比喻。庄学所谓"黄金"，就是天赋真德。每人的天赋黄金多寡不等，然而只要重德轻形，重内轻外，因循内德，自适其适，那么有限的天赋黄金，足够安度金不换的人生。美妙的顺道人生，仅有一次，不会再有下一次。不幸的悖道人生，也仅有一次，但会延至下一代。悖道者僭窃国家权柄，则祸害全民族。悖道者僭窃世界权柄，则祸害全人类。

五　养生之技，鞭其后者

以上孔子二章，承蜩丈人不肯对孔子传授养生的真谛之道，操舟津人又不肯对孔门首徒颜回传授养生的俗谛之技。然而本篇主旨是演绎《养生主》的俗谛之技、真谛之道，因此第五章改换角色，开始正面演绎养生的俗谛之技。

> 田开之见周威公。
>
> 威公曰："吾闻祝肾学生，吾子与祝肾游，亦何闻焉？"
>
> 田开之曰："开之操拔篲以侍门庭，亦何闻于夫子？"
>
> 威公曰："田子无让，寡人愿闻之。"
>
> 开之曰："闻之夫子曰：'善养生者，若牧羊然，视其后者而鞭之。'"
>
> 威公曰："何谓也？"
>
> 田开之曰："鲁有单豹者，岩居而谷饮[1]，不与民共利，行

---

[1]　"谷"旧讹为"水"。马叙伦、刘文典、王叔岷据《太平御览》七二〇、《淮南子·人间训》校改。

年七十，而犹有婴儿之色，不幸遇饿虎[1]，杀而食之。有张毅者，见高门悬薄无不趋也[2]，行年四十，而有内热之病以死。豹养其内，而虎食其外。毅养其外，而病攻其内。此二子者，皆不鞭其后者也。仲尼曰：'无入而藏，无出而阳，柴立其中央。'[3] 三者若得，其名必极。夫畏途者，十杀一人，则父子兄弟相戒也，必盛卒徒而后敢出焉，不亦知乎？人之所最畏者[4]，衽席之上，饮食之间。而不知为之戒者，知之过也。"[5]

前面四章，第一章否定"重形"，第二章否定"重知"，第三章否定"重技"，第四章否定"重外"。第五养生鞭后章，进而在更高层次超越性否定单纯"重内"，达至恪守中道的二谛圆融。

至人祝肾的弟子，齐人田开之，拜见周威公。

周威公问："吾闻"祝肾研习养"生"之道，你是他弟子，可否说说所闻之道？

田开之不肯径言，以示"不自得"。

周威公再次恳求："田子无让，寡人愿闻之。"

《人间世》鲁哀公前倨后恭，先自称"寡人"，受教后自称"吾"，

---

1 "饿虎"旧叠。王叔岷据《淮南子·人间训》、《文选·幽通赋》注、江文通《杂体诗》注、《白帖》、《太平御览》、《北山录·论业理》注校删二字。或人以为原文未明虎杀人食之抑或人杀虎食之，故加"饿虎"二字。实则上文"不幸遇饿虎"、下文"虎食其外"，文义极明。叠二字则不合古文之极简。

2 "见"字旧脱。刘文典、王孝鱼据《阙误》刘得一本、《淮南子·人间训》校补。"趋"又讹为"走"，俞樾、吴汝纶、王叔岷、陈鼓应据《吕览·必己》"无不趋"、《淮南·人间训》"必趋"校正。

3 田开之所引孔子语（假托），仅此三句。旧将本章下文均误断为孔子语。

4 "最"原作"冣"，旧讹为"取"。马其昶、苏舆、王先谦、王孝鱼、钱穆、王叔岷、张默生据《阙误》江南本校正。

5 "知之"二字旧脱。刘文典据《太平御览》四五九校补。

魏牟所撰《徐无鬼》仿拟全同。然而蔺且所撰《达生》文心不够细密，显得周威公失其诚，田开之失其言：周威公起先自称"吾"，田开之尚不肯说；周威公进而自称"寡人"，田开之应该更不肯说。

周威公"前恭后倨"之后，田开之竟然不再谦让："闻之夫子曰：'善养生者，若牧羊然，视其后者而鞭之。'"

"养生"二字，点破《达生》主旨正是演绎《养生主》。《养生主》主张身心兼养，以心为主。《达生》予以演绎：养身养心，不可偏废。偏重养身者，必须在落后的养心方面自我鞭策。偏重养心者，必须在落后的养身方面自我鞭策。唯有齐头并进，方能达至身心"正平"、内外"平均"的养生中道，亦即《养生主》所言"缘督以为经"。

旧庄学不知"视其后者而鞭之"专指身心不"正平"、内外不"平均"，谬解为外部事功之平衡，比如既要博得领导赏识，又要搞好群众关系等等。既违背《达生》主旨，又违背《养生主》主旨。阐发真道价值观的庄学，遂被庸俗化为鼓吹伪道价值观的俗学。

被伪道黥劓甚深的庙堂狙公周威公，不可能立刻领悟真道价值观。因此田开之又举二例：鲁人单豹，重内德不重外形，被虎所杀。鲁人张毅，重外形不重内德，因病而夭。"此二子者，皆不鞭其后者也。"

单豹之例，再证上文"至人潜行不窒，蹈火不热"，正是《秋水》所谓"非谓其薄之"。倘若误以为"重内"者如同神仙，具有神通，那么"养其内"的单豹就不会被虎所杀。

田开之举出鲁人二例之后，又假托鲁人孔子曰："无入而藏，无出而阳，柴立其中央。"三句演绎《养生主》"缘督以为经"，也是"间世"义理的经典演绎：身心两项不能单一突进，而应恪守"正平"中道。

"三者若得，其名必极"："名"非指世俗声名，而指庄学名相。"无入无出、柴立中央"的间世全生者，就能达至庄学四境的"名"相之"极"——达道全生的"至人"。郭注："名极而实当也。"王叔岷："穷名而可以得实也。"均属未窥庄学四境之谬解。

最后田开之补进一义，偏重养身的大知小知，在养身之时同样偏离中道，单一突进食色二欲：大知小知仅知外患有害养身，比如盗贼出没的危险旅途，必定结伴而行，以避危殆。然而大知小知对"衽席之上"的色欲，"饮食之间"的食欲，多所放纵，不知戒惧，实为知有聋盲。因此"知之过也"并非反知，而是贬斥知有聋盲，执于一偏，未鞭其后。

庄学不仅反对食色纵欲，而且反对食色禁欲，主张顺遂自然，身心兼养，达至身心"正平"，而且身形之所有方面，德心之所有方面，也无不"平均"。"缘督以为经"、"乘物以游心"的"全生"庄学，同时反对亏身、亏心两种极端，因为偏执任何一端，均属"亏生"，其极端则是"迫生"。

六　养身反例，自愿亏身

祝宗人玄端以临牢筴，说彘曰："汝奚恶死？吾将三月豢汝，七日戒[1]，三日斋，藉白茅，加汝肩尻乎雕俎之上，则汝为之乎？"

为彘谋，曰不如食以糟糠[2]，而错之牢筴之中；自为谋，则苟生有轩冕之尊，死得于腞楯之上、聚偻之中，则为之。为彘谋，则去之；自为谋，则取之。其所异彘者，何也？[3]

1　"七"旧讹为"十"，古文二字形近。王叔岷："三七对举，古书习见。《礼·坊记》亦云：'七日戒，三日斋。'《礼器》：'七日戒，三日宿。'"

2　"糟糠"旧误倒为"糠糟"。王叔岷据《记纂渊海》引、成疏"食之糟糠"厘正。

3　"其"字旧脱。刘文典据《阙误》张潜夫本校补。王叔岷、王孝鱼、陈鼓应从之。

第五章既已正论养身、养心必须平衡，第六、第七两章遂举反例以申论。先是第六宗人劝猪章，贬斥养身之反例。

祝宗人劝诱关在栅栏里，即将在祭祀仪式中成为"牺牲"的猪：你为何怕死？我将豢养你三个月，然后我戒色七天（戒色欲），素斋三天（戒食欲），再把你杀了放在雕花案板上，下垫洁白茅草，抬着你去祭天，你应该觉得不错吧？

然后加一节卮言议论："为彘谋，曰不如食以糟糠，而措之牢筴之中；自为谋，则苟生有轩冕之尊，死得于腞楯之上、聚偻之中，则为之。"此节义理隐晦婉曲，与文字表述欠佳有关。

祝宗人象征倚待庙堂的大知小知。他们假惺惺地劝诚猪自愿"牺牲"，鼓吹"牺牲光荣"。这种假惺惺的劝诚，就是黥劓、雕琢、洗脑。大知小知心里明白，猪"牺牲"得很冤，暗暗庆幸自己不是牺牲品。其实对民众黥劓、雕琢、洗脑的大知小知，必定是自黥自劓、自雕自琢的自我洗脑者，根本不知何为养生正道。鼓励民众牺牲的大知小知，其实也是牺牲品，仅是不自知。因此大知小知一转身为自己打算，就忘了劝猪之时的内心庆幸，反而自愿被庙堂君主豢养三月、三年、三十年，向往"轩冕之尊"，"腞楯"之葬，最后睡在雕花棺材"聚偻之中"[1]，以所谓"哀荣"，掩盖其亏生、迫生之"大哀"。

"为彘谋，则去之；自为谋，则取之。其所异彘者，何也？"点破：大知小知误以为自己比猪聪明，误以为自己不是"牺牲品"，其实与猪一样愚蠢，与猪一样是"牺牲品"。祝宗人式大知小知，与猪有何不同？

重身形、重外物之"牺牲"，不在于做官三月被杀，还是做官

---

[1] 王念孙："腞楯，谓载枢车。聚偻，枢车饰也。"陆释："聚偻，棺椁也。"

三年被黜，抑或做官三十年退休，而在于"役人之役，适人之适"（《大宗师》）的悖道人生，极大地降低了生命质量，《齐物论》谓之"不死奚益"、"可不谓大哀乎"。无数人"光荣牺牲"了大半辈子光阴，直到"光荣退休"才刚刚醒悟，"此日不自适，何时是适时？"（白居易诗《首夏病间》）可惜为时已晚。

七　养心反例，自愿亏德

桓公畋于泽，管仲御，见鬼焉。

公抚管仲之手曰："仲父何见？"

对曰："臣无所见也。"[1]

公返，骇怡为病[2]，数日不出。

齐士有皇子告敖者曰："公则自伤，鬼恶能伤公？夫忿滀之气，散而不返，则为不足；上而不下，则使人善怒；下而不上，则使人善忘；不上不下，中身当心，则为病耳。"[3]

桓公曰："然则有鬼乎？"

曰："有。沉有履，灶有髻。户内之烦壤，雷霆处之。东北方之下者，倍阿、鲑蠪跃之。西北方之下者，则泆阳处之。水有罔象，丘有莘，山有夔，野有彷徨，泽有委蛇。"

公曰："请问委蛇之状何如？"

1　"也"字旧脱。刘文典、王叔岷据唐写本及《太平御览》八八三校补。

2　"骇怡"原作"诙诒"，通假。马叙伦："诙诒借为諿佁。《说文》：'諿，骇也。''佁，痴貌，读若骇。'"参见《山木》"傯乎其怠疑"，王念孙："'怠疑'与'佁儗'义近。《说文》：'佁，痴貌。'"'怠'通"佁（＝呆）"。"疑"为"癡（痴）"省。《达生》之"骇佁"，即《山木》之"佁癡"，义同今语"愣怔"。此亦两篇撰者均为蔺且之证。

3　"耳"字旧脱。刘文典、王叔岷据《太平御览》八八三校补。

皇子曰："委蛇，其大如毂，其长如辕，紫衣而朱冠。其为物也，恶闻雷车之声，见人则捧其首而立。见之者，其殆乎霸。"[1]

桓公蹶然而笑曰："此寡人之所见者也。"

于是正衣冠，与之坐，不终日而不知病之去也。

第七齐桓见鬼章，文势仍然承上。上章贬斥养身之反例，本章进而贬斥养心之反例。上章以倚待庙堂的祝宗人式"大知"为贬斥对象，本章进而以伪道俗见无不称誉的齐桓公式"明君"为贬斥对象。

齐桓公打猎，看见异物，惊问管仲是否看见，管仲说没看见，于是桓公明白自己见了鬼，回来就痴呆愣怔，受惊而病。与上文"养其外而病攻其内"的张毅相似，齐桓公也是养外形不养内德者。世人重视外功，因而推重齐桓公"九合诸侯，一匡天下"，进而推重襄助齐桓公的大知管仲。孔子曰："微管仲，吾其披发左衽矣。"（《论语·宪问》）但是撰者仅仅点出"管仲御"，暗示位极人臣的管仲仍是"役人之役，适人之适"者，此后再未提及。治愈桓公之病的，不可能是倚待庙堂的大知管仲，只能是独待天道的至人皇子告敖。

"皇子"意为"皇天上帝之子"，隐扣《人间世》"天子之与己，皆天之所子"。彼时尚无"皇帝"，不可能有"皇帝之子"。

皇子告敖用一段论鬼的假言，立刻治好了桓公的心病，阐明"心病见鬼，无病鬼去"之旨。不过本章主旨虽正，却有违背庄学的副作用。

其一，桓公问："有鬼乎？"皇子告敖答："有。"违背了庄学"无

1　"见人"、"其"三字旧脱。刘文典、王叔岷据《太平御览》八七二、八一三、《太平广记》二九一校补。

鬼"之旨。在这一点上,《徐无鬼》撰者魏牟胜过《达生》撰者蔺且。

其二,皇子告敖投合齐桓公的内心渴望,谎称"见鬼者,其殆乎霸",尽管暂时治好了齐桓公的心病,却导致齐桓公此后更重外功,更不重内德,变本加厉地走向亏生。齐桓公最后活活饿死,喂于蝇蛆(《史记·齐太公世家》),撰者以此隐讽齐桓公与"养其外"的张毅一样不得善终。

寓言常有不以撰者意志为转移的副作用和理解歧异,读者难免深者得其深,浅者得其浅;正者得其正,邪者得其邪。

八　生命四境，木鸡德全

纪渻子为王养斗鸡。

十日而问:"鸡可斗已乎[1]?"曰:"未也。方虚骄而恃气。"

十日又问。曰:"未也。犹应响影。"

十日又问。曰:"未也。犹疾视而盛气。"

十日又问。曰:"几矣。鸡虽有鸣者,已无变矣,望之似木鸡矣,其德全矣。异鸡无敢应,见者返走矣。"[2]

第八木鸡章,文势仍然承上。第六章贬斥祝宗人式大知的养身之谬,第七章贬斥齐桓公式君主的养心之谬,第八章进而合论养身、养心的"正平"之道,同时阐明庄学四境,阐明至知如何因应专制外境,如何因应俗君僭主。贬斥对象,又从分封诸侯齐桓公,升至

1　"可斗"二字旧脱。王先谦、王叔岷、张默生、陈鼓应据《列子·黄帝》校补。

2　"见"字旧脱。马叙伦、刘文典、王叔岷、王孝鱼、陈鼓应据《阙误》文如海本、刘得一本及成疏"见之反走"校补。

顶级君主周宣王。[1]

"纪渻子"之名，仿拟"内七篇"命名法，但既不同于动物属性的小知"鹳鹊子"、"鹓鶵子"，又不同于植物属性的"长梧子"、"蒲衣子"。足证《达生》撰者未窥"内七篇"人物命名之法。不过《达生》撰者蔺且与《秋水》撰者魏牟一样，已知"内七篇"的动植四境象征。以鸡为喻的四问四答，生动简明地演绎了庄学四境。

无知之鸡"虚骄恃气"：因应外境，毫无方寸。

小知之鸡"犹应响影"：盲从外境，迎合黥劓。

大知之鸡"疾视盛气"："临人以德"，心如流水。

至知无知的"木鸡德全"：以道御技，心如止水。

"木鸡"点破至人的植物属性，正是《应帝王》"至人之用心若镜，不将不迎"之象。

鸡之四境，既合庄学四境，又合《应帝王》演绎庄学四境的季咸四见壶子。周宣王如同季咸，仅是"代大匠斫"的俗君僭主。木鸡如同壶子，才是"顺应天帝"的达道素王。因此面对"木鸡"，"异鸡无敢应，见者返走矣"；面对素王壶子，俗君季咸只能逃走。

九　养生至境，全德顺道

孔子观于吕梁，悬水三十仞，流沫四十里，鼋鼍鱼鳖之所不能游也。见一丈夫游之，以为有苦而欲死者也[2]，使弟子并流而拯之。数百步而出，披发行歌而游于塘下。

1　陆释："司马云：齐王也。"俞樾："《列子·黄帝》亦载此事，云：'纪渻子为周宣王养斗鸡。'则非齐王矣也。""外杂篇"以齐王为"大盗"，此"王"未必为周宣王，但必指"周王"。

2　"者"字旧脱。王叔岷据唐写本及《列子·黄帝》校补。

孔子从而问焉，曰："吾以子为鬼，察子则人也。请问蹈水有道乎？"

曰："亡。吾无道。吾始乎故，长乎性，成乎命。与脐俱入[1]，与汨偕出，从水之道而不为私焉。此吾所以蹈之也。"

孔子曰："何谓'始乎故，长乎性，成乎命'？"

曰："吾生于陵而安于陵，故也；长于水而安于水，性也；不知吾所以然而然，命也。"

第九蹈水章是《达生》的核心寓言，文势仍然承上。上章论毕养生必须"德全"，本章进而申论养生必须"顺道"。主角是至人吕梁丈夫，大知孔子作为受教的配角，又第三次出场。

首先与孔子第二次出场的第四操舟章呼应：第四操舟章罗列了"能游"小知、"善游"大知、"没人"至知，第九蹈水章的主角吕梁丈夫，正是"没人"。

其次与孔子第一次出场的第三承蜩章对比：

第三承蜩章，孔子问："子巧乎！有道邪？"承蜩丈人答："我有道。"

第九蹈水章，孔子问："请问蹈水有道乎？"吕梁丈夫答："吾无道。"

对比一：承蜩丈人自称"我"，暗示其未"丧我"。吕梁丈夫自称"吾"，暗示其已"丧我"。

对比二：承蜩丈人自称"有道"，表明其仅止于技，未进乎道，而有"自得"之心。吕梁丈夫自称"无道"，表明已不止于技，而

1　"脐"原作"齐"。王敔："通脐，水之漩涡如脐也。"《说文》段注："凡居中曰脐。《释地》：'中州曰齐州。'《列子》：'中国曰齐国。'"

进乎道，且无"自得"之心。

　　承蜩丈人掌握的"承蜩之道"，仅是道之万一，实为承蜩之"技"。"技"与"德"属于同一层面，拔高一己之"技"为"道"，就是拔高一己之"德"为"道"，从而步入"以技灭道"、"以德灭道"、"以人灭天"的歧途。因此自称"有道"的承蜩丈人未达至境，自称"无道"的吕梁丈夫已达至境。

　　吕梁丈夫进而申论："吾始乎故，长乎性，成乎命。"孔子不解，吕梁丈夫又予展开——

　　"吾生于陵而安于陵，故也"，即"安生"。"故"即天赋物德之定数，是人生的物德起点，故曰"始乎故"。"外杂篇"专用的庄学名相"故"，均指天赋物德之定数，义同"内七篇"之"天池"。《知北游》"真其实知，不以故自持"，意为不拔高物德定数而自命得道。《秋水》"无以故灭命"，意为不因物德定数较厚而藐视天命所定的物德极限。《天地》所引庄子之言"执故德之谓纪"，更是明确点出"故德"。旧庄学既不明"内七篇"的庄学"天池"之义，也不明"外杂篇"的庄学"故（德）"之义。

　　"长于水而安于水，性也"，即"安化"。"性"即物德定数的后天变数，是人生的物德谢施过程，故曰"长乎性"。《山木》："人之不能有天，性也。""天"即"道"，合词"天道"；"性"即"德"，合词"德性"[1]。意为"人之不能拥有天道，由物德之本性决定"。葆养物德并因循物德，人就能顺道成长，但是无论怎样成长，不可能

1　"物德"、"真德"（与"伪德"相对）异名同实，旧谓"天性"。"天性"名相，难明与"道"之关系。"物德"、"真德"名相，则明"德"为"道"所分施。庄子变文为二："天池"小大，隐喻先天之物德厚薄；"天机"深浅，隐喻后天之葆德修为（参看《〈应帝王〉奥义》及《〈秋水〉精义》）。习语"性情中人"，即谓"真德"未曾泯灭者。习语"性情流露"，即谓假人之真德，被伪德重重遮蔽，私下伪德稍懈，则真德偶有流露。

超越物德极限，更不可能与道等同。

"不知吾所以然而然，命也"，即"安命"。"命"即天赋物德之极限，超越物德极限的悖道之行，必败；不超越物德极限的顺道而为，必成，故曰"成乎命"。

吕梁丈夫阐明了顺应天道的根本要义："从水之道而不为私。"演绎《养生主》庖丁解牛寓言之"依乎天理，因其固然"，以及《应帝王》之"顺物自然而无容私"。"从水之道"、"承蜩之道"名为"道"，其实仅是道之万一，与"解牛之技"相同。"道"遍在永在于天地万物，万物无不具有道之因子，即"理"。探索每一物类的道之因子，就是探索每一物类之"理"，就是探索每一物类的必然规律。觉解某一物类的道之因子，就是觉解某一物类之"理"，就能掌握驾驭某一物类之"技"。一"技"触类旁通，遂成一"方"。一"方"触类旁通，遂成一"术"。一切"技"、"方"、"术"，均为宇宙部分规律"理"，均为宇宙终极规律"道"总摄。即便一切"技"、"方"、"术"之总和，也不可能等同于"道"之全部，仍是"道"之局部。拔高"技"、"方"、"术"之"理"为"道"，就是"为私"，就会"以天下之美为尽在己"（《秋水》），就会"以其有，为不可加"、"得一察焉以自好"（《天下》）。"从水之道而不为私"，就不会拔高一"技"、一"方"、一"术"之"理"为"道"，就不会"以天下之美为尽在己"、"以其有，为不可加"、"得一察焉以自好"。对于"道"之局部，必须"依乎天理，因其固然"。对于"道"之全部，必须承认绝对无知，"不知吾所以然"。达道至人的最高之知，就是彻悟一切道生之物不可能尽窥天道，所以吕梁丈夫"达生、命之情"，"不务生、命之所无奈何"，自知无知，致无其知，坦然承认："吾无道。"

小知郭象未达吕梁丈夫的至知无知之境，不可能理解本章精义，更不可能理解本篇精义。旧庄学被郭象篡改原文之后的故意反注误导，完全不知第三章自诩"有道"的承蜩丈人，已被第九章自称"无道"的吕梁丈夫超越性否定，从而以"自得"、"有道"、"得道"谬解庄学，乃至谬解其他一切达至庄学至境的中国古典文化。

贬斥中国古典文化的近现代大知小知，固然不明古典中国的文化至境。以未达庄学至境的旧庄学为依据而褒扬中国古典文化的近现代大知小知，同样不明古典中国的文化至境。迷信旧庄学的古今大知小知，无论贬斥庄学还是褒扬庄学，无论贬斥古典中国还是褒扬古典中国，全都不自觉地贬低了庄学，也都不自觉地贬低了古典中国的文化至境。

十　以人合天，真道必胜

梓庆削木为鐻，鐻成，见者惊犹鬼神。

鲁侯见而问焉，曰："子何术以为焉？"

对曰："臣工人，何术之有？虽然，有一焉。臣将为鐻，未尝敢以耗气也，必斋以静心。斋三日，而不敢怀庆赏爵禄；斋五日，不敢怀非誉巧拙；斋七日，辄然忘吾有四肢形体也。当是时也，无公朝，其巧专，而外滑消[1]；然后入山林，观天性，形躯至矣。然后成现鐻，然后加手焉。不然则已。则以天合天，器之所以凝神者，其由是欤！"[2]

第十削木章，文势仍然承上。上章论毕养生必须顺应造化天道，

1　"滑"旧讹为"骨"。王叔岷、张默生、王孝鱼、陈鼓应据陆释"本亦作滑"、成疏"滑，乱也"及王元泽本、元纂图互注本、世德堂本、赵谏议本校正。

2　"由"字旧脱。马叙伦、刘文典、王叔岷、张默生、王孝鱼、陈鼓应据《阙误》江南本校补。

本章进而申论：人类创造文化，如何顺应造化天道而达至文化至境？

鲁襄公时的鲁国大匠梓庆，削木制作青铜编钟的木架[1]，见者惊犹鬼神。

鲁襄公不问梓庆是否"有道"，而问梓庆："子何术以为焉？"这是本篇致力于"道／术"之辨的有力证据。《说文》："术，邑中道也。"段注："引伸为技术。""術"从"行"，与"道"之关系一目了然。简体字作"术"，本义遂湮。

梓庆比自称"无道"的吕梁丈夫更进一步，自称"无术"："臣工人，何术之有？"

"虽然，有一焉"阐明：技、方、术仅是道之万一。点破上文数章之悬念：第三章承蜩丈人自称"有道"，就是不知"技、方、术仅是道之万一"。第九章吕梁丈夫自称"无道"，就是深知"技、方、术仅是道之万一"。

然后梓庆自述"技进乎道"的过程，仿拟《大宗师》"成道九阶"，不过仅拟前三阶，如同《应帝王》虽谓"渊有九名"，仅举三渊之名。仅拟三阶的另一意图，是兼扣《逍遥游》"至境"三句。蔺且所撰《寓言》的"学道九阶"寓言，完整仿拟了《大宗师》"成道九阶"，详见《〈寓言〉精义》。

"斋三日，而不敢怀庆赏爵禄"，又变文重言为"无公朝"：丧忘庙堂富贵。扣《逍遥游》"神人无功"。

"斋五日，不敢怀非誉巧拙"，又变文重言为"其巧专"：丧忘世俗声名。扣《逍遥游》"圣人无名"。

"斋七日，辄然忘吾有四肢形体也"，又变文重言为"外滑消"：

1　俞樾："《左传·襄公四年》：'匠庆谓季文子。'杜注：'匠庆，鲁大匠。'即此梓庆。"陆释："司马云：鐻，乐器，似夹钟。"所注非。鐻jù，青铜编钟之木架，又作"虡"。

丧我丧偶。扣《逍遥游》"至人无己"。

修道既毕，"然后入山林，观天性，形躯至矣。然后成现鐻，然后加手焉。不然则已。"仍分三步：第一步"入山林，观天性，形躯至"，选取合适的树木原料，相当于庖丁的"未尝见全牛"。第二步"成现鐻"，浮现艺术理想，相当于庖丁的"以神遇而不以目视"。第三步"加手"，相当于庖丁的"批大郤，导大窾"，实现艺术理想。前三步是"依乎天理，因其固然"的行于当行。"不然则已"是不可或缺的补充原则："见其难为，怵然为戒"的止于当止。

"则以天合天，器之所以凝神者，其由是欤？"第十章梓庆削木之"以天合天，器之所以凝神"，是神凝于外物。而第三章丈人承蜩之"用志不分，乃凝于神"，是神凝于内德。至此，第三章承蜩丈人之自居"有道"，被第九章吕梁丈夫之自称"无道"超越。第三章承蜩丈人之"凝神"，又被第十章梓庆削木之"凝神"深化——本篇两章重言"凝神"，都是演绎《逍遥游》藐姑射神人"其神凝"。旧庄学未明此义，于是陷入无谓争论："凝"究竟通"拟"，还是通"疑"。章太炎、刘文典、王叔岷、张默生等，均谓"疑"通"擬（拟）"。《列子》张湛注、苏轼、林希逸、罗勉道、焦竑、宣颖、俞樾、马叙伦等，均谓"凝"通"疑"。

"以天合天"，是"以人之天，合天之天"的简述，也可简述为"以人合天"。首章表述为"与天为一"，蔺且所撰《山木》表述为"人与天一"，"有人，天也；有天，亦天也"。表述虽异，其旨实同。必须得意忘言，不可死于句下。标准表述，则是"天人合一"。

真道之"天人合一"，是"以人合天"。伪道之"天人合一"，则是"以天合人"——独霸"天道"之解释权，使之迎合专制人道，从而"以人灭天"。究竟取真道之"以人合天"，还是取伪道之"以天合人"，是中华思想至高母题"天人合一"的分水岭。

辨析既毕，回归章旨。《达生》之"以天合天"（即"以人合天"），是对庄学"文化顺应造化"的最佳阐释：以人的天性真德，合物的天性真德。顺应造化规律的文化创造，属于顺道文化，必然成功；违背造化规律的文化造作，属于悖道文化，必然失败。

继第八木鸡章之后，第十削木章仍以"木"演绎庄学至境，再证撰者已窥庄学至境的植物属性，已窥"内七篇"的四境动植象征。

十一　以天合人，伪道必败

东野稷以御见庄公，进退中绳，左右旋中规。庄公以为造父弗过也[1]，使之钩百而返。

颜阖遇之，入见曰："稷之马将败。"

公密而不应。

少焉，果败而返。

公曰："子何以知之？"

曰："其马力竭矣，而犹求焉，故曰败。"

第十一御车章，文势仍然承上。上章梓庆替鲁襄公为鐻，是"以人合天"导致成功之例，本章东野稷为卫庄公驾车，是"以天合人"导致失败之例。

东野稷驾车，"进退中绳，左右旋中规"，是其合道之处，技甚高超，已能行于当行。然而仅止于技，未进于道，同时拔高其技为道，于是力竭犹求，有殆不已，未能止于当止。

1　"造父"二字，旧脱"造"，"父"又讹为"文"。钱大昕、奚侗、刘文典、王孝鱼据《太平御览》七四六及《吕览·适威》、《荀子·哀公》、《韩诗外传》二、《新序·杂事五》、《孔子家语·颜回》校改。

东野稷象征以技事君，又拔高其技为道的悖道大知，其境界对应第八木鸡章的鸡之四境第三境：有技而"疾视盛气"。"其德天杀"（《人间世》形容卫庄公）的庙堂狙公卫庄公目光短浅，"以为造父弗过"。东野稷不是像吕梁丈夫那样自知"无道"，更不是像梓庆那样自谓"无术"，而是像承蜩丈人那样自居"有道"，又远比承蜩丈人更为自得地刻意炫技，悖道妄行。尽管"钩百而返"是卫庄公的愚蠢命令，但他未向卫庄公说明有殆不已、逆天妄行的恶果，足证其自居"有道"，妄想"以天合人"、"以人灭天"，妄想以超出物德极限的蛮干创造奇迹。达道至人颜阖预知世上永不存在悖道妄行而成功的奇迹，因而预言其败，演绎上章"不然则已"之旨。悖道愚人卫庄公却执迷不悟，拒绝劝诫，终于失败。然而独霸解释权的悖道愚人，无不在吞下失败苦果之后，把自己的"从失败走向失败"，吹嘘为"从胜利走向胜利"。

本章颜阖事奉卫庄公，承之《人间世》虚拟颜阖在卫庄公做太子时出任太傅。其实以颜阖之志，母邦君主礼聘他出仕，尚且弃家出逃[1]；异国君主聘他出仕，更不可能应召。撰者未必不知，只是借用"内七篇"人物以寓其意，故须得意忘言，不可坐实为鲁国隐士颜阖确曾出仕卫廷。

十二　养生之道，至适忘适

工倕旋而合规矩[2]，指与物化，而不以心稽，故其灵台一而

1　参看《让王》"鲁君闻颜阖得道之人也"。

2　"合"旧作"蓋"，通"盍"。旧解为"盖"，意为超过，不确。吴侗："蓋假作盍。《尔雅·释诂》：盍，合也。"王叔岷是之。

不窒。忘足，屦之适也；忘腰，带之适也；知忘是非，心之适也；不内变，不外从，事会之适也。始乎适而未尝不适者，忘适之适也。

第十二卮言章，收煞全篇，概括篇旨，总结养生之道。

先以著名的上古巧匠工倕起兴："工倕旋而合规矩，指与物化，而不以心稽，故其灵台一而不窒。"

"指与物化"，可能戏仿并戏讽公孙龙《指物论》，也是《齐物论》篇名可能戏仿并戏讽公孙龙《指物论》之佐证。公孙龙主张"指／物"之"离"，惠施主张"指／物"之"合"，庄学则主张"指／物"之"化"。再申第一卮言章"与天为一"、第十削木章"以天合天"（以人合天）之旨：工倕灵巧的"手指"，即第一章"人之天"；工倕加工的"外物"，即第一章"天之天"。

"不以心稽"，上扣第十削木章"从水之道而不为私"，意为不用"以人灭天"的"私智"。第十一御车章的东野稷，正是从车之道而用私智，妄想以天合人、以人灭天，从而走向失败。

"灵台一而不窒"，上扣第三承蜩章"用志不分，乃凝于神"、第十削木章"未尝敢以耗气也，必斋以静心"，演绎庖丁的"恢恢乎其于游刃必有余地"。

然后引出本篇的义理总结："忘足，屦之适也；忘腰，带之适也。"

这是"外杂篇"名句，比喻生动美妙。俗谚曰："鞋是否合脚，只有脚知道。"鞋一旦合脚，脚就忘了鞋之存在。腰带一旦合腰，腰就忘了腰带之存在。医谚曰："痛则不通，通则不痛。"有痛则注意力集中于痛点，无痛则注意力转向别处。有为众人，必用违背无为天道的成心私智，是因为身心尚有痛点。无为至人，不用违背无为天道的成心私智，是因为身心已无痛点。

两喻之后，引出主旨："知忘是非，心之适也。""适"兼二义：前往，舒适。众人未窥绝对天道，无法超越和丧忘相对是非，因而心无所适，不知自己要去哪里，只能"役人之役，适人之适"；然而无论身处何境，永不舒适安宁，永远心动如水，不断颠倒妄想。至人上窥绝对天道，业已超越和丧忘相对是非，因而心有所适，知道自己要去哪里，当然"以德为循，自适其适"；同时无论身处何境，无不舒适安宁，永远心如止水，从不颠倒妄想。

进而申论"以德为循，自适其适"的养生之道："不内变，不外从，事会之适也。"义同《知北游》"外化而内不化"，《则阳》"日与物化者，一不化者也"，《田子方》"虚缘而葆真"。

至人达至道极视点，"丧我丧偶"地观照世界，先存诸己，后存诸人，永葆内德，即"不内变"；外物、外境、外道之搅扰、雕琢、黥劓，不能"撄其宁"，重德轻身，重内轻外，即"不外从"；所以遇"事"、际"会"，无往不"适"。

大知小知未达道极视点，只能囿于人间视点、"有我有偶"地观照世界，遭遇强于己者就自损己德，遭遇弱于己者就拔高己德，即"内变"；由于不能内葆真德，只能轻德重身，轻内重外，迎合外物、外境、外道之搅扰、雕琢、黥劓，即"外从"；所以遇"事"、际"会"，无往有"适"。

最后表述吊诡的庄学至境："始乎适而未尝不适者，忘适之适也。""始乎适"，即始于"不内变"，"以德为循，自适其适"。"未尝不适"，即进而"不外从"，"无往不适，无适不往"。始于追求内德舒适，进而在任何外境中无不舒适，就是养生之道达至全生的至高之境：丧忘舒适的至高舒适——"至适忘适"。王叔岷概括此章章旨，亦言："至适忘适。"

脚之忘鞋，并非无鞋；腰之忘带，并非无带；至人忘知，并非无知。再证"至知无知"之"无"，训致无，义同"至适忘适"之"忘"。

十三　天机未达，闻道增惑

　　有孙休者，踵门而诧子扁庆子曰："休居乡，不见谓不修；临难，不见谓不勇。然而田原不遇岁，事君不遇世，摈于乡里，逐于州部，则胡罪乎天哉？休恶遇此命也？"

　　扁子曰："子独不闻夫至人之行邪[1]？忘其肝胆，遗其耳目，茫然彷徨乎尘垢之外，逍遥乎无为之业[2]，是谓'为而不恃，长而不宰'。今汝饰知以惊愚，修身以明污，昭昭乎若揭日月而行也。汝得全尔形躯，具尔九窍，无中道夭于聋盲跛蹇，而比于人数，亦幸矣。又何暇乎天之怨哉？子往矣！"

　　孙子出。扁子入，坐有间，仰天而叹。

　　弟子问曰："先生何为叹乎？"

　　扁子曰："向者休来，吾告之以至人之德，吾恐其惊，而遂至于惑也。"

　　弟子曰："不然。孙子之所言是邪？先生之所言非邪？非固不能惑是。孙子之所言非邪？先生之所言是邪？彼固惑而来矣，又奚罪焉？"

　　扁子曰："不然。昔者有鸟止于鲁郊，鲁君悦之，为具太牢以飨之，奏《九韶》以乐之。鸟乃始忧悲眩视，不敢饮食。此之谓以己养养鸟也。若夫以鸟养养鸟者，宜栖之深林，浮之

1　郭象为圆"独化"谬说，"行"前妄增"自"字，证见郭注："闇付自然也。"成疏"夫至人立行"，并无"自"义。王叔岷据唐写本无"自"字校删。

2　郭象妄改"无为"为"无事"，证见郭注："凡自为者，皆无事之业也。"两句援引《大宗师》，据《大宗师》作"无为之业"校正。

江湖，食之以鳅鲦，委蛇而处[1]，则安平陆而已矣[2]。今休，款启寡闻之民也，吾告之以至人之德，譬之若载鼷以车马，乐鴳以钟鼓也，彼又恶能无惊乎哉？"

第十三孙休章，附于总结篇旨的第十二章之后，文势荡开，寓意吊诡。

第一厄言章初论养生义理"达道全生"，续以寓言十章形象演绎，至第十二厄言章总结养生至境"至适忘适"，《达生》篇旨似已圆满无缺。然而《达生》主旨是演绎《养生主》义理，而其前十二章，深入精细地展开演绎《养生主》第一寓言"庖丁解牛"之旨，最后的终篇章，则高度概括地浓缩演绎《养生主》第二寓言"右师刖足"、第三寓言"老聃之死"之旨：知易行难。

孙休未窥天道，盲从人道，因而"内变而外从"，自言："休居乡，不见谓不修；临难，不见谓不勇。然而田原不遇岁，事君不遇世，摈于乡里，逐于州部，则胡罪乎天哉？休恶遇此命也？"

鲁人孙休，实为业已出场三次的鲁人孔子之替身，故其自述生平，与孔子一生经历无不相合。子扁庆子形容孙休："今汝饰知以惊愚，修身以明污，昭昭乎若揭日月而行也。"三句又见《山木》，正是太公任教诲孔子之言。这是《达生》、《山木》撰者均为蔺且之又一证。蔺且深谙乃师所撰"内七篇"之奥秘：此篇晦藏，异篇点破。

孔子周游列国十四年，游说君主，"临人以德"，鼓吹"仁义"伪道，最后寿终正寝，未曾"中于机辟，死于网罟"，撰者认为已

---

1 "以鳅鲦"、"而处"五字旧脱，不可通。俞樾据《至乐》校补。

2 "安"字旧脱。《阙误》引刘得一本作"则安平陆而已矣"。刘文典、王叔岷未云可否，于省吾据补。

属大幸。所以子扁庆子说："汝得全尔形躯，具尔九窍，无中道夭于聋盲跛蹇，而比于人数，亦幸矣。又何暇乎天之怨哉？子往矣！"

孙休是孔子化身，原本极为隐晦。一方面在尊孔时代不可能有人抉发，另一方面郭象删去第三承蜩章的斥孔之言二十四字，波及末章晦藏的斥孔之旨被长期遮蔽。

以上本章第一节，仅是寓言背景。以下本章第二节，才是义理重心。然而理解本章第二节，必须先明白前三次出场的孔子均未得闻养生之道。第三章承蜩丈人斥孔语："汝缝衣徒也，亦何知问是乎？修汝所以，而后载言其上。"同样涵盖第四操舟章、第九蹈水章的孔子。其余各章正论养生之道，受教者均非孔子。

直到貌似蛇足的末章，子扁庆子终于对孔子之替身孙休言及养生之道："子独不闻夫至人之行邪？忘其肝胆，遗其耳目，茫然彷徨乎尘垢之外，逍遥乎无为之业，是谓'为而不恃，长而不宰'。"

子扁庆子对孔子之替身孙休言及养生之道，与第三章承蜩丈人斥孔语，构成了"矛盾"：孔子尚未"修汝所以"地葆德自适，子扁庆子已对孔子"载言其上"地言及天道，是否"不可与言而与之言，失言"？

撰者深知这一"矛盾"。因此孙休走后，子扁庆子仰天浩叹。弟子问其故。子扁庆子不得不对弟子解释这一"矛盾"："向者休来，吾告之以至人之德，吾恐其惊，而遂至于惑也。"意为：孙休（孔子）天机未开，我不该对他谈论唯有至人方能领悟的达道全生之旨，难度太高，恐惊其心，反增其惑。

弟子说："孙休原本有惑，倘若先生的话未能使他解惑，他不过是仍然有惑而已。先生何错之有？"

子扁庆子说："不是这样。从前有鸟止于鲁郊，鲁君用养人的方式养鸟，结果把鸟养死了。养鸟就该用适合鸟的方式，不该用养人的方式。孙休孤陋寡闻，天机未开，对他谈论至人的达道全生之旨，如同让鼷鼠拉马车，让尺鹩听钟鼓，他怎能不受惊而至于惑呢？"

子扁庆子认为：孙休原先求道而未遇真道，是初级层面的惑，也是求道的动力，仍有可能得闻真道。孙休现在得闻真道而未能觉解，就是高级层面的惑，已成求道的障碍，必将误奉伪道为真道。

反对"载鼷以车马，乐鹩以钟鼓"，义同《应帝王》贬斥"使蚊负山"，"鹩"即《逍遥游》笑鹏之"尺鹩"。这是运用庄学四境之小知范型，暗示自以为闻道的大知孙休，实为小知。《达生》以此终篇，演绎《德充符》之斥孔语"天刑之，安可解"。

陈鼓应认为末章画蛇添足，应删。未窥撰者深意，未明通篇结构。

主张"以鸟养养鸟"，就是提出疑虑：对于天池小、物德薄、天机浅者，是否应该传道？参看《至乐》："彼将内求于己而不得，不得则惑。"《庚桑楚》："若趎之闻大道，譬犹饮药以加病也。"《泰初》："知其惑者，非大惑也。大惑者，终身不解。"这一疑虑，或许永难消除。

结语　物德厚薄，天机开闭

《达生》虽无更多玄理，却比言简意赅的《养生主》更为生动形象、丰富多彩。尽管郭象的篡改反注，仍使旧庄学未窥《达生》精义，然而撇开郭注直读白文者，仍能明白"达道全生"是人生至高境界，庄学的终极目标。《达生》遂与《养生主》一起，对后世中国文化产生了极其深远的影响。

然而《达生》末章之"以鸟养养鸟"，演绎《德充符》之斥孔语"天刑之，安可解"，仍须稍予辨析。拙著《庄子奥义》之《〈德充符〉奥义》认为："天刑之，安可解"不仅用于孔子难称公允之论，即便与孔子脱钩，作为泛论仍属偏颇。

人类个体的物德厚薄，由于"物与物何以相远"，因而先天差别有限。而后天的极大差别，缘于是否葆守真德，以及葆守真德的程度。葆守真德，则天机渐开；拒绝黥劓，则天机渐深，直至身心合一的"至人之息以踵"（《大宗师》）。不葆真德，则天机渐闭；迎合黥劓，则天机尽塞，直至身心分裂的"众人之息以喉"（《大宗师》）。因此，物德厚薄是先天被动之"命"，天机开闭是后天能动之"运"。人之差别，主要不是先天被动之"命"的物德厚薄，而是后天能动之"运"的天机开闭。不过求道必须循序渐进，不能急于求成，仍属合理。

其实芸芸众生的主要困惑，并非对老庄真道有疑，而是对如何践行老庄真道有惑。老聃曰："吾言甚易知，甚易行，而天下莫之能知，莫之能行。"庄子曰："万世之后而一遇知其解者，是旦暮遇之也。"老庄真道，其实"甚易知"，然而"甚难行"，因此古今知之者多，行之者少。

老庄真道之难行，就其大端而言，有主客观两方面。主观方面，是难以丧忘世俗功名；不能"无功"、"无名"，遑论"无己"。客观方面，是专制外境过于险恶；虽能"无己"，仍难"存吾"。因此得闻、领悟老庄真道的众多中国人，在伪道猖獗的两千多年险恶外境中，不得不陷入天人交战、身心分裂、知行不一的痛苦深渊，甚至明知人生要义就是"自适其适"的达道全生，仍然难以避免"适人之适"的悖道亏生，乃至被迫沦入"役人之役"的悖道迫生。

2008 年 2 月 18 日—5 月 25 日初稿

2022 年 1 月 29 日定稿

《山木》精义

弁言 《山木》篇旨，演绎"间世"

《山木》被后于魏牟的《吕览》、《韩非子》、先于刘安的《韩诗外传》抄引，必在魏牟版"外篇"。刘安版、郭象版仍在"外篇"。

《山木》文风内敛含蓄，意旨支离隐晦，撰者当为庄子弟子蔺且。著录庄子三事"庄论间世"、"庄过魏王"、"庄子悟道"，当属亲历亲闻。

《山木》在"外杂篇"中具有特殊地位，可举四证。

其一，《山木》是提及庄子弟子"蔺且"之名的唯一篇什。

其二，《山木》是"外杂篇"中庄子开篇即出场、篇名采用"内七篇"原文的唯一篇什。《山木》围绕《人间世》之"间世"义理，精确、圆融、全面地演绎了"内七篇"全部义理，是首屈一指的庄学指南。

其三，《山木》庄子三章，弟子蔺且以其亲历亲闻，为庄学"间世"秘义、庄学反专制宗旨、庄子悟道，分别做出历史见证。

其四，《山木》孔子三章，是《人间世》孔子三章的镜像翻转，也像《人间世》一样，既对孔学"然于然"，又对孔学"不然于不然"。

旧庄学已知《山木》演绎《人间世》义理。柳宗元曰："与内篇《人间世》参看。"苏舆曰："此亦庄徒所记，旨同于《人间世》，处浊世、避患害之术也。"王引之曰："本《人间世》之旨，而杂引以明之。"

王叔岷曰："此篇发挥《人间世》，大抵为庄徒所述。"

郭象反注《山木》，承于反注《人间世》。郭象既遮蔽《山木》对孔子的"不然于不然"，又夸大《山木》对孔子的"然于然"。旧庄学被郭象反注《人间世》、反注《山木》误导，未能正确读解《人间世》篇名及其奥义，也未能理解《山木》精义。

《山木》复原近真本，白文2212字：补脱文26字，删衍文6字，订讹文27字。更正文字误倒3处。厘正通假字、异体字29字，重复不计。纠正重大标点错误2处，小误不计。

全篇寓言十章，无卮言章。开篇章的庄子之言是总领全篇的卮言，交叉对比的庄子三章与孔子三章深化篇旨，终篇章由庄子的道家前辈杨朱总结义理。

一 "间世"二谛，乘物游心

庄子行于山中，见大木，枝叶盛茂。伐木者止其旁而不取也。问其故。曰："不材之散木[1]，无所可用。"

庄子曰："此木以不材，得终其天年。"

夫子出于山[2]，及邑[3]，舍于故人之家。故人喜，具酒肉[4]，命

1　"不材之散木"五字旧脱。王叔岷据《事类赋》一九《禽部二》注引校补。"不材"、"散木"均见《人间世》。张默生从之。

2　"子"字旧被尊孔儒生妄删，欲"夫子"二字为孔子专用。据陆释一本作"夫子"校补。本篇第九章蔺且直称庄子为"夫子"，均证原作"夫子"。马叙伦、刘文典、王叔岷、陈鼓应均谓"子"字不当有，而将"夫"字误断于上句，并改陈述句为问句："此木以不材，得终其天年夫？"既不合文言句法，又违背庄义。

3　"及邑"二字旧脱。刘文典据《吕览·必己》、《艺文类聚·鸟部》、《太平御览》九一九引文校补。

4　"具酒肉"三字旧脱。刘文典据《吕览·必己》、《太平御览》九一九引文校补。

竖子杀雁而享之[1]。竖子请曰："其一能鸣，其一不能鸣，请奚杀？"主人公曰[2]："杀不能鸣者。"

明日，弟子问于庄子曰："昨日山中之木，以不材得终其天年；主人之雁[3]，以不材死。先生将何处？"

庄子笑曰："周将处乎材与不材之间。材与不材之间，似之而非也，故未免乎累。若夫乘道德而浮游，则不然：无誉无訾，一龙一蛇；与时俱化，而无肯专为；一下一上[4]，以和为量。浮游乎万物之祖，物物而不物于物，则胡可得而累邪？此神农、黄帝之法则也。若夫万物之情、人伦之传则不然：合则离，成则毁，廉则挫，尊则亏，有为则议[5]，贤则谋，不肖则欺，胡可得而必乎哉？悲夫！弟子志之！其唯道德之乡乎！"

第一山木章，弟子蔺且为庄学"间世"秘义做出历史见证。

贯穿"内七篇"的庄学宗旨，就是达至身心兼养、终其天年的"全生"至境：首逃治心之"名教"，以免被庙堂伪道"黥劓"真德；次逃因拒绝"黥劓"而招致治身之"刑教"，因此"支离其德"而不外显。弟子蔺且亲承庄子教诲，故于庄子仙逝之后专撰《山木》，以其亲历亲闻，揭破《人间世》晦藏甚深的"间世"秘义。

第一节描述事件背景和问题缘起，结于弟子之问："昨日山中

1　"享"旧讹为"亨"，误作"烹"。王念孙据《吕览·必己》校正，王叔岷、陈鼓应从之。

2　"公"字旧脱。刘文典据《吕览·必己》、《太平御览》九一九引文校补。

3　"主人之雁"前旧衍"今"字。两事均发生于"昨日"。王叔岷据《吕览·必己》、《文选》注、《艺文类聚》、《意林》、《太平御览》、《事文类聚》、《合璧事类》、《韵府群玉》二及一五引文均无"今"字校删。

4　"一下一上"旧误倒为"一上一下"。姚鼐、俞樾、王叔岷以"上"、"量"为韵厘正。

5　"尊则亏，有为则议"，旧误倒为"尊则议，有为则亏"。王叔岷据《吕览·必己》"尊则亏"及《淮南子·说林训》"有为则议"厘正。

之木，以不材得终其天年；主人之雁，以不材死。先生将何处？"点破"人间于世"的"木雁两难"：大木"不材"而全生，哑雁"不材"而早夭，应当何去何从？

庄子所答，共分三层。

第一层："周将处乎材与不材之间。材与不材之间，似之而非也，故未免乎累。"

庄子首先阐明"因应外境"的俗谛保身之技：我将处在材与不材之间。无论是定型于材，还是定型于不材，均违背万物无时不化的造化真实，貌似近道，实非真道，所以未能免于外累外患。

第二层："若夫乘道德而浮游，则不然：无誉无訾，一龙一蛇；与时俱化，而无肯专为；一下一上，以和为量。浮游乎万物之祖，物物而不物于物，则胡可得而累邪？此神农、黄帝之法则也。"魏牟所撰《秋水》"无一尔行"，魏牟所撰《盗跖》"无专尔行"，均承蔺且所撰《山木》所引庄言"无肯专为"。

庄子进而阐明"因循内德"的真谛葆德之道：乘己德而达彼道、乘外物而游德心的至人，"无誉无訾"地超越外在毁誉，不被伪道俗见之毁誉塑造定型。参看《逍遥游》："举世誉之而不加劝，举世非之而不加沮。"倘若此时之外境以"材"为"累"，则示以"不材"如"蛇"；倘若彼时之外境以"不材"为"累"，则示"材"如"龙"。身形永远不被险恶外境塑造定型，而是"与时俱化"地推移屈伸，以与外境达至表面和谐为量度。身形灵活因应外境的同时，德心既"不内变"，也不外显，而是"支离其德"。只要德心浮游于作为万物之祖的天道，驾乘外物而不被外物役使，怎么会有外累外患呢？

核心句"浮游乎万物之祖，物物而不物于物"，义同《人间世》"乘物以游心（于道）"。前句即"游心"于道，后句即"乘物"而不待物。"物物"和"不物于物"，前"物"均为动词，后"物"均为名词。句义：（德心）遨游于造化万物的终极天道，（身形）驾乘外物而不役于外物。

大知小知之身形定于一型，《人间世》斥为"执而不化"。"与时俱化"仅指至人因应外境之时的身形"外化"，其前提是德心"内不化"，即《德充符》所言至人之德心"不与物迁而守其宗"。大知小知之德心，随身形之化而化，《齐物论》已予贬斥："其形化，其心与之然，可不谓大哀乎？"德心随身形之化而化，则真德亏损。真德亏损，则必然亏生、迫生。

蔺且所撰《达生》"不内变，不外从"，魏牟所撰《知北游》"外化而内不化"，魏牟所撰《则阳》"日与物化者，一不化者也"，魏牟所撰《田子方》"虚缘而葆真"，均承庄子此义。

至知至人，既达真谛葆德之道，又有俗谛保身之技，因此德心"内不化"、"不内变"，身形"外化"、"与时俱化"，于是超越"木雁两难"，"终其天年而不中道夭于斧斤"，达至顺道全生。

大知小知，未达真谛葆德之道，仅重俗谛保身之技，因此无论身形"执而不化"还是"与时俱化"，德心无不被"黥劓"而"内化"、"内变"，于是陷入"木雁两难"，"未终其天年而中道夭于斧斤"，沦于亏生、迫生。

结句"此神农、黄帝之法则也"，庄子"当而不自得"地把庄学二谛归于先贤：以"因应外境"的俗谛之技保身，以"因循内德"的真谛之道葆德，"顺应天道"地达至二谛圆融，并非我所自创，而是"古之真人"所传。故魏牟所撰《天下》曰："古之道术有在于是者，庄周闻其风而悦之。"

第三层："若夫万物之情、人伦之传则不然：合则离，成则毁，廉则挫，尊则亏，有为则议，贤则谋，不肖则欺，胡可得而必乎哉？悲夫！弟子志之！其唯道德之乡乎！"

庄子最后批判宗法伦理的刑名二教导致外境极为险恶：他人和合，必予离间；他人有成，必予非毁；他人锋利，必予钝挫；他人尊贵，必予卑贱；他人有为，必予议论；他人不肖，必予欺辱，因此怎能顽固不化地造型僵硬？处身险恶外境实在可悲啊！弟子记住，与时俱化地因应外境，终极目标是顺道葆德！

　　《人间世》："此果不材之木也，以至于此其大也。嗟乎神人，以此不材。""中道夭于斧斤，此材之患也。""山木，自寇也。"可与本章合观并印证。本章是庄子与弟子的日常闲谈，《人间世》则是庄子的最终表述。

　　庄子的"间世"思想，未必发端于此次游历。然而弟子蔺且领悟"间世"秘义，当以此次受教最为醍醐灌顶，因此郑重记录于《山木》开篇章。以下九章，细密演绎开篇章诸义，并与《人间世》诸义随机印证。

二　国犹当忘，何况别物

　　市南宜僚见鲁侯，鲁侯有忧色。

　　市南子曰："君有忧色，何也？"

　　鲁侯曰："吾学先王之道，修先君之业；吾敬鬼尊贤，亲而行之，无须臾居[1]，然不免于患，吾是以忧。"

　　市南子曰："君之除患之术浅矣！夫丰狐文豹，栖于山林，伏于岩穴，静也；夜行昼居，戒也；虽饥渴隐约，犹且胥疏于

1　"居"前旧衍"离"字。郭象又将"居"字属下，与"然"连读，误断为："无须臾离，居然不免于患。"义不可通。俞樾据崔譔本无"离"字校删。王叔岷是之。

江湖之上而求食焉[1]，定也；然且不免于网罗机辟之患。是何罪之有哉？其皮为之灾也！今鲁国独非君之皮邪？吾愿君刳形去皮，洗心去欲[2]，而游于无人之野。

"南越有邑焉，名为建德之国。其民愚而朴，少私而寡欲；知作而不知藏，予而不求其报；不知义之所适，不知礼之所将；猖狂妄行，乃蹈乎大方；其生可乐，其死可葬。吾愿君去国捐俗，与道相辅而行。"

君曰："彼其道远而险，又有江山，我无舟车，奈何？"

市南子曰："君无形倨，无留居，以为君车。"

君曰："彼其道幽远而无人，吾谁与为邻？吾无粮，我无食，安得而至焉？"

市南子曰："少君之费，寡君之欲，虽无粮而乃足。君其涉于江而浮于海，望之而不见其崖，愈往而不知其所穷。送君者皆自崖而返，君自此远矣！故有人者累，见有于人者忧。故尧非有人，非见有于人也。吾愿去君之累，除君之忧，而独与道游于大漠之国。"

第二宜僚章，形象演绎首章之俗谛义理：身形如何"免累除患"。即《人间世》身形避免"为颠为灭，为崩为蹶"之义。

市南宜僚是楚国的达道至人，蔺且仿拟其师庄子笔法，用为庄学代言人。受教对象，则是庙堂狙公。魏牟所撰《徐无鬼》、《则阳》仿拟其师蔺且，亦言市南宜僚。市南宜僚于史有征，见于《左传·哀

1 "且"旧讹为"旦"，旧庄学误释"旦胥"为"旦夕"，义不可通。宣颖、苏舆、王先谦、刘文典、陈鼓应据唐写本校正。

2 "洗"旧讹为"洒"。陆释："洒心，本亦作'洗心'。""洒心"不可通。"洗心"见于《易·系辞》："圣人以此洗心，退藏于密。"

公十六年》："市南有熊宜僚，楚人也。"

鲁侯开言，不自称"寡人"而自称"吾"，求道颇有诚意。"先王之道，先君之业"是首章"人伦之传"的变文，"不免于患"是首章"未免乎累"的变文。鲁侯已知庙堂信奉的宗法伦理"有累有患"，故向市南宜僚寻求"免累除患"之道。

江湖至人宜僚之言，先总后分。

首句总领："君之除患之术浅矣！"贬斥"先王之道"并非真道，而是浅陋之"术"。

第一分论："夫丰狐文豹，栖于山林，伏于岩穴，静也；夜行昼居，戒也；虽饥渴隐约，犹且胥疏于江湖之上而求食焉，定也；然且不免于网罗机辟之患。是何罪之有哉？其皮为之灾也！今鲁国独非君之皮邪？吾愿君刳形去皮，洗心去欲，而游于无人之野。"

先以炫耀皮毛文采而招杀的动物设喻。"丰狐文豹……其皮为之灾也"，上扣首章"材与不材之间，似之而非也，故未免乎累"，兼演《人间世》"材之患"。丰狐、文豹"栖于山林，伏于岩穴"，有"静"之德；"夜行昼居"，有"戒"之德；"胥疏求食"，有"定"之德。然而仅有"戒"、"定"小德，而无"慧"之大德，未隐真德而自炫皮毛，导致"皮为之灾"。——后世佛徒译经，"戒定慧"名相正是取自《庄子·山木》。

随后话锋转回鲁侯："鲁国独非君之皮邪"？"刳形去皮"、"免于网罗机辟之患"，演绎必逃治身之"刑教"。"洗心去欲"、"游于无人之野"，演绎必逃治心之"名教"。"洗心"义同《知北游》"澡雪精神"、《秋水》"返其真"，均演绎《大宗师》"息黥补劓"、《应帝王》"雕琢复朴"。有国之君，尚应逃避君位而免累；无国之士，更应逃避庙堂而免患（参看《让王》）。故《史记》记载庄子峻拒楚王聘相之言："无为有国者所羁。"

第二分论："南越有邑焉，名为建德之国。其民愚而朴，少私而寡欲；知作而不知藏，予而不求其报；不知义之所适，不知礼之所将；猖狂妄行，乃蹈乎大方；其生可乐，其死可葬。吾愿君去国捐俗，与道相辅而行。"

继以南蛮越人之素朴无文设喻，承之《逍遥游》"宋人资章甫而适诸越，越人断发文身，无所用之"。南蛮越人，"其民愚而朴，少私而寡欲；知作而不知藏，予而不求其报"，隐喻未被伪道"黥劓"。因此已被"黥劓"之人，必须"息黥补劓"地"洗心"。

"不知义之所适，不知礼之所将"意为：不把庙堂之"义"，视为己所当"适"；不把庙堂之"礼"，视为己所当"行"[1]。——亦即"章甫"无所可用（《逍遥游》），"仁义礼乐"无所可用（《大宗师》）。同时运用庄学"自适其适"义理，辨析真道之"适"与伪道之"义"的天然对立。

真道之"适"，训宜，适宜于自身。伪道之"义"，也训宜，自称适宜于天下人，其实仅仅适宜于庙堂。"适／义"之辨，是终极"是／非"之辨，也是真道、伪道的终极战场。

造化天道所造的宇宙万物之基本真实是：物各有宜，人各有适，"吹万不同"（《齐物论》）。江湖真道与庙堂伪道，对此宇宙万物之基本真实，态度迥异。

庙堂伪道认为：倘若"天下之人异义，一人一义，十人十义，百人百义"（《墨子·尚同》），就会"天下大乱"。为了"天下大治"，必须把庙堂的自我"适宜"，"正名"为天下"公义"。"正名"以"治"民，谓之"政治"。参看《论语·颜渊》："子曰：政者，正也。"《论语·子路》："子曰：必也正名乎！"

1　成疏："将，行也。""礼之所将"之"将"，与下句"猖狂妄行"之"行"，互文。

反对庙堂伪道、弘扬江湖真道的庄子认为：一切未"丧我"者，无不以自我之"适宜"，践踏他人之"适宜"。庙堂伪道把自我"适宜"僭称为天下"公义"，而把天下人的自我"适宜"厚诬为"不义"，实属未"丧我"的故意混淆视听，是对天下人承自天道的真德进行"黥劓"、"雕琢"、洗脑、忽悠。专制庙堂用于治心之"名教"，必然遭到真德未泯的天下人强烈反抗，于是专制庙堂不得不动用治身之"刑教"，强迫天下人放弃"自适其适"、"不物于物"的真道，服从"适人之适，役人之役"的伪道。由于儒墨两家都妄想"一同天下之义，是以天下治"，都主张"上同于天子"，"上之所是，下皆是之；上之所非，下皆非之"（《墨子·尚同》），均属"以下合上"、"以人合人"的伪道，因此《齐物论》痛斥"儒墨"，《人间世》则曰："以义誉之，不亦远乎？"不过儒墨也有小异：有神论的墨家认为，天子"不上同于天（神），则灾犹未失也"（《墨子·尚同》），最后留下"以人合天"的真道尾巴，于是被专制庙堂很快剿灭。无神论的儒家认为，天子不必"上同于天（道）"，因为"人道即天道"、"名教即自然"，于是被专制庙堂长期尊奉。

蔺且得庄真传，主张"不知义之所适"，意为：江湖真道的本质是"自适其适"（《大宗师》）、"义设于适"（《至乐》），亦即以适为义，既以自己之"适"为人生真"义"，也以他人之"自适"为"义"，决不践踏他人之"自适"。庙堂伪道的本质是"适人之适"、"以义为适"、"适设于义"，以庙堂之"适"为人生真"义"，践踏天下人之"自适"，并厚诬天下人之"自适"为"不义"。

"猖狂妄行，乃蹈乎大方"：唯有因循内德，自适其适，方能顺应天道，趋近道极。

以"猖狂妄行"演绎"因循内德，自适其适"，承于内七篇之楚狂接舆，为《山木》首创，后被"外杂篇"广泛援用。比如《知北游》以"狂屈"命名人物。《庚桑楚》曰:"百姓猖狂不知所如往。"《在宥》曰:"猖狂不知所往。"《淮南子·俶真训》亦言:"万民猖狂不知东西。"成疏:"猖狂恣任,混迹妄行,乃能蹈大方之道。"未达其旨,厚诬庄学。

解放人性、率真而为的"猖狂妄行",针对束缚人性、"化性起伪"的庙堂伪道。然而庙堂"黥劓"成功、伪道终成俗见之后,捍卫真德、反抗伪道均被目为"猖狂",于是褒词转为贬词。

以"蹈乎大方"演绎"顺应天道、趋近道极",也为《山木》首创,也被"外杂篇"广泛援用。比如《秋水》:"长见笑于大方之家。"《则阳》:"在物一曲,夫胡为于大方?""大方"是人类可能有的技、方、术之中,最为近"道"之学。"蹈乎大方"意为趋近天道之学。人不可能拥有"道",但可以通过"无己"、"丧我",获得超越性的道极视点,故称达道至人为"大方之家"。老庄认为任何人都不可能终极拥有"道",所以任何人都不拥有终极定"义"权。旧庄学不明此义,误以为道家必定认为"人可以得道",于是谬解"大方"为"大道",混淆了"道/方"之别。

"建德之国……与道相辅而行",上扣首章"唯道德之乡",意为:欲求真道,必先葆德。

"游于无人之野","游于大漠之国",演绎《逍遥游》游于"无何有之乡,广漠之野",同样上扣首章"唯道德之乡"。"乡"字双关:既训"乡野"之"乡";又训"向往"之"向",义同"游"。

"去皮"、"去欲"、"去国"之"去",足证蔺且已悟《逍遥游》"无何有"之"无",庄学至境之"无",均训致无、丧忘。

三 虚己游世，孰能害之

方舟而济于河，有虚船来触舟，虽有偏心之人，终不怒也[1]。忽有一人在其上[2]，则一呼张之，一呼歙之[3]。一呼而不闻，再呼而不闻，于是三呼也，则必以恶声随之。向也不怒而今也怒，向也虚而今也实。人能虚己以游世，其孰能害之？

第三虚舟章，形象演绎首章之真谛义理：德心如何"免累除患"。兼演《人间世》德心避免"为声为名，为妖为孽"之义。

"虚己以游世，其孰能害之？""虚己"是《逍遥游》"无己"、《齐物论》"丧我"的变文。"虚己"而免害，即"丧我"而"存吾"。"虚己以游世"，义同《人间世》点题语"乘物以游心"。蔺且把《人间世》泛论驾乘天地万物之"乘物"，精妙演绎为"乘虚舟"，是庄学"小乘"妙谛。后来佛学也以"乘"为喻，以自脱苦海为小乘，助人脱离苦海为大乘。现代印度哲人奥修《庄子心解》，即以"虚舟"寓言演绎其"静心"宗旨。

"偏心"，训急躁，《淮南子》作"忮心"。参看《达生》："虽有忮心者，不怨飘瓦。"司马光《酬王安之闻罢真率会》："虚舟非有意，飘瓦不须嗔。"已知"飘瓦"、"虚舟"寓意相同。这是《山木》、《达生》撰者均为蔺且之又一证。

直译本章如下——

---

1 "终"、"也"二字旧脱。刘文典、王叔岷据《太平御览》七六八、《事类赋》一六〇注引校补。

2 "忽"字旧脱。刘文典、王叔岷据《太平御览》七六八、《事类赋》一六〇注引校补。

3 "一"、"之"、"一呼"四字旧脱。马叙伦、刘文典据《北堂书钞》一三七引文校补。

有人驾舟泛河，若有空船撞来，即便此人天性急躁，终究不会发怒。忽见有人在船上，就会大喊对方左避，大喊对方右避。一喊对方不听，二喊对方不听，那么三喊必出恶声。起初不怒而后来发怒，是因为起初以为空船而后来知道并非空船。人能虚己而游世，那么谁能害他？

伪道之"修养"，属于"因应外境"的俗谛范畴；真道之"葆养"，属于"因循内德"的真谛范畴。旧庄学以伪道俗见谬解庄学，误以为本章重心在于驾方舟的此人。其实驾方舟的此人，仅是叙述角度；驾"虚船"的彼人，才是褒扬旨归。驾方舟的此人，起初以为彼船无人而不怒，后来发现彼船有人而发怒，乃至出恶声，实为"内变而外从"的大知小知，即便"修养"到发现彼船有人仍不怒，或者虽怒也不出恶声，仍属"因应外境"的俗谛范畴。"葆养"成"虚己游世"的达道至人，才是"因循内德"的真谛范畴。

旧庄学又把虚舟章误断为市南宜僚之言，遂将第二宜僚章与第三虚舟章误合为一章。其实两章义理重心不同，分别演绎首章所言二谛。第二宜僚章演绎的是"乘物"俗谛：外物大如邦国，亦当非终极驾乘，不应终极倚待。第三虚舟章演绎的是"游心（于道）"真谛：无论驾乘何物，均当"虚己"，因为"唯道集虚，虚室生白"（《人间世》）。

四　因任外境，不强外物

北宫奢为卫灵公赋敛以为钟，为坛乎郭门之外，三月而成上下之悬。

王子庆忌见而问焉，曰："子何术之设？"

奢曰："一之间，无敢设也。奢闻之：'既雕既琢，复归于朴。'侗乎其无识，傥乎其怡痴[1]；芴乎芒乎[2]，其送往而迎来；来者勿禁，往者勿止；从其强梁，随其曲附，因其自穷也[3]。故朝夕赋敛而毫毛不挫，而况有大途者乎？"

第四北宫筑坛章，深化演绎首章"乘物"俗谛，从个体延伸至群体。兼演《人间世》篇名："人"（个体）如何"间"于"世"（群体）？

本章又为上章"乘虚舟"递进一义：舟船仅是物类，人固可虚己而乘之；他人也是人类，人如何虚己而乘之？此即庄学"大乘"妙谛。

《人间世》第一章"颜回往卫"、第三章"颜阖傅储"，均以卫国象征"民其无如"的乱国乱世，以卫君为"轻用民死"的昏暴之君。故须先明本章的寓言背景：卫国象征乱国乱世，卫灵公象征昏暴之君。然后方能理解本章寓意：居于乱国乱世，如何避免己身危殆？若被昏暴之君役使，如何避免被迫害民？

隐于庙堂的至人北宫奢，为昏暴之君卫灵公在城门之外筑祭坛，悬编钟。

吴王僚之子庆忌惊奇于三月速成[4]，遂问："你设计了什么高妙

---

1 "怡痴"原作"怠疑"。王念孙："'怠疑'与'怡僺'义近。《说文》：'怡，痴貌。'"王叔岷："'怠疑'犹'怡僺'，亦即'騃痴'也。《广雅·释诂》三：'騃，痴也。'""怠"通"怡"，即呆，"疑"为"癡（痴）"省。

2 "芴"旧讹为"莘"，奚侗、王叔岷据《至乐》"芒乎芴乎"《天下》"芒乎何之，芴乎何适"校正。

3 "附"原作"傅"，字通。"傅"旧讹为"傳（传）"，刘文典、王叔岷据《太平御览》六二七、司马彪本校正。"也"字旧脱，刘文典、王叔岷据唐写本校补。

4 王子庆忌见于《吕览》《吴越春秋》，为吴王僚之子。李颐、俞樾以为周王之子，方勇、陆永品《庄子诠评》已予驳正。

之术？"

北宫奢说："仅知顺应天道，怎敢私设人术？曾闻至人箴言：'被伪道黥劓雕琢之后，德心必须复归纯朴。'"

"既雕既琢，复归于朴"，是《应帝王》之"雕琢复朴"的精确展开。而《应帝王》之"雕琢复朴"，又是《大宗师》之"息黥补劓"的变文重言。撰者蔺且深知这是"内七篇"的根本宗旨，因此第二章已用"洗心"予以变文演绎。"奢闻之"，则是撰者蔺且闻之乃师庄子的寓言式表达。

北宫奢其后之言，逐句对应地精确演绎《应帝王》之终极至人论："至人之用心若镜，不将不迎，应而不藏，故能胜物而不伤。"

"侗乎其无识，傥乎其怠痴；芴乎芒乎"三句，演绎"至人之用心若镜"：不用私智，不设人术，心如止水，知如明镜，并非真"无识"、真"怠痴"、真"芒芴"（恍惚）。

"其送往而迎来；来者勿禁，往者勿止"三句，演绎"不将不迎"："来者勿禁"即"不迎"，"往者勿止"即"不将"。"不将不迎"的"无为"，并非无所作为，而是顺道而为的"无不为"，正如镜子"无为而无不为"地烛照万象。

"从其强梁，随其曲附，因其自穷也"三句，演绎"应而不藏"："强梁"者不愿出资，从其所愿。"曲附"者自愿出资，随其所愿。无不因任他人之自我意愿、自我选择。

结语"故朝夕赋敛而毫毛不挫，而况有大途者乎"演绎"胜物而不伤"：所以祭坛工程的预算之费，并非"朝夕赋敛"的暴力强征，而是"毫毛不挫"的自由募捐。国事民事毫发无损，何况达至大道者呢？当然同样毫发无损。

"有大途者"意为达至大道者，"途"、"道"异名同实。北宫奢意为：我不得不为昏暴之君卫灵公做事，虽然未达大道，但也不设人术，结果事也速成，民也无损，我也免累除患。彻悟大道者必定比我做得更好。——末句与庄子一样"当而不自得"。虽是达道至人，却不自居达道至人。

上章个体"乘物"，演绎《人间世》"古之至人先存诸己"，相当于"小乘"佛学：丧我而乘外物，以免外物害己。本章群体"乘物"，演绎《人间世》"后存诸人"，相当于"大乘"佛学：丧偶不强外物，以免己害外物。两义是杨朱之学的主旨。然而不仅杨朱被庙堂官学厚诬为仅有前义，庄子也被旧庄学厚诬为偏重前义——本章颇可释此之疑。再证"丧我"者之"自适"，决非仅求一己之"自适"，而是同样尊重他人之"自适"，绝不践踏他人之"自适"，更不以庙堂伪"公义"厚诬"自适"为"不义"。

《山木》的义理展开，至此告一段落。以下五章是孔子三章与庄子后二章的交叉对比，以伪道、真道的代表人物为例，展开哲学戏剧。

五　小知之智，俗谛保身

孔子围于陈蔡之间，七日不火食。

太公任往吊之曰："子几死乎？"

曰："然。"

"子恶死乎？"

曰："然。"

任曰："予尝言不死之道。东海有鸟焉，其名曰意怠[1]。其

1　"鸟"下旧衍"焉"字，"名"下旧衍"曰"字。刘文典、王叔岷据唐写本、《太平御览》九二七、《庶物异名疏》二四引校删。

为鸟也，玢玢眹眹，而似无能；引援而飞，迫胁而栖；进不敢为前，退不敢为后；食不敢先尝，必取其绪。是故其行列不斥，而外人卒不得害，是以免于患。直木先伐，甘井先竭。子其意者饰知以惊愚，修身以明污，昭昭乎如揭日月而行，故不免也。昔吾闻之大成之人曰：'自伐者无功。'功成者隳[1]，名成者亏。孰能去名与功，而还与众人同[2]？道流而不明居，德行而不名处；纯纯常常，乃比于狂；削迹捐势，不为功名。是故无责于人，人亦无责焉。至人不闻，子何喜哉？"

　　孔子曰："善！"[3] 辞其交游，去其弟子，逃于大泽；衣裘褐，食芋栗；入兽不乱群，入鸟不乱行。鸟兽不恶，而况人乎？

　　第五孔子绝粮陈蔡章，由达至真道的至人太公任，对鼓吹伪道、"黥劓"民众、"雕琢"天下的代表人物大知孔子，进行虚拟的"息黥补劓"、"雕琢复朴"、"洗心"。

　　"太公任"是虚构的达道至人。"太公"，隐喻"终其天年而不中道夭"的长者。"任"，言其"因任天道"。

　　前491年至前489年，孔子61岁至63岁在陈出仕，事陈湣公。前489年吴伐陈，孔子去陈，绝粮于陈、蔡之间，差点饿死。"先存诸己"的至人太公任，"后存诸人"地前往慰问，同时教诲大知孔子。

　　前两番问答，问即将饿死的孔子是否不喜欢死。孔子承认后，

1　"隳"旧讹"堕"，"隳"、"亏"为韵。奚侗、刘文典、王叔岷据道藏成疏本、褚伯秀本、覆宋本及成疏、《管子·白心》引文校正。

2　"名与功"旧误倒为"功与名"，又脱"同"字。"功"、"同"为韵。奚侗、刘文典、王叔岷据《管子·白心》校正。

3　"善"后旧衍"哉"字。刘文典、王叔岷据唐写本、《文选·游赤石进帆海诗》注引校删。

太公任用"意怠"寓言阐明"不死之道",即"终其天年而不中道夭"之道。

"意怠"寓言,旧解多误,因为未与第八章"鹢鸸"、《应帝王》"鹢鸸子"合观,又未明"意怠"在庄学四境中的定位,从而不明"意怠"名相之寓意。比较本章与第八章相关文字如下——

本章描述"意怠":"其为鸟也,翂翂翐翐,而似无能;引援而飞,迫胁而栖;进不敢为前,退不敢为后;食不敢先尝,必取其绪。是故其行列不斥,而外人卒不得害,是以免于患。"

第八章描述"鹢鸸":"故曰:鸟莫智于鹢鸸,目之所不宜,处不给视;虽落其实,弃之而走。其畏人也,而袭诸人舍,社稷存焉尔。"

文虽小异,其旨实同。可证"意怠"是"鹢鸸"的变文,共同承之《应帝王》"鹢鸸子",即燕子[1]。蔺且亲承庄子教诲,深明"内七篇"晦藏甚深的动植四境象征,因此本篇"意怠"、"鹢鸸"像《应帝王》"鹢鸸子"一样,定位于小知。燕子雌雄双飞,正是"引援而飞,迫胁而栖"。"意怠"保身俗谛,演绎的正是《人间世》对小知颜回所言的"勿往刑"之旨。"进不敢为前,退不敢为后",演绎《老子》"不敢为天下先"之旨,强调中道。结语"直木先伐,甘井先竭",再扣首章"此木以不材,得终其天年",再演《人间世》"散木大用,文木大患"、"神人不材"。

唯有明白"意怠"即燕子,燕子又定位于小知,方能理解"意怠"寓言晦藏之深意:意怠之智,仅为小知之智。因此至人太公任,对大知孔子仅言俗谛保身之技,不肯言真谛葆德之道,义同蔺且所撰《达生》第三章的斥孔之言:"修其所以,而后载言其上。"

---

1 陆长庚:"意怠,即鹢鸸。"陆释:"或云:鹢鸸,燕也。"张默生:"意怠,各家多训为燕也。""意怠"之"怠",即上文"怠疑"之"怠",通"佁"=呆。

《达生》第三章同样不肯对大知孔子言道，《达生》第四章甚至不肯对小知颜回言技。《达生》终篇章，虽对孔子之替身孙休言道，又谓徒增其惑。由于旧庄学未窥庄学葆德真谛，《达生》斥孔之言又被郭象删去，因而误把"意怠"寓言所言保身俗谛，视为庄学根本命脉。

太公任用"意怠"寓言论毕俗谛保身之技，然后面斥孔子："子其意者饰知以惊愚，修身以明污，昭昭乎如揭日月而行，故不免也。"与《达生》终篇章子扁庆子斥孙休语全同，异篇点破《达生》之孙休，实为孔子之替身。

"故不免也"，谓孔子"知其不可而为之"地悖道而行，必然失败而困顿。《达生》子扁庆子斥孙休语，也于异篇点破："汝得全尔形躯，具尔九窍，无中道夭于聋盲跛蹇，而比于人数，亦幸矣。又何暇乎天之怨哉？"

"昔吾闻之大成之人曰：'自伐者无功。'""自伐者无功"见于《老子》，"大成之人"即老聃。"大成"即达道，扣《齐物论》"道隐于小成"。"自伐"扣《人间世》"积伐尔美"，预伏末章之贬斥"自美"。

"功成者堕，名成者亏。孰能去名与功，而还与众人同？"自矜成功，必致失败；自矜成名，必致亏德。教诲孔子不要"临人以德"（《人间世》接舆斥孔语），自矜其功，自得其名，而应"去名与功"——"去"字再证蔺且深知《逍遥游》"圣人无名"、"神人无功"之"无"，训致无、丧忘。"还与众人同"揭破：至人并非真"与众人同"，而是"支离其德"，不外显真德，以免险恶外境加害。

"道流而不明居，德行而不名处；纯纯常常，乃比于狂；削迹捐势，不为功名。"达道至人不彰显自我，葆德达者不显扬声名；纯朴庸常，顺道自适；隐匿真德，捐弃权势，不慕世俗功名。

"是故无责于人，人亦无责焉。"不以伪德苛责他人，他人也不会用伪德反责你德行有亏。——演绎《人间世》"灾人者，人必反灾之"。

"至人不闻，子何喜哉？"演绎《德充符》："孔丘之于至人，其未邪？彼何宾宾以学子为？彼且祈以俶诡幻怪之名闻，不知至人之以是为己桎梏邪？"

孔子受教，绝无异词，仅有一言："善！"符合大知对至知的服教语气。治庄儒生不忿于祖师被江湖野人面斥，遂加一字，变成："善哉！"转为居上位者对居下位者的勉励语气，然后再予曲解：圣人虽闻无知野人的猖狂妄斥，仍予容忍，且勉励之。足见圣德之广大包容！

寓言结局：孔子"辞其交游，去其弟子，逃于大泽；衣裘褐，食芋栗；入兽不乱群，入鸟不乱行。鸟兽不恶，而况人乎？"

这一虚拟结局，仿拟《大宗师》虚拟的孔子得闻颜回"坐忘"之教，而丧忘仁义礼乐，欣然皈依真道。不过，尚需对观《论语·微子》相关情节："长沮、桀溺耦而耕。孔子过之，使子路问津焉。……夫子怃然曰：'鸟兽不可与同群，吾非斯人之徒与，而谁与？天下有道，丘不与易也。'"方能理解其对史实的反讽性化用。意为：孔子周游列国之时，屡经接舆、晨门、长沮、桀溺、荷蓧、荷蒉等"太公任"式至人"息黥补劓"、"雕琢复朴"、"洗心"，于是皈依真道，放弃游说君主，不再鼓吹伪道，终于返归母邦，得以"终其天年"。若非如此，孔子必将继续对专制暴君"不信厚言，必死于暴人之前矣"（《人间世》）。

六　悖道亏生，孔子困顿

孔子问子桑雽曰[1]：“吾再逐于鲁，伐树于宋，削迹于卫，穷于商周，围于陈蔡之间。吾犯此数患，亲交益疏，徒友益散，何欤？”

子桑雽曰：“子独不闻殷人之亡欤[2]？林回弃千金之璧，负赤子而趋。或曰：‘为其布欤？赤子之布寡矣；为其累欤？赤子之累多矣。弃千金之璧，负赤子而趋，何也？’林回曰：‘彼以利合，此以天属也。’夫以利合者，迫穷祸患害，相弃也；以天属者，迫穷祸患害，相收也。夫相收之与相弃，亦远矣。且君子之交淡若水，小人之交甘若醴；君子淡以亲，小人甘以绝。彼无故以合者，则无故以离。”

孔子曰：“敬闻命矣！”徐行徜徉而归，绝学捐书，弟子无挹于前[3]，其爱益加进。

异日，桑雽又曰：“舜之将死，乃命禹曰[4]：‘汝戒之哉！形莫若缘，情莫若率；缘则不离，率则不劳。不离不劳，则不求文以待形；不求文以待形，固不待物。’”

第六子桑教孔章，继续让至人子桑雽对大知孔子进行虚拟的“息

1　王叔岷认为本章以下各章：“本不同在一篇，乃郭象所合并者。”又认为：本章与下章“当互易，孔子之事与庄子之事各相比次，今本盖错简。”其说证据不足。

2　“殷”旧讹为“假”，马叙伦校正。

3　“挹”旧讹为“挹”，形近而讹。笔者据成疏“无挹让之礼”校正。

4　“乃命”旧讹为“真泠”。王引之、刘文典、王叔岷据唐写本、覆宋本及成疏校正。陈鼓应从之。

黥补劓"、"雕琢复朴"、"洗心"。

"子桑雽"是《大宗师》"子桑户"的变文[1]，又同为《论语·雍也》所载"子桑伯子"的变文。本章时间承上：孔子"围于陈蔡之间"，经至人太公任初步教诲，放弃游说诸侯、鼓吹伪道而返归鲁国，又去请教鲁国至人子桑雽，继续深造。

孔子先对子桑雽（实为读者）综述自己一生游说君主、鼓吹伪道而遭遇的五大困顿："吾再逐于鲁，伐树于宋，削迹于卫，穷于商周，围于陈蔡之间。""再逐于鲁"指两度离鲁：前517年至前516年，孔子35岁至36岁游齐欲仕，两年后无功而返；前497年至前484年，孔子55岁至68岁周游列国，十四年后无功而返。"伐树于宋"指前492年，孔子60岁去卫，经曹，过宋，赴陈，宋国司马桓魋欲杀孔子未果，伐倒孔子师徒曾于其下习礼之大树。"削迹于卫"指卫人削去孔子留下的足迹，其年不详。"穷于商周"指前496年，孔子56岁去卫西行，过宋之匡地（"商"即宋），匡人以其貌似阳虎而围之，后知误会而解围（《秋水》第三章）。"围于陈蔡之间"已详上章，事在前489年，孔子63岁。五事大体符合时间顺序，足证蔺且因受教于庄子，同样熟知孔子生平与学说。

孔子历数五大困顿之后，问："吾犯此数患，亲交益疏，徒友益散，何欤？"

子桑雽说："你难道没听说过殷地逃亡者之事吗？林回逃亡时抛弃了千金之璧，背着婴儿狂奔。有人问他：'你想图利吗？婴儿值钱不多啊！你想免患吗？婴儿拖累很大啊！你弃千金之璧而背着婴儿逃跑，图什么呢？'林回说：'玉璧与我是因利相合，儿子与我是因天相属。'因利相合，一旦迫于穷祸患害就会相离相弃；因

1　俞樾："子桑雽疑即《大宗师》之子桑户。"

天相属，越是迫于穷祸患害越是不离不弃。两者差别甚远。况且君子的交情淡如水，小人的交情浓如酒；君子交情虽淡却相亲，小人交情虽浓却绝情。你的弟子徒众不循真德与你相合，也因不循真德与你相离。"

"千金之璧"喻外物外利。"赤子"喻内在真德，承之《老子》"含德之厚者，比于赤子"、"恒德不离，复归于婴儿"。子桑雽之言的末句，表面上是批评"彼"，即孔子的亲交徒友，实际上是委婉讽谕"此"，即孔子本人：你不以真德"息补"亲交徒友，却以伪德"黥劓"亲交徒友，因而导致"亲交益疏，徒友益散"。

"彼以利合，此以天属"，在第二章"适／义"之辨的基础上，进一步颠覆孔子的"义／利"之辨："君子喻于义，小人喻于利。"(《论语·八佾》)

《大宗师》已明确颠覆了孔子的"君子／小人"之辨："天之小人，人之君子；天之君子，人之小人。"但是庄子对孔子"义／利"之辨的颠覆却隐而未发，蔺且则予挑破："君子"把庙堂之"宜"，鼓吹为天下之"义"，从而"学而优则仕"(《论语·微子》)，"禄在其中矣"(《论语·卫灵公》)。因此"君子喻于义"，实为"君子喻于利"的伪形。

"彼无故以合者，则无故以离。""故"、"无故"均非后世常义。按后世常义，"以利合，以害弃"实为"有故"，并非"无故"。

蔺且所言"故"，是庄学名相"故德"的略语[1]，"外杂篇"常见。如蔺且所撰《达生》："始乎故，长乎性，成乎命。"魏牟所撰《秋水》："无以故灭命。"魏牟所撰《知北游》："真其实知，不以故自持。"

1　证见《天地》引"夫子"(庄子)语："执故德之谓纪。"旧多误倒为"故执德之谓纪。"王叔岷已据成疏"能持已前之德行"校正。

若以后世常义解之，均难解通。"故"即"故德"，指天道随机分施的先天物德之定数，义同"天池"（《逍遥游》）、"天机"（《大宗师》）。常葆"故德"不失，则"酌焉而不竭"（《齐物论》），"冬夏青青"（《德充符》），全德全生；不葆"故德"而亏，则"德之所以亏"（《齐物论》），亏德亏生。

名相既明，义理即明："以天属"是真有故，即以德为故。"以利合"、"以害弃"是假有故，即不以德为故。伪道俗见以"利害"为"有故"，在庄学看来实属"无故"。《齐物论》问得极妙："至人固不知利害乎？"至人并非真不知世俗利害，而是超越世俗利害，以"故德"为安身立命之根本。

以上为本章主体部分，然而本章另附颇为奇怪的一节："异日，桑雽又曰：'舜之将死，乃命禹曰："汝戒之哉！形莫若缘，情莫若率；缘则不离，率则不劳。不离不劳，则不求文以待形；不求文以待形，固不待物。"'"直译如下——

又有一天，子桑雽说："虞舜临死，训诫夏禹：'你要戒惧！身形不如顺随外境，性情不如自适内德；顺随外境则不会罹患刑教，自适内德则不会劳心亏德；身形无患且德心不劳，则不求文饰以倚待外形；不求文饰以倚待外形，则不须倚待外物。'"

按理，子桑雽与孔子同为鲁人，"异日"有言，受教者仍应是孔子。然而蔺且却未明言，留下受教者不明的悬念。

细辨子桑雽"异日"所言"形莫若缘，情莫若率"，仿拟《人间世》第三章蘧伯玉教诲颜阖所言"形莫若就，心莫若和"。《人间世》第三章，庙堂至人蘧伯玉教诲江湖至人颜阖，《山木》第六章予以翻转，变成江湖至人子桑雽教诲庙堂大知某甲——因附于以孔子为受教者的第六章末节，才不直言某甲实为蘧伯玉，而是借此暗示《人间世》第三章之蘧伯玉，实为孔子之替身。

本章预伏之旨:孔子"以利合"的悖道妄行,固然导致了困顿;庄子"以天属"的顺道而行,为何同样难免贫困? 这正是下章欲解之疑。

七　顺道全生,庄子贫困

庄子衣大布之衣而补之[1],正緳系履而过魏王。

魏王曰:"何先生之惫邪?"

庄子曰:"贫也,非惫也。士有道德不能行,惫也;衣弊履穿,贫也,非惫也。此所谓非遭时也。王独不见夫腾猿乎? 其得楠梓豫樟也,揽蔓其枝而王长其间,虽羿、逢蒙不能眄睨也。及其得柘棘枳枸之间也,危行侧视,振动悼慄。此筋骨非有加急而不柔也,处势不便,未足以逞其能也。今处昏上乱相之间,而欲无惫,奚可得邪? 此比干之见剖心,征也夫!"

第七庄子面斥魏王章,庄子第二次出场。在孔子困顿二章之后,续以庄子贫困一章,旨在揭示孔子、庄子境遇虽相似,原因则不同。兼演《人间世》"若唯无召"、"入则鸣,不入则止"之义。

庄子既辞漆园吏,又拒楚王聘相,随后游历魏都大梁,导致惠施怀疑庄子觊觎魏国相位(《秋水》第六章)。惠施唯恐庄子夺其相位,不可能向魏惠王主动引见庄子。庄子也不可能主动求见魏惠王,否则不可能面斥之。因此必为魏惠王主动召见庄子,时间必在庄惠初见之后。惠施唯恐庄子得到赏识,很可能随侍于魏惠王之侧。庄子既蒙魏惠王主动召见,于是"入则鸣"地予以讽谏。

1　"之衣"二字旧脱。王叔岷据《太平御览》六八九、《事类赋》一二注引校补。

庄子身穿打有补丁的粗布衣，脚著麻绳系着的破草鞋，大大咧咧去见魏王。

魏惠王开言，立刻嘲谑庄子："先生为何如此狼狈？"

在诸侯为了吸引人才与列国抗衡而普遍"礼贤下士"的战国时代，若非庄子的自尊激起魏惠王反感，魏惠王不可能如此失礼地开言即刺自己主动召见的庄子。魏惠王遇见过无数渴望赏识、谋求出仕的儒墨士子（包括孟子），面对"天子不得臣，诸侯不得友"的庄子，缺乏心理准备，立刻大为失态，足证其"昏"。

"王公大人不能器之"的庄子却有心理准备，立刻强力回敬魏惠王："贫穷并非狼狈。士人不能顺道葆德，才叫狼狈。我尽管破衣烂鞋，只是贫穷，却非狼狈。顺道葆德者难以摆脱贫穷，倒是我所处时代之狼狈。你难道没见过腾跃自如的猿猴？处身于楠、梓、榆、樟等高大乔木之间，自由攀揽树枝，如同林中之王，即便后羿、逢蒙也不敢轻视。倘若猿猴处身于柘、棘、枳、枸等多刺灌木之间，就只能慎行侧目，惊惶失措。这并非猿猴的筋骨僵硬不再舒展，而是所处外境险恶，难以一展身手。如今我身处昏君（如你）、乱相（如惠施）代大匠斫的时代，想要不狼狈，怎么可能呢？如同贤人比干被暴君商纣剖心那样，你眼中的我之狼狈，其实是时代狼狈之征兆。"

蔺且用"过魏王"而不用"见魏王"、"拜魏王"，生动刻画其师嬉笑怒骂、傲视狙公的至高风范。庄子面对庙堂狙公而表彰"王长"江湖之猿猴，用的正是庄学"王德之人"之义，旧庄学多以儒义谬解。"王长"郭注："遭时得地，则申其长技。"成疏："犹自得也。"陆释："'王'，司马本作'往'。司马云：两枝相去长远也。"俞樾驳正之："郭注读'长'为长短之长，于义未合。司马更非矣。此谓猿自为君长也。"王夫之之子王敔曰："王长，犹言为王为伯。"或以"王"为通假字，或以儒义释"王"，均未领悟庄学"王德之人"之旨。

庄子虽以猿猴处身于险恶外境必定"振动悼慄"自况,实无"振动悼慄"之相。不过庄子面斥庙堂狙公之勇,并非重心所在。本章重心仍合全篇义理主线:葆德之真谛,重于保身之俗谛。顺道葆德者,必然反抗伪道之"黥劓"、"雕琢"、洗脑,并且必将在伪道俗见猖獗的时代陷于困顿。

参看《天运》:"彼知颦美,而不知颦之所以美。惜乎!尔夫子其穷哉!"乃谓孔子之穷,在于不知时移世易,如东施效颦而慕周公。

八　皈依真道,孔代庄言

孔子穷于陈蔡之间,七日不火食,左据槁木,右击槁枝,而歌炎氏之风[1],有其具而无其数,有其声而无其宫角,木声与人声,犁然有当于人之心。

颜回端拱,还目而窥之。

仲尼恐其广己而造大也,爱己而造哀也,曰:"回,无受天损易,无受人益难。无始而非卒也,人与天一也。夫今之歌者其谁乎?"

回曰:"敢问'无受天损易'?"

仲尼曰:"饥渴寒暑,穷桎不行,天地之行也,运化之泄也[2],言与之偕逝之谓也。为人臣者,不敢去之。执臣而犹若

1　"炎"原作"焱",讹作"猋"。成疏:"焱氏,神农也。"王先谦、王叔岷是之。"焱氏"又见《天运》。

2　"化"旧讹为"物",刘文典据《阙误》江南古藏本校正。"泄"唐写本改作"洩",王叔岷:"唐人避太宗讳所改。"半边字避讳,可补二例:为避讳李世民之"世","葉"避讳改为"叶","棄"避讳改为"弃"。

是¹，而况乎所以待天乎？"

"何谓'无受人益难'？"

仲尼曰："始用四达，爵禄并至而不穷，物之所利，乃非己也，吾命有在外者也²。君子不为盗，贤人不为窃。吾若取之，何哉？故曰：鸟莫知于鹥鸠。目之所不宜，处不给视³；虽落其实，弃之而走。其畏人也，而袭诸人舍⁴，社稷存焉尔。"

"何谓'无始而非卒'？"

仲尼曰："化其万物而不知其禅之者，焉知其所终？焉知其所始？正而待之而已耳。"

"何谓'人与天一'邪？"

仲尼曰："有人，天也；有天，亦天也。人之不能有天，性也。圣人晏然体逝而终矣。"

第八孔教颜回章，在庄子第二次出场之后，孔子又第三次出场。孔子已在第五、第六章经至人反复教诲而皈依真道，因此本章之孔子已成庄学代言人。

至此方明，《山木》孔子三章之角色设置，是《人间世》孔子三章之角色设置的镜像翻转：《人间世》第一、第二章，大知孔子

1　"执臣"后旧衍"之道"二字，又脱"而"字。刘文典、王叔岷据唐写本校正。

2　"有"旧讹为"其"，形近而讹。刘文典据唐写本校正。《秋水》"孔子曰：吾命有所制矣。"亦证"其"当作"有"。

3　旧误断为"目之所不宜处，不给视"。语不词，义不通。

4　"人舍"旧讹为"人间"。郭注："畏人而入于人舍。"成疏："入人舍宅，寄作窠巢。"燕子筑巢于屋舍檐下，"人舍"准确，"人间"不确。又《至乐》："吾安能弃南面王乐，而复为人间之劳乎？""人间之劳"原作"生人之劳"，刘文典已据《阙误》引张君房本及成疏"生人之劳"校正。两例均为误解《人间世》篇名者妄改。庄子之前汉语无"人间"一词，整部《庄子》亦未一见"人间"，故"人间世"之"间"为动词。

作为庄学代言人教诲小知颜回、小知叶公；《山木》第五、第六章予以翻转，变成至人太公任、至人子桑雽教诲大知孔子。《人间世》第八章，至人接舆教诲大知孔子；《山木》第八章又予翻转，变成大知孔子作为庄学代言人教诲小知颜回。

《山木》旨在演绎《人间世》义理，为何《山木》孔子三章要对《人间世》孔子三章的角色设置予以镜像翻转？从结构角度而言，可以视为《山木》对《人间世》的合理化修正：《人间世》中的孔子先成庄学代言人、后闻道受教，较为费解。《山木》中的孔子先闻道受教、后成庄学代言人，更为合理。从义理角度而言，则是蔺且要告诉读者：《人间世》第一、第二章的真际孔子，实为庄学代言人，《人间世》第八章的实际孔子，则为庄子所贬斥，从而点破《人间世》晦藏之旨——孔子并非庄子褒扬的达道至人，而是庄子贬斥的悖道大知。

行文之险，莫过本章首句："孔子穷于陈蔡之间，七日不火食。"变文重言第五章首句"孔子围于陈蔡之间，七日不火食。""围"、"穷"一字之差，孔子被"围"的外困已解，鼓吹伪道的心魔亦解。第五章的孔子困于被"围"，是尚未闻道的大知，故被至人太公任教诲。第八章孔子的安于其"穷"，已是达道至知，似乎孔子无须在周游列国途中经至人太公任教诲，更无须返鲁之后经至人子桑雽教诲，就已在周游列国途中自悟天道，从大知变成了至知。这一类似德国电影《罗拉快跑》的"后现代"叙述法，通过虚拟假设，让鼓吹伪道的实际孔子重新选择人生道路，变成皈依真道的真际孔子。

因此，第五、第六章的实际孔子，热爱的是尧舜之乐，"在齐闻《韶》，三月不知肉味"（《论语·述而》），誉为"尽善尽美"（《论语·八佾》），其言属于"黥劓"人心而"不当于人之心"的黄帝族人籁。第八章的真际孔子，热爱的却是炎帝之乐，所以"歌炎氏之风"，其歌属于"犁然有当于人之心"的伏羲族天籁。

《吕览·古乐》记载，炎帝族有"葛天氏之乐"等乐舞。黄帝族有黄帝之《咸池》、颛顼之《承云》、帝喾之《九招》、唐尧之《大章》、虞舜之《九韶》、夏代之《大夏》、商代之《桑林》、周代之《大武》。撰者褒伏羲族之古乐，贬黄帝族之雅乐，义承《应帝王》"有虞氏不及泰氏"。

"颜回端拱，还目而窥之"：颜回只认识那个鼓吹伪道的实际孔子，不认识这位皈依真道的真际孔子。

"仲尼恐其广己而造大也，爱己而造哀也"，两句以孔子为叙述角度，因此"广己而造大"、"爱己而造哀"之"己"，为孔子自指。"广己"、"造大"、"爱己"，指颜回之广孔、大孔、爱孔，并因实际孔子变成真际孔子而"造哀"[1]。句义：真际孔子担心颜回拔高原先那位实际孔子，尊奉"造大"为圣人，又担心颜回爱戴原先那位实际孔子，而为孔子有所改变而悲哀。

于是孔子开言教诲："回，无受天损易，无受人益难。无始而非卒也，人与天一也。夫今之歌者其谁乎？"

理解此节孔言，难点有三。

其一，"无受天损易，无受人益难"，完整表述是："无受天命损益易，无受人运损益难。"因为"穷于陈蔡"实为"人损"，而非"人益"，故"损"、"益"二字互文省略。

其二，"无始而非卒"，省略"无卒而非始"。理由见下。

其三，"今之歌者其谁"，揭破本章之孔子已从实际孔子变成了真际孔子，正如《齐物论》南郭子綦问颜成子游："今者吾丧我，

---

1 旧庄学囿于尊孔成心，所解无一可通。如王先谦："自广而至于自大，自爱而至于自伤，皆非所以处穷。"

汝知之乎？"孔子既丧旧"我"，即成新"吾"。蔺且所撰《寓言》所引庄子之言："孔子行年六十而六十化，始时所是，卒而非之。"这是庄子、蔺且师徒认为晚年孔子业已皈依真道、可做庄学代言人的理由。前489年绝粮陈蔡之时，孔子63岁。《寓言》所记庄子之言，言其整数。

孔言意为：颜回啊，不受天命损益之影响，较为容易；不受人运损益之影响，较为困难。任何新生的开始都是旧生的结束，人生像天道一样循环变化。你是否知道正在唱歌的人究竟是谁？

颜回第一问："敢问'无受天损易'？""天损"仍是"天命损益"的略语。"天命损益"，就是天赋物德的厚薄，即天池小大、天机深浅。物德厚薄、天池小大、天机深浅的先天定数，谓之"故德"（《天地》引庄子之言）；物德厚薄、天池小大、天机深浅的终极施予者，谓之"天命"（天道）。《秋水》"无以故灭命"，意为不以自己之"故德"大于一部分人，而自大到藐视"天命"之限定，僭妄到否定天道之存在。"无受天损易"意为：不受天赋物德的厚薄所影响，较易。易言之，安于"天命"较易。

孔子第一答："饥渴寒暑，穷窒不行，天地之行也，运化之泄也；言与之偕逝之谓也。为人臣者，不敢去之。执臣而犹若是，而况乎所以待天乎？"

句义：饥渴寒暑，使人穷困窒塞难以畅行，实为天道的正常运行，万物运动变化的必然。说的是人只能顺应天道。身为人君假宰之臣，尚且不敢违背人道。何况身为天道真宰之子，不是更不敢违背天道吗？

颜回第二问："何谓'无受人益难'？""人益"仍是"人运损益"的略语。"人运损益"，就是人间境遇的好坏。"无受人益难"意为：不受人间境遇的好坏所影响，较难。易言之，安于"人运"较难。

孔子第二答："始用四达，爵禄并至而不穷，物之所利，乃非已也，吾命有在外者也。君子不为盗，贤人不为窃。吾若取之，何哉？故曰：鸟莫知于鹢鸸，目之所不宜，处不给视；虽落其实，弃之而走。其畏人也，而袭诸人舍，社稷存焉尔。"

句义：开始出仕就能达于四方，有爵有禄不再穷困，这是外物所加之利，非关己之真德，人之天命实由天道宰制。君子贤人不盗不窃，只能顺受外物之利，怎能妄取外物之利？所以至人有言：鸟的智慧莫过于燕子[1]，不该看的，身处其境也不看。即便树上坠落果实，也弃而飞走。燕子尽管害怕人，却筑巢于屋舍檐下，存身于社稷廊庙。

理解以上二问二答，必须明白：所谓"安于天命较易，安于人运较难"，是庄学至境范畴内的相对难易。对未达至境的大知小知而言，较易的"安于天命"同样极难。因此有无数人抱怨自己"天命"不好、物德不厚、不够聪明；于是后天渴求聪明、自作聪明，从而悖道妄行，远离达道全生。鹢鸸寄社，则是对《人间世》栎树寄社的演绎。

颜回第三问："何谓'无始而非卒'？"此句与章首孔言一样，省略"无卒而非始"。因为下文孔子答以"焉知其所终"、"焉知其所始"，回答的正是"无始而非卒，无卒而非始"。

孔子第三答："化其万物而不知其禅之者，焉知其所终？焉知其所始？正而待之而已耳。"

句义：化育万物却不明确显示其至高力量的终极存在（道），

1 《左传·昭公十七年》："玄鸟氏，司分者也。"《礼记·月令》："孟春之月，玄鸟至。"玄鸟即燕。古人采物候，定时令，以燕归，定春分。春分于农业为至要，故曰"鸟莫知于鹢鸸"。

谁能知晓何处是其终点？谁能知晓何处是其起点？作为道生万物之一的人类，只能正己之身、独待天道罢了。

"正而待之"，"正"字扣《人间世》"正汝身"，"待之"扣《齐物论》"待彼"。与第六章子桑雽所言"不待物"合观，意为"不待外物，独待彼道"。再证本章之孔子是庄学代言人，兼证蔺且已知《齐物论》之"待彼"，是"独待彼道"的略语。

郭象反注"正而待之"曰："日夜相代，未始有极，故正而待之，无所为怀也。"成疏："待于造物而已矣。"隐驳郭象反注，已知《山木》"待之"为"待道"，却不知《齐物论》"待彼"亦为"待道"，更不知《山木》"待之"承于《齐物论》"待彼"。

颜回第四问："何谓'人与天一'邪？"

孔子第四答："有人，天也；有天，亦天也。人之不能有天，性也。圣人晏然体逝而终矣。"

句义：有人运变迁，固是天道之作用；有天命厚薄，仍是天道之作用。人之不能拥有天道，由物德之本性决定。因此达道圣人安然体悟大化流行而终其天年。

郭象反注"人之不能有天，性也"曰："自然耳，故曰性。"郭象之"自然"是否定"道"之存在的"自得而然"，因此郭注仍是反庄学的"独化自得"义。

"人与天一"，蔺且所撰《达生》谓之"与天为一"（省略主语"人"）。两句共证，庄学认为：真道之"天人合一"是"以人合天"，伪道之"天人合一"是"以天合人"。

九　庄子悟道，庄学诞生

庄周游于雕陵之樊，睹一异鹊自南方来者，翼广七尺，目大运寸，感周之颡，而集于栗林。

庄周曰："此何鸟哉？翼殷不逝，目大不睹。"褰裳躩步[1]，执弹而留之。睹一蝉，方得美荫，而忘其身。螳螂执翳，且将搏之[2]，见得而忘其形。异鹊从而利之，见利而忘其真。

庄周怵然曰："噫！物固相累，二类相召也。"捐弹而返走。虞人逐而讯之。[3]

庄周返入，三日不逞。[4]

蔺且从而问之："夫子何为顷间甚不逞乎？"

庄周曰："吾守形而忘身，观于浊水而迷于清渊。且，吾闻诸夫子曰：'入其国，从其俗[5]。'今吾游于雕陵而忘身[6]，异鹊感吾颡；游于栗林而忘真，栗林虞人以吾为辱；吾是以不逞也。"

第九庄子悟道章，庄子第三次出场，与第八孔子悟道章对比。

实际孔子经第五、第六章之太公任、子桑雽教诲之后，至第八章已领悟天道，变成了真际孔子兼庄学代言人。或问：庄子领悟天

1　"褰"旧讹为"蹇"。刘文典、王叔岷据《阙误》张本、道藏王元泽新传本、褚伯秀本、罗勉道本、《艺文类聚》九七、《白帖》二九、《合璧事类》别集七二引文校正。《诗·郑风·褰裳》："子惠思我，褰裳涉溱。"

2　"且"旧讹为"而"，下又脱"将"字。刘文典据《太平御览》九四六、《类聚》九八引文校正。

3　"讯"旧讹为"谇"。刘文典、王叔岷据唐写本及其郭注、陆释一本校正。陆释："谇，本又作'讯'，问也。司马云：'以周为盗栗也'"

4　"日"旧讹为"月"，褚伯秀、王念孙据陆释"一本作'三日'"校正。"逞"旧讹为"庭"（下文二"逞"同），王念孙、王叔岷校正。

5　"国"旧讹为"俗"，"俗"旧讹为"令"。郭庆藩、刘文典、王叔岷、陈鼓应据《阙误》江南李氏本及郭注成疏改为"入其俗，从其令"。王先谦改作"入其俗，从其俗"。"入其俗"不词，当作："入其国，从其俗。"《礼记》："入境而问禁，入国而问俗。"《淮南子·齐物训》："入其国者，从其俗。"

6　"身"前旧衍"吾"字。刘文典、王叔岷据唐写本校删。

道，又经哪位前辈教诲？这正是本章欲解之疑。

庄子闲游雕陵栗林，见一硕大之鹊从南方飞来，其翼扫过庄子额头，飞入栗林。

庄子惊异自问："这是什么异鸟？翅膀很大却不远飞，眼睛很大却不见人。"提起衣角快步跟去，手执弹弓准备射它。于是看见异鹊停栖的那棵栗树，有一夏蝉，正美滋滋地躲在树荫中纳凉，忘了自身安危。有只螳螂正利用树叶的掩护，作势欲捕夏蝉，却因心系外物而忘了自身安危。那只刚刚停在树上的异鹊，由于欲捕螳螂才中止了远飞，由于仅见螳螂才看不见庄子，由于丧忘远飞高举之真德，遂成庄子之弹弓的目标。

庄子"目击道存"地立刻反省：我手执弹弓欲射异鹊，不是同样心系外物而忘了自身安危？于是怵然顿悟："物固相累，二类相召。"扔掉弹弓转身就跑。果然，守林人以为庄子偷摘了栗子，追逐讯问了他。

庄子回家，郁闷三日。如同佛陀于菩提树下打坐七日七夜，终于大彻大悟。

三日之后，弟子蔺且问曰："夫子为何近日颇为郁闷？"

庄子答曰："我执守外物而忘了自身安危，流连人道浊水而迷失了天道清渊。蔺且啊，我曾闻吾师告诫：'入其国，从其俗。'如今我在雕陵游玩而忘了身形安危，异鹊之翼扫过我的额头，诱使我见利起意追踪到栗林而忘了德心安危，招致管理栗林的虞人对我讯问凌辱，所以我郁闷于宇宙人生之大惑。"

本节庄子语，旧解多误，源于郭注、成疏谬解"吾守形而忘身"之"形"是庄子之"身形"，继而谬解"吾守形而忘身"之"身"是庄子之"德心"，进而谬解"（吾）游于栗林而忘真"之"真"也是庄子之"身形"[1]。实则"吾守形"指庄子守猎外物之身形[2],"而忘身"指庄子忘其身形之患累,"(吾)游于栗林而忘真"指庄子又忘其真德之危殆。

上节庄子在栗林中,蝉"得美荫,而忘其身",螳螂"见得而忘其形","身"、"形"互文,均训身形。上节异鹊"见利而忘其真"与本节"(吾)游于栗林而忘真",两"真"均训"真德"即德心。整部《庄子》之"真",均训"真德",未有一例训"身形"。

理解本节之关键,是形容异鹊的前八字"翼广七尺,目大运寸",以及后八字"翼殷不逝,目大不睹"。异鹊"翼广",本该远飞高举,"目大",本该洞察世界,仅因在远飞途中偶见小利,遂忘大志,于是"翼殷不逝",放弃远飞而停于栗林;同时"目大不睹",仅见螳螂而未见庄子,因而翅膀"感周之颡",扫过庄子的额头,差点成为庄子的猎物。[3]

大知小知既不会发现大鸟异鹊的"拙于用大",更不会反省自己的"拙于用大",只会利用异鹊的"拙于用大",见猎心喜地弹而射之。至人庄子敏锐发现大鸟异鹊的"拙于用大",立刻反省自己的"拙于用大",领悟了"物固相累,二类相召"的物理,进而彻悟天道,所以不利用异鹊的"拙于用大",而是扔掉弹弓终止了狩猎。

庄子的"雕陵悟道",蕴含庄学的全部基本义理。

其一,彻悟宇宙万物之食物链。首先是天地万物的食物链:夏蝉饮露—螳螂捕蝉—异鹊在后。其次是人类社会之食物链:庄子执弹—虞人讯之……篇中晦藏未言:虞人之上,更有官守;官守之上,

---

1 陆释:"其真,司马云:身也。"王叔岷:"身、真同义。"均非。

2 王先谦:"守物形而忘己身。"王叔岷:"守异鹊而忽己也。"是也。

3 宣颖:"不逝,集栗林也。不睹,感人颡也。"是也。

更有诸侯；诸侯之上，更有天子。囿于人间视点者，也知两种食物链，但无条件接受伪道俗见，尊奉"天子"居于食物链顶端，从而臣服之。达至道极视点的庄子，拒绝接受伪道俗见，认为"天子之与己，皆天之所子"，于是超越"相累相召"之物理，彻悟"免累免患"之真道。

其二，"庄学四境"之生活原型："树叶—夏蝉—螳螂—异鹊—栗树"，是自然食物链。"庄子—虞人—官守—诸侯—天子"，则是人类食物链。庄子综合两者，予以浓缩提炼，遂以植物"栗树"为庄学至境之范型，变文为"大椿"、"大瓠"、"大樗"、"长梧子"、"栎社树"、"蒲衣子"等等。以大型动物或食肉动物"异鹊"为庄学大境之范型，变文为"大鹏"、"冥灵"、"犛牛"、"泽雉"、"莽渺之鸟"等等[1]。以小型动物或食草动物"夏蝉"、"螳螂"为庄学小境之范型，变文为"蜩"、"莺鸠"、"尺鴳"、"鹓鹐子"、"鹪鹩子"等等。以非生物为庄学初境之范型，变文为"朝菌"、"魍魉"、"影子"、"浑沌"等等。

尤可注意的，是初境"树叶"与至境"大树"的循环合一：初境之植物"树叶"，被小境的食草动物所吃。小境的食草动物，被大境的食肉动物所吃。唯有至境之植物"大树"，不会被大境的食肉动物伤害。前三境无法包容至境，至境可以包容前三境，所以前三境的动植物，均可停栖于栗树而又无法伤害栗树。唯有作为顶级动物的人类可以砍伐栗树，因此达道至人"间世"于人类社会，必须做到《山木》开篇所言的"大木枝叶盛茂，伐木者止其旁而不取"，方法是"不材之散木，无所可用"，这正是《人间世》与《山木》的共同宗旨。

---

1 《韩诗外传》把"异鹊"改为"黄雀"，刘向《说苑·正谏》又抄《韩诗外传》，遂有成语"螳螂捕蝉，黄雀在后"。

或问：人类是动物，而非植物，如何成为"伐木者止其旁而不取"的达道至人？

答曰：达道至人作为动物，类似于顶级食草动物大象，不会被顶级食肉动物虎狼伤害，因为大象远比虎狼强大。以植物言，达道至人就是大树；以动物言，达道至人就是大象。庄学之超卓特异，就在于并非动物哲学，而是植物哲学；并非虎狼哲学，而是大象哲学。大部分哲学教导人们如何成为动物中的虎狼，唯有庄学教导人们如何成为大树和大象——"素王"。

其三，"小大之辨"之生活原型：螳螂大于蝉而小于鹊，庄子大于鹊而受制于虞人。可知万物小大，均属相对。知之小大，同样如此。

其四，"物固相累"引出庄学俗谛，"忘形葆真"引出庄学真谛。"雕陵悟道"遂成庄学诞生之日，庄子就此开创了"不待外物，独待彼道"的中华顺道文化。

庄子悟道之后，立意摆脱"物固相累，二类相召"的食物链困境，因而"终生不仕，以快吾志"（《史记》）。毕生拒绝进入宗法伦理的等级序列，进而对宗法伦理予以彻底颠覆，遂有《人间世》之十字金言："天子之与己，皆天之所子。"以及《大宗师》之十六字箴言："天之小人，人之君子；天之君子，人之小人。"如是等等。"内七篇"的全部庄学义理，均能从"雕陵悟道"中找到索隐发微的源头。

本章章旨有三：

其一，"物固相累，二类相召"八字，总摄前八章"达道全生，免于物累"之旨：第一章"未免乎累"，第二章"不免于患"，第三章"孰能害之"，第四章"毫毛不挫"，第五章"以免于患"，第六章"穷祸患害"，第七章"贫也非惫"，第八章"无受人损"。

其二，与上章对比，隐含贬孔褒庄之旨：第八章虚拟的孔子悟道，是因第五、第六章被至人"息黥补劓"所致。第九章实录的庄子悟道，表明庄子固亦有师"息黥补劓"，然而主要是"自息自补"所致。

其三，在《山木》庄子三章中，蔺且不留名于另外两章而唯独留名于本章，旨在以弟子之亲历亲闻，为庄子悟道做出历史见证。其副产品是：读者由此明白，本篇撰者即蔺且，首章隐名之庄子弟子，也是蔺且。后人由此得知，庄学颇有传人，不绝如缕。

十　杨朱论道，回应首章

阳子之宋，宿于逆旅。

逆旅之人有妾二人[1]，其一人美，其一人恶，恶者贵而美者贱。

阳子问其故。

逆旅小子对曰："其美者自美，吾不知其美也；其恶者自恶，吾不知其恶也。"

阳子曰："弟子记之！行贤而去自贤之心[2]，安往而不爱哉？"

第十杨朱章，终篇章。上章述完庄子悟道，本篇已近完成，因此有人怀疑本章为赘文、错简，或为郭象裁剪别篇移入。比如王叔岷认为："此章述杨子事，似不应在庄周事之后，疑本不在此篇，乃郭象所附益者欤？"先看内容，再作判断。

1　"逆旅"后旧脱"之"字。王叔岷据《阙误》刘得一本校补。

2　"心"旧讹为"行"，"行贤而去自贤之行"不通。奚侗：《韩非子·说林上》作'自贤之心'，当从之。"刘文典引成疏"去自贤轻物之心"证之。陈鼓应从之。

杨朱前往宋国，中途住于旅店。逆旅主人有妾二人，一美一丑。主人宠爱丑妾，不爱美妾。杨朱奇怪而发问。

逆旅主人说："美妾自矜其美而高傲，所以我不以为美。丑妾自惭其丑而谦卑，所以我不以为丑。"

杨朱转身对弟子说："弟子记住！践行贤德而去除自贤自矜之心，何往而不受爱戴呢？"

通观全篇，本章实为不可或缺的有机组成部分，理由有五：

其一，若无杨朱章，《山木》将以庄子始，以庄子终，结构呆板无味，因此最后再续一章，由庄子的道家前辈杨朱出任终极论道者，故事则发生于庄子母邦宋国。那位令杨朱敬佩、隐于江湖的"逆旅小子"及其妻妾，均为宋人。

其二，上文已用"去名与功"演绎《逍遥游》"圣人无名"、"神人无功"，末章则用"行贤而去自贤之心"演绎《逍遥游》"至人无己"。贬斥"自贤"、"自美"，上扣第五章所引《老子》"自伐者无功"，因为"自伐"、"自贤"、"自美"源于未能"无己"、"丧我"。

其三，上文已言庄子既有师承又有弟子，本章则言庄子的前辈杨朱，同样既有师承也有弟子，故以末章杨朱之言"弟子记之"，呼应首章庄子之言"弟子志之"，以此阐明道家之学传承有序：老聃—关尹—列子—杨朱—子华子—庄子；庄子—蔺且—魏牟。仅因"支离其德"、"圣人无名"、远离庙堂，才内部秘传，不欲外显。因而庙堂知之甚少，正史不予著录；江湖鲜有所闻，后人难窥真相。

其四，杨朱是老聃之后的道家传人中，最为外界所知者，也是最被伪道恶诋者。第五章已用孔子受教之后"入兽不乱群，入鸟不乱行"，对孔子之言"鸟兽不可与同群"予以反讽。末章则为勇猛反抗伪道的道家前辈杨朱恢复名誉，对恶诋杨朱为"禽兽"的孟子予以反击。

其五，补足上章隐而未显之意，避免误解。庄子弟子多隐其名，是因为均已领悟"支离其德"、"圣人无名"之旨，所以不欲彰显自我，无意名传后世，即第五章反复重言的"德行而不名处"、"去名与功"、"不为功名"、"至人不闻"，因此"外杂篇"撰者多隐其名，而将其演绎"内七篇"之文附于庄子亲撰的"内七篇"之后，编成庄子学派总集《庄子》。庄子弟子仅有蔺且留名《山木》，不是为了自显其名，而是以亲历亲闻为庄学做出历史见证，因此其名不留于别篇别章，仅留于《山木》之庄子悟道章。

顺便一说，《至乐》庄子妻死、鼓盆而歌章，提及庄子有子。旧说均以庄子之子未见历史记载，不知其名，而断言其不贤不达，毫无成就，实为出于伪道俗见之"成心"的偏见谬说。更为合理、更合庄学的判断是：庄子之子与其他庄子弟子一样，认为世俗声名属于外患外累，对履践真道不仅无助而且有害。而履践真道是人生的至高成就，因此不欲留名后世，不欲为人所知。亦即刘安版《庄子》大全本之杂篇《泰初》所言："端正而不知以为义，相爱而不知以为仁，实而不知以为忠，当而不知以为信，蠢动而相使，不以为赐，是故行而无迹，事而无传。"庄子弟子"行贤而去自贤之心"，无愧其师。庄子之子躬行真道"行而无迹，事而无传"，无愧其父。

结语　真谛葆德，俗谛保身

庄子亲传弟子蔺且所撰《山木》，通过演绎《人间世》而演绎全部庄学，其准确性、圆融性、全面性，堪称"外杂篇"之冠。庄子三章分别为庄学"间世"秘义（第一章）、庄学反专制宗旨（第七章）、庄子悟道契机（第九章），做出极其宝贵的重大历史见证。尤其是第九庄子悟道章，堪称"外杂篇"最为重要的一章。《山木》

遂成理解"内七篇"首屈一指的义理指南。

蔺且深明"内七篇"贬孔之旨，因此通过庄子三章、孔子三章的对比而揭示：庄子因顺道而贫困，异于孔子因悖道而困顿。

孔子悖道而行，倚待庙堂狙公，鼓吹"鱼处于陆"的"仁义"伪道，然而俗君僭主连"仁义"伪道也不欲行，仅欲行"刑名"霸道，导致了孔子之困顿和孔子所处春秋时代之狼狈。

庄子顺道而行，笑傲庙堂狙公，履践"鱼处于水"的"道德"真道，然而俗君僭主以"仁义"王道之名，行"刑名"霸道之实，导致了庄子之贫困和庄子所处战国时代之狼狈。

然而《山木》也曾发生不良影响，尤其是第六章之"意怠"寓言。导致不良影响的原因，固然与"意怠"寓言刻画"保身俗谛"稍嫌过度不无关系，但根本原因是旧庄学的曲解。《山木》演绎庄学"全生"之旨，原本包含"葆德真谛"、"保身俗谛"两项，故以"建德"、"虚舟"等诸多寓言演绎"葆德真谛"在先，再以"意怠"寓言演绎"保身俗谛"在后，表明"保身俗谛"从属于"葆德真谛"。为了葆德，《德充符》的三位兀者不惜被庙堂刑教刖足，因为庄子认为"有尊足者存焉"。庄子的道家前辈子华子则认为"全生为上，亏生次之，死次之，迫生最下"，所以《齐物论》认为亏德之后的亏生、迫生，是"不死奚益"的"大哀"。然而旧庄学不仅未窥庄学葆德真谛，更不知葆德真谛在庄学中居于首位，于是把"意怠"寓言的"保身俗谛"，谬解为庄学根本宗旨，进而把"全生免患"的真庄学，矮化为仅知"保身免患"的伪庄学，产生了重大负面影响[1]。近世进步思想家，又被旧庄学误导，同时误将"外杂篇"视为庄子亲撰，因此妄批庄子偷生苟活、滑头混世。其实真正的偷生苟活、滑头混世之徒，必定不

1　参看拙著《寓言的密码》之"意怠免患：自残自弱的僵尸哲学"，北京出版社 2021 年版。

求葆德而宁愿亏德，必定不求全德全生而宁愿亏德亏生，乃至为了苟活而不惜迫生，甚至为了自身利益而充当专制庙堂强迫天下人亏生、迫生的帮凶，与庄学宗旨彻底背道而驰。

庄学因被曲解而产生违背其原义的不良影响，足证庄子之贫困和庄子时代之狼狈，远未止于先秦。庄子之后的两千年中国历史证明，身处伪道俗见猖獗之世，只要表面鼓吹"仁义"王道，实则充当"刑名"霸道的帮凶，就能避免贫困和狼狈，实现"学而优则仕，利禄在其中"的世俗理想。何去何从，遂成天人交战的永恒难题。

2008 年 3 月 29 日—6 月 25 日初稿

2022 年 1 月 30 日定稿

《外物》精义

弁言 《外物》杰构，庄学瑰宝

《外物》文风张扬夸诞，意旨鲜明辛辣，撰者当为庄子再传弟子魏牟。著录庄子二事"庄周贷粟"、"庄惠辩用"，当属转闻于其师蔺且。1977年出土的安徽阜阳双古堆汉墓（汉文帝时，早于刘安）《外物》残简，证明《外物》撰于战国而非汉代。

《外物》被后于魏牟的《吕览》、《韩非子》抄引，必在魏牟版《庄子》初始本"外篇"。刘安版《庄子》大全本仍在"外篇"，郭象版《庄子》删残本贬入"杂篇"。崔譔、向秀《庄子（选）注》均"有外无杂"（陆序），郭象版"杂篇"《外物》却有崔譔注、向秀注各二条，证明郭象"移外入杂"。

《外物》复原近真本，白文1545字：补脱文33字。删衍文6字。订讹文18字。厘正文字误倒3处。更正通假字、异体字35字，重复不计。纠正重大标点错误6处，小误不计。

全文八章。开篇卮言章，总领全篇。中间寓言六章：第二、第三、第七章，正面演绎江湖真道；第四、第五、第六章，贬斥庙堂伪道。终篇庄言章，总结全篇。

终篇章所引庄子之言，是庄子生前对弟子所作的庄学总论，弥足珍贵的庄学瑰宝。经庄门弟子内部传承，至魏牟才被录入《外物》。

《外物》前七章的谋篇布局和措辞行文，无不围绕终篇章的庄子之言展开。全文结构缜密，各章照应精妙，是不可多得的"外杂篇"佳篇。由于郭象大肆删改原文、反注原义，旧庄学对《外物》严重误读并长期忽视，导致《外物》精义隐而不彰。

一 "物"不可必，唯"道"可必

> 外物不可必，故龙逢诛，比干戮，箕子狂，恶来死，桀纣亡。
> 人主莫不欲其臣之忠，而忠未必信，故伍员流于江，苌弘死于蜀，藏其血三年而化为碧。人亲莫不欲其子之孝，而孝未必爱，故孝己忧而曾参悲。

第一厄言章，分为两节，这是第一节。

厄言章首句"外物不可必"，意为：不可坚执（伪道主观设定的）外物之虚假必然性。

厄言章末句"颓然而道尽"，意为：坚执（伪道主观设定的）外物之虚假必然性，必将悖道亏生。

厄言章首尾两句之"道/物"，分言庄学的两大要义，亦即人类认知世界的两大层次："以道观之"的道极视点，即庄学"真谛"；"以物观之"的人间视点，即庄学"俗谛"。魏牟所撰《秋水》亦言："以道观之，物无贵贱；以物观之，自贵而相贱。"这是《外物》撰者也是魏牟之一证。

庄学认为："真谛"揭示的造化天"道"，永恒不变，具有普遍而永恒的绝对合理性，因而"可必"；"俗谛"揭示的物化万"物"，永恒变迁，仅有局部而暂时的相对合理性，因而"不可必"。

囿于人间视点、未达道极视点的一切伪道，总是把囿于时地的事物表象，当成超越时空的事物本质；总是把对己有利的制度设计，当成符合天道的客观必然；总是把不充分条件和不充足理由，当成充分条件和充足理由；总是把囿于部分之"物"的暂时有限之"术"，拔高为关于全体之"物"的永恒无限之"道"；从而强制规定外物的虚假必然性，导致种种愚行，招致种种灾祸。

因此，"外物不可必"的逻辑前提，是"伪道不可必"。"伪道不可必"，《齐物论》称为"其所言者特未定"，特指儒墨两家的学说，又泛指逻辑混乱的一切伪道。"外物不可必"，《大宗师》称为"其所待者特未定"，特指君主专制的外境，又泛指囿于伪道的一切外境。

亮出论点"外物不可必"（蕴涵"伪道不可必"）之后，继以举例论证：坚执（伪道主观设定的）外物之虚假必然性，必遭惩罚。

先举六例："龙逢诛，比干戮，箕子狂，恶来死，桀纣亡。"

关龙逢、比干、箕子三人，盲信（伪道主观设定的）外物之虚假必然性——君必圣明，于是奉行伪道而行贤，从而遭到惩罚。

恶来、夏桀、商纣三人，盲信（伪道主观设定的）外物之虚假必然性——臣必愚忠，于是奉行伪道而作恶，从而遭到惩罚。

参看成疏："关龙逢，夏桀之贤臣，尽诚而遭斩首。比干，殷纣之庶叔，忠谏而被剖心。箕子，殷纣庶叔。忠谏不从，惧纣之害，所以佯狂，亦终不免杀戮。恶来，纣之佞臣。毕志从纣，所以俱亡。"

再举四例："人主莫不欲其臣之忠，而忠未必信，故伍员流于江，苌弘死于蜀，藏其血三年而化为碧。人亲莫不欲其子之孝，而孝未必爱，故孝己忧而曾参悲。"

参看成疏："子胥忠谏夫差，夫差杀之，浮之江水。苌弘遭谮，被放归蜀，自恨忠而遭谮，遂刳肠而死。蜀人感之，以匮盛其血，三年而化为碧玉。"

参看王叔岷注："《世说新语·言语》注引《帝王世纪》：'殷高宗武丁有贤子孝己，其母早死，高宗惑后妻之言，放之至死，天下哀之。'《说苑·建本》：'曾子芸瓜而误斩其根，曾皙怒，援大杖击之，曾子仆地，有顷苏。'"

伍员（即伍子胥）、苌弘，都是"忠臣"。然而"忠臣"伍员被"暗君"吴王夫差诛杀而浮尸于江，"忠臣"苌弘因"暗君"周敬王猜忌而刳肠自杀。

孝己、曾参，都是"孝子"。然而"孝子"孝己却被生父、"明君"武丁流放，"孝子"曾参却被生父、"贤人"曾皙憎恶。

后四例与前六例的区别是：前六例包括盲信伪道的行贤和作恶，后四例全是盲信伪道的行贤。

以上第一节：论证（伪道主观设定的）外物之虚假必然性。

木与木相磨则燃，金与火相守则流。阴阳错行，则天地大骇，于是乎有雷有霆，水中有火，乃焚大槐。有甚忧两陷而无所逃，螴蜳不得和[1]，心若悬于天地之间。蔚慁沉顿，利害相磨，生火甚多，众人焚和。肉固不胜火[2]，于是乎有颓然而道尽。

以上第二节：论证（真道客观规定的）外物之真实必然性：

木与木同类（隐喻人与人同类）磨擦，必定燃烧；金与火异类（隐喻人与人执道相异）厮守，必定焚毁。阴阳元气错位逆行，必定天地震动惊骇，雷鸣电闪，云水产生电火，焚毁大槐，众人因而忧虑

---

1 "和"旧讹为"成"。螴蜳（成疏："怵惕。"陆释："司马云：怖畏不安。"）则伤"和"，而非伤"成"，又下文"众人焚和"，是字讹内证。《庚桑楚》"不足以滑成"，"成"亦"和"之讹（刘文典说），是字讹外证。本节演绎老聃"六亲不和焉，有孝慈"，是义理之证。
2 "肉"原作"月"，通"肉"。汉字凡涉肢体，多从"月"。旧庄学不明通假，所解无一可通。

天翻地覆无处可逃，惊恐悼慄而失去内德之和，心跳加速如同悬在天地之间。喜忧无常，利害相磨，必然导致虚火上升，于是众人焚毁了内德之和。金属尚且焚毁于火，肉身更加不胜于火，于是生命枯萎而尽丧大道，未终天年而中道夭阙。

首章阐明总摄全篇的章旨：

"以君为父"的伪道，是"代大匠斫"的万物假宰。作为伪道之核心的宗法伦理，把"王天下"视为"家天下"，以"孝子"作为"忠臣"的模板，亦即孔子所言"迩之事父，远之事君"（《论语·阳货》）[1]；用"以孝治天下"之名，行"以忠治天下"之实。

然而盲信伪道主观设定的外物之虚假必然性，无论是奉行伪道而行贤，还是奉行伪道而作恶，无论是孝于"恶父"、忠于"暗君"，还是孝于"贤父"、忠于"明君"，都是"适人之适，役人之役"，无不遭到惩罚，无法达道全生。

魏牟所撰《秋水》贬斥"以物观之"，所举之例均属"外物不可必"之例："昔者尧、舜让而帝，之、哙让而绝；汤、武争而王，白公争而灭。由此观之，争让之礼，尧、桀之行，贵贱有时，未可以为常也。"这是《外物》撰者为魏牟之证。

"以天为父"的真道，是遍在永在的万物真宰；唯有遵循真道客观规定的外物之真实必然性，"自适其适"地逍遥游，方能达道全生。

其后寓言六章，再对篇旨予以形象演绎。

---

[1] 参看《论语·学而》："有子曰：其为人也孝弟，而好犯上者，鲜矣；不好犯上，而好作乱者，未之有也。君子务本，本立而道生。孝弟也者，其为仁之本欤？"

二　相濡以沫，“仁义”伪道

庄周家贫，故往贷粟于监河侯。

监河侯曰：“诺！我将得邑金，将贷子三百金，可乎？”

庄周忿然作色曰：“周昨来，有中道而呼者。周顾视车辙中，有鲋鱼焉。周问之曰：‘鲋鱼来！子何为者邪？’对曰：‘我，东海之波臣也。君岂有升斗之水而活我哉[1]？’周曰：‘诺！我且南游吴越之王，激西江之水而迎子，可乎？’鲋鱼忿然作色曰：‘吾失我常与，我无所处。吾得升斗之水然活耳，君乃言此，曾不如早索我于枯鱼之肆！’”

第二庄周贷粟章，义承上章，庄子出场。上章业已揭破：盲信伪道主观设定的外物之虚假必然性——“臣必忠孝”，必将遭到“忠未必信”、“孝未必爱”的惩罚。本章进而揭破：盲信伪道主观设定的外物之虚假必然性——“君必仁义”，必将愿望落空。

“河”即黄河。战国之时，秦国控制黄河上游，魏国控制黄河中游，齐国控制黄河下游。庄子母邦宋国，位于黄河中游，所以“监河侯”隐指魏国君主。成疏、陆释认为“监河侯”是魏文侯，所言大误，盲从者众。章太炎认为“监河侯”是魏惠王，所言不误，从之者少。

庄子（前369—前286）出生之时，魏文侯（前445—前396在位）已死二十七年。所以“监河侯”不可能是魏文侯，只可能是魏文侯之孙魏惠王（前369—前319在位）。庄子与魏惠王重叠五十一年。旧庄学史识如此浅陋，怎么可能明白庄学的精微义理？

1　“升斗”旧误倒为“斗升”。王叔岷据日本高山寺古钞本、唐写本及成疏校正。

庄子既辞漆园吏，又拒楚威王聘相，因而家贫断炊，想起此前游魏，魏惠王曾经嘲笑自己贫困（《山木》），于是去向"监河侯"魏惠王借粮。

监河侯说："没问题。等我收了今年的赋税，就借你三百金。好不好？"

庄子忿然变色："我昨天来的路上，听见有声音叫我。回头一看，是车辙小沟中的一条鲋鱼。我问：'鲋鱼啊，你在车辙中干什么？'鲋鱼说：'我是东海的波浪之臣。你能否施予升斗之水救活我？'我说：'没问题。我正要南游拜访吴越之王，必定敦请他们激引西江之水隆重迎接你。好不好？'鲋鱼忿然变色：'我被迫离开了可以自由遨游的大海，来到我不能自由遨游的陆地。现在我仅须升斗之水就能活命，你却口惠而实不至地虚假承诺，还不如早点到干鱼店里去找我！'"

"寓言庄子"对"涸辙之鱼"的虚假承诺，与"监河侯"对真实庄子的虚假承诺完全同构。"寓言庄子"故意把谎言说得"东南西北"破绽百出：庄子由宋赴魏，实为北行，却对"东海之波臣"，谎称正要"南游"，虚假承诺的又是"西江之水"。

"涸辙之鱼"对"寓言庄子"之虚假承诺的痛斥，则是真实庄子对"监河侯"之虚假承诺的痛斥。因此"涸辙之鱼"两称"寓言庄子"为"君"。为使痛斥不限于个别君主而遍及"东南西北"一切君主，又顺便提及"吴越之王"。

至此方明，撰者不直称"魏惠王"，而泛化为"监河侯"，正是痛斥一切专制君主。

因此"涸辙之鱼"寓言，锋芒所指不限于伪道所谓"暗君"，也兼及伪道所谓"明君"，联系下文老莱子教诲孔子语即明："与其誉尧而非桀，不如两忘而闭其非誉。"——两处之旨，共同演绎《大宗师》："泉涸，鱼相与处于陆。与其相呴以湿，相濡以沫，不如相忘于江湖。与其誉尧而非桀也，不如两忘而化其道。"

庄子及其弟子后学认为：奉行温和专制之"王道"、侧重治心之"名教"的"明君"尧舜，奉行极端专制之"霸道"、侧重治身之"刑教"的"暗君"桀纣，共同本质是奉行专制伪道，霸占永恒天道遍施万物的"上善之水"，从而导致"泉涸"，迫使原本"处于水"而自由遨游的民众，变成"处于陆"而听凭宰割的"涸辙之鱼"，而对"涸辙之鱼"虚假承诺的"相濡以沫"，又口惠而实不至。因此必须"王霸两忘"，彻底否定君主专制。

三　相忘江湖，"道德"真道

任公子好钓巨鱼，为大钩巨纶[1]，五十犗以为饵，蹲乎会稽，投竿东海。旦旦而钓，期年不得鱼。已而大鱼食之，牵巨钩陷没而下，骛扬而奋鳍，白波若山，海水震荡，声侔鬼神，惮吓千里。任公子得若鱼，离而腊之。浙河以东[2]，苍梧以北，莫不厌若鱼者。

第三任公子钓大鱼章，义承上章，庄子化身"任公子"出场。上章贬斥自居"仁义"的庙堂伪道口惠而实不至，本章褒扬不自居"仁义"的江湖真道惠及天下。

1　"好钓巨鱼"四字旧脱，刘文典、王叔岷据《太平御览》八三四引文有此四字校补。"纶"（纶）旧讹为"缁"，马叙伦、刘文典据《文选》谢灵运《七里濑诗》注引及《太平御览》八三四引作"纶"校正。
2　"浙河"前旧衍"自"字。王叔岷据唐写本《太平御览》八三四引文校删。"浙"旧作"制"，通"淛"（浙）。成疏作"淛"。陆释："制，字应作'浙'。"王念孙、刘文典、王叔岷是之。

魏牟所撰《外物》之"任公子",是其师蔺且所撰《山木》之"太公任"的变文化身,寓意同为"因任天道"的达道至人。若予坐实,就是鄙弃世俗功名,终生求索大道的庄子。垂钓大鱼,隐喻求索大道。

任公子垂钓大鱼,用大绳巨钩,以五十头犍牛为鱼饵。大鱼形容真道之至大,用五十头牛做饵,形容任公子求索真道不遗余力。

上章之"监河侯"、"吴越之王",使"东海之波臣"沦为"处于陆"的"涸辙之鱼"。本章之任公子,"蹲乎会稽"(上扣"吴越之王"),"投竿东海"(上扣"东海之波臣"),求索让"涸辙之鱼"返归"上善之水"的江湖真道。

然而求之甚难:"旦旦而钓,期年不得鱼。"与"大鱼大饵"、"大绳巨钩"相应,"期年"之"年"也是"大年"。经过漫漫"大年"的艰苦求索,无数"古之真人"的积微至巨,传承至任公子(庄子),终于求得真道:"已而大鱼食之,牵巨钩陷没而下,骛扬而奋鳍,白波若山,海水震荡,声侔鬼神,惮吓千里。"

"任公子得若鱼,离而腊之。浙河以东,苍梧以北,莫不厌若鱼者":上章"小鱼"喻小民,专制君主对自己造成的"涸辙之鱼",不肯施予"升斗之水",听任其变成"枯鱼之肆"中的鱼干。本章"大鱼"喻大道,"腊"就是将大鱼(大道)制成鱼干。"离",首先是表层字面义:任公子将大鱼分块制成鱼干,无偿施予"浙河以东,苍梧以北"的民众。其次是深层隐喻义:任公子求索大道,"先存诸己,后存诸人"(《人间世》)。最后是坐实隐喻义:任公子(庄子)反庙堂伪道而行,用"支离其言"的方式撰写"内七篇",传播"鱼处于水"的江湖真道,惠及万民,泽被万世,却不自居"仁义"。所以《大宗师》如此描述江湖真道:"蟹万物而不为义,泽及万世而不为仁。……利泽施乎万世,不为爱人。"正是贬斥庙堂伪道戕害天下,却自居"仁义"。

已而后世铨才讽说之徒，皆惊而相告也。夫揭竿累，趋灌渎，守鲵鲋，其于得大鱼难矣。饰小说以干县令，其于大达亦远矣。是以未尝闻任氏之风俗，其不可与经于世，亦远矣。

寓言主体之后，撰者附以评说性卮言：

后世德薄池小的"儒墨"之徒，惊闻任公子钓大鱼之奇闻，无不惊骇地辗转相告。然而他们拿着小竹竿，赶赴小沟渎，守钓小鲵鲋，以倚待庙堂为荣，以鱼肉人民为志，不可能钓到大鱼。雕饰小知之说，用于干谒县令、游说君主，不可能大达真道。因此尽管惊闻任氏（庄子）之奇风异俗，却不可能领悟任氏（庄子）因任天道之真义，永不可能经世济民。

本节义同魏牟所撰《秋水》贬斥公孙龙："欲观于庄子之言，是犹使蚊负山，商蚷驰河也，必不胜任矣。"这是《外物》撰者为魏牟之又一证。

"铨"，考量。量才授官，谓之"铨叙"。"铨才"就是"无经纬本末"（《寓言》）的薄德小才。

"饰小说以干县令"，原义是"雕饰小知之说，用于干谒县令、游说君主"，由于触及后儒痛脚，于是治庄儒生妄说秦始皇"废封建，立郡县"之后才有"县令"，把"县令"妄解为"高悬之令名"。成玄英妄疏："干，求也。县，高也。夫矜持言说，以求高名令问者，必不能大通于至道。"盲从者众。其实县制、"县令"始于战国。王叔岷曰："（马其昶）《庄子故》：'马永卿曰：庄子与梁惠王同时，是时已有县令，见《史记年表》。'"

四 达则帮凶，穷则发冢

儒以《诗》、《礼》发冢。

大儒胪传曰："东方作矣，事之何若？"

小儒曰："未解裙襦，口中有珠。"

大儒曰[1]："《诗》固有之曰：'青青之麦，生于陵陂。生不布施，死何含珠为？'揭其鬓，擪其颡[2]，尔以金椎控其颐[3]，徐别其颊。无伤口中珠！"

第四儒生盗墓章，义承上章，庄学贬斥的"其所言者特未定"的"儒墨"出场。上章褒扬信仰江湖真道的至知至人，本章贬斥信奉庙堂伪道的大知小知，即上章"饰小说以干县令"的"铨才讽说之徒"。

大儒带领小儒，入夜之后开始盗墓。大儒站于平地，指挥兼望风。小儒站于墓坑，"有事弟子服其劳"。小儒挖了一整夜，大儒担心被"日出而作"的小民发现，于是——

大儒胪传曰："东方作矣，事之何若？"意为：东方红了，太阳升了，事情进行得如何？

平地、墓坑之高下，隐喻君尊、臣卑的伪道礼仪。为此撰者故

---

1 "大儒曰"三字旧脱，导致旧多误断以下数句为小儒语，或误断为撰者客观陈述。"无伤口中珠"，只能是大儒对小儒的命令。

2 "擪"旧讹作"壓（压）"。陆释："本亦作'擪'。"成疏亦作"擪"。刘文典据《道藏》本、日本高山寺古钞本校正。

3 "而"（尔）旧讹为"儒"。王念孙、马叙伦、王叔岷、方勇、陆永品据《艺文类聚·宝玉部》引文作"而"校正。王念孙训"而"为"尔"，是也。马叙伦、王叔岷、方勇、陆永品认为"而"是"承上之词"、"连接词"，义仍不通。

意误用庙堂专用名相"胪传"。君主之旨,一级一级往下传,谓之"胪传"。所以传旨之官,名曰"鸿胪"、"鸿胪卿"、"鸿胪寺卿"。成疏、陆释所释正确:"从上传语告下曰胪。"因此普通说话不能叫"胪传",一人说话更不能叫"胪传",唯有多人传旨才叫"胪传"。撰者故意误用"胪传"形容大儒一人说话,点破儒生倚待庙堂,奉行伪道。贬斥儒学本欲教诲"君子儒"行贤,结果竟然引诱"小人儒"作恶。[1]

小儒曰:"未解裙襦,口中有珠。"意为:还没解开死尸的衣服,但已发现死人嘴里含着宝珠。

大儒曰:"《诗》固有之曰:'青青之麦,生于陵陂。生不布施,死何含珠为?'揭其鬓,擪其顪,尔以金椎控其颐,徐别其颊。无伤口中珠!"意为:这你就不懂了!《诗经》早已说过:'青青之麦,生于山坡。生前不肯布施,死后何必含珠?'你向上掀开死人的鬓发,向下拨开死人的胡须,再用铜椎撬开死人的嘴巴,慢慢掰开死人的牙齿。千万不要弄坏死人嘴里的宝珠!

大儒引《诗》,点破"儒以《诗》、《礼》发冢"。意为儒生读了《诗》、《礼》,大儒遂成大知,小儒遂成小知,于是运用《诗》、《礼》之知,"饰小说以干县令"。干谒成功而为君主役使,就"达则兼济天下"地成为专制庙堂强制民众"处于陆"的帮凶。干谒失败而不能为君主役使,就"穷则独善其身"地把《诗》、《礼》之知用于鼠窃狗偷。

《诗》之前二句:"青青之麦,生于陵陂。"揭破第二章庄子向"监河侯"所借之粟、麦,并非"监河侯"自己劳作所得,而是庙堂狙公"朝三暮四"征赋得来(上文"邑金"已予暗示)。一切粟、麦,均为民众辛勤劳作之后的天道所赐。

---

1 《论语·雍也》:"子谓子夏曰:汝为君子儒,无为小人儒。"

《诗》之后二句："生不布施，死何含珠为？"正扣第二章"监河侯"不肯借粟给庄子，"吴越之王"不肯以"升斗之水"救活"涸辙之鱼"；反扣第三章任公子传布大道，广施天下。前句鞭挞庙堂狙公，生前违背伪道许诺的"仁义"而"生不布施"，奉行伪道鼓吹的"以君为父"而"口含天宪"，由发达儒生"胪传"之；后句鞭挞庙堂狙公，死后奉行伪道鼓吹的厚葬之"礼"而"口含宝珠"，被落魄儒生"盗掘"之。

熟读《诗》、《礼》的儒生，根本不理解自己所引之《诗》对庙堂狙公的鞭挞，仅从"死何含珠为"中，抽绎出"价值中立"的"贵人死后嘴里含珠"这一"知识"，毫无"特操"（《齐物论》）地指导其盗墓，为了不伤宝珠，不惜毁尸辱尸，彻底违背"非礼勿为"、"慎终追远"的儒学"礼教"。"慎终追远"是儒家主张厚葬的根本依据，"终"即"送终"，故《孟子·离娄》曰："惟送死可以当大事。"所以反对儒家的墨家主张薄葬。

《外物》引用之《诗》，不见今本《诗经》，当属孔子所删之佚《诗》。幸赖撰者引用而传之后世，其中的"布施"为汉语史首见。后世佛徒译经援引，成为佛学重要名相。

五 "仁义"祖师，自矜真道

老莱子之弟子出取薪[1]，遇仲尼，返以告曰："有人于彼，修上而趋下，末偻而后耳，视若营四海。不知其谁氏之子？"

老莱子曰："是丘也。召而来。"

---

[1] "取"字旧脱。成疏："'出取薪'者，采樵也。"王叔岷："古钞卷子本'出'下有'取'字，与成疏合。"陈鼓应从之校补。

仲尼至。

曰："丘！去汝躬矜，与汝容知，斯为君子矣。"

仲尼揖而退，蹙然改容而问曰："业可得进乎？"

老莱子曰："夫不忍一世之伤，而傲万世之患，抑固陋邪？亡其略弗及邪？惠以欢为，傲终身之丑[1]；中民之行，易进焉耳[2]！相引以名，相结以隐。与其誉尧而非桀，不如两忘而闭其非誉[3]。反无非伤也，动无非邪也。圣人踌躇以兴事，以每成功。奈何哉，其载焉？终矜耳！"[4]

第五老莱子教孔章，义承上章，孔子对应上章之"大儒"而出场。上章贬斥后世儒生成为鼠窃狗偷的"小人儒"，本章则追本溯源地贬斥儒家祖师、"君子儒"孔子之立说偏颇。

老莱子，春秋末期楚人。《史记·老子韩非列传》怀疑老聃、老莱子、太史儋是同一人。太史儋是战国人，可以排除。老聃、老莱子是否同一人，仍是疑案。由于老聃教孔语与老莱子教孔语如出一辙，颇有学者认为可能是同一人[5]。还有学者认为，老聃姓"李"是中原音，老莱子姓"莱"是楚音，以致误传为二人[6]。然而其中的

---

1 "傲"字旧皆从上读，句、义皆不可通。"傲万世之患"言外，"傲终身之丑"言内。旧庄学的无数误断，均非无意误断，而是儒学成心、尊孔成心在胸的故意误断。

2 "易"字旧脱。刘文典、王孝鱼、王叔岷据《阙误》引张君房本、成玄英本、郭注"言其易进"校补。

3 "非"旧讹为"所"。上句言"誉尧而非桀"，此句当言"两忘而闭其非誉"。马叙伦校正。

4 旧多连读"奈何哉其载焉终矜耳"，或断为"奈何哉，其载焉终矜耳"，句、义皆不可通。

5 王叔岷：《山木》篇太公任谓孔子：'饰知以惊愚，修身以明污。'即所谓'躬矜'、'容知'也。《史记·老子韩非列传》老子教孔子：'良贾深藏若虚，君子盛德容貌若愚。去子之骄气与多欲，态色与淫志，是皆无益于子之身。'与老莱子教孔子语详略虽异，而用意相似。"

6 参看李零《郭店楚简校读记（增订本）》之附录二《老李子和老莱子》，中国人民大学出版社2007年版，253—261页。

重大疑点是：老聃是陈国人，老莱子是楚国人。

庄子于战国中期所撰"内七篇"，以及稍后庄子弟子蔺且所撰各篇，全都仅见"老聃"，未见"老莱子"。庄子再传弟子魏牟于战国晚期所撰各篇，既有"老聃"，又有"老莱子"。假如老聃、老莱子是一人误传为二人，那么只能发生在战国晚期，而且不是无意误传，而是有意造谣。若是无意误传，老莱子也应该是陈国人。而把陈国人老聃故意误传为楚国人老莱子，目的是把中原的陈国人老聃逐出"中原"，流放"南蛮"，为本在"东夷"的孔孟儒学入主"中原"腾出空间。这一高明的有意造谣，连庄子再传弟子魏牟也不幸中招。

老莱子的弟子出门打柴，看见前来拜谒的孔子，进去通报："有人于彼……不知其谁氏之子？""修上而趋下，末偻而后耳"，形容孔子之身形：上身长而下身短，背佝偻而头仰天。"视若营四海"，扣第三章"经于世"，形容孔子之心志：以天下为己任。

老莱子一听就明白："是丘也。召而来。"

孔子进来。

老莱子说："丘！去汝躬矜，与汝容知，斯为君子矣。"老莱子开言即斥孔子之"自矜"，希望他从自矜、自得的"人之君子"，变成不自矜、不自得的"天之君子"。郭象反注曰："谓仲尼能遗形去知，故以为君子。"原义是说孔子"未能遗形去知"，郭注全反原义。

孔子揖而退，蹙然改容而问曰："业可得进乎？"问的是：自己主张的"仁义"，可否进于"道德"？陆释却反注曰："问可行仁义于世乎。"原义是说孔子被斥以后，欲弃"仁义"而进于"道德"。陆德明的反注，使下章孔子成为庄学代言人失去铺垫。

老莱子先说："夫不忍一世之伤，而傲万世之患，抑固陋邪？亡其略弗及邪？"

郭象反注曰："直任之，则民性不窭而皆自有，略无弗及之事也。"

王念孙、郭庆藩、王叔岷隐驳郭象："亡其，转语。"郭象不可能不知"亡其"是转语，而是故意反注。郭嵩焘明驳郭象："郭象似失《庄子》本意。""抑固陋邪？亡其略弗及邪？"义同《秋水》斥公孙龙："不知论之不及欤？知之弗若欤？"这是《外物》撰者为魏牟之又一证。

"不忍一世之伤"，是对孔子的"然于然"，肯定其动机不坏，是不忍乱世使民无法安生。

"而傲万世之患"，是对孔子的"不然于不然"，批评其效果不佳，仅知"仁义"伪道、"忠孝"伪德的短期效用，不知"仁义"伪道、"忠孝"伪德的长期祸患。

虽对孔子之"不然"（实），予以"不然"（名，评价），但对孔子之"不然"（实）的原因，分析两种可能："抑固陋邪？亡其略弗及邪？"你鼓吹"仁义"伪道、"忠孝"伪德，究竟是顽固鄙陋而不知后患？还是智略不够，虽知后患而无暇顾及？——若属前者，说明孔子认为：君主奉行"仁义"、臣民奉行"忠孝"，是永恒不变之道。若属后者，说明孔子认为：君主奉行"仁义"、臣民奉行"忠孝"，是暂时救急之术。孔子自称"其或继周者，虽百世可知"（《论语·为政》），认为宗法伦理至少三千年不变。

庄子及其弟子不批判主观动机，只批判客观效果：即便孔子及其后学鼓吹"仁义"的动机是"救民水火"，然而希望君主专制从极端专制的桀纣"刑名"霸道，转化为温和专制的尧舜"仁义"王道，客观效果却是"以火救火，以水救水"（《人间世》）地强化君主专制。因为君主专制与"仁义"不可兼容，规劝君主奉行"仁义"、"为之仁义而教之"的结果，必然是君主"并与仁义而窃之"，一方面不仁不义地奴役天下，另一方面却自居"仁义"，并强迫民众承认其"仁义"。此即《胠箧》所言："为之仁义而教之，并与仁义而窃之。……

彼窃钩者诛，窃国者为诸侯；诸侯之门，而仁义存焉。"

总斥孔子鼓吹"仁义"伪道、"忠孝"伪德之后，老莱子再对孔子直言批评："惠以欢为，傲终身之丑；中民之行，易进焉耳！相引以名，相结以隐。"

句义：你规劝君主对"涸辙之鱼"施舍"相濡以沫"的"仁义"小惠，以便博取民众欢心，却傲然不顾终身维护迫使民众"处于陆"的君主专制之丑态；你的主张表面上小惠于民，本质上大利于君，当然容易进入君主、臣民之心！因此君主、臣民不仅竞相称引你以成名，而且互相结党隐瞒你的鄙陋。

庄子及其弟子后学认为，"仁义"伪道"易进"于君主之心和目光短浅的民众之心，但有万世之患；"道德"真道不"易进"于君主之心和目光短浅的民众之心，但有万世之利。所以魏牟所撰《管仲》曰："夫尧，畜畜然仁，吾恐其为天下笑，后世其人与人相食欤？"魏牟所撰《庚桑楚》曰："大乱之本，必生于尧舜之间，其末存乎千世之后。千世之后，其必有人与人相食者也。"

对于泛讽儒生的上章，治庄儒生尚且坚执儒学成心而故意谬解。对于直斥孔子"傲万世之患"、"傲终身之丑"的本章，治庄儒生更要坚执尊孔成心而故意谬解。

"中民之行，易进焉耳"二句，是针对孔问"业可得进乎"的反讽。"中"为动词去声，义同"中意"之"中"，训奉迎投合。旧庄学却妄解"中民"为"中庸之人"。成玄英妄疏曰："中庸之人，易为进退。"王叔岷妄注曰："盖孔子'以欢为鹜'，易引进中人之行也。"

"相引以名，相结以隐"二句，是对孔学"易进"（君臣之心）的论证。主语已从孔子变成孔学"易进"其心的君臣。"隐"训隐瞒，即孔子鼓吹的"父为子隐，子为父隐"之"隐"。孔子鼓吹的"亲亲之仁"以宗法伦理为准绳，"父为子隐，子为父隐"是其必然逻辑内涵，又是违背"天下为公"的致命伤，被撰者敏锐发现并予批判。然而旧庄学却妄解"隐"为"进之谓"（郭象）、"训为私"（俞樾）。郭注尤其荒谬，"隐"可训"退"，无训"进"者。

道士成玄英，尊孔成心稍淡，深知孔子一人，根本无法"相引"、"相结"。因而疏曰："闻尧之美，相引慕以利名，闻桀之恶，则结之以隐匿。"除了以"尧"、"桀"代"孔"之误，释义甚确。无人采信成疏正确释义的部分原因，正是以"尧"、"桀"代"孔"仍然难通：无论孔子还是后儒，无不"誉尧而非桀"（见老莱子下句），从未"隐匿桀之恶"，而是"天下之恶皆归焉"（《论语·子张》子贡语），连桀之"然"也"不然"之。足证稍具成心，其解必不可通。

老莱子直言批评孔子之后，再予正面教诲："与其誉尧而非桀，不如两忘而闭其非誉。反无非伤也，动无非邪也。圣人踌躇以兴事，以每成功。奈何哉，其载焉？终矜耳！"

句义：与其褒扬尧舜而贬斥桀纣，不如两忘尧、桀而放弃君主专制之伪道。貌似相反的尧舜、桀纣，无不伤害真道；有为而动的尧舜、桀纣，其实同样邪恶。达道圣人则踌躇不肯有为兴作，顺遂自然而每每成功。你为何勉力于有为之伪道，而自负经营四海、整治天下之志？终究是你自矜自大罢了！

老莱子之末句"终矜耳"，是首句"去汝躬矜"的变文重言，痛斥孔子自矜、自得[1]，所以"仁义"之学不"易进"于"道德"真道。

六 "仁义"祖师，进于"道德"

宋元君夜半而梦人披发窥阿门，曰："予自宰路之渊，为

---

[1] 参看蔺且所撰《达生》："有所矜，则重外也。凡外重者，内拙。"

清江使河伯之所¹，渔者余且得予。"

元君觉，使人占之。

曰："此神龟也。"

君曰："渔者有余且乎？"

左右曰："有。"

君曰："令余且会朝！"

明日，余且朝。

君曰："若渔何得？"²

对曰："且之网，得白龟焉，其圆五尺。"

君曰："献若之龟！"

龟至，君再欲杀之，再欲活之，心疑。

卜之曰："杀龟以卜，吉。"³

乃刳龟以卜⁴，七十二钻而无遗策。

　　第六白龟求救被杀章，义承上章。上章之实际孔子，经老莱子教诲而从"仁义"进于"道德"，至本章已成真际孔子，即庄学代言人。真际孔子作为庄学代言人出场之前，先出引子：白龟向君主求救反

1　"为"前旧衍"予"字。刘文典据《文选·江赋》注引、王叔岷据《太平御览》引文校删。

2　"若"字，旧或脱，或讹为"昔"。王叔岷据《太平御览》九三一、《事类赋》二八《鳞介部》
　　一注引校补、校正。

3　旧多错误连读为："(宋元君)心疑卜之曰：'杀龟以卜吉。'"不可通。宋元君"心疑卜
　　之"，乃命卜者另行卜问是否杀龟，并非杀龟卜问是否杀龟。故当断为："(宋元君)心疑，
　　(命人)卜之。(卜者)曰：'杀龟以卜，吉。'"然后"乃刳龟以卜"，已非卜问是否杀龟，
　　而是"七十二钻"卜问政事。

4　"以卜"二字旧脱，误断上文者，为自圆误断而删。刘文典、王叔岷据唐写本《文选·江赋》
　　注、《类聚》九六、《太平御览》三九九、九三一、《事类赋》二八《鳞介部》一注、《白帖》
　　二九、《翻译名义集》二、《北山录》三《合霸王》第五注《合璧事类》别集六三引文校补。

而被杀，比庄子向君主借粮被拒更惨。

宋元君半夜梦见有人披头散发窥视于宫廷侧门，说："我从宰路之渊，为清江使河伯之所，渔者余且得予。"

《应帝王》"渊有九名"，仅举其三，留下想象空间。撰者遂取三位孔门弟子宰予、子路、颜渊之名，另拟"宰路之渊"，对应第四章之"小儒"，正如上章孔子对应第四章之"大儒"。

"清江"即长江，与"浊水"黄河对应。"河伯"是黄河之神，在魏牟所撰《秋水》中隐喻孔子。让龟而非让鱼为长江出使黄河，是因为龟可水陆两栖。倘若是鱼，则被渔者余且捕获后，"处于陆"即死，下文宋元君天人交战于究竟杀龟活龟，就无从着落。撰者造景设事之熨帖精微，也与《秋水》相同。

宋元君因龟托梦而惊醒，遂召占梦者问之。

占梦者说："能托梦的一定是神龟。"

宋元君问："渔人有叫余且的吗？"

左右答："有。"

宋元君说："令余且明日上朝！"

第二天，余且上朝。

宋元君问："你打鱼捉到什么？"

余且答："我的渔网，捉到一头白龟，龟壳圆周五尺。"

宋元君说："献上你的白龟！"

余且献上白龟。宋元君两次想杀龟，两次想放龟，心疑未决。命人另行占卜：应该杀龟，还是放龟？

占卜者说："征兆显示：杀龟卜问政事，必定大吉。"

于是宋元君杀龟卜问政事，钻龟壳烧灼七十二次卜问，无不灵验。

刳龟寓言，再次抨击专制君主自居"仁义"之虚伪。白龟原本

"处于水"，却因专制之"网"而"处于陆"，如同"涸辙之鱼"。渴望回归江湖的白龟，向承诺"爱民如子"的专制君主求救。然而宋元君一如"监河侯"、"吴越之王"，为了庙堂利益而将白龟剖腹刳肠，上扣首章苌弘之"刳肠"。白龟用于占卜政事而被火烤灼，上扣首章"肉固不胜火，于是乎有颓然而道尽"。

> 仲尼闻之曰[1]："神能见梦于元君[2]，而不能避余且之网；知能七十二钻无遗策，而不能避刳肠之患[3]。如是，则知有所不周[4]，神有所不及也。虽有至知，万人谋之。鱼不畏网，而畏鹈鹕。去小知而大知明，去自善而善矣[5]。婴儿生无所师而能言[6]，与能言者处也。"

1　"闻之"二字旧脱。王叔岷据《艺文类聚》九六引校补。"外杂篇"寓言主体之后，所附某人评议，均作"闻之曰"。《百里奚》"肩吾问于孙叔敖"寓言，后附"仲尼闻之曰"一节。《则阳》"长梧封人问子牢"寓言，后附"庄子闻之曰"一节。

2　"神"下旧衍"龟"字。奚侗、王叔岷据日本高山寺古钞本、唐写本、《艺文类聚》梦部、龟部引文校删。"龟"字为后人据《淮南子·说山训》倒改本篇而增。《淮南子》撮引典故，不加"龟"则读者难明其义。

3　"而"字旧脱，与上句不谐。王叔岷据《事类赋》二八《鳞介部》一注引、《记纂渊海》九九引文校补。

4　本句旧作"知有所困"，与下句"神有所不及"不谐。陆释："'知有所困'，一本作'知有所不周'。"（通行本陆释作"知有所不同"，"同"为"周"之讹，王叔岷据世德堂本校正陆释。）或"不"字先脱，则作"周"难通，或人遂改"周"为"困"。或"周"先讹为"困"，则有"不"难通，或人遂删"不"字。

5　原文"去自善而善矣"，郭象移后"自"字，变成"去善而自善矣"，证见郭注："去善则善无所慕，善无所慕则善者不矫而自善也。"原义贬斥"自善"，遂成郭义襃扬"自善"。据日本高山寺古钞本作"去而善而善矣"（前"而"为"自"讹），成疏"遣矜尚之小心"（即释"去自善"）校正。

6　"所"字，旧或先讹为形近之"硕"，再字坏为"石"；或"所"字直接字坏而讹为"石"。陆释："'石师'，一本作'所师'，又作'硕师'。"旧多不采"所师"，而采"硕师"，义均难通。

宋元君即宋康王，与庄子同时，晚于孔子百年，所以孔子评论此事并非史实，而是寓言。

寓言主体之后，真际孔子作为庄学代言人出场，发表评说性卮言：

白龟之神，能够托梦给元君，却不能躲避余且的渔网；白龟之知，能够卜问七十二次无不灵验，却不能躲避刳肠之患。由此可见，万物之知必有不周，万物之神必有不及。即便是至知，一旦自矜其知必被万人谋算[1]。鱼不害怕有大害的法网，却害怕有小害的鹈鹕。去除躲避小害的小知，就能获得躲避大害的大知[2]。去除自善之伪德，方能达至真善之真德。婴儿无须拜师就会说话，是因为与会说话的人相处。

"鱼不畏网，而畏鹈鹕"："网"喻君主大害，"鹈鹕"喻官吏小害。民众被伪道"黥劓"之后，总是认为"阎王好见，小鬼难缠"，"明君无辜，奸臣有罪"，"政策很好，执行走样"。殊不知小鬼、奸臣之"执行走样"，是阎王、"明君"之专制"政策"的必然产物。

此处孔代庄言，是整部《庄子》唯一完整提及"至知"、"大知"、"小知"之处，而且点破"至知"必须"致无其知"；既是"庄学四境"的旁证，也是撰者已窥"庄学四境"的明证。对君主抱有幻想的"神龟"，实为《逍遥游》"知年四境"中的"冥灵"，象征倚待庙堂的"大知"。魏牟所撰《秋水》第五章，庄子拒楚聘相曰："吾闻楚有神龟，

1　郭象谬注："不用其知，而用众谋。"盲从者众。若如郭注，当作："虽有至知，谋之万人。"或作："虽有至知，谋于万人。"但与上下文全不相干。

2　郭象谬注："小知自私，大知任物。"成玄英妄疏："小知取舍于心，大知无分别，遣闲夺之情，故无分别，则大知光明也。"都是继续谬解《庄子》褒大知、贬小知，而无视上文"至知"及下文"至知厚德"。

死已三千岁矣，王以巾笥而藏之于庙堂之上。此龟者，宁其死留骨而贵乎？宁其生而曳尾于涂中乎？”则是《外物》撰者为魏牟之又一证，也是魏牟已窥“内七篇”褒至知、贬大知的证据。

魏牟所撰《外物》的“去自善而善”，承之蔺且所撰《山木》的“行贤而去自贤之心”，两者又共同承之庄子所撰《齐物论》的“因是”而无“自是”之心。也符合魏牟所撰《秋水》贬斥“以天下之美为尽在己”，以及魏牟所撰《天下》贬斥“以其有，为不可加”、“得一察焉以自好”，更符合上文老莱子贬斥孔子“自矜”。然而此句却被郭象全反原义地篡改为“去善而自善矣”，用于论证其“自得”谬说。

“去自善而善”是阐明篇旨的关键句，揭破首章预伏的本篇最大悬念：遵循真道而行贤，与盲从伪道而行贤，有何区别？

庄子及其弟子后学认为，大知小知未能“无己”、“丧我”，因而未能丧忘“功名”，于是盲从伪道而行贤，必然“因非”而有“自是”之心，“行贤而有自贤之心”，“行善而有自善之心”，奉行伪德却“自得”，永无“特操”却“自矜”，无可“自美”却“自美”，最终“未免于累”、“未免于患”，无法达道全生，只能亏生迫生。

至知至人“无己”、“丧我”，因而丧忘“功名”，于是遵循真道而行贤，必然“因是”而无“自是”之心，“行贤而去自贤之心”，“去自善而善”，因循真德而“不自得”，守德“葆光”而不“自矜”，礼赞“天地大美”而不“自美”，最终“免累免患”、“物无害者”，不会亏生迫生，必能达道全生。

七　伪道“小用”，真道“大用”

惠子谓庄子曰：“子言无用。”

庄子曰：“知无用，而始可与言用矣。夫地非不广且大也[1]？人之所用容足耳。然则侧足而堑之至黄泉[2]，人尚有用乎？"

惠子曰："无用。"

庄子曰："然则无用之为用也，亦明矣。"

第七庄惠辩用章，义承上章。庄子贬斥之"儒"，上文已经反复出场。庄子贬斥之"墨"，上文尚未出场。故于寓言末章，让源于墨家的名家巨子惠施出场。于是倚待庙堂、曾任魏相的大知惠施，与笑傲江湖、曾拒楚相的至人庄子，辩论"有用/无用"。

本章字面之"言"明白易解，然而晦藏之"意"不易理解（章末"言/意"之辨点破）。庄、惠所辩，并非普通意义的有用无用，专指究竟对庙堂有用，还是对江湖有用。参考《逍遥游》庄、惠"有用/无用"之辩，以及《人间世》："人皆知有用之用，而莫知无用之用也。"魏牟所撰《知北游》："是用之者，假不用者也。"

惠施率先挑衅："你的言论无用（于庙堂）。"

庄子从容应战："知晓无用（于庙堂），方始可言至用（于江湖）。大地不是广而且大吗？每人暂时所用的，就是脚下一丁点地。然而把暂时看似无用的脚外之地全都挖至黄泉，脚下一丁点地，还有用吗？"

惠施无奈承认："无用。"

---

1 "夫"旧讹为"天"，人足只能及地，不能及天。马叙伦、刘文典、王叔岷据世德堂本、日本高山寺古钞本、《文选·秋兴赋》注、《后汉书·方术传》注引、成疏"广大无最于地"校正。

2 "堑"旧讹为"垫"。王叔岷据陆释"一本作堑"校正。又杨伯峻《列子集释》卢解："庄子云：'侧足之外皆去其土，则不能履之者，心不定也。若御马者亦如使其足，则妙矣。'"杨伯峻案："卢解所引《庄子》，今本无其文。"此章或有脱文，孤证不补。此义又略同魏牟所撰《管仲》："故足之于地也浅，虽浅，恃其所不蹍，而后善博也。"此亦撰者均为魏牟之证。

庄子遂下结论："那么貌似无用的天道之大用，也就明白易晓了。"

庄子及其弟子后学认为：有用于庙堂，则对江湖无用，就是"拙于用大"的大知；有用于江湖，则对庙堂无用，就是"至用无用"的至知。

八　庄学总论，夫子自道

第七庄惠辩用章，至"庄子曰：然则无用之为用也，亦明矣"已毕，因为惠施未曾再言。以下"庄子曰"一章，与庄惠辩用章无直接关系，仅有本篇各章之间的结构呼应关系。庄子已非对惠施而言，而是对弟子而言。弟子记录之后内部传承，传至本篇撰者、庄子再传弟子魏牟之手，被录入《外物》篇末，用于总结性地阐明篇旨：如何超越伪道主观设定的外物之虚假必然性，遵循真道客观规定的外物之真实必然性，自适其适地逍遥游？

整章甚长，以下分为五节解说。

庄子曰：

人有能游，且得不游乎？人而不能游，且得游乎？

夫流遁之志，决绝之行，噫[1]，其非至知厚德之任欤？覆坠

1　"噫"旧作"意"，又与下句错误连读，以便反释句义（详见正文）。马叙伦、刘文典据《骈拇》"意，仁义其非人情乎"之成疏作"噫"校正。若"意"与后文连读，训推测，义同《天运》"意者其有机缄而不得已邪？意者其运转而不能自止邪？"则当作"意者其……"，不当作"意其……"。

而不返，北驰而不顾[1]。虽相为君臣[2]，时也，易世而无以相贱，故至人不留行焉。[3]

夫尊古而卑今，学者之流也。

且以狶韦氏之流观今之世，夫孰能不波？唯至人乃能游于世而不僻，顺人而不失己。彼教不学，承意不彼。

第一节，庄子教导弟子"顺应天道"，自适其适地逍遥游：

外境若是允许众人逍遥游，众人怎会不欲逍遥游？外境若是不允许众人逍遥游，众人怎能志在逍遥游？

立志自我流放于伪道俗见的主流之外，主动逃遁于专制庙堂的掌控之外，在险恶外境中决绝地自适其适，唉，唯有至知厚德的达道至人方能胜任吧？天覆地坠也不返回，违背伪道也不犹豫。即便人与人有君臣俗位之别，换个时代就没有贵贱之分。所以至人毫不留恋世俗功名地逍遥游而去。

那些尊古而卑今者，不过是奉行伪道的为学日益者，而非遵循真道的为道日损者。

若以狶韦氏之类达道至人的眼光审视当今之世，谁会不自适于江湖波流呢？唯有达道至人能够逍遥游于伪道猖獗之世，而又行为不怪僻，身形外化地因应外境，德心不化地因循内德。对伪道教化不予学习，虚承其意而不被蛊惑。

异名同实的"至知"、"至人"，上扣第六章"虽有至知，万人谋之"。"至知厚德之任"，上扣第三章"因任天道"的"任公子"。

1　"北"旧讹为"火"。《天地》："方且尊知而火驰。""火"亦"北"之讹。王叔岷校正。

2　"相"下旧衍"与"字，不通。刘文典、王叔岷据唐写本、日本高山寺古钞本校删。"相为君臣"合于《齐物论》"递相为君臣"。"相与"训友好，如《大宗师》"相与为友"。

3　"故"下旧衍"曰"字。刘文典、王叔岷据唐写本、日本高山寺古钞本及成疏校删。

再证魏撰《外物》之"任公子"与蔺撰《山木》之"太公任"，均为庄门弟子后学创造的庄子化身。

倘若"处于水"，任何人都可以逍遥游。仅因专制庙堂迫使民众"处于陆"，逍遥游才极为困难，因此唯有具备"流遁之志，决绝之行"、敢于"覆坠而不返，北驰而不顾"的"至人"方能胜任。迫使民众"处于陆"、难以逍遥游的根本，正是"以隶相尊，众人役役"（《齐物论》）的宗法伦理竭力维护的"君臣"纲常；然而"至人"认为，囿于人间视点的君贵臣贱，纯属偶然伪德，以道极视点观之，则"天子之与己，皆天之所子"（《人间世》）。因此，"流遁之志，决绝之行"、"覆坠而不返，北驰而不顾"四句，与"至人不留行"义同，是对"至人"鄙弃伪道俗见、毅然决然逍遥游的形容，是不可移易的褒语[1]。蔺且所撰《山木》："不知义之所适，不知礼之所将"、"猖狂妄行"，可做注脚。

郭象反注曰："非至厚则莫能任其志行而信其殊能也。人之所好，不避是非，死生以之。"

成玄英妄疏曰："流荡逐物，逃遁不返，果决绝灭，因而不移，此之志行，极愚极鄙，岂是至妙真知、深厚道德之所任用？愚迷之类，执志确然，虽复家被覆没，身遭颠坠，亦不知悔反，驰逐物情，急如烟火，而不知回顾，流遁决绝，遂至于斯耳。"

旧庄学盲从郭象反注和成玄英妄疏，把四句褒语谬解为贬词，进而系统谬解其后各节，导致整章庄言义不可通。

"孰能不波"，义同《应帝王》壶子所言："吾与之虚而委蛇，不知其谁何，因以为弟靡，因以为波流。"参看《庚桑楚》："行不

---

1 《荀子·非十二子》恶攻魏牟"纵情性，安恣睢，禽兽行"，也是本篇"流遁之志，决绝之行"的旁证，兼证本篇为魏牟所撰。荀子所谓"禽兽行"，即指否定"君臣"纲常的"无君无父"。

知所之，居不知所为，与物委蛇而同其波，是卫生之经矣。"《刻意》："知天乐者，其生也天行，其死也物化；静而与阴同德，动而与阳同波。"《天道》："圣人之生也天行，其死也物化；静而与阴同德，动而与阳同波。"

壶子式达道至人，不把巫咸式俗君僭主放在眼里，但也不"往刑"找死地无谓对抗，即下文第四节之"未尝过而问"。达道至人的虚与委蛇，并非随波逐流。因为随波逐流的大知小知，必然信奉伪道俗见而"适人之适、役人之役"，不可能"自适其适"地逍遥游。

（庄子续曰：）[1]

目彻为明，耳彻为聪，鼻彻为颤[2]，口彻为甘，心彻为知，知彻为德。凡道不欲壅，壅则哽，哽而不止则抮，抮则众害生。[3]

物之有知者恃息，其不殷，非天之罪。天之穿之也[4]，日夜无降，人则顾塞其窦。

胞有重阆，心有天游。室无空虚，则妇姑勃谿。心无天游，则六凿相攘。大樊丘山之善于人也，亦神者不胜也。[5]

1　以下直至篇末，均为庄子之言。郭庆藩、王先谦、刘文典断句正确。王叔岷、陈鼓应误断为撰者之言。

2　"颤"原作"颤"，通假。陆释："颤，舒延反。"即读为颤。成疏："颤者，辛臭之事也。"宣颖、于省："颤同颤。"

3　"抮"原作"眕"，通假。王念孙："'眕'读为'抮'，戾也。言哽塞而不止，则相乖戾；相乖戾，则众害生也。"

4　"也"字旧脱。刘文典、王叔岷据唐写本、日本高山寺古钞本校补。

5　"樊"旧作"柟"，误为"林"。王叔岷据《阙误》引张君房本、文如海本及杨慎所录《阙误》校正。"也"字旧脱，刘文典、王叔岷据《阙误》引张君房本、文如海本、唐写本、日本高山寺古钞本校补。"大樊丘山之善于人也，亦神者不胜也"二句，义同《知北游》"山林欤？皋壤欤？与我无亲，使我欣欣然而乐欤！"此亦《外物》、《知北游》撰者均为魏牟之证。

第二节，庄子教导弟子"因循内德"，避免自我戕害：

目通彻，则视觉明；耳通彻，则听觉聪；鼻通彻，则嗅觉羶；口通彻，则味觉甘；心通彻，则有知；知通彻，则葆德。天道流行而不欲壅塞，壅塞就会哽阻，不断哽阻就会产生众多灾害病变。

物类之中凡是具有知觉者，无不凭恃气息维持生命，气息若不殷厚，绝非天道分施不足之罪。天道施予每一生命的气息均极殷厚，且其施予不分日夜永不降减，然而众人却盲从伪道而自堵孔窍。

胞中胎儿，尚有空间供其活动；人之心神，则有天地供其神游。居室逼仄，婆媳就会摩擦争吵[1]。心不遨游天地，六窍就会扰攘阻塞。森林丘山之所以令人神往，是因为人们在逼仄拥挤的社群之中压抑郁闷，必须到天地自然中方能舒畅透气。

——"目彻为明，耳彻为聪，心彻为知，知彻为德"四句极为重要，与《大宗师》"黜其聪明，离形去知，同于大通，此谓坐忘"四句对观，可证庄子并不反对天道所赋真德之真聪明，仅仅反对伪道所倡伪德之假聪明。即葆养自然通彻的顺道正智，黜除不通不彻的悖道狡智。

"息"之"殷"[2]，与上文"至知厚德"之"厚"互文。遵循真道，则德厚息殷，孔窍通彻，"其息深深，真人之息以踵"（《大宗师》）；盲从伪道，则德薄息浅，孔窍闭塞，"众人之息以喉"（《大宗师》）。

庄子认为，唯有永葆真德，方能"以德为循，自适其适"（《德充符》）。唯有真德不亏，方能避免自我戕害的"众害"产生。永葆真德的根本方法是亲近自然。与其倚待庙堂、盲从伪道，压抑郁闷

1　成疏："勃溪，争斗也。屋室不空，故妇姑争处。"陆释："勃，争也；溪，空也。司马云：无虚空以容其私，则反戾共斗争也。"

2　郭象谬注："殷，当也。"成疏盲从。郭嵩焘驳之："郭注误。"王念孙："殷亦大也。"宣颖："殷，盛也。"王叔岷："钱穆引马其昶曰：'殷，盛也。'于义为长。"

到无法忍受,才偶尔到天地自然中透一口气,何不一开始就远离庙堂、鄙弃伪道,遨游于天地自然之中?

（庄子续曰：）

德溢乎名,名溢乎暴,谋稽乎誸,知出乎争。柴生乎守官,事果乎众宜。

春雨日时,草木怒生,铫鎒于是乎始修,草木之到,植者过半[1],而不知其所以然也[2]。静默可以补病[3],揃揻可以休老[4],安宁可以止遽。[5]

虽然,若是劳者之务也,佚者之所未尝过而问焉[6]。圣人之所以骇天下,神人未尝过而问焉;贤人之所以骇世[7],圣人未尝过而问焉;君子之所以骇国,贤人未尝过而问焉;小人之所以

---

1 司马彪、郭象以降,均错误连读"到植",并释"到"为"倒"(卢文弨、王叔岷)。其解难通,"草木"如何"倒植"?"到"训到达,谓铫鎒到达草木而锄去之。"植者过半",谓种植之五谷过半。

2 "也"字旧脱。刘文典、王叔岷据唐写本、日本高山寺古钞本校补。"不知其所以然"是庄子礼赞造化伟力不可测之常语。此处意为:五谷生长,非凭人力,而任不可知之天道。

3 "默"旧讹为"然"。奚侗、刘文典、马其昶、钱穆、王叔岷据《文选》江文通《杂体诗》注引校正。

4 "揃"旧讹为"眥","休"或讹为"沐"。段玉裁、刘文典、王叔岷据唐写本、日本高山寺古钞本、成疏、陆释校正、校补。宣颖:"此盖养生之术,可以沐浴老容。"段玉裁:"'揃揻'者,道家休养之法。故《庄》云'可以休老'。"郭嵩焘:"《广韵》:'揻,案也,摩也。'谓以两手按摩目眦。"

5 "安"字旧脱,成疏:"安静可以止之。"笔者据补。

6 "佚者"前旧衍"非"字。王先谦:"'非'字当衍。"马叙伦:"'非'字涉上文郭象注'非不病也'、'非不老也'误羡。"刘文典:"马说是也。此言劳者之务,逸者未尝问,有'非'字则非其指,且与下四句不一律矣。"于鬯:"郭注云云,明郭本无'非'字。"王孝鱼、陈鼓应从之。

7 "所以"前旧脱"之"字,后二"所以"前亦脱"之"字。王叔岷据日本高山寺古钞本校补,与上句"圣人之所以"一律。

合时，君子未尝过而问焉。

第三节，庄子教导弟子"因应外境"，避免外患外累：

真德外荡，遂成声名；声名外显，遂成凶器[1]；运用谋略，源于急难[2]；矜炫知识，源于争胜。群体柴塞不通，生于守土之官阻碍；政事欲有成果，当合众人各自之宜。

春雨按时而降，草木蓬勃生长，民众于是使用农具修治草木，农具所到之处，作物种植过半，却不知作物如何从土地中长出。因此静默可补自矜之病，正如按摩可缓衰老之态，安宁可防盲目躁动。

尽管劳心伤神的大知小知信奉有为伪道，遵循无为真道的闲逸至人却无须过问。信奉有为的庙堂圣人动用刑名暴力恐吓天下，遵循无为的江湖神人也无须过问；信奉有为的庙堂贤人动用刑名暴力恐吓世人，遵循无为的江湖圣人也无须过问；信奉有为的庙堂君子动用刑名暴力恐吓国人，遵循无为的江湖贤人也无须过问；信奉有为的庙堂小人被刑名暴力吓住而迎合时势，遵循无为的江湖君子也无须过问。

本节强调，内德不葆，则必外荡；外求功名，必然因应外境不当，自招外患外累，悔之已晚，挽救不及。唯有正确因应外境，杜绝外患外累，方能无忧无虑，无为逍遥。

"柴生乎守官，事果乎众宜"，是本节关键句。"柴"训塞，义同第二节之"壅"、"哽"、"捼"、"塞"。"众宜"即"众义"；万物

1　郭象反注"名溢乎暴"："夫禁暴则名美于德矣。"郭嵩焘驳之："郭注恐误。"原文言"暴"，非言"禁暴"，郭象反注，一目了然。

2　郭注："諔，急也。急而后考其谋也。"成疏同。宣颖："争而后骋智。"王叔岷："諔与弦通，弦有急义。""谋稽乎諔"义近今语"急中生智"。然而俗见赞扬"急中生智"，庄学认为：急难源于急难产生前之悖道有为，顺道无为则急难无从产生。以俗见理解庄学，即使字面义理解不误，仍然难明庄义。

不齐，物各有适，"自适"即宜（合词"适宜"），故有"众宜"[1]。庄子认为，专制伪道把有利于自身之"私宜"，拔高为天下之"公义"，谎称合于"天道"，然后广置官守，暴力推行伪道，强迫民众"适人之适"，柴塞了民"众"自适之"宜"。

第二节业已阐明：个体内德之壅塞哽阻，源于盲从伪道而阻塞"自适"孔窍之通彻。

本节此句则阐明：群体外境之柴塞哽阻，源于广置官守而阻塞"众宜"孔窍之通彻。

郭象先予误断："柴生乎守，官事果乎众宜。"再予反注："众之所宜者不一，故官事立也。"意为："众宜"不一，必须由官守"一同天下之义"。吴汝纶、马其昶、钱穆、王叔岷等虽然纠正郭象误断，但是解说仍然盲从郭象。

文辞变化无穷的庄子，居然不避单调地连用"骇天下"、"骇世"、"骇国"，痛斥庙堂以"仁义"王道之名，行"刑名"霸道之实，暴力胁迫民众屈从伪道。

（庄子续曰：）

演门有亲死者，以善毁，爵为官师，其党人毁而死者半。

尧与许由天下，许由逃之。汤与务光，务光怒之，负石自沉于庐水[2]。纪他闻之，率弟子而踆于窾水，诸侯吊之。三年，申徒狄因以踣河。

1　参看《〈山木〉精义》"适/宜/义"之辨。

2　"负石自沉于庐水"七字旧脱。笔者据成疏"汤让天下不受，（务光）自负石沉于庐水"《让王》"汤又让务光……务光……乃负石而自沉于庐水"校补。〇无此一句，则务光与许由相同，义无递进。上例"善毁者"、"党人"义有递进，本例"许由"、"务光"、"纪他"、"申徒狄"义均递进。

第四节，庄子举例说明"小人之所以合时"，作为"顺应天道，因循内德，因应外境"之反例：

宋都东门[1]，有人死了父亲，因为恪守庙堂伪道鼓吹的孝道和丧礼，哀毁过度，得到庙堂奖赏，得授爵位，拜为官师。他的乡邻为此羡慕其哀毁而获利，于是父母死后变本加厉地哀毁过度，结果死掉一半。

唐尧作秀，欲将天下禅让给达道至人许由，许由逃走。后来商汤听说了唐尧之事，也作秀欲将天下禅让给达道至人务光，务光大怒，负石自沉[2]。大知纪他听说了务光之事，为了博得达道至人之声名，假装担心商汤禅让天下给自己，带着弟子声势浩大地作秀，逗留在窾水岸边假装打算投水，如愿引来诸侯的规劝挽留。三年以后，小知申徒狄听说了纪他之事，为了博得达道至人之声名，更为逼真地作秀，投水而死。[3]

秦汉以后两千年中华专制史，果然出现了欲求世俗功名的众多假孝子和假忠臣，被庄子超前预见并超前批判：盲信"仁义"伪道，盲从"忠孝"伪道，无论真假，都是"处于陆"的"适人之适，役

1　陆释："演门，宋城门名。"成疏："演门，东门也。亦有作'寅'者。"王叔岷：《韩非子·内储说上》亦载此事：'宋崇门之巷人，服丧而毁，甚瘠，上以为慈爱于亲，举以为官师。明年，人之所以毁死者，岁十余人。'《抱朴子·论仙篇》：'宋君赏瘠孝，毁殁者比屋。'盖直本《韩非子》。"

2　《六韬·文韬》："天下非一人之天下，乃天下人之天下也。"（《吕览·贵公》抄之）。魏牟所撰《徐无鬼》曰："纵说之则以《金版》《六韬》。"可证魏牟熟读《六韬》，必知此义。禅让是以天下为一己之物而私相授受，故许由不受，务光大怒。

3　成疏："尧知由贤，禅以九五，洒耳辞退，逃避箕山。汤与务光，务光不受，诃骂瞋怒，远之林籁。斯皆率其本性，腥臊荣禄，非关矫伪以慕声名。纪他闻汤让务光，恐其及己，与弟子蹲视水旁。诸侯闻之，重其廉素，时往吊慰，恐其沉没。狄闻斯事，慕其高名，遂赴长河，自溺而死。波荡失性，遂至于斯矣。"所释多误，盲从者众。

人之役"，都不是"处于水"的"自适其适"，都不可能"逍遥游"于"上善之水"，都不可能达道全生。

（庄子续曰：）

筌者所以在鱼也，得鱼而忘筌；蹄者所以在兔也，得兔而忘蹄。言者所以在意也[1]，得意而忘言。吾安得夫忘言之人而与之言哉？

第五节，庄子教导弟子：阅读"内七篇"，必须"得意忘言"，不可死于句下：

捕鱼之筌，目标是鱼，一旦得鱼，即宜忘筌；捕兔之蹄，目标是兔，一旦得兔，即宜忘蹄。表述之言，目标是意，一旦得意，即宜忘言。我到哪里去寻找能够丧忘名相的人而与之言谈呢？

理解此节，另可参看《天道》："夫子曰：世之所贵道者，书也。书不过语，语有贵也。语之所贵者，意也，意有所随。意之所随者，不可以言传也。而世因贵言传书，世虽贵之，我犹不足贵也，为其贵非其贵也。故视而可见者，形与色也；听而可闻者，名与声也。悲夫！世人以形色名声为足以得彼之情。夫形色名声果不足以得彼之情，则知者不言，言者不知，而世岂识之哉？"

旧庄学误以为"外杂篇"撰者均为庄子，遂谬解《天道》"夫子曰"之"夫子"，为老子或孔子。《外物》"庄子曰"的"言意之辨"与《天道》"夫子曰"的"言意之辨"，义理完全一致，均非老子之

1　"在鱼"、"在兔"、"在意"下，旧均脱"也"。刘文典、王叔岷据日本高山寺古钞本、《文选》嵇叔夜《赠秀才入军诗》注、卢子谅《赠刘琨诗》注《太平御览》三九〇、九〇七引校补。刘文典：《文选·吴都赋》注云：筌，捕鱼器，今之斗回也。"陆释："蹄，兔罥也。又云：兔弶也，系其脚，故曰蹄。"

言或孔子之言，均为极其重要的庄子之言。庄子虽未写入"内七篇"，却是庄学的重要组成部分，幸赖弟子记录而传之后世。

结语　绝妙佳篇，明珠暗投

《外物》终篇章共 504 字，是"外杂篇"记载的最长庄子之言。庄子生前未必一次言及，可能是弟子蔺且之属多次发问所记。比如弟子读《逍遥游》而问，庄子答以"人有能游"。弟子读《人间世》"颜回往刑"而问，庄子答以"神人未尝过而问"。弟子问《人间世》"德荡乎名，知出乎争。名也者，相轧也；知也者，争之器也。二者凶器，非所以尽行也"，庄子答以"德溢乎名，名溢乎暴，谋稽乎諉，知出乎争"。弟子问《大宗师》"狶韦氏得之，以挈天地"，庄子答以"以狶韦氏之流观今之世"。弟子问《大宗师》"真人之息以踵，众人之息以喉"，庄子答以"物之有知者恃息"。如是等等，难以尽举。全章义理无不符合"内七篇"奥义，可证其作为庄子之言的真实性。

庄子生前答弟子问，固然远远早于魏牟撰写《外物》。但是此章传至魏牟之手，魏牟熟读之后大有感悟，于是专撰《外物》予以演绎。因此《外物》前七章的谋篇布局、措辞行文，无不围绕末章展开。早已存在的《外物》终篇章，遂与《外物》前七章有了结构呼应。例如，"骇天下"、"骇世"、"骇国"，上扣第一章"阴阳错行，则天地大骇"。"党人"扮演假孝子，上扣第一章"孝未必爱"。纪他、申徒狄扮演假忠臣，上扣第一章"忠未必信"。"至知厚德之任"，上扣第三章"任公子"、第二章借粟之庄子、第七章辩用之庄子，又上扣第六章孔代庄言的"庄学四境"。"小人之所以合时"，上扣第四章盗墓之"儒"。"草木之到，植者过半，而不知其所以然也"，上扣第四章"青青之麦，生于陵陂"。"尊古而卑今，学者之流"，上扣第五章之孔子。"言意之辨",上扣第七章庄惠辩用。"相为君臣",上扣第一章之桀纣,第二章之监河侯、吴越之王,第六章之宋元君,第一章之关龙逄、比干、箕子、伍员、苌弘。如是等等,兹不尽言。因此《外物》前七章,是撰者阅读第八庄子之言章的出色演绎。先后不可不知,结构不可不明。

不难发现,第八章与前七章的呼应较为宏观粗略,而前七章之间的照应更为微观精妙,同样证明了第八章作为庄子之言的真实性。因为撰者不能因前七章之行文,而改动"先验存在"的第八章。倘若第八章是撰者伪托庄子,那么第八章与前七章的呼应就不会宏观粗略,而会像前七章之间的照应一样微观精妙。

由于郭象对《外物》篡改误断、曲解妄释之后,又贬入另册"杂篇",导致旧庄学把《外物》视为泛泛篇什,导致了这一绝妙佳篇的明珠暗投。

王夫之曰:"《外物》杂引博喻,理则可通,而文义不相属。"王叔岷曰:"此篇可发挥《人间世》篇,但颇琐碎。""杂引博喻"、"文义不相属"、"颇琐碎"云云,乃是未窥《外物》全篇之缜密结构,未明《外物》各章之精妙照应。

2008 年 6 月 1 日—7 月 25 日初稿
2022 年 1 月 30 日定稿

《寓言》精义

弁言 《寓言》篇旨，"内篇"指南

《寓言》是开启两千多年庄学史的第一篇"内七篇"研究论文，文风内敛含蓄，意旨支离隐晦，撰者当为庄子弟子蔺且。与蔺且所撰《山木》《达生》等篇，在结构、义理、文风等诸多方面极为相近。据《山木》脉络可知：庄子中年以后，蔺且即已入门，追随盘桓半生，亲见庄子悟道，亲历庄子撰写"内七篇"的全过程，每读一篇，有疑必问，有闻或记。庄子死后，蔺且专撰《寓言》，抉发"内七篇"结构及其奥义。

《寓言》被先于刘安的贾谊《鹏鸟赋》《韩诗外传》抄引，必在魏牟版"外篇"。刘安版仍在"外篇"，郭象版贬入"杂篇"。向秀《庄子注》"有外无杂"（陆序），郭象版杂篇《寓言》却有陆引向注，证明郭象移外入杂。

旧庄学被郭象谬见"外杂篇均为庄撰"误导，误以为《寓言》是"庄子自序"。比如苏轼曰："此庄子自叙其作书之旨。"《寓言》所谓"三言"，原本仅仅针对"内七篇"，旧庄学误以为是针对整部《庄子》。比如王夫之曰："此与《天下》篇乃全书之序例。"宣颖曰："将一部著书之法，标例于此。独怪此处已明明揭破，而学者犹颠倒其中。余览前后注《庄》者数十家，无一人不如入八阵而眩于变化，登迷楼而惘然其路径也。"王闿运曰："《寓言》及《天下》者，俱言著书之意。"

旧庄学又被郭象误导，误以为"重 chóng 言"读作"重 zhòng 言"，误以为"庄子借重孔子"，误以为"其尊孔子也至矣"，从而既无法读通《寓言》，也无法读通"内七篇"、"外杂篇"任何一篇。尽管郭嵩焘独持异议地认为"重言"是"重复之言"，王叔岷又独持异议地认为《天下》非庄子所撰，但二人对《寓言》是"庄子自序"均无异议。由于旧庄学误将《寓言》视为庄子亲撰，又被郭象反注彻底误导，因此解说《寓言》无一可通。

《寓言》复原近真本，白文 939 字：补脱文 9 字。删衍文 3 字。订讹文 5 字。厘正通假字、异体字 15 字，重复不计。纠正重大标点错误 5 处，小误不计。

共六章。第一卮言章，抉发"内七篇"结构。其后寓言五章（第五章卮言领寓言），抉发"内七篇"奥义。

一 内篇"三言"，"重言"为真

第一卮言章，分为两节。第一节抉发"内七篇"结构，第二节抉发"内七篇"如此结构的原因。

开篇四句，总领全篇：

寓言十九，重言十七，卮言日出，和以天倪。

寓意之言十分之九，重复之言十分之七，支离之言随机而出，融和三言使之总摄于道极。

前三句抉发"内七篇"微观结构。"寓言"、"重言"、"卮言"

三大名相,或为庄子生前亲传,或为蔺且研习"内七篇"自悟。"十九"、"十七"、"日出",是"三言"所占篇幅。

第四句抉发"内七篇"宏观结构,借用《齐物论》"和之以天倪"。端、倪同训,谓物之两端,故《齐物论》之"天倪",是《逍遥游》"天极"之变文,意为"道极"。"和以天倪"并非仅仅概括"卮言",而是概括"三言",即"内七篇"全部文字。

总领四句之后,再用三层逐句分释,每层先引所释之句。

第一节第一层,蔺且先释"寓言十九":

> 寓言十九,藉外论之。
> 亲父不为其子媒;亲父誉之,不若非其父者也。
> 非吾罪也[1],人之罪也[2]:与己同则应,不与己同则反;同于己为是之,异于己为非之。

寓意之言十分之九,借用外物论说义理。正如父亲不为儿子做媒;因为父亲赞誉儿子,不如媒人赞誉儿子。倘若赞誉不当亦非父亲之过,而是媒人之过:媒人对于与己相同者则呼应,对于与己相异者则反对;同于己者则是之,异于己者则非之。

"内七篇"总计13800字,47章独立寓言10178字,约占74%,未达十分之九。但是《齐物论》是南郭子綦教诲颜成子游的通篇大寓言,若把《齐物论》3051字全部计入,达于十分之九。"寓言十九"并非刻板统计,必须得意忘言。

---

1 "吾"字是旧庄学认定《寓言》为庄子所撰、是"庄子自序"的证据之一。实为撰者仿拟父亲语气,故成疏曰:"吾,父也。"疑"吾"本作"父",无据不改。

2 以下四句展开"人之罪",进一步阐明"藉外论之"的理由,此处应加冒号,不应加句号。旧庄学误以为四句为撰者(庄子)之主张,既不合庄学,又误解文义。

魏牟所撰《天下》的庄子专章，如此解释庄撰内七篇"寓言十九"的原因："（庄撰内七篇）以天下为沉浊，不可与庄语。"因此占"内七篇"绝大篇幅的"寓言"，均属"谬悠之说，荒唐之言，无端崖之辞"。"外杂篇"中，《骈拇》、《胠箧》、《刻意》、《缮性》、《天下》等篇，均无寓言，并非"寓言十九"。《列御寇》（复原后）、《盗跖》（复原后）、《渔父》、《说剑》等篇，仅有单一寓言，通篇情节连贯，纯属短篇小说，并非"无端崖之辞"。足证《寓言》所言"寓言十九"，与"外杂篇"无关，仅仅针对"内七篇"。何况蔺且撰写《寓言》之时，庄子仙逝未久，"外杂篇"尚未问世。

　　"与己同则应，不与己同则反；同于己为是之，异于己为非之"四句，异于《齐物论》褒扬的"和之以天倪"、"圣人和之以是非，而休乎天均"，同于《在宥》贬斥的"同于己而欲之，异于己而不欲"，又同于《渔父》贬斥的"人同于己则可，不同于己，则虽善不善"，因此绝非旧庄学认为的撰者（或庄子）之主张，而是描述"人之罪"。

　　人人有权因寓言角色"同于己"而"是之"，但是任何人都无权把庄子"非之"，反注为庄子"是之"；人人有权因寓言角色"异于己"而"非之"，但是任何人都无权把庄子"是之"，反注为庄子"非之"。人人有权在正确理解庄子真意之后，真诚反对庄子，成为庄学之敌；但是任何人都无权在故意反注庄子真意之后，假装赞成庄子，冒充"庄学之友"。

　　郭象正是冒充"庄学之友"的庄学之敌。反庄学的郭象伪庄学，利用了寓言对角色所持是非的客观呈示，又利用了庄子对角色所寓褒贬的隐晦深藏，从而把庄子贬斥的角色及其主张，颠倒为庄子褒扬，把庄子褒扬的角色及其主张，颠倒为庄子贬斥。郭象所为，正是《寓言》所斥"人之罪"："与己同则应，不与己同则反；同于己为是之，异于己为非之。"

其实庄子早已预知：角色所持是非，彼此对立；自己所寓褒贬，不易辨识。为免褒贬被误解，乃至被颠倒，庄子遂用大量"重言"反复揭破自己之褒贬。

因此第一节第二层，蔺且又释"重言十七"：

> 重言十七，所以已言也。[1]
> 是为耆艾，年先矣[2]。而无经纬本末以期来者[3]，是非先也。
> 人而无以先人，无人道也。人而无人道，是之谓陈人。

重复之言十分之七，运用吾师自己之言。吾师是长者先生，言说喜欢重复。然而重复之言若无经纬本末启发后生，不宜称为先生。长者若无先见卓识，必定无人称道。长者倘若无人称道，只宜称为陈腐之人。

"内七篇"重言，共有五种。

1　"己"旧讹为"已"，笔者据道藏成疏本及郭注、成疏校正。"寓言"之郭注："言出于己，俗多不受，故借外耳。""重言"之郭注："言不借外，犹十信其七。""重言"之成疏："己自言之，不藉于外。"（郭庆藩《庄子集解》原文作"已"，又改成疏"己"为"已"，导致成疏也不通。）郭注、成疏均认为寓言"借于外"，重言"出于己"，可证原文作"己"。由于郭注总体不通，林希逸为之弥缝，遂改原文"己"为"已"，此后治庄诸家多误从。"已言"释为庄子停止自己之言，不合《天下》"彼（庄子）其充实，不可以已"；"已言"释为庄子制止他人之言，不合《齐物论》"吹万不同"。

2　旧庄学盲从郭象注文所在位置，多断句为："重言十七，所以已言也，是为耆艾。年先矣，而无经纬本末……。"三处标点错误，遂致所释不通。"耆艾"与"己言"（或已言）无关，仅与"年先"有关。"而无经纬本末"又与"年先"无关，而是转折另起。王叔岷："《礼记·曲礼》：'五十曰艾，六十曰耆。'《逸周书·谥法解》'保民耆艾曰胡'孔注：'六十曰耆，七十曰艾。'"

3　"来"旧讹为"年耆"，杨守敬、刘文典、王叔岷据日本高山寺古钞本及郭注"列以待人"校正。"无经纬本末以期年耆者"不通，当为后儒为郭注弥缝而妄改，越改越不通。彼为"耆艾"，无须复期"年耆"者。

其一，字面相同的标准型重言。

其二，字面相异的变文型重言。

其三，字面无关的转辞型重言。

其四，字面缺损的省略型重言。

其五，超越字面的结构型重言。

"重言"不限单篇之内，包括全部七篇。"重言十七"也非刻板统计，也应得意忘言：重言少于寓言，又与寓言、卮言大量重叠。

魏牟所撰《天下》的庄子专章曰："（庄撰内七篇）以卮言为蔓衍，以重言为真，以寓言为广。"足证"重言"是庄子表述真意之言，所以重复言之；为免简单重复过于单调，同时为了晦藏其旨，重复之言常常变文、转辞、省略。倘若不能辨识"重言"及其变文、转辞、省略，就不可能准确把握晦藏甚深的"内七篇"宗旨。

其实庄子早已预知：藉外论之的"寓言"，名相纷繁；表己真意的"重言"，意旨隐晦。为免读者陷于困惑，庄子遂用"卮言"贯通"寓言"、"重言"，同时贯通所有"卮言"，即贯通"内七篇"全部文字。

因此第一节第三层，蔺且再释"卮言日出，和以天倪"：

> 卮言日出，和以天倪。因以蔓衍，所以穷年。
>
> 不言则齐，齐与言不齐，言与齐不齐也。故曰："言无言。"[1]

支离之言随机而出，融和三言使之总摄于道极。支离之言既是

---

[1] 旧脱"言"字。刘文典据郭注"故虽有言而我竟不言也"、成疏"故曰言无言也"及日本高山寺古钞本校补。王叔岷、张默生、陈鼓应应从之。"言无言"为"至言无言"之变文，《知北游》变文为"至言去言"。以上为首章第一节，以下为首章第二节。旧皆未于此处分节，未明义理层次。

寓意之言、重复之言的随机蔓衍，又是穷尽天年的游戏假言[1]。若无言论，万物原本齐一于道，原本齐一于道的万物，与阐明万物齐一于道的言论并不齐一。所以（吾师庄子）说："言者必须致无其言。"

"卮言"之义，至少有三。

其一，"卮"为酒器，满则倾，空则仰[2]，隐喻庄子运用假言论道，其意述满之后，又予倾空。

其二，"卮"借为"至"。言之四境：无言—小言—大言—至言/无言。"卮言"是正面论道的至言，同时又致无其言。参看《天下》"以卮言为蔓衍"成疏："以卮器以况至言。"——视"卮言"为"至言"的，仅是蔺且，而非庄子。

其三，"卮"借为"支"，即支离。参看成疏："卮，支也。支离其言，言无的当，故谓之卮言耳。"陆释："司马云：谓支离无首尾言也。"钟泰："卮言者，支离之言也。"

"内七篇"六见"支离"，如"支离其形"、"支离其德"，又有寓言人名"支离疏"、"闉跂支离无脤"。"外杂篇"二见"支离"，《至乐》之"支离叔"，《列御寇》之"支离益"，均为寓言人名。"内七篇"既支离名相，又支离意旨，即"支离其言，晦藏其旨"。

"寓言"、"重言"以外的文字仅是狭义的"卮言"，"寓言"、"重言"也是广义的"卮言"，故曰"卮言日出"。

"卮言"三义，圆融合一：卮器是斟满的同时倾空，至言是假

1　钟泰："'穷年'，犹'尽年'也。"《齐物论》："和之以天倪，因之以蔓衍，所以穷年也。"《养生主》："可以尽年。"《人间世》："以养其身，终其天年。"《大宗师》："终其天年而不中道夭者，是知之盛也。"庄子主张"全生免刑"、"终其天年"，因此既痛斥伪道，又晦藏其旨。

2　郭注："夫卮，满则倾，空则仰，非持故也。"成疏："卮满则倾，卮空则仰。"陆释："《字略》云：卮，圆酒器也。王云：夫卮器，满即倾，空则仰，随物而变，非执一守故者也。"

言的同时致无，支离是建构的同时解构。

"齐与言不齐，言与齐不齐"，重言展开《齐物论》"一与言为二"，抉发庄学思辨的终极起点：终极之道是实体的一，论道之言是名相的"一"。论道之言可以不断趋近终极之道，但是由于"无极之外复无极"（《逍遥游》，旧被郭象删去）、"求其为之者而不得"（《大宗师》），因此论道之言永远不会与终极之道合一。自居业已终极认知终极之道，均属僭妄；自居论道之言业已完美表述终极之道，均属伪道。一切论道之言，包括庄子之言，均属假言。因此言者必须致无其言，闻者必须得意忘言。

第一节抉发"内七篇"结构奥秘之后，第二节抉发"内七篇"如此结构的原因：

> 言无言，终身言，未尝言[1]。终身不言，未尝不言。
> 有自也而可，有自也而不可；有自也而然，有自也而不然。
> 恶乎然？然于然。恶乎不然？不然于不然。
> 恶乎可？可于可。恶乎不可？不可于不可。
> 物固有所然，物固有所可，无物不然，无物不可。
> 非卮言日出，和以天倪，孰得其久？
> 万物皆种也，以不同形相禅。始卒若环，莫得其伦，是谓天均。天均者，天倪也。

（吾师庄子）有言而致无其言，即便终身有言，如同未尝有言。

---

1 "言"前旧衍"不"字，讹为"未尝不言"，当为未解义理者妄增。马叙伦、刘文典、王叔岷据郭注"虽出吾口，皆彼言也"、道藏白文本、成疏本、林希逸本、褚伯秀本、罗勉道本、焦竑本、王夫之本、宣颖本、日本高山寺古钞本校删。陈鼓应从之。

倘若不能致无其言，即便终身不言，坚执自我的成心也未尝不言。（吾师庄子认为）每一自我必有局部属于可，每一自我必有局部属于不可；每一自我必有局部属于然，每一自我必有局部属于不然。凭什么然其局部？然其合于道之局部。凭什么不然其局部？不然其悖于道之局部。凭什么认可其局部？认可其合于道之局部。凭什么不认可其局部？不认可其悖于道之局部。万物均有合于道的局部之然，万物均有合于道的局部之可，永无一物没有合于道的局部之然，永无一物没有合于道的局部之可。（吾师庄子）若非支离之言随机而出，融和三言使之总摄于道极，（内七篇）怎能传之久远？万物均含造化天道的种子，不同之物仅是不同形貌的物化嬗代。其始其终如若圆环，无法得其端倪，因此谓之天道之轮。天道之轮，就是道极。

第二节之言，大量借用《齐物论》之言："恶乎然？然于然。恶乎不然？不然于不然。恶乎可？可于可。恶乎不可？不可于不可。物固有所然，物固有所可。无物不然，无物不可。……是以圣人和之以是非，而休乎天均。……和之以天倪，因之以蔓衍，所以穷年也。"

然而文字虽大同，意旨却大异：《齐物论》之言，旨在论道；《寓言》借用之言，旨在论"内七篇"结构。郭象及其追随者，仅见文字大同，未窥意旨大异，完全弄错方向；训诂"天均"、"天倪"，又完全违背原义。

先看"天均"。《齐物论》："是以圣人和之以是非，而休乎天均。"郭注："莫之偏任，故付之自均而止也。"成疏："天均者，自然均平之理也。"《寓言》"天均"之郭注："（自然）均齐。"成疏："均，齐也。天均，天然齐均。"

《齐物论》陆释："崔云：均，陶均也。"崔譔早已明白"均"之正解，但是郭象拒不采纳。旧庄学虽知崔譔正解，仍然盲从郭象。王叔岷曰："钱穆《纂笺》引严复曰：'均，陶轮也。'天均谓自然均等。"

陈鼓应曰："天均，天然均平。"未明二义不可兼容。

"均"之本义是"陶均"，即陶轮。由于陶轮所制陶器的表面，比手工所制陶器的表面更均平，于是产生引申义"均平"。《齐物论》、《寓言》之"天均"，皆用"均"之本义"陶轮"，而非"均"之引申义"均平"。

庄子所撰《齐物论》，用循环旋转的陶均（陶轮），隐喻"返复终始，不知端倪"的天均（天道）。参看《齐物论》："彼是莫得其偶，谓之道枢。枢始得其环中，以应无穷。"《田子方》："始终相返乎无端，而莫知乎其所穷。"《则阳》："冉相氏得其环中以随成，与物无终无始，无几无时。"《淮南子·精神训》："万物皆种也，以不同形相嬗，终始若环，莫得其伦。"高诱注："嬗，转也。"郭嵩焘："伦，端倪。"

蔺且所撰《寓言》，抉发"始卒若环，莫得其伦"的"内七篇"结构，仿拟"返复终始，不知端倪"的天道。参看魏牟所撰《天下》："其书（内七篇）虽瑰玮，而连犿无伤也。"

按照庄学义理，万物被天道之轮主宰并驱动，旋转不止。郭象却反注为万物"自均而止"，自圆其否定天道的"独化—自得"谬说。

再看"天倪"。《齐物论》："何谓和之以天倪？"郭注："天倪者，自然之分也。"郭注《寓言》"天倪"同。成疏、陆释以及旧庄学，无不盲从郭象。[1]

"天倪"之"倪"，与《齐物论》王倪（"天倪"之化身）所言"仁义之端"、"利害之端"之"端"，合词"端倪"。《寓言》"始卒若环"之"始（始端）"、"卒（终端）"，是"端倪"的变文。"端"、"倪"均训极。"仁义之端"、"利害之端"指"人道视点之极"，即"人极"；

1　郭庆藩、王先谦、刘文典、王叔岷，均全引郭注、成疏而无异词。陈鼓应译"天倪"为"自然的分际"。

"天倪"指"天道视点之极",即"道极"。

郭象把"天道"的变文"天均",谬解为"自然均齐",又把"天道"的变文"天倪",谬解为"自然之分",意在否定天道之存在,意在论证君主专制及其"名教"等级符合"自然之分",亦即"名教即自然"。

郭象把庄子反对的"名教"与庄子主张的"自然"谬解为"名教即自然",极为关键的一环就是故意误读"重 chóng 言"为"重 zhòng 言",进而系统谬解"寓言"、"卮言",自圆"重 zhòng 言"谬说。

"寓言十九,藉外论之",郭象反注曰:"寄之他人,则十言而九见信。言出于己,俗多不受,故借外耳。"

"重言十七,所以已言",郭象反注曰:"世之所重,则十言而七见信。以其耆艾,故俗共重之,虽使言不借外,犹十信其七。"成玄英行文之中,常把"重言"用作"重复之言",比如"重举前文,结成其义","重迷前语"等等。俞樾注《庚桑楚》亦曰:"重言为'苟且',单言为'且'。"可证成玄英、俞樾无不明白"重言"是"重复之言",但是盲从郭象,把"重言十七"释为"借重"之言占十分之七。

"卮言日出,和以天倪",郭象反注曰:"日出,谓日新也。日新,则尽其自然之分;自然之分尽,则和也。"

郭象必定知道,古文"寓言十九,重言十七",只能意为"寓言十分之九,重言十分之七",所以是故意反注。比如《马蹄》:"马之死者十二三矣。"《达生》:"累三而不坠,则失者十一。"《则阳》:"丘陵草木之缮入之者十九。""十二三"、"十一"、"十九"只能意为十分之二三、十分之一、十分之九。司马迁说《庄子》"大率皆寓言",已知"寓言十九"意为"寓言十分之九",因为这是最为直观、难以抹煞的基本事实。

郭象必定知道，"十九"的主语是"寓言"，"十七"的主语是"重言"，"日出"的主语是"卮言"，主语均非"他人"，更与他人是否"见信"无关，所以是故意反注。倘若原文意为"十人九信寓言，十人七信重 zhòng 言"，既不能省略"人"、"信"二字，更不能颠倒表述为"寓言十九，重言十七"。

　　郭象同样知道，"见信"谬说无法移用于"卮言日出"，只好用《礼记·大学》："汤之盘铭曰：'苟日新，日日新，又日新。'"把"日出"谬解为"日新"。

　　因此，郭象谬解"三言"，并非理解能力低下，而是坚执反庄立场的故意反注。断定其故意反注的依据，是郭象故意误读"重 chóng 言"为"重 zhòng 言"。

　　"内七篇"寓言共计 47 章，其中 18 章仅有虚构角色，其中 11 章仅有历史名人，其中 18 章两者兼有。郭象故意误读"重 chóng 言"为"重 zhòng 言"，导致"寓言"从 47 章减少为 18 章，大大少于"重 zhòng 言"29 章，因此只能故意谬解"寓言十九，重言十七"为"十人九信寓言，十人七信重 zhòng 言"。

　　郭象的"见信"谬说，完全不通。明智的作者，不可能预测读者的"见信"率，因为全无凭据，而且预测毫无意义。愚蠢的作者，或许会私下妄自揣测，但是未必会超级愚蠢地公开宣布。姑且假设庄子超级愚蠢，公开宣布自己对读者"见信"率的妄自揣测，也不可能是"十人九信寓言，十人七信重言"，因为《齐物论》早已预言："知其解者"须待"万世之后"。甚至假设庄子极端愚蠢，忘了《齐物论》之言，妄自揣测读者的"见信"率高达七成以上，那么原文就不应该是"寓言十（人）九（信），重 zhòng 言十（人）七（信）"，而应该是"寓言十（人）七（信），重 zhòng 言十（人）九（信）"，因为借重历史名人的"重 zhòng 言"，"见信"率必然高于"空语无事实"的"寓言",否则如何"借重"?

　　郭象的"借重"谬说,更加不通。按照郭象义理,"世之所重"的历史名人,必为庄子"借重"而且褒扬;世之不重的虚构角色,庄子无法"借重",必予贬斥。然而在"内七篇"中,恰恰与此完全相反:"世之所重"的历史名人,多被庄子贬斥,如唐尧、虞舜、夏禹、彭祖、商汤、齐桓公、卫灵公、鲁哀公、孔子、子产、昭文、师旷、惠施、宋荣子、列子、老聃弟子、子贡、闵子骞等等。"空语无事实"的虚构人物,多被庄子褒扬,如连叔、南郭子綦、王倪、长梧子、右师、秦佚、栎社树、南伯子綦、王骀、伯昏无人、申徒嘉、叔山无趾、哀骀它、闉跂支离无脤、瓮盎大瘿、支离疏、南伯子葵、女偊、子祀、子舆、子犁、子来、子桑户、孟子反、子琴张、孟孙才、蒲衣子、无名人、壶子等等。足证郭象的"借重历史名人"谬说,纯属坚执反庄立场的故意反注。

　　郭象炮制"庄子借重名人"谬说,其真意是"庄子借重孔子",从而使"名教"教主孔子与"自然"宗师庄子,团结在"名教即自然"的郭象大旗之下。孔子在"内七篇"中确实出镜率最高,见于四篇十寓言。然而仅有《人间世》的二寓言,是大名人孔子教诲小名人颜回、叶公;而《齐物论》、《人间世》、《德充符》、《大宗师》的八寓言,或为虚构人物长梧子、叔山无趾贬斥孔子,或为小名人接舆、颜回教诲大名人孔子,或为大名人孔子褒扬虚构人物王骀、哀骀它、孟子反、子琴张、孟孙才。足证郭象的"庄子借重孔子"谬说,纯属坚执尊孔成心的故意反注。

　　郭象不顾古文常识地故意误读"重 chóng 言"为"重 zhòng 言",是其故意反注《寓言》全篇的核心。郭象违背原文事实地故意反注"庄子借重孔子",是其刻意炮制反庄学的伪庄学的核心——把"内七篇"之贬斥孔子,反向颠覆为尊崇孔子。为使"庄子借重孔子"这一谬说"见信"于人，郭象又故意谬解《寓言》为庄子所撰，绑架庄子为其谬说做伪证。由于《寓言》属于"外杂篇"，因此郭象又不得不谬解"外杂篇"均为庄子所撰，于是"重 zhòng 言"不仅意味着"内七篇"借重孔子，而且意味着"外杂篇"同样借重孔子。然而"内七篇"涉及孔子的四篇十寓言，对孔子除了"不然于不然"，尚有"然于然"；"外杂篇"涉及孔子的十七篇四十寓言，数量大大多于"内七篇"，对孔子少有"然于然"，多为"不然于不然"，"不然"的激烈程度，远远超过"内七篇"。比如《山木》贬斥孔子："修汝所以，而后载言其上。"（旧被郭象删去。）《秋水》贬斥孔子："少仲尼之闻。"《泰初》贬斥孔子："丘，予告若，尔所不能闻与尔所不能言。"《盗跖》、《渔父》等篇斥孔更甚，兹不尽举。

郭象把如此重要、视为"庄子自序"的《寓言》剔出"外篇"，贬入"杂篇"，足证其对"见信"、"借重"、"庄撰"等等系统反注，其实全无自信，遑论"见信"于人。仅仅因为郭象追随者的尊孔成心、强奸原文、以儒解庄，均比郭象更甚，才会见信郭象的"见信"谬说，才会借重郭象的"庄子借重孔子"谬说，才会盲从郭象的"外杂篇均为庄撰"谬说，并且竭力为之弥缝。

成玄英盲从郭象而妄疏曰："重言，长老乡闾尊重者也。"陆德明盲从郭象而妄释曰："重言，谓为人所重者之言也。"林希逸盲从郭象而妄注曰："重言者，藉古人之名以自重，如黄帝、神农、孔子是也。"姚鼐盲从郭象而妄注曰："托为神农、黄帝、尧舜、孔颜之类，足为世重者。"宣颖盲从郭象而妄注曰："引重之言。"

唯有郭嵩焘独持异议："《广韵》：'重，复也。'郭云'世之所重'，误。"可惜毫无论证，其侄郭庆藩虽把郭嵩焘之异议录入《庄子集释》，却不敢"见信"，仍然盲从郭象。其后治庄诸家，均对郭嵩焘之异议视而不见。钟泰继续盲从郭象而妄注曰："重言者，考诸古圣而不悖，质诸耆硕而无碍，是则可信今传后者，故曰以重言为真。"王叔岷继续盲从郭象而妄注曰："重言，托古取信。"陈鼓应继续盲从郭象而妄注曰："借重先哲时贤的言论。"

郭象追随者以儒解庄比郭象更甚，可举一例。

《寓言》首章："人而无以先人，无人道也。人而无人道，是之谓陈人。""无人道"明白易懂，意为"无人称道"。郭象未注，成玄英却发挥郭义而妄疏曰："无人伦之道。"旧庄学纷纷盲从。林希逸曰："不能尽其为人之道。"张默生从之。宣颖曰："不能尽人之道。"王先谦、王叔岷从之。陈鼓应曰："没有做人之道。"齐心协力把褒"天道"、贬"人道"的道家宗师庄子，改造为褒"人道"、贬"天道"的儒学应声虫。

郭象追随者盲从郭象又为之弥缝，可举二例。

姚鼐曰："庄生书，凡托为人言者，十有其九；就寓言中，其托为神农、黄帝、尧、舜、孔、颜之类，言足为世重者，又十有其七。"姚鼐已知"寓言"达到十分之九，也知"重 zhòng 言"没有十分之七，于是说"重 zhòng 言十分之七"并非在全部文字中所占比例，而是在"寓言"中所占比例。然而即便"重 zhòng 言"打了九折，从七成降至六成，仍然不合事实。无论是"内七篇"还是"外杂篇"，涉及历史名人的文字，全都不足三成。

张默生曰："此是庄子为评骘古人预留一地步，故每见其书中所借重之人，往往受其无情之讥评也。"张默生既知庄子"无情讥评古人"，应知郭象"借重古人"谬说不合事实，仍然盲从郭象，明明是用不通之说为郭象"预留一地步"，却说庄子"预留一地步"。

郭象及其追随者，不仅无法读通《寓言》首章，更加无法读通《寓言》第二章以下各章，因而把结构严谨、义理贯通的绝妙佳篇《寓言》，视为"随手散缀"、"难明条贯"、"不相关联"的杂凑之文。郭象因为对其谬说缺乏自信，而把极为重要的《寓言》从"外篇"贬入"杂篇"，反而被郭象追随者视为英明。

刘凤苞曰："此篇是庄子揭明立言之意。寓言、重言、卮言，括尽一部《南华》，以后均系随手散缀之文。"

钟泰曰："王夫之以此篇与《天下》为全书之序例。然此专就首节言则可，若夫'庄子谓惠子'以下，博引杂出，颇难明其条贯，且如罔两问景云云，与《齐物论》篇之文大致无甚差异，郭子玄编入杂篇，诚哉其为杂也。"

陈鼓应曰："《寓言》篇由七节文字杂纂而成，各节意义不相关联。"

且看第二章以下各章各节，是否杂乱无章的"随手散缀之文"，是否"诚哉其为杂也"，是否"意义不相关联"。

二 庄传秘教，两个"孔子"

蔺且先以第一卮言章，抉发"内七篇"结构；继以寓言五章，抉发"内七篇"奥义。

第二庄惠辩孔章，首先抉发《齐物论》晦藏的庄学真谛之否定原则"不是是，不然然"，其次抉发"内七篇"最大之谜：为何"内七篇"有两个"孔子"？为何一个"孔子"是被贬斥的反面形象，另一个"孔子"却是被褒扬的正面形象？

庄子在"内七篇"出场三篇，都在篇末。《齐物论》篇末的庄周梦蝶，没有对话。《逍遥游》篇末、《德充符》篇末的庄惠之辩，都是惠施率先发难，"和而不唱"的庄子随机应"和"。《寓言》让庄子在第一卮言章之后的第二章率先出场领"唱"，是《寓言》非庄所撰之一证。庄子最先出场的"外杂篇"，另外仅见蔺且所撰《山木》（开篇无厄言），是《寓言》为蔺且所撰之一证。撰者让庄子亲自破解"内七篇"最大之谜，显然比"弟子认为"或"别人认为"，更能"见信"于人。与难以"见信"于人的郭象"庄子借重孔子"谬说，意图正好相反。

　　　　庄子谓惠子曰："孔子行年六十而六十化，始时所是，卒而非之。未知今之所谓是之非五十九非也？"

　　　　惠子曰："孔子勤志服知也。"

　　　　庄子曰："孔子谢之矣，而其未之尝言。孔子云：'夫受才乎大本，复灵以生[1]。鸣而当律，言而当法。利义陈乎前而好恶是非，直服人之口而已矣。使人乃以心服而不敢强立[2]，定天下之定。已乎！已乎！吾且不得及彼乎？'"

　　庄子对惠施说："孔子六十岁思想发生变化，对早年坚执之'是'，晚年终于'非'之。不知晚年孔子所'是'，是否早年孔子所'非'？"

　　惠施说："这是因为孔子勤勉志学，服从真知。"

　　庄子说："孔子必定敬谢你的褒扬，可惜他未曾明言晚年思想变化的原因[3]。孔子晚年有言：'人之才德无不受施于作为万物根本的天道，因此唯有复归天道赋予的性灵真德才是人生真道。鸟之鸣，

1　郭庆藩、王先谦、刘文典误断孔言至此。王叔岷、张默生、陈鼓应误断孔言至下文"定天下之定"。

2　"彊（强）"旧讹为"蘁"，形近而讹，笔者厘正。旧多以为"蘁"通"忤"。成疏："蘁，逆也。"陆释："蘁音悟，逆也。"马叙伦："蘁借为悟，《文选·雪赋》注引作忤。逆也。"刘文典是之。

3　宣颖："言孔子已谢去勤劳之迹而进于道，但口未之言耳。"姚鼐："勤志服知，孔子所言以教弟子者，然非孔子所以为孔子，故曰谢之。"均为反注。

必须合于乐律；人之言，必须合于法则[1]。利与义坦陈于众人面前而强立好恶是非，只能折服他人之口为满足罢了[2]。使人心悦诚服而不敢强立好恶是非，如此方能安定天下固有的安定。罢了！罢了！我尚且不能企及彼岸天道吗？'"

孔子所言"复灵以生"，义同《秋水》"是谓返其真"。参看陶渊明《饮酒》："羲农去我久，举世少复真。汲汲鲁中叟，弥缝使其淳。"

欲明庄子所言"孔子六十化"，必须先明史实：孔子55岁至68岁，周游列国十四年（前497—前484）。孔子60岁（前492），去卫，经曹，过宋，赴陈，宋国司马桓魋欲杀孔子未果，伐倒孔子师徒曾于其下习礼之大树。庄言"孔子六十化"，或专指"伐树于宋"，或泛指"再逐于鲁，伐树于宋，削迹于卫，穷于商周，围于陈蔡之间"等"数患"。[3]

庄子深入研究孔子平生之后，对"世之所重"的孔子，产生了迥异众人的独特认知：孔子在周游列国过程中，一方面遭遇"数患"，另一方面被接舆、晨门、长沮、桀溺、荷蓧、荷蒉等达道至人反复教诲，思想终于转变，"始时所是，卒而非之"，始时所非，卒而是之，因此"六十而耳顺"之前的孔子，是"世之所重"的"实际孔子"，"六十而耳顺"之后的孔子，是世人不知的"真际孔子"，"耳顺"意为孔子接受了达道至人的教诲。蔺且所撰《山木》，"实际孔子"对子桑雽自述"数患"后问："吾犯此数患，何欤？"子桑雽教诲之后，"真际孔子"曰："敬闻命矣！"这是"耳顺"之一证。《山木》这一寓言，既演绎乃师庄子对孔子"始时所是，卒而非之"的独特认知，又仿

1　"鸣"即《齐物论》"地籁"，"律"即音律；"言"即《齐物论》"人籁"。

2　参看《惠施》："桓团、公孙龙辩者之徒，饰人之心，易人之意；能胜人之口，不能服人之心。"

3　《山木》《盗跖》《让王》《天运》《渔父》反复言及孔子"数患"。

拟《大宗师》坐忘寓言：颜回教诲"实际孔子"丧忘"仁义礼乐"，"真际孔子"欣然从命："尔果其贤乎？丘也请从而后也。"这是"耳顺"之又一证。

孔子"六十而耳顺"、"始时所是，卒而非之"之后，放弃游说诸侯，返归母邦鲁国，不幸于返鲁之后五年即死，来不及将超越"俗谛"、进于"真谛"的晚年思想述诸笔墨，仅仅秘传于全程追随孔子周游列国的首徒颜回。更不幸的是，比孔子小三十岁的颜回在返鲁之后二年即死，竟比孔子早死三年，导致孔子悲叹"天丧予"、"吾道穷"，悲叹晚年思想失其传人。

庄子在惠施死后，才把"实际孔子"转变为"真际孔子"写入"内七篇"（详见《庄子奥义》），然而此前曾与惠施论及并辩难。因此蔺且在《寓言》卮言章之后，率先录入曾经亲闻的庄惠辩孔，抉发"内七篇"最大之谜"两个孔子"之奥义。

庄惠辩孔章的精义是："内七篇"有两个"孔子"，一个是"六十而耳顺"之前，倚待庙堂的早年"实际孔子"，一个是"六十而耳顺"之后，不再倚待庙堂的晚年"真际孔子"。庄子贬斥"实际孔子"，褒扬"真际孔子"，尤其褒扬"实际孔子"向"真际孔子"的思想转化，遂以四篇十寓言反复言之。笑傲江湖、峻拒楚相的庄子，曾与倚待庙堂、曾任魏相的惠施言及两个"孔子"及其思想转化，可惜惠施"同于己为是之，异于己为非之"，褒扬倚待庙堂的早年"实际孔子"，不知不再倚待庙堂的晚年"真际孔子"。

《齐物论》曰："道隐于小成，言隐于荣华。故有儒墨之是非，以是其所非而非其所是。"孔子、惠施，正是"内七篇"贬斥的"儒墨"之代表。"儒墨"之学虽异，倚待庙堂则同。

坚执尊孔成心的郭象及其追随者，双重颠倒地谬解本章。一方面把庄子对"实际孔子"的贬斥，反向曲解为褒扬。成疏曰："此是庄子叹美宣尼之言。"盲从者众。另一方面又把惠施对"实际孔子"的褒扬，反向曲解为贬斥。郭注曰："谓孔子勤志服膺而后知，非能任其自化也。此明惠子不及圣人之韵远矣。"成疏曰："惠施未达，臆度孔子，谓其励志勤行，用心学道，故至斯智，非自然任化者也。"宣颖曰："（惠施）疑孔子勤劳心志，从事于多知，未得为化也。"钟泰曰："惠子似知孔子，而非真知孔子也，故庄子斥之。"均反庄义。陈鼓应为原文加句号，译文却作："孔子勤志用智吗？"前后矛盾的原因，或许是受旧庄学影响，不知惠施究竟褒孔还是贬孔。

"内七篇"的"真际孔子"，是庄子根据实际孔子的生平史实，予以理想化加工的文学形象。《论语》记载孔子曾被接舆、晨门、长沮、桀溺、荷蓧、荷蒉等达道至人贬斥和教诲，"内七篇"遂寓言化为孔子被长梧子、王骀、叔山无趾、哀骀它、接舆、子桑户、孟子反、子琴张、孟孙才等达道至人贬斥、教诲、感化；并在孔子最后出场的《大宗师》"坐忘"寓言中，让颜回教诲孔子丧忘"仁义礼乐"。

让实际颜回变成"真际颜回"兼庄学代言人，教诲"实际孔子"皈依真道，转化为"真际孔子"，也是庄子根据实际颜回早夭这一史实，予以理想化加工的文学想象。

让"真际孔子"出任庄学代言人，则是庄子支离其言、晦藏其旨的表述策略。

蔺且等庄门弟子阅读"内七篇"，在得庄真意之前，必对"两个孔子"有疑而问，从而亲闻庄子释疑。因此庄子仙逝之后，弟子蔺且、再传弟子魏牟等弟子后学，在"外杂篇"中无不仿拟"实际孔子"转化为"真际孔子"这一"寓言范式"。庄子所撰"内七篇"的孔子寓言十章，以及弟子后学所撰"外杂篇"的孔子寓言四十余章，共同塑造了仅见于《庄子》、与"世之所重"的实际孔子截然不同的

"真际孔子"。借助这一奇妙的表述策略，在专制庙堂尊崇神化实际孔子的两千年中，《庄子》一书不仅未被彻底剿灭，而且降低了传播阻力。庄学之友无不心领神会庄学真谛，无不"相视而笑，莫逆于心"，无不"得鱼忘筌，得意忘言"。

庄惠辩孔章抉发"内七篇"最大之谜"两个孔子"，仅有极为有限的俗谛意义；抉发《齐物论》晦藏的"不是是，不然然"，则有极为重大的真谛意义。

庄子所撰《齐物论》，上篇先明人间视点的庄学俗谛："可乎可，不可乎不可；然于然，不然于不然。"下篇再明道极视点的庄学真谛："何谓和之以天倪？曰：是不是，然不然。"

蔺且所撰《寓言》，第一章第二节先引《齐物论》之庄学俗谛："可乎可，不可乎不可；然于然，不然于不然"；止于道极视点："天均者，天倪也。"第二章再引隐含庄学真谛的庄子之言："始时所是，卒而非之。"

对观可知：《齐物论》之"是不是，然不然"，晦藏"不是是，不然然"。《寓言》之"始时所是，卒而非之"（义同"不是是，不然然"），晦藏"始时所非，卒而是之"（义同"是不是，然不然"）。而且《寓言》并未完全晦藏"始时所非，卒而是之"，而是变文为："未知今之所谓是之非五十九非邪？"

据此可证：《寓言》之"始时所是，卒而非之"，实为抉发《齐物论》晦藏的"不是是，不然然"，亦即抉发《齐物论》晦藏的庄学真谛之否定原则。同时证明，《寓言》撰者蔺且非常明白：庄学俗谛"然于然，不然于不然"，庄学真谛"然不然，不然然"，义理层次不同，两者并无矛盾。旧庄学未窥庄学真谛，误以为《齐物论》一会儿说"然于然，不然于不然"（庄学俗谛），一会儿说"是不是，不然然"（庄学真谛），是庄子自相矛盾。

不过并非一切"始时所是，卒而非之"，均属超越俗谛、达至真谛，超越伪道、皈依真道；"始时所是，卒而非之"，也可能属于先达真谛、退至俗谛，已窥真道、屈从伪道，因为知真道易，行真道难，如《养生主》末章的老聃弟子。那么如何判定《寓言》之"始时所是，卒而非之"必属前者？因为主语是"名教"教主"孔子"：实际孔子"始时所是"的"名教"，囿于人间视点；真际孔子"今之所是"的"自然"，达至道极视点。因此，下章由抛弃"名教"、皈依"自然"的真际孔子，出任庄学代言人。

三　曾参所传，"适人"伪道

第三曾子再仕章，抉发"内七篇"对"实际孔学"传人曾参的贬斥。

> 曾子再仕而心再化，曰："吾及亲仕，三釜而心乐；后仕，三千钟而不洎亲[1]，吾心悲。"
>
> 弟子问于仲尼曰："若参者，可谓无所悬其罪乎？"
>
> 曰："既已悬矣！夫无所悬者，可以有哀乐乎[2]？彼视三釜三千钟，如鹳雀蚊虻相过乎前也。"[3]

1　"亲"字旧脱。刘文典、王叔岷、陈鼓应据《太平御览》七五七校补。洎，及也。成疏："六斗四升曰釜，六斛四斗曰钟。"

2　"乐"字旧脱。王叔岷据郭注"岂有哀乐于其间哉"、成疏"夫唯无系者，故当无哀乐也"校补。

3　"鹳"旧讹为"觀（观）"，形近而讹。王叔岷据赵谏议本"如鹳雀蚊虻"校正。宣颖、马其昶、钱穆从之。刘文典据《阙误》张本及郭注"视荣禄若蚊虻鸟雀之在前而过去耳"、成疏"鸟雀大，以谕千锺，蚊虻小，以比三釜"，于"观"后补"鸟"字，未得其真。陈鼓应从之。句首"视"字，总领全句，"观"、"视"义复。

曾子两次出仕，心情有所变化，说："我于父母在世时首次出仕，俸禄仅有三釜，因能用于养亲而内心快乐；父母去世后再次出仕，俸禄高达三千钟，因不能用于养亲而内心悲戚。"

弟子遂问孔子："像曾参这样，可否视为心不悬系于俸禄而无罪错呢？"

孔子说："曾参之心业已悬系于俸禄！真无悬系，还会心有哀乐吗？至人看待俸禄三釜与俸禄三千钟，如同鹳雀与蚊虻飞过眼前那样不予分别。"

本章虚构的真际孔子对曾参之批评，义理不够严密。曾参前仕乐而后仕哀，原因并非前禄三釜，后禄三千钟，而是前仕之时父母健在，后仕之时父母已逝。

况且《养生主》明确说："可以养亲。"《人间世》又借孔子之口说："子之爱亲，命也，不可解于心。……事其亲者，不择地而安之，孝之至也。"可见庄子并不反对"爱亲"、"养亲"乃至"孝亲"，仅仅反对把无条件"孝父"，作为无条件"忠君"的思想模板和精神枷锁。

本章是在上章褒扬"孔子六十化"的基础上，进而贬斥"曾子再仕而心再化"，抉发"内七篇"贬斥"实际孔子"的真正原因，是贬斥业已产生重大不良影响的"曾参—子思—孟子"一系所传"实际孔学"。因此让"真际孔子"出任庄学代言人，贬斥"实际孔学"传人曾参仍然坚执"始时所是"的"实际孔学"，未窥"今之所是"的"真际孔学"。

旧庄学既已谬解上章是褒扬孔子，进而谬解本章是褒扬曾参。比如刘凤苞曰："上（庄惠辩孔章）是心与道化，此（曾子再仕章）是心与境化。"全反庄义。

本章义理尽管不够绵密，仍应"得"其"意"旨，"忘"其"言"

疏。而本章对倚待庙堂而出仕的"实际孔学"传人曾参之贬斥，则是预伏下章对笑傲江湖而不仕的"真际孔学"传人颜回之褒扬。

四　颜氏改宗，"自适"真道

第四颜氏学道章，抉发"内七篇"对"真际孔学"传人颜回的褒扬。

> 颜成子游谓东郭子綦曰："自吾闻子之言也[1]，一年而野，二年而从，三年而通，四年而物，五年而人来[2]，六年而鬼入，七年而天成，八年而不知死不知生，九年而大妙。"

颜成子游对东郭子綦说："自从我得闻夫子教诲，一年由文返野，二年顺从内德，三年与道相通，四年与物齐同，五年众人来亲，六年鬼神来舍，七年天然有成，八年不知死生，九年达道大妙。"

"一年而野"，是学道第一步。从人道之"文"，返归天道之"野"，如同对圈养的"人文"动物先予"野化训练"，尽去人文伪道之"黥劓"，然后放归原野。即陶渊明《归园田居》所言："久在樊笼里，复得返自然。"

"二年而从"，义本《老子》"唯道是从"。隐扣孔子"六十而耳顺"之后的"七十而从心所欲"。

"三年而通"，已窥"道"之"通"途。"通"谓尚在过程，"达"

1　"也"字旧脱。王叔岷据日本高山寺古钞本、《文选》谢灵运《南田树园激流植楥》注引校补。

2　"人"字旧脱。马叙伦："'来'上有夺字。成疏：'为众归也。'或夺'物'字，或夺'人'字。"上句作"四年而物"，此句所脱必非"物"字，当为"人"字。"人来"与下句"鬼入"对举。郭注："自得也。"原文谓由外（天道）而"来"，非谓"自得"于内。"人"字或为郭象自圆"独化—自得"谬说而删。

谓已抵目标。

"四年而物"，义本《应帝王》："雕琢复朴，块然独以其形立。"成语"土木形骸"，源于庄学此义。

"五年而人来"，义本《德充符》："彼且择日而登假，人则从是也。"

"六年而鬼入"，义本《人间世》："鬼神将来舍，而况人乎？"《大宗师》："夫道，神鬼神帝。"天帝鬼神，均属"道"之变相，而低于道，故六年可致鬼神。《荀子·天论》："君子以为文，百姓以为神。"以为"文"，即视为假言；以为"神"，即认假为真。

"七年而天成"，义本《齐物论》："道隐于小成。"七年学道小成，"自得"则达道无望。

"八年而不知死不知生"，已悟生死均属天道"造化"主宰的"物化"。

"九年而大妙"，彻悟天道"造化"。"妙"字义本《老子》"众妙之门"。叩开真道之门以后，仅须"谨守勿失"，终身葆之，顺遂自然，终其天年。

庄撰《齐物论》中，"颜成子游"是"南郭子綦"的弟子。蔺撰《寓言》中，"颜成子游"则是"东郭子綦"的弟子。虚构人名仿拟"内七篇"而予变文，是"外杂篇"惯技。《寓言》之"颜成子游"，照抄《齐物论》虚构人名却不予变文，是"外杂篇"唯一之例，并非偶然，实寓深意。

第二章抉发"内七篇"之贬斥"实际孔子"，第三章抉发"内七篇"之贬斥"实际孔学"传人曾参之后，第四章进而抉发"内七篇"之褒扬"真际孔学"传人颜回，亦即抉发《齐物论》向庄学代言人"南郭子綦"学道的"颜成子游"，实为"实际颜回"的寓言化身和理想化虚构。因此"颜成子游"在《齐物论》向"南郭子綦"

学道有成之后，至《大宗师》恢复真身"真际颜回"，向"实际孔子"传授丧忘"礼乐仁义"的"坐忘"真道。

本章"颜成子游"（颜回）之不仕，与上章曾参之出仕对比。颜回不仕，见于《让王》："孔子谓颜回曰：'回，来！家贫居卑，胡不仕乎？'颜回对曰：'不愿仕。回有郭外之田五十亩，足以给饘粥；郭内之田十亩，足以为丝麻；鼓琴足以自娱，所学于夫子者足以自乐也。回不愿仕。'"

《寓言》颜成子游所言"学道九阶"，通过仿拟，抉发《大宗师》女偶所言"成道九阶"：

"三日而后能外天下，七日而后能外物，九日而后能外生，而后能朝彻，而后能见独，而后能无古今，而后能入于不死不生，（而后）撄宁，（而后）撄而后成。"（撮引略其枝蔓，详见《〈大宗师〉奥义》"成道九阶"、"闻道九阶"。）

旧庄学混淆《大宗师》成道第八阶"撄宁"与成道第九阶"撄而后成"，而"八阶"又不合以"九"为阳数之极的思维范式，不便视为"成道八阶"，因此对女偶随后所述"闻道九阶"，也未视为"闻道九阶"。《寓言》"学道九阶"既是《大宗师》"成道九阶"之证，也是《寓言》非庄所撰之证。倘若庄子自撰《寓言》，不可能重复"内七篇"已明义理。弟子撰写《寓言》，才会通过仿拟，使"内七篇"晦藏之义由隐趋显。

然而《寓言》"学道九阶"仿拟《大宗师》"成道九阶"，未能精确对应。《大宗师》成道第七阶"而后能入于不死不生"，被《寓言》移后一阶，成为学道第八阶"八年而不知死不知生"。这是《寓言》非庄所撰的又一证。倘若庄子自撰《寓言》，不可能七上八下地自乱义理。弟子撰写《寓言》，才可能杂七杂八地仿拟小误。

细究小误之由，或因《寓言》撰者也未领悟《大宗师》"撄宁"

与"撄而后成"的细微差异。由于一阶未能对应，牵连导致其他八阶也未能精确对应。不过撰者虽未全窥"成道九阶"，或许曾闻庄子言及总名"成道九阶"，或许熟读之后自悟"闻道九阶"，进而推测"成道八阶"或为庄子遗漏一阶，因此在第七阶之前仿补一阶，导致成道第七阶移后为学道第八阶。好在自成次第，瑕不掩瑜。

五　庄学宗旨，弘扬天道

第一卮言章之后的寓言三章，分别贬斥悖道"有为"的实际孔子（大知），贬斥悖道"有为"的实际孔学传人曾参（小知），褒扬顺道"无为"的东郭子綦（至知）及其弟子颜成子游（从小知成长为至知的真际孔学传人颜回之化身）。

第五魍魉问影章，旨承上文。先以第一节卮言，总斥大知小知之"有为"。

> 生有为，死也。劝公以其私[1]，死也，有自也；而生，阳也，无自也。而果然乎？恶乎其所适？恶乎其所不适？天有历数，地有人据，吾恶乎求之？莫知其所终，若之何其无命也？莫知其所始，若之何其有命也？有以相应也，若之何其无鬼邪？无以相应也，若之何其有鬼邪？

第一节前三句，原文有脱误或删改，导致诸家断句不同。郭庆藩、王先谦、张默生、陈鼓应断句为："生有为，死也。劝公，以

1　"私"字旧脱。奚侗、刘文典据《阙误》张本、郭注"由私其生，故有为"校补。郭注未辨原文"公/私"对举之义。

其死也，有自也；而生阳也，无自也。"吴汝纶、王叔岷断句为："生有为，死也劝。公以其死也，有自也；而生阳也，无自也。"奚侗、刘文典第二句补"私"字，断句为："劝公，以其私死也，有自也。"无一可通。

第一句"生有为，死也"总领，总斥大知小知之"有为"，是悖道找死。

第二句以下展开总领句，其义难解。必须辨识重言、变文、转辞，方能稍窥其义。

首章第二节："有自也而可，有自也而不可；有自也而然，有自也而不然。恶乎然？然于然。恶乎不然？不然于不然。恶乎可？可于可。恶乎不可？不可于不可。"

本章第二句："劝公以其私，死也，有自也"，重言展开首章之"有自也而不可"、"有自也而不然"，抉发《齐物论》为何"不可于不可"、"不然于不然"。

本章第三句："而生，阳也，无自也"，变文展开首章之"有自也而可"、"有自也而然"，抉发《齐物论》为何"可于可"、"然于然"。

本章第四句："恶乎其所适？恶乎其所不适？"转辞抉发，庄学之所以认为"有自也而可"、"有自也而然"，是因为丧忘"自我"者顺道自适；庄学之所以认为"有自也而不可"、"有自也而不然"，是因为坚执"自我"者悖道适人。

由此可证，首章、本章"有自也"、本章"无自也"，其"自"均训"自我"。郭象谬注："自，由也。"旧庄学无不盲从，遂致断句、释义均不可通。

首章"有自也"郭注："自，由也。由彼我之情偏，故有可不可。"本章郭注："自，由也。由有为，故死；由私其生，故有为。今所以劝公者，以其死之由私耳。"首章"有自也"成疏："自、他既空，然、可斯泯。""自"与"他"对，意为"自我"，其释实确。可惜本章成疏又盲从郭注："自，由也。所以人生而动之死地者，由私爱其生，不能公正，故劝导也。"旧庄学多盲从郭象。宣颖："自，根由。"林希逸："有自，有所由来也。言凡人之所谓可，所谓不可，所谓然，所谓不然，其言皆有所由来。"无一可通。

难点既明，原文可通：

生而悖道有为，乃是自蹈死地。劝诱天下为公以成其私，就是劝诱天下蹈于死地，乃是坚执自我；然而生命，应由阳气驱动，不可坚执自我。然而（人道）果真对吗？吾人应该适于何道？吾人不应适于何道？天上既有天道历数，地上又有人道凭据，吾人应该求索何道？不知天道终始，怎能断言必无天道定命？不知人道终始，怎能断言必有人道定命？天道既有相应征象，怎能断言必无鬼神之历数？人道既无相应征象，怎能断言必有鬼神之凭据？

"劝公以其私"意为，庙堂伪道鼓吹"天下为公"，劝诫天下民众服从"公义"，然而庙堂把天下视为"家天下"，庙堂之"公"实为一家之"私"。众人被"黥劓"之后，会将伪"公义"视为己之"宜"，会将"适人之适"视为"自适"，从而自执成心"我偏愿意，你管不着"，把假"自适"视为真"自适"。参看《〈山木〉精义》"适／义"之辨。

"天有历数，地有人据"意为，天道历数有定有据，人道之言无定无据，难服人心，难定天下之定。即《齐物论》贬斥儒墨"其所言者特未定"。王叔岷曰："章太炎释'人据'为'夷险'，是也。"林希逸曰："人据，人迹之所至，有可考据者。"所释均非。

撰者以疑问句结束，是不欲断然否定人道、鬼神之相对是非，仅以高于人道、鬼神的道极视点，超越人道、鬼神之相对是非，即"和以天倪"。因此庄子既反对"同于己为是之，异于己为非之"，又主张"和之以天倪"、"圣人和之以是非，而休乎天均"，同时仍对万物有所褒贬。庄子之褒贬，并非"同于己"则褒之，"异于己"则贬之，而是合于道则褒之，悖于道则贬之。人道、鬼神固有相对之是，也有相对之非，均非终极之道。囿于人间视点、未达道极视点者，总是把仅有相对之是的人道、鬼神，拔高为绝对之是、终极之道，从而僭代绝对之是，驱逐终极之道。

"和之以天倪"、"圣人和之以是非，而休乎天均"，仅对"异于己"却合于道者而言。"异于己"者，未必悖于道，因为物各有然，物各有是，物各有宜，物各有适。只要"异于己"者顺应天道，因循内德，就有权自然其然，自是其是，自宜其宜，自适其适，他人无权非之贬之。唯有"异于己"者违背天道，因循伪德，然人之然，是人之是，宜人之宜，适人之适，进而拔高伪道，僭居真道，临人以德，黥劓人心，强制天下民众然人之然，是人之是，宜人之宜，适人之适，那么信仰天道如庄子者，必予"感而后应，迫而后动，不得已而后起"（《刻意》）的迎头痛击。伪道极其虚弱，根本不堪一击，除了动用暴力，唯有篡改曲解。

以上第一节卮言，贬斥大知小知之"有为"而不知何适。以下第二节"魍魉问影"寓言，进而贬斥大知小知之"役人之役，适人之适"。

> 众魍魉问于影曰[1]："若向也俯而今也仰，向也括撮而今也披发[2]，向也坐而今也起，向也行而今也止，何也？"

---

[1] 刘文典认为"众"字无义，且《齐物论》无，断为衍文。张默生、陈鼓应从之。"众"字当为撰者变文所增，不应删。影外副影，原本非一，隐喻众人，其义甚当。

[2] "撮"字旧脱。刘文典、王孝鱼、王叔岷、张默生、陈鼓应据《阙误》张本及成疏"撮，束发也"校补。

影曰："搜搜也，奚稍问也！予有而不知其所以。予，蜩甲也，蛇蜕也，似之而非也。火与日，吾屯也；阴与夜，吾代也。彼，吾所以有待邪？而况乎以有待无者乎[1]？彼来，则我与之来；彼往，则我与之往；彼徜徉，则我与之徜徉。徜徉者[2]，又何以有问乎？"

众魍魉抱怨自己倚待的影子："你原先俯地而如今仰天，原先绾髻而如今披发，原先安坐而如今起立，原先行走而如今止步，是何缘故？"

影子对众魍魉解释："区区小事，何足一问[3]！我虽有假形，然而不知假形倚待的凭据[4]。我，就像蝉壳，蛇皮，形似人而实非人[5]。火光与日光，使我屯聚产生；阴天与黑夜，使我代谢消失[6]。有真形的彼人，岂非我有所倚待的凭据？何况你们虽有假形却倚待于无真

---

1 "无"字旧脱，笔者校补。旧作"而况乎以有待者乎"，刘文典据《阙误》张本及郭注"率至于无待"，易原文"有"作"无"，改为"而况乎以无待者乎"。不仅本句不通，又与上下文不通。

2 "徜徉"原作"强阳"。成疏："强阳，运动之貌也。"宣颖："强阳，谓健动也。"王闿运："强阳，今作徜徉。"

3 成疏："景答云：我运动无心，萧条自得，无所可待，独化而生，汝无所知，何劳见问也？"妄疏"有待"为"无所可待"，盲从郭象"独化—自得"谬说。陆释："搜搜，向云：动貌。"刘师培："搜犹区区也。稍与肖同，《方言》、《广雅》肖并训小，奚稍问者，犹云奚问之小也。郭注、成疏均未达。"刘文典、王叔岷是之。

4 郭注："自尔，故不知所以。"成疏："予，我也。我所有行止，率乎造物，皆不知所以，悉莫辩其然尔，岂有待哉！"原义贬斥"有待"，贬斥非"自尔"。郭注"自尔"，成疏"岂有待"，全反原义。

5 成疏："是知一切万有，无相因待，悉皆独化。"盲从郭象"独化—自得"谬说，全反原义。

6 成疏："阴夜有形而无影，将知影必不待形，而独化之理彰也。"盲从郭象"独化—自得"谬说，全反原义。

形的我呢[1]？彼人来，倚待彼人之我只能与之同来；彼人往，倚待彼人之我只能与之同往；彼人犹豫徘徊，倚待彼人之我只能与之一起犹豫徘徊。你我他无不适人之适而犹豫徘徊，你们又何必问我（为何毫无特操）？"

蔺撰《寓言》之"魍魉问影"寓言，通过仿拟，抉发庄撰《齐物论》之"魍魉问影"寓言：

"魍魉问影曰：'曩子行，今子止；曩子坐，今子起，何其无特操欤？'影曰：'吾有待而然者邪？吾所待又有待而然者邪？吾待蛇蚹蜩翼邪？'恶识所以然？恶识所以不然？"

合观可知，《寓言》抉发《齐物论》之旨，使之由隐趋显，却又有所偏离。

《齐物论》影曰："吾待蛇蚹蜩翼。"影子认为自己倚待之人是"蛇蚹蜩翼"。逻辑蕴涵是：庙堂大知是适人之适的"蛇蚹蜩翼"，江湖至人是自适其适的真蛇真蜩。义理严密，对应精确，贬斥锋芒直指芸芸小知（影子、魍魉）倚待的庙堂大知。

《寓言》影曰："予，蜩甲也，蛇蜕也。"影子认为自己是适人之适的"蜩甲蛇蜕"。逻辑蕴涵是：庙堂大知是自适其适的真蜩真蛇。尽管最后总斥影子、魍魉（芸芸小知）及其倚待之人（庙堂大知）均属"不知何适"的"徜徉者"，略使《齐物论》义理由隐趋显；然而《齐物论》精确对应的两个隐喻层次，却被撰者压缩为一个层次，导致贬斥锋芒转向倚待庙堂大知的芸芸小知（影子、魍魉）。

这一偏离再次证明，《寓言》撰者决非庄子。不过《寓言》撰

1　此处郭象未注，《齐物论》"魍魉问影"之郭注："推而极之，则今之所谓有待者，率至于无待，而独化之理彰矣。"成疏："吾所以有待者，火日也。必其不形，火日亦不能生影也，故影亦不待於火日也。"庄学"无待"（于物、独待于道），并非否定天道的郭象所谓"独化—自得"。

者明白《齐物论》之"魍魉问影"寓言极为重要，故在终篇之前特予抉发，仍然不失慧眼卓识。因为"内七篇"的根本宗旨并非贬斥孔子、惠施代表的"儒墨"，而是贬斥"役人之役，适人之适"的庙堂伪道，弘扬"自适其适，以德为循"的江湖真道，对被庙堂伪道"黥劓"、"雕琢"而"役人之役，适人之适"的民众，予以"息黥补劓"，使之"雕琢复朴"。

六　抉发至境，明庄渊源

第六杨朱悟道章，终篇章，抉发庄学至境，阐明庄学渊源。

庄子师承的道家祖师老聃出场，对庄子的道家前辈杨朱，予以"息黥补劓"，使之"雕琢复朴"。一如"内七篇"最后一篇《应帝王》，由达道至人壶子出场，对庄子的道家前辈列子，予以"息黥补劓"，使之"雕琢复朴"。

> 阳子居南之沛，老聃西游于秦，邀于郊，至于梁而遇老子。
> 老子中道仰天而叹曰："始以汝为可教，今不可也。"
> 阳子居不答。至舍，进盥漱巾栉，脱屦户外，膝行而前曰："向者弟子欲请夫子，夫子行不闲，是以不敢。今闲矣，请问其过。"
> 老子曰："尔睢睢，尔盱盱[1]，尔谁与居？大白若辱，盛德若不足。"[2]
> 阳子居蹴然变容曰："敬闻命矣！"
> 其往也，舍迎将。其家公执席，妻执巾栉，舍者避席，炀

1　旧脱"而"（通"尔"）字，刘文典据《列子·黄帝》校补。

2　《老子》四十一章："大白若辱，广德若不足。"

者避灶。其返也，舍者与之争席矣。

杨朱南行前往沛邑拜见老聃，恰逢老聃西游秦国，相约于沛邑郊外，在沛邑郊外的桥梁遇见老子。

老子行至半路仰天叹气说："原先以为你可以教诲，如今方知不可教诲。"

杨朱不敢答话。跟随老聃行至旅舍，服侍洗漱递巾送梳，脱鞋门外，膝行而前说："刚才弟子想问夫子，夫子行路无暇，因此不敢。如今夫子有闲，请问我之过错。"

老子说："你神态傲慢，目光骄矜，你能与谁共处？大白当如有污，盛德当如不足。"

杨朱羞愧变色说："敬受教诲！"

杨朱南行之时自矜自得，旅舍既迎又送。男主人铺设坐席，女主人递巾送梳，客人避席侧身，烤火者避开灶旁。杨朱北归之时不再自矜自得，客人已敢与他争抢坐席了。

《寓言》之终篇章，可与《山木》之终篇章合观：

"阳子之宋，宿于逆旅。逆旅之人有妾二人，其一人美，其一人恶，恶者贵而美者贱。阳子问其故，逆旅小子对曰：'其美者自美，吾不知其美也；其恶者自恶，吾不知其恶也。'阳子曰：'弟子记之！行贤而去自贤之心，安往而不爱哉？'"

两者主角均为杨朱，场景均为旅店，章旨完全相同，均可用《山木》第五章"去名与功，而还与众人同"概括。"去名与功"，即《逍遥游》"圣人无名"、"神人无功"；"还与众人同"，即《逍遥游》"至人无己"。《寓言》末章，正是抉发《逍遥游》"至境"三句。

杨朱往见老聃之时，未达"无己"、"丧我"之境，颇有"自贤"、"自美"之心，因而坚执"功名"，"临人以德"，彰显自我之特异，也被众人视为特异，仅达"五年而人来"之大境。《管仲》曰："神人恶众至。"因为"众至"、"人来"，尚非至境，此时"当而自得"，必定"道隐于小成"。至于悖道者"不当而自得"，则是"天刑之，安可解"的"天之戮民"。

杨朱受教而返之时，已达"无己"、"丧我"之境，已无"自贤"、"自美"之心，因而"去名与功"，"支离其德"，淡化自我之特异，"当而不自得"，"还与众人同"，不再被众人视为特异，于是"舍者与之争席"，已达"九年而大妙"之至境。

《寓言》终篇章，老聃教诲杨朱"盛德若不足"；《山木》终篇章，杨朱教诲弟子"行贤而去自贤之心"。传承次第井然，文小异而义大同。传承次第井然，足证两篇撰者同一，而且《寓言》撰于《山木》之前。文小异而义大同，是因为蔺且撰写《寓言》，旨在抉发"内七篇"结构及其奥义，因此终篇章让老聃教诲杨朱，说明庄学源于"老聃—杨朱"一系所传。而蔺且撰写《山木》，旨在抉发"内七篇"的"间世"秘义，并为庄子悟道作证，因此终篇章让杨朱教诲弟子，说明庄学颇有传人。

结语　结构严谨，义理贯通

庄子亲传弟子蔺且，在庄子仙逝之后撰写的第一篇文章《寓言》，首章抉发"内七篇"结构，其后五章抉发"内七篇"奥义，取舍得当，要言不烦，结构严谨，义理贯通，是不可多得的绝妙佳篇，绝非"随手散缀"、"难明条贯"、"不相关联"的杂凑之文。

欲窥《寓言》通篇结构和每章意旨，必须先明"内七篇"奥义。唯有先明"内七篇"贬斥"世之所重"的尧舜、孔子等历史名人，方能明白《寓言》首章之"重言"，不可能是"借重"尧舜、孔子等历史名人。唯有先明"内七篇"贬斥"实际孔子",褒扬"真际孔子",晦藏庄学真谛,方能明白《寓言》第二庄惠辩孔章是抉发"内七篇"最大之谜"两个孔子",同时抉发庄学真谛;方能明白《寓言》第三曾子再仕章是抉发"内七篇"贬斥传承"实际孔学"的后儒,方能明白《寓言》第四颜氏学道章是抉发《齐物论》"颜成子游"实为"真际孔学"传人颜回之化身。唯有先明《逍遥游》"至人无己"、《齐物论》"吾丧我"、《大宗师》"当而不自得",方能明白《寓言》第六杨朱悟道章是抉发庄学至境。

欲明《寓言》并非庄子所撰,必须先明"内七篇"从不简单重复,重言、变文、转辞,义理极其严密,从不自相矛盾,方能明白《寓言》首章第二节大量借用《齐物论》之言,《寓言》第四颜氏学道章仿拟《大宗师》"成道九阶"而又稍有偏离,"东郭子綦"仿拟《齐物论》"南郭子綦"而又变文小误,《寓言》第五魍魉问影章仿拟《齐物论》"魍魉问影"而又稍有偏离,均为《寓言》非庄所撰之证。

欲明《寓言》为庄子弟子蔺且所撰,必须先明"外杂篇"水准悬殊且文风迥异,既非庄子所撰,亦非一人所撰。进而辨析"外杂篇"佳篇,或出于庄子弟子蔺且,或出于庄子再传弟子魏牟,而蔺且哲学悟性高于文学悟性,魏牟文学悟性高于哲学悟性。进而了解蔺且所撰《山木》、《达生》等篇,共同特点是结构严谨,义理细密,措辞微妙,文风收敛,与《寓言》相近。魏牟所撰《秋水》,以及疑为魏牟所撰《知北游》、《外物》等篇,共同特点是结构宏阔,义理粗略,措辞辛辣,文风张扬,与《寓言》有异。再加种种其他旁证,方能在确证《寓言》撰者并非庄子之后,确证《寓言》撰者即庄子弟子蔺且。

冒充"庄学之友"的庄学之敌郭象,不可能窥破《寓言》通篇结构,不可能理解《寓言》各章意旨,不可能辨明《寓言》非庄所撰，不可能确证《寓言》撰者为谁。

西晋儒生郭象为了炮制反庄学的伪庄学，论证"名教即自然"的反庄学谬论，故意谬解"重言"为"借重（孔子）"。北宋文豪苏轼又为之推波助澜，其《庄子祠堂记》曰："《史记》：'庄子著书十余万言，以诋訾孔子之徒，以明老子之术。'此知庄子之粗者。庄子盖助孔子者。庄子之言，皆实予而文不予，阳挤而阴助之。其尊孔子也至矣。"尽管苏轼之言是屈从伪道俗见的违心之语，因为其弟苏辙《东坡先生墓志铭》引用了苏轼未敢公开之言："吾昔有见于中，口未能言。今见《庄子》，得吾心矣。"然而苏轼屈从伪道俗见的违心之语，却被旧庄学奉为至理名言，产生了混淆视听的极大负面影响。玄学名家与超级文豪的共识，成了治庄儒生把庄学彻底儒学化的两大奥援，"诋訾孔子之徒"的道家宗师庄子，遂被"化神奇为臭腐"地改造成了"其尊孔子也至矣"的儒生，郭象遂成旧庄学的绝对权威，苏轼遂成旧庄学的超级护法。不具尊孔成心的后世学者，也因三人成虎，滔滔皆是，而不得不盲从附和。

坚执尊孔成心的郭象及其追随者，未能读通作为"内七篇指南"的《寓言》，因而无法理解"内七篇"奥义，又把弟子所撰《寓言》视为"庄子自序"，把仅仅适用于"内七篇"的"三言"移用于"外杂篇"，进而无法区分"外杂篇"之优劣，无法理解"外杂篇"佳篇之精义，最终无法读通《庄子》的任何篇章字句，一如魏牟所撰《秋水》所言："欲观于庄子之言，是犹使蚊负山，商蚷驰河也，必不胜任矣。"

"内七篇"贬斥"实际孔子"，褒扬"真际孔子"，以及《寓言》抉发此旨，均属"名可名，非常名"的名相，"终身言，未尝言"的假言。由于实际孔子在两千年中得到专制庙堂愈演愈烈的尊崇神化，"孔子"遂成象征中华文化、代表中华民族的顶级符号，因此庄子贬斥"实际孔子"虽为论道之假言，却在两千年中越来越"政治不正确"，越来越触怒未"丧我"的伪道俗见和大知小知，越来越冒犯非理性的集体无意识和民族自尊心。唯有真正的庄学之友，方能丧忘"孔子"名相，乃至丧忘"庄子"名相。坚执尊孔成心或贬孔成心，均未入于庄学之门。坚执褒庄成心或贬庄成心，亦未入于真道之门。

庄子反复言之："语之所贵者，意也，意有所随。意之所随者，不可以言传也。"（《天道》所引庄子之言）"言者所以在意也，得意而忘言。吾安得夫忘言之人而与之言哉？"（《外物》所引庄子之言）

言者既已致无其言，闻者理应得意忘言。

2007 年 10 月 20 日—2008 年 8 月 24 日初稿

2022 年 1 月 31 日除夕定稿

《天下》精义

弁言 《天下》篇旨，推尊庄学

《天下》被先于刘安的《韩诗外传》抄引，必在魏牟版"外篇"。刘安版仍在"外篇"，郭象版贬入"杂篇"。

崔譔、向秀《庄子注》均"有外无杂"（陆序），郭象版杂篇《天下》九章，"天下"六章有陆引崔注十八条、向注二条，"惠施"三章却无陆引崔注、向注，而且两大部分结构断裂、义理脱节，证明郭象裁剪刘安版外篇《惠施》526字，拼接于刘安版外篇《天下》2053字，合为篇幅超长的郭象版杂篇《天下》2579字，再移外入杂；同时证明崔、向均注刘安版外篇《天下》，均未注刘安版外篇《惠施》。谭戒甫认为，《惠施》"经后人糅合"于《天下》。王叔岷认为，《天下》、《惠施》"盖郭象合之"。

郭象裁剪《惠施》拼接于《天下》，破坏了《天下》的缜密结构，导致魏牟版、刘安版《天下》的终篇庄周章，在郭象版《天下》中不再是终篇章，再经篡改、妄断、反注，使撰者定位于大境的儒家"方术"，升格为儒家"道术"，使撰者定位于至境的关尹、老聃、庄周的"道术"，降格为与墨家、宋钘、慎到并列的"方术"，因而《天下》真义长期湮灭不彰。

郭象删去外杂篇所有明显的庄后史实，又导致苏轼、释性涵、王夫之、宣颖、胡文英、陆树芝、梁启超、马叙伦、钟泰、钱基博、张默生、徐复观、陈鼓应等多数学者，认为《天下》是"庄子自作"的"《庄子》全书之自序"（梁启超）。仅有朱得之、林云铭、胡适、郭沫若、王叔岷、严灵峰、崔大华、刘笑敢等少数学者，认为《天下》"决不是庄子自作的"（胡适）。

《天下》文风张扬夸诞，意旨鲜明辛辣，撰者当为先崇名家、后宗道家、杂学极广的庄子再传弟子魏牟。

庄子弟子蔺且所撰《寓言》，是开启两千多年庄学史的第一篇"内七篇"研究论文，旨在对"内七篇"结构及其奥义，予以内部抉发。

庄子再传弟子魏牟所撰《天下》，是开启两千多年庄学史的第二篇"内七篇"研究论文，旨在对"内七篇"思想及其价值，予以外部定位。

"外杂篇"仿拟"内七篇"，大多"寓言十九"，由于水准逊于"内七篇"，结构常比"内七篇"费解，义理常比"内七篇"隐晦。没有寓言的《天下》，原本结构简明，义理清晰。然而郭象坚执牢不可破的尊儒尊孔成心，为了证明《天下》撰者是庄子，进而证明《天下》撰者庄子尊儒尊孔至极，于是妄断《天下》原文，谬注《天下》原义，甚至为了混淆视听，裁剪《惠施》残篇移入《天下》，导致《天下》再也无法读通。

苏轼被郭象误导，认定《天下》撰者是庄子，所撰《庄子祠堂记》妄言："其（庄子）论天下道术，自墨翟、禽滑厘、彭蒙、慎到、田骈、关尹、老聃之徒，以至于其身，皆以为一家，而孔子不与，其（庄子）尊之也至矣。"盲从者众。

《天下》复原近真本，白文2053字（未计郭象移入的《惠施》残篇526字）：补脱文5字。删衍文80字。订讹文16字。更正误倒1处。厘正通假字、异体字25字，重复不计。纠正重大标点错误 7 处，小误不计。

魏撰《天下》共六章，无寓言。第一章是总论章，褒扬"道术"，贬斥"方术"。第二、第三、第四章是"方术"三章，分论墨家"方术"、宋钘"方术"、慎到"方术"。第五、第六章是"道术"二章，分论关尹、老聃"道术"、庄周"道术"。

通篇措词严谨，评议精准，终篇章评议庄周及其所撰内七篇，堪称千古不刊之论。

蔺撰《寓言》已对"内七篇"结构及其奥义予以内部抉发，成为前无古人、后无来者的庄学总论。魏撰《天下》则对"内七篇"义理及其价值予以外部定位，成为前无古人、后无来者的先秦学术总论，被古今学者公认为中国思想史第一名篇。

一　"道术／方术"，通篇之辨

第一总论章，共有四节。运用贯彻全篇的"道术／方术"之辨，总斥天下"方术"割裂、遮蔽古之"道术"大全。

> 天下之治方术者多矣，皆以其有，为不可加矣。
> 古之所谓道术者，果恶乎在？
> 曰：无乎不在。
> 曰：神何由降？明何由出？
> 圣有所生，王有所成，皆原于一。

第一节，包括开篇首句和二问二答。总领首章，又总领全篇。

开篇首句总斥"方术"："天下之治方术者多矣，皆以其有，为不可加矣。"

此句义同下文"天下各得一察焉以自好",也义同魏牟所撰《秋水》贬斥孔子"以天下之美为尽在己"。

由于《天下》贬斥包括孔子、儒家的天下治"方术"者"自好"、"自得",拔高其"术"为"不可加"之"道",与儒生郭象的"独化—自得"谬说、尊儒尊孔成心根本对立,因此郭象把必须分读的首句之"有,为",连读为"有为",然后不知所云地谬注:"为其所有为,则真为也;为其真为,则无为矣,又何加焉?"为了自圆谬说,郭象又误断后文,谬注全篇,导致《天下》完全不通。

首句总斥"方术"显于天下之后,第一设问阐明"道术"因此而隐于天下:"古之所谓道术者,果恶乎在?曰:无乎不在。"

魏撰《知北游》:"东郭子问:'所谓道,恶乎在?'庄子曰:'无所不在。'"

魏撰《知北游》之"(道)无所不在",承自庄撰《齐物论》:"道恶乎往而不存?""如求得其情,与不得,无益损乎其真。"《知北游》撰者魏牟像庄子一样认为:人类是否领悟"道",不影响"道"之遍在永在。

魏撰《天下》之"(道术)无乎不在",承自庄撰《大宗师》:"息我黬而补我剧,使我乘成以随先生。"《天下》撰者魏牟像庄子一样认为:古之"道术"能否传承后世,受制于"道术"是否被"方术"割裂、遮蔽。

"道体/道术"之辨,即"道/言"之辨,是道家终极思辨。《老子》:"道可道也,非恒道也。名可名也,非恒名也。"《齐物论》:"一与言为二。"这是道家入门常识:人不可能得"道"(实体之道),至人仅得"道术"(名相之道)。因此道家之言"道",均为假言,必须得意忘言。道家所谓"得道"、"有道",无不意为"得传道术"、"拥有道术",从不意为"得到天道"、"拥有天道"。入门常识既明,为免繁琐,"道术"也常常省略为"道",如《大宗师》"我有圣人之道"（女偊语），《天下》"内圣外王之道"，"道"均为"道术"之省略。然而庄撰《大宗师》之"鱼相忘乎江湖，人相忘乎道术"，魏撰《天下》之"古之所谓道术"、"道术将为天下裂"、"古之道术有在于是"（五次重言），均未省略。

第一设问阐明"道术"隐于天下之后，第二设问阐明"道术"如何显于天下："曰：神何由降？明何由出？圣有所生，王有所成，皆原于一。"

所问"神"、"明"，即"道"。

所答前八字"圣有所生，王有所成"，即"道术"。章末又重言"内圣外王"。

所答后四字"皆原于一"，"一"即"道"，阐明"道术"系于"道"，不偏于一方，不囿于一隅，洞察天地万物之大全。"方术"系于"方"，偏于一方，囿于一隅，未察天地万物之大全。

以"道体／道术"之辨为前提的"道术／方术"之辨，贯穿《天下》全篇。旧庄学不知"道体／道术"之辨，混淆《天下》之"（道术）无乎不在"与《知北游》之"（道体）无所不在"；又不知"道术／方术"之辨，混淆《天下》开篇辨明的"方术"、"道术"。比如成玄英妄疏曰："'方'，道也。'古之道术'，古术。"再如王先谦妄注曰："'方'，道也。'方'，道术。'方'，术也。"更多注家对"方术"、"道术"一概不注，视为异名同实，全都不得要领。

不离于宗，谓之天人。不离于精，谓之神人；不离于真，谓之至人；以天为宗，以德为本，以道为门，兆于变化，谓之圣人。

以仁为恩，以义为理，以礼为行，以乐为和，熏然慈仁，谓之君子。

以法为分，以名为表，以参为验，以稽为决，其数一二三四是也，百官以此相齿。

以事为常，以衣食为主，以蓄息畜藏为意[1]，老弱孤寡皆有以养，民之理也。

第二节展开"道术／方术"之辨，论列"道术"至境和"方术"三境，与庄学四境逐一对应，分为四层。

第一层论列后世所谓"道家"。撰者把《大宗师》首句"知天之所为、知人之所为者，至矣"，综合为"天人"，与《逍遥游》的"至人"、"圣人"、"神人"并列。《天下》的"至境"四名相，与《逍遥游》的"至境"三名相一样，是异名同实的变文，阐释之言也是异名同实的变文。

阐释"天人"、"神人"、"至人"各用一句，仅异一字。天人"不离于宗"，"宗"即天道。神人"不离于精"，至人"不离于真"，"精"、"真"即物德。

阐释"圣人"则用四句。首句"以天为宗"，点破天人"不离"之"宗"，即天道。第二、第三句"以德为本，以道为门"，阐明"道术"之体："不离于精"、"不离于真"，即"以德为本"的因循内德；"不离于宗"、"以天为宗"，即"以道为门"的顺应天道。末句"兆于变化"，阐明"道术"之用，即因应外境。

"以德为本，以道为门"八字，是对"道术"不可移易的精准概括。

"道"为天地万物之"宗"，也是天地万物所出、所入的"众妙之门"（《老子》）。天地万物无不为道所生，因此不能得"道"之全体，仅能得"道"之局部；"道"之全体，只能终极信仰，不断趋近。

---

1 "以"字旧脱，"为意"旧误移于"老弱孤寡"后，句遂不通。武延绪、陶鸿庆、王孝鱼、陈鼓应据日本高山寺古钞本校正。

万物本性，得之于"道"，故谓之"德"。万物无不为"道"所生，必有"道"所分施之"德"。万物之"德"，以量言，则形貌才性相异而不齐；以质言，则无不源于道而均齐。

先说"以德为本"，后说"以道为门"，是因为撰者所见《老子》初始本，《德经》在前，《道经》在后；庄子所撰"内七篇"，同样《德充符》在前，《大宗师》（即"道"）在后。三者表述次序相同，是因为：就实践次第而言，必先因循内德，方能顺应天道；就理论主次而言，必以顺应天道为主，因循内德为次。因此老聃、关尹开创，庄子集其大成的先秦"道术"学派，全称"道德家"，简称"道家"。全称、简称均首见西汉司马谈《论六家之要指》，《天下》撰者所处战国末期尚无全称"道德家"和简称"道家"。道家以"天"为"道"，因其不"自好"为"不可加"，居于"至治不治"的至境。

第二层论列后世所谓"儒家"："以仁为恩，以义为理，以礼为行，以乐为和，熏然慈仁，谓之君子。"

儒家以"礼"为"道"，以"仁义"为"德"，以"乐"为"教"，划定宗法等级名分，谓之"名教"，而以"君子"为理想人格。因其"自好"为"不可加"，居于治人不治物的悖道大境。

第三层论列后世所谓"法家"："以法为分，以名为表，以参为验，以稽为决，其数一二三四是也，百官以此相齿。"

以"法"为"道"的法家，出于儒家。《韩非子·显学》："自孔子之死也，有子张之儒，有子思之儒，有颜氏之儒，有孟氏之儒，有漆雕氏之儒，有仲良氏之儒，有孙氏之儒，有乐正氏之儒。"其中缺漏《荀子》提及的"子夏氏之贱儒"，郭沫若《十批判书》评论曰："韩非承认法家出于子夏，也就是自己的宗师，故把他从儒家中剔除了。"

孔子殁后，子夏移居魏国，魏文侯以子夏为师，以子夏弟子李悝为相，以子夏弟子吴起为将，率先变法。其后楚悼王以自魏至楚的吴起为相，实行变法。秦孝公以自魏至秦的李悝弟子商鞅为相，实行变法。其后韩国、齐国、赵国也纷纷变法。战国晚期，韩非成为法家集大成者。

法家尽管出于儒家，但是反对儒家以"礼"为"道"划定宗法等级，主张"王法面前人人平等"。因此儒家治心"名教"务虚而诛心，法家治身"刑教"务实而诛身。"以参为验，以稽为决"，即参验事实以诛身。《韩非子·显学》曰："无参验而必之者，愚也；弗能必而据之者，诬也。故明据先王，必定尧舜者，非愚即诬也！""其数一二三四"，即"以法为教"。"百官以此相齿"，即"以吏为师"。《韩非子·五蠹》曰："故明主之国，无书简之文，以法为教；无先王之语，以吏为师。"秦灭六国之后，韩非师弟兼信徒李斯，把韩非的"以法为教，以吏为师"献策秦始皇，秦始皇采纳推行。

法家对"法"的描述，全盘照搬道家对"道"的描述，故《韩非子》有《解老》、《喻老》，这是以"法"为"道"的学理路径。因其"自好"为"不可加"，居于治人不治物的悖道小境。

第四层论列天下民众："以事为常，以衣食为主，以蕃息畜藏为意，老弱孤寡皆有以养，民之理也。"

天下民众，以"衣食"为"主"，以"蕃息畜藏"为"意"，即以"食色"为"道"，可称"食色家"。民众仅欲治物养生，不欲治人被治。因其不"自好"为"不可加"，居于治物不治人的顺道初境。

钱基博认为，此境指"农家"："此庄子所以品次'天下之治方术者'：道者为上，儒者次之，百家之学又次之，农家者流为下。""农家"被官学贬入"末流"，因为"无益于治"。

"自好"为"不可加"的大境"方术"、小境"方术"，以初境民众为"黥劓"、"雕琢"对象。不"自好"为"不可加"的至境"道术"，以初境民众为"息黥补劓"、"雕琢复朴"对象。至境之"至知无知"，以初境之"无知"为基础；至境之"至治不治"，以初境之"不治"为基础。天道"返复终始，不知端倪"（《大宗师》），初境、至境因而循环相通。

> 古之人其备乎！配神明，醇天地，育万物，和天下，泽及百姓；明于本数，系于末度；六通四辟，小大精粗，其运无乎不在。
>
> 其明而在数度者，旧法世传之史，尚多有之。
>
> 其在于《诗》、《书》、《礼》、《乐》者，邹鲁之士、搢绅先生多能明之。[1]
>
> 其数散于天下而设于中国者，百家之学时或称而道之。

第三节褒贬至境"道术"、大境"方术"、小境"方术"（省略与至境循环相通的初境），也分四层，逻辑关系一总三分。

第一层总领，褒扬达于至境的"古之人"，实为虚拟。诸子的思维定式均为"历史衰退论"，必以"古人"为至高，无不"托古"立说。

"古之人其备乎"，称颂古之治道术者备察天地万物。第五章的"古之博大真人"关尹、老聃，是古之治道术者的代表。成疏以"古之人"为"圣帝"，又把下文"内圣外王"之"王"释为"九五"（君王），违背《天下》篇旨和庄学义理。盲从者众。

"配神明，醇天地"，重言第一节"神何由降？明何由出？""神

---

1 此下旧衍六句二十七字："《诗》以道志，《书》以道事，《礼》以道行，《乐》以道和，《易》以道阴阳，《春秋》以道名分。"隔断文义。马叙伦、张恒寿、徐复观、陈鼓应均认为注文羼入而删。

明"即"道"，第一节已明。"配神明，醇天地"即"道术"。

"育万物，和天下，泽及百姓"，是"道术"的永恒大用，异于"方术"的"时有所用"。

"明于本数，系于末度"，"本数"即"道德"（至境），"末度"即"仁义礼乐"（大境）、"刑名法术"（小境）、"食色养生"（初境）。成玄英妄疏曰："本数，仁义也。末度，名法也。"盲从者众。

以上第一层，总领以下三层。因此第二、第三、第四层并列，均以"其"字上承第一层末句"其运无乎不在"，旨在说明：古之"道术"无乎不在，但所在之处未必包含古之"道术"大全，"闻其风而悦之"者，常常偏于一方，囿于一隅。

第二层："其明而在数度者，旧法世传之史，尚多有之。""其"上承第一层，指"明于本数，系于末度"的古之"道术"大全。"数度"是"本数"、"末度"的缩略。

整句意为：古之博大至人所传"道术"大全，较为完整地保存于"旧法世传之史"。

此层预伏第五关尹、老聃章。春秋末年，周室衰微，"旧法世传之史"离散失传。老聃曾任周室柱下史或守藏史，赶上了"旧法世传之史"离散之前的末班车，较为完整地传承了古之"道术"大全。因此《汉书·艺文志》曰："道家者流，盖出于史官。"

第三层："其在于《诗》、《书》、《礼》、《乐》者，邹鲁之士、搢绅先生多能明之。""其"仍上承第一层，指"明于本数，系于末度"的古之"道术"大全。

整句意为：古之博大真人所传"道术"大全，不太完整地保存于《诗》、《书》、《礼》、《乐》，邹鲁儒生多能明之。

此层点破上节论列的大境"方术"，即儒家。孔子及其弟子后学"邹鲁之士、搢绅先生"，未能赶上"旧法世传之史"离散之前的末班车，只能从《诗》、《书》、《礼》、《乐》中稍窥古之"道术"局部，未明作为"本数"的"道德"，仅明作为"末度"的"仁义礼乐"，而且拔高"末度"僭代"本数"，"自好"为"不可加"，遂成偏于一方、囿于一隅的大境"方术"。

第四层："其数散于天下而设于中国者，百家之学时或称而道之。""其"仍上承第一层，仍指"明于本数，系于末度"的古之"道术"大全。"数"是"数度"之省略，"数度"则是"本数"、"末度"之缩略。

整句意为：古之博大真人所传"道术"大全，离散流落天下，隐于中原各地，诸子百家偶或也能称道抉发古之"道术"的一二枝节。

此层预伏下文"方术"三章：由于儒家仅明"在于《诗》《书》、《礼》、《乐》"的部分"末度"，难以令人信服，百家之学遂因"古之道术有在于是者，闻其风而悦之"，"各得一察"地抉发儒家未明的部分"末度"，以反对、修正、补充儒家之"囿"。但是"百家之学"仍然仅明"末度"，未明"本数"，仍然拔高"末度"僭代"本数"，仍然"自好"为"不可加"，遂成偏于一方、囿于一隅的小境"方术"。

坚执尊儒尊孔成心的郭象及其追随者，未能理解本节一总三分的义理逻辑，把共同上承第一层，实为并列关系的第三层"邹鲁之士、搢绅先生多能明之"，第四层"百家之学时或称而道之"，谬解为因果关系，谬解为百家"称道"儒家，进而谬解为《天下》撰者（诬为庄子）"称道"儒家且尊儒尊孔至极。然而即使"百家称道儒家"属实（其实并不属实），也只能推论出《天下》撰者既贬斥百家，又贬斥百家"称道"的儒家；不可能推论出《天下》撰者"称道"其所贬斥的百家所"称道"的儒家，更不可能推论出《天下》撰者尊儒尊孔至极。

值得特别注意的是，"搢绅先生多能明之"与"其数散于天下而设于中国者"之间，此下旧衍六句二十七字："《诗》以道志，《书》以道事，《礼》以道行，《乐》以道和，《易》以道阴阳，《春秋》以道名分。"马叙伦、吕思勉、张恒寿、徐复观、陈鼓应视为注文羼入而删。

南宋朱熹以前之妄人，妄增"《易》以道阴阳，《书》以道政事，《诗》以道性情，《春秋》以道名分"四句，句序、文字与今本四句不同，没有"《礼》以道行，《乐》以道和"二句。证见明人杨慎《庄子解》："《庄子》曰："《易》以道阴阳，《书》以道政事，《诗》以道性情，《春秋》以道名分。'为朱子所深取，且曰：'庄子是大秀才，荀子不及。'信矣！或谓其遗《礼》《乐》而不言，以议其失。非也。《庄子》之言，多举略以例详。如'九渊'之名，止列其三是也。六经而举其四，则《礼》以道中，《乐》以道和，推之可知。"

明代杨慎以后之妄人，又据杨慎"推知"的"《礼》以道中，《乐》以道和"，改为"《礼》以道行，《乐》以道和"二句，增入《天下》。再通改前人所增四句，重排句序，遂成明后通行本之六句二十七字。明后无数注家不知六句均为衍文，视为《天下》撰者（诬为庄子）推崇"六经"、尊孔尊儒至极之证。

盲从郭象的旧庄学家，大都效法郭象，不肯老老实实注解《庄子》，而是"六经注我"地替《庄子》妄改作文，为"庄子尊孔尊儒至极"制造伪证。

天下大乱，贤、圣不明，道、德不一，天下各得一察焉以自好[1]，譬如耳目鼻口，皆有所明，不能相通，犹百家众技也，

---

[1] "各"旧讹为"多"，严灵峰据郭注"各信其偏见"及下文"天下之人各为其所欲焉以自为方"厘正。成疏"各滞所执"，可为旁证。

皆有所长，时有所用。虽然，不赅不遍，一曲之士也。判天地之美，析万物之理，不察古人之全[1]，寡能备于天地之美、称神明之容。

第四节，总斥天下"方术"（包括儒家）"各得一察"。

春秋末年，社会巨变，古之"道术"隐于天下，儒家"方术"问世；入于战国，百家"方术"继之。于是"天下大乱"，究其原因有二。其一，天下"方术"把拔高"末度"僭代"本数"者，称为"圣贤"，导致"贤、圣不明"。其二，天下"方术"以伪"道"伪"德"僭代真"道"真"德"，导致"道、德不一"。

究其根源，是"天下（之治方术者）各得一察焉以自好"。此句义同开篇首句"天下之治方术者多矣，皆以其有，为不可加"，同时反扣第一节"圣有所生，王有所成，皆原于一"，揭破天下"方术"鼓吹的伪"道"伪"德"之所以"不一"，是因为不"原于一"。

郭象先把开篇首句"天下之治方术者多矣，皆以其有，为不可加"之"有，为"，连读为"有为"；至此又把"天下各得一察焉以自好"之"一察"，断读为"一，察"[2]，反转原义。于是妄断之句"天下各得一，察焉以自好"，变为正扣第一节"圣有所生，王有所成，皆原于一"。

郭象妄断原文、系统反注，把不可混淆的"道术"、"方术"，混淆为"皆原于一"，旨在把儒家从《天下》贬斥的天下"方术"中抢救出来，变成《天下》推尊的"道术"，从而把《天下》贬斥天下"方术"、推尊道家"道术"，反注为《天下》贬斥百家"方术"（包

---

1 "不"字旧脱，义理不通。

2 王念孙、俞樾、郭嵩焘已驳正郭象此处误断。郭庆藩、王先谦、刘文典、王叔岷、陈鼓应从之。

括道家），独尊儒家"道术"。尽管郭象谬说混乱不通，然而坚执尊儒尊孔成心的旧庄学无不盲从。个别学者偶或驳正郭象对原文的部分妄断，然而阐释《天下》篇旨，仍然盲从郭象以妄断原文为依据的系统反注。

魏撰《天下》贬斥天下"方术"，"皆以其有，为不可加"，"各得一察焉以自好"，全承庄撰《齐物论》贬斥"道隐于小成"的"儒墨"："唯其好之也，以异于彼；其好之也，欲以明之。彼非所明而明之，故以坚白之昧终。"因此魏撰《天下》一方面"然于然"地承认"百家众技"如同耳目鼻口，"皆有所明"，"皆有所长，时有所用"；另一方面"不然于不然"地批评"百家众技"仅止于"技"，未进乎"道"，如同耳目鼻口，"各得一察"，"不能相通"。因此"天下之治方术者"，无不"判天地之美，析万物之理，不察古人之全，寡能备于天地之美、称神明之容"，都是"不赅不遍"的"一曲之士"。

第一节"神何由降、明何由出"，第三节"配神明"，第四节"神明之容"，首章三次重言的"神明"之"道"，下文均与"道术"二章勾连，未与"方术"三章勾连。

是故内圣外王之道，暗而不明，郁而不发。天下之人各为其所欲焉，以自为方。悲夫，百家往而不返，必不合矣。后世之学者，不幸不见天地之纯，古人之大体，道术将为天下裂。

第五节，小结首章，阐明古之"道术"被今之百家"方术"（包括儒家）割裂、遮蔽。

"内圣外王之道"，变文重言第一节"圣有所生，王有所成，皆原于一"。"之道"是"之道术"的省略。"内圣"、"圣有所生"，即因循内德（蕴涵顺应天道）；"外王"、"王有所成"，即因应外境。

古之"道术"之所以"暗而不明，郁而不发"，是因为被今之百家"方术"（包括儒家）割裂（取）、遮蔽（舍，或不知）。

今之百家"方术"（包括儒家）之所以割裂、遮蔽古之"道术"，是因为"天下之人各为其所欲焉，以自为方"。郭象反注曰："道术流弊，遂各奋其方。"王先谦盲从曰："'方'，道术。"此句义同上文"天下之治方术者多矣，皆以其有，为不可加"，"天下各得一察焉以自好"，是首章之末的第三次重言点题。

"悲夫，百家往而不返，必不合矣"：撰者悲叹，百家"方术"（包括儒家）往于人境，不返天道，必然不合天道。

"后世之学者，不幸不见天地之纯，古人之大体，道术将为天下裂"：后世之学者被百家"方术"（包括儒家）迷惑，不幸不能窥见天地之纯粹，古之"道术"大体，因为已被百家"方术"（包括儒家）割裂、遮蔽。

"内圣外王之道（道术）"是首见于《天下》的道家专用术语，义同《天道》的"玄圣素王之道（道术）"。两者均被旧庄学曲解借用，积非成是，久假不归，变成了违背《天下》原义、《天道》原义和庄学宗旨的儒家专用术语。其谬有四。

其一，《天下》原义，"内圣"属"内"，指"内葆真德"。《天道》原义，"素王"即"外王"，"素"指"不仕"，"王"指"天下归往"。旧庄学混淆《天下》言"内"的"内圣"和《天道》言"外"的"素王"，谬解为隐指孔子，从而认定《天下》撰者、《天道》撰者（旧庄学均视为庄子）尊孔至极。成玄英妄疏曰："玄圣素王，内也。"盲从者众。

其二，《天下》原义，"外王"指"王德之人"（《天地》所引庄子之言），义同《天道》的"素王"。《齐物论》至人"王倪"，《德充符》至人"王骀"，《应帝王》篇名意为"顺应天帝的王德之人"，均为其证。

旧庄学谬解"外王"指君王。成玄英妄疏曰："飞龙九五，外也。"盲从者众。

其三，《天下》原义，无"内圣"必无"外王"，无"外王"必无"内圣"，两者是"治道术者"不可分割的内外两方面。旧庄学却把不可分割的"内圣"、"外王"分指不同之人，坐实则"内圣"指孔子，"外王"指君王，应用则自居"内圣"，自命"外王"之师。

其四，《天下》的"内圣外王"，《天道》的"玄圣素王"，无不泛指道家，无不特指庄学。旧庄学谬解为隐指儒家，进而谬解《天下》撰者、《天道》撰者（旧庄学均视为庄子）尊儒尊孔至极。

首章第二节把"道术"概括为"以德为本，以道为门"，正是把"道家"定位于至境"道术"。首章末节把"道术"概括为"内圣外王"，则是作为贯彻下文分论五章的方法论："方术"三章，分论墨子、宋钘、慎到偏于一方，囿于一隅，均属"内不圣外不王"的"方术"，因而"圣无所生，王无所成"。"道术"二章，分论关尹、老聃、庄子不偏于一方，不囿于一隅，均属"内圣外王"的"道术"，因而"圣有所生，王有所成"。

分论五章，均承首章所论"古之道术，其运无乎不在"，因此每章第一节均先抉发"古之道术"遗存，结以统一句式"古之道术有在于是者，某某闻其风而悦之"。随后概括、评价学派宗旨，兼及传承。

二　墨子"方术"，反对"儒术"

第二墨子章，"方术"三章之首章。战国初期的宋人墨子（前480—前390），后于孔子（前551—前479）。

《史记·孟子荀卿列传》曰："墨翟，宋之大夫，善守御，为节用。

或曰并孔子时，或曰在其后。"《淮南子·要略》曰："墨子学儒者之业，受孔子之术，以为其礼烦而不悦，厚葬靡财而贫民，服伤生而害事，故背周道而用夏政。"《汉书·艺文志》著录《墨子》七十一篇，今存五十三篇，亡佚十八篇。

首章认为"邹鲁之士、搢绅先生"仅明"其（道术）在于《诗》、《书》、《礼》、《乐》"的部分"末度"，因此分论五章之始，最先论列全面反儒的墨家。

第一节，抉发"其运无乎不在"的古之"道术"，在墨子"方术"中的遗存：

> 不侈于后世，不靡于万物，不晖于数度，以绳墨自矫，而备世之急；古之道术有在于是者，墨翟、禽滑釐闻其风而悦之。

墨学是儒学的反对派，五句无不针对儒学。

"古之道术有在于"墨学，意为墨子"得其一察"地抉发了儒家遗漏的"古之道术"部分"末度"。由于时人皆知墨子作《非儒》，因此《天下》撰者无须强调墨子之反儒。然而欲知此章命意，仍须先明《齐物论》所斥"道隐于小成"的"儒墨"之异。

儒家宗法伦理，先"亲亲"辨异，根据先天血缘划分等级，再"尚贤"选官，维持宗法伦理。其"尚贤"以"亲亲"为前提，并非纯粹"尚贤"。

墨家平民伦理，先"兼爱"尚同，主张人类没有先天等级，再"尚贤"选官，维持平等伦理。其"尚贤"不以"亲亲"为前提，是纯粹"尚贤"。

墨家"尚同"兼二义：其一，崇尚齐同。"尚"即崇尚，"同"即人类本质"不异"；反对儒家根据血缘划分先天等级。其二，求同于上。"尚"即"上",指居上位者;墨家主张根据贤愚不肖划分后天等级,圣人为天子,贤人为官吏,愚不肖为民众。两义合观:先崇尚齐同,先天平等"不异"(第一义),再建立后天合理等级,居下位者求同居上位者(第二义):"上之所是,下必是之,上之所非,下必非之。"此墨子所以作《尚同》。

为了确保天子是圣人,墨子强调:"上同于天子,而不上同于天,则灾犹未失也。"此墨子所以作《天志》、《明鬼》。先秦诸子中,仅有"神道设教"的墨子之"天",是有意志的人格神。

前三句:"不侈于后世,不靡于万物,不晖于数度。"反对后世奢侈,反对靡费万物,反对彰明"本数"、"末度"。"不晖于数度"上扣"其明而在数度者,旧法世传之史,尚多有之","晖"、"明"义同。墨家反对晖明人为立说的"本数"、"末度",主张晖明"天志",即"尊天明鬼"。

后二句:"以绳墨自矫,而备世之急。"墨学宗旨,是用"古之道术"为绳墨矫正儒学,首先自己做到,用于挽救"天下大乱"的当世急难。

第二节,概括墨子"方术"之"一察",批评其偏于一方,囿于一隅:

为之太过,已之太循[1]。作为《非乐》,命之曰《节用》;生不歌,死无服。墨子泛爱兼利而非斗,其道不怒;又好学,而博不异;不与先王同,毁古之礼乐[2]。古之丧礼,贵贱有仪,上

---

1 "循"旧讹为"顺"。成疏:"循,顺也。"陆释:"顺,或作循。"
2 此下旧衍七句三十四字:"黄帝有《咸池》,尧有《大章》,舜有《大韶》,禹有《大夏》,汤有《大濩》,文王有《辟雍》之乐,武王、周公作《武》。"隔断文义,当属注文羼入。

下有等[1]，今墨子独生不歌，死不服，桐棺三寸而无椁，以为法式。以此教人，恐不爱人；以此自行，固不爱己。未败墨子道。虽然，歌而非歌，哭而非哭，乐而非乐，是果类乎？其生也勤，其死也薄，其道太觳，使人忧，使人悲，其行难为也。恐其不可以为圣人之道，反天下之心，天下不堪。墨子虽独能任，奈天下何？离于天下，其去王也远矣。

"为之太过，已之太循"，这是撰者对墨学的定位：有为太过，矫枉过正。

"作为《非乐》，命之曰《节用》；生不歌，死无服"，墨子作《非乐》、《节用》，批评儒家用于维护宗法伦理的"礼乐"奢侈、铺张、靡费。

"墨子泛爱兼利而非斗，其道不怒"，墨子作《兼爱》，反对儒家对民众不一视同"仁"的"亲亲"之"仁"，主张对民众一视同"仁"的"兼爱"。墨子作《非攻》，从属于"兼爱"；反对"攻"者，帮助"守"者，是为"墨守"。

"博不异"：以认识到人类平等不异者为博学。魏牟所撰《秋水》曰："河伯曰：野语有之，曰'闻道百，以为莫己若'者，我之谓也。且夫我尝闻少仲尼之闻而轻伯夷之义者，始吾弗信，今我睹子之难穷也，吾非至于子之门则殆矣。吾长见笑于大方之家。"即贬斥孔子闻见不博而"辨异"。《荀子·非十二子》曰："不知壹天下、建国家之权称，上功用、大俭约而僈差等，曾不足以容辨异、悬君臣；然而其持之有故，其言之成理，足以欺惑愚众，是墨翟、宋钘也。"

1　此下旧衍四句十七字："天子棺椁七重，诸侯五重，大夫三重，士再重。"隔断文义，当属注文羼入。

即反击墨子之"不容辨异"。

"不与先王同，毁古之礼乐"：墨子作《节用》，批评儒家崇尚的先王之"礼"，"贵贱有仪，上下有等"；墨子作《非乐》，批评儒家崇尚的先王之"乐"，奢侈、铺张、糜费。

"今墨子独生不歌，死不服，桐棺三寸而无椁，以为法式"：儒家主张"礼乐"，墨子作《非乐》，即"生不歌"。儒家丧礼，死者葬制分等，"天子棺椁七重，诸侯五重，大夫三重，士再重"。生者丧服分等，故有"五服"。墨子主张生者丧服不分等，即"死不服"。墨子主张死者葬制不分等，全用"桐棺三寸而无椁"，自天子以至庶人一体遵行，"以为法式"。

"以此教人，恐不爱人；以此自行，固不爱己"：儒家"亲亲"之"仁"虽偏，仍对宗族有"爱"。墨子"兼爱"，原本反对儒家"亲亲"之"仁"的不平等偏爱，然而对人太苛，对己更苛，既"不爱人"，也"不爱己"，仅存平等不偏之"兼"，没有平等不偏之"爱"，从"兼爱"走向反面，变成了"兼不爱"。

"未败墨子道。虽然，歌而非歌，哭而非哭，乐而非乐，是果类乎？"墨子能够践行"兼不爱"，而不败坏其道。然而众人意欲歌唱而墨子非难歌唱，众人意欲哭丧而墨子非难哭丧，众人意欲乐舞而墨子非难乐舞，两者岂是同类？墨家从主张众人"不异"走向反面，变成了众人中的异类。

"其生也勤，其死也薄，其道太觳，使人忧，使人悲，其行难为也。恐其不可以为圣人之道，反天下之心，天下不堪。"墨子主张生而勤苦，死而薄葬，其道太过恐怖，使众人忧愁，使众人悲伤，其道难以践行。恐怕墨学难称圣人之道，大反天下之心，天下不堪忍受。

"墨子虽独能任，奈天下何？离于天下，其去王也远矣"：墨子虽然独能其任，又奈天下人何？背离天下之心，墨子距王德之人尚远。

第三节，引用墨子之语，以证第二节之概括、批评：

> 墨子称道曰："昔禹之湮洪水，决江河而通四夷九州也，名川三百[1]，支川三千，小者无数。禹亲自操橐耜，而九杂天下之川[2]；腓无胈，胫无毛，沐湛雨[3]，栉疾风，置万国。禹大圣也，而形劳天下也如此。"使后世之墨者，多以裘褐为衣，以跂蹻为服，日夜不休，以自苦为极。曰："不能如此，非禹之道也，不足谓墨。"

墨子"称道"大禹，可证首章"百家之学时或称而道之"的绝非儒家，而是"称道"儒家遗漏的古之"道术"遗存。

"禹大圣也，而形劳天下也如此"，墨子"上之所是，下必是之"的逻辑基础，就是天子必须是全知全能、"上同于天"的圣人。大禹"亲自操橐耜"，"沐湛雨，栉疾风"，"形劳天下"，"腓无胈，胫无毛"，正是"兼爱天下"的圣人天子。倘若天子不是大禹式圣人，墨学就会彻底崩溃。因此墨子要求全体墨者，必须像圣人天子大禹一样"日夜不休，以自苦为极"。不守禹之道，不配称为墨者。

第四节，兼及墨家后学：

> 相里勤之弟子五侯之徒，南方之墨者苦获、己齿、邓陵子

1　"川"旧讹为"山"。俞樾、郭庆藩、王先谦、刘文典、张默生据日本高山寺古钞本、《太平御览》六八引文校正。

2　"九"旧讹为"九"。成疏："九，又本作九。"陆释："九，本亦作九，聚也。"宣颖、章太炎、张默生从之。

3　"湛"旧讹为"甚"。陆释："崔本甚作湛。"郭庆藩从之。

之属，俱诵《墨经》，而背适不同[1]，相谓"别墨"。以"坚白"、"同异"之辩相訾，以"奇偶"、"不仵"之辞相应[2]。以巨子为圣人，皆愿为之尸，冀得为其后世，至今不决。

此节可参考《韩非子·显学》："自墨子之死也，有相里勤之墨，有相夫氏之墨，有邓陵氏之墨。孔、墨之后，儒分为八，墨分为三，取舍相反不同，而皆自谓真孔、墨。"

墨子崇尚人类本质齐同，后学各派无不诵持《墨经》，居然"背适不同"，"别同异，离坚白"，连墨者之间的平等齐同也难以维持，遑论全体人类的平等齐同。墨子崇尚居下位者求同于居上位者，然而后学各派连求同于墨家祖师也难以维持，遑论求同于别派"方术"。墨子"非攻"，然而后学各派居然互相攻击"相訾"，认为对方是"墨家别支"，遑论维持天下"非攻"。墨子以大禹为"大圣"，然而后学各派，却"以巨子为圣人"，争夺"墨家正宗"的派系斗争"至今不决"。凡此种种无不证明，连弟子后学都无法遵循墨道，遑论天下人遵循墨道。

因此墨子虽然"独能任"其"自苦为极"的"兼不爱"之道，墨子之后的墨家各派却难以为继。

第五节，小结墨子"方术"，对其意图"然于然"，对其效果"不然于不然"：

墨翟、禽滑釐之意则是，其行则非也。将使后世之墨者，必自苦以腓无胈，胫无毛，相进而已矣。乱之上也，治之下也。

---

1 "背"原作"倍"，"適（适）"旧讹为"谪"。张默生："倍通背，谪当作适。"
2 "奇"原作"觭"，王先谦、梁启超厘正。"仵"旧讹作"忤"，笔者厘正。

虽然，墨子真天下之好者也[1]，将求之不得也。虽枯槁，不舍也。才士也夫！

撰者"然于然"地肯定墨子"方术"对古之"道术"确有"一察"，反对儒家的意愿"则是"；又"不然于不然"地批评墨子"方术"未窥"道术"大全，矫儒家之枉太过"则非"。由于墨子"方术"偏于一方，囿于一隅，未窥"道术"大全，因此墨子"方术"要求全体墨者像圣人天子大禹那样"腓无胈，胫无毛"，"日夜不休，以自苦为极"，是不切实际的空想，属于最高的乱世"方术"，最低的治世"方术"。

由于大儒孟子恶诋墨子"无君无父，是禽兽也"，大儒荀子恶诋墨子"不容辨异，欺惑愚众"，因此郭象以降的治庄儒生，坚执褒儒贬墨的儒学成心，谬解《天下》撰者同样褒儒贬墨。然而撰者称许墨子"真天下之好者"、"才士也夫"，其意与孟子、荀子、治庄儒生完全相反。

"不可以为圣人之道，反天下之心，天下不堪"的墨子"方术"，不务"内圣"，仅欲"外王"，最终"去王也远"，连"外王"也无法实现，因此宋钘据其"一察"修正墨子。

三　宋钘"方术"，修正墨学

第三宋钘章，"方术"三章之次章。战国中期的宋人宋钘（前360—前290），后于墨子（前480—前390）。《庄子·逍遥游》、《韩非子·显学》称"宋荣子"，《荀子·非十二子》称"宋钘"，《孟子·告

1　"者"字旧脱。王孝鱼据日本高山寺古钞本校补。

子》称"宋牼"。《汉书·艺文志》著录《宋子》十八篇，今已全佚。

齐人尹文（前350—前285），是宋钘弟子。《汉书·艺文志》著录《尹文子》一篇，颜师古注引刘向曰："与宋钘俱游稷下。"今存《尹文子》二篇，学者多疑后人伪托。郭沫若认为《管子》之《内业》、《心术》、《白心》是宋钘、尹文遗说。

《天下》此章论宋钘，严守《逍遥游》论宋荣子（即宋钘）："故夫知效一官、行比一乡、德合一君、能征一国者，其自视也亦若此矣。而宋荣子犹然笑之，且举世誉之而不加劝，举世非之而不加沮，定乎内外之分，辨乎荣辱之境，斯已矣。彼其于世，未数数然也。虽然，犹有未树也。"

第一节，抉发"其运无乎不在"的"古之道术"，在宋钘"方术"中的遗存：

> 不累于俗，不饰于物，不苛于人[1]，不忮于众，愿天下之安宁以活民命，人我之养毕足而止，以此白心；古之道术有在于是者，宋钘、尹文闻其风而悦之。

宋钘是墨家的修正派（同样修正儒家），七句无不针对墨家。

"不累于俗，不饰于物"二句，言己：不为俗见所累，不因物议伪饰。《逍遥游》谓之"举世誉之而不加劝，举世非之而不加沮"。

"不苛于人，不忮于众"二句，言人：不欲苛求众人，不愿违逆众意。《逍遥游》谓之"彼其于世，未数数然也"。

"愿天下之安宁以活民命，人我之养毕足而止，以此白心"三句，

1　"苛"旧讹为"苟"。章太炎、刘师培、钱基博、蒋锡昌、陈鼓应据下文"君子不为苛察"校正。

言人我：希望天下安宁，多活民命，既要养人，又当养己，各取其足而止，以此表白心志。《逍遥游》谓之"定乎内外之分"。

第二节，概括宋钘"方术"之"一察"：

> 作为华山之冠以自表，接万物以别囿为始[1]，语心之容，命之曰心之行；以恕合欢，以调海内，请欲置之以为主。见侮不辱，救民之斗；禁攻寝兵，救世之战。以此周行天下，上说下教，虽天下不取，强聒而不舍者也。故曰：上下见厌而强见也。

"作为华山之冠以自表"，华山上下均平[2]，宋钘制冠像之，自表心志。这是对墨子主张人类平等"不异"的继承发展。

"接万物以别囿为始"：个体交接万物之始，首先必须"别囿"，告别一己所囿，超越人我之分。这是对墨子主张人类平等"不异"的继承发展。

"语心之容，命之曰心之行；以恕合欢，以调海内"：告别一己所囿，即为"心之容"、"心之行"。己心能容外物，方能"以恕合欢，以调海内"。

"请欲置之以为主"：请天下人奉"别囿"为"道"。

"见侮不辱，救民之斗；禁攻寝兵，救世之战"：宋钘认为，墨子主张"非攻"，学理粗糙，不懂人心，必须修正为"见侮不辱"；《逍遥游》谓之"辨乎荣辱之境"。墨子之"非攻"从属于"兼爱"，宋钘之"见侮不辱"从属于"别囿"。只有先"别囿"，告别一己所

---

1 "囿"原作"宥"。毕沅校正，钱基博、张默生、蒋锡昌、陈鼓应从之。《吕览·去宥》之"宥"，亦通"囿"。

2 陆释："华山上下均平，作冠象之，表己心均平也。"

囿，超越人我之分，方能"见侮不辱"，亦即个体"不怒"；进而"救民之斗"，邦国"非攻"，"救世之战"，最终"禁攻寝兵"，达至"以恶合欢，以调海内"。

宋钘自居己说胜于墨子，于是"自好"为"不可加"，"以此周行天下"，"强聒而不舍"地"强见"君臣，"上说下教"，然而效果仍然不佳，"天下不取"，"上下见厌"。

第三节，批评宋钘"方术"偏于一方，囿于一隅，引用其语以证：

> 虽然，其为人太多，其自为太少。日请欲固置五升之饭足矣[1]。先生恐不得饱，弟子虽饥，不忘天下，日夜不休[2]。曰："我必得活哉！"鄙傲乎救世之士哉[3]！曰："君子不为苛察，不以身假物。"以为无益于天下者，明之不如已也。以禁攻寝兵为外，以情欲寡浅为内，其小大精粗，其行适至是而止。

宋钘"其为人太多，其自为太少"，是对墨子"其为人极多，其自为极少"的修正。

世人好斗，君主好战，是因为"接万物"未能"别囿"，"苛察"人我之分，常把他人他国之言行，视为辱己，于是动怒攻战，因此宋钘主张"君子不为苛察（人我之分）"。墨子既苛求自己，也苛求他人。宋钘修正为既不苟求自己，也不苛求他人。

1　"日"旧讹为"曰"。刘文典据日本高山寺古钞本、《太平御览》八五○、成疏"一日之食"校正。

2　郭象因"日"讹为"曰"，而误断"曰"下直至"日夜不休"均为宋钘语（后于郭象的成疏不误），释义更误："宋钘、尹文称天下为先生，自称为弟子也。"陈鼓应："'先生'指宋钘、尹文，'弟子'指宋、尹的弟子。郭注误。"

3　"鄙"原作"啚"，讹作"圖"（图）。章太炎、马叙伦、钱基博校正。

墨子"以身假物"的舍己救世，宋钘修正为"不以身假物"的救世存己。人人"不以身假物"，既不"自苦"，也不苦人，以"五升之饭"为"足"，就能实现"愿天下之安宁以活民命，人我之养毕足而止"。

"以禁攻寝兵为外，以情欲寡浅为内"：宋钘把墨子的"非攻"，发展为"禁攻寝兵"，这是"外王"；又把墨子"自苦为极"的禁欲，修正为"情欲寡浅"的节欲，这是墨学所无的"内圣"。

"其小大精粗，其行适至是而止"：用首章已明的"古之人其备乎！明于本数，系于末度；六通四辟，小大精粗，其运无乎不在"，对比辨析宋钘"方术"，进而对比辨析宋钘"方术"所修正的墨子"方术"。"古之道术"完备，"小大精粗，其运无乎不在"；墨子"方术"极不完备，小大精粗，其行适至是而不止；修正墨学"方术"的宋钘"方术"仍不完备，"小大精粗，其行适至是而止"。《逍遥游》谓之"斯已矣"，"犹有未树"。

宋钘"鄙傲乎救世之士"墨子，认为墨学"无益于天下，明之不如已"，因而全面修正墨子。然而墨子"自苦为极，日夜不休"，"以身假物"地舍己救世，固然"为人极多，自为极少"，大"反天下之心"，因而"天下不堪"，"去王也远"；宋钘"情欲寡浅，日夜不休"，"不以身假物"地救世存己，仍然"为人太多，自为太少"，仍然小"反天下之心"，因而"天下不取"，"上下见厌"。

因此慎到认为宋钘仍然"无益于天下，明之不如已"，又据其"一察"修正宋钘。

四　慎到"方术"，修正宋钘

第四慎到章，"方术"三章之末章。战国中期的赵人慎到（前

350—前275），与宋钘弟子尹文（前350—前285）基本同时，年辈略后于宋钘。慎到与彭蒙（前370—前310）、田骈（前350—前275）师徒，没有师承关系。依时间先后，当言"彭蒙、田骈、慎到"。本章以慎到为主，彭蒙、田骈师徒仅是附及。

《史记·孟子荀卿列传》曰："慎到，赵人；田骈，齐人，皆学黄老道德之术，因发明序其指意。"《汉书·艺文志》著录《慎子》四十二篇，其后散佚，今存佚文若干；又著录《田子》二十五篇，今已全佚；彭蒙之书，未见著录。

法家无不以"法"为"道"，然而各有侧重：商鞅重"法"，申不害重"术"，慎到重"势"，韩非集其大成，全面阐述"法家四义"：道—法—术—势。法家照搬道家对"天道"的描述，移用于"王法"，因此"王法"与"天道"的其他属性完全相同，唯有"王法"的本质属性"治人"，迥异于"天道"的本质属性"不治"，导致"王法"的其他属性也似是而非。

《天下》撰者魏牟（前320—前240）与韩非（前280—前233）基本同时，然而既不论列也不附及商鞅、申不害、韩非，仅仅论列慎到，或因诸子法家中，慎到具有最多的古之"道术"成分。

《慎子·威德》："古者立天子而贵之者，非以利一人也。立天子以为天下，非立天下以为天子也；立国君以为国，非立国以为君也。"略同于《六韬·文韬》："天下非一人之天下，乃天下之天下也。同天下之利者则得天下，擅天下之利者则失天下。"（《吕览·贵公》抄之）二义不逊于《人间世》十字金言："天子之与己，皆天之所子。"均与日月同辉，照彻中外古今。

第一节，抉发"其运无乎不在"的"古之道术"，在慎到"方术"中的遗存：

公而不党[1]，易而无私，决然无主，趣物而不两，不顾于虑，不谋于知，于物无择，与之俱往；古之道术有在于是者，彭蒙、田骈、慎到闻其风而悦之。

慎到"方术"是对宋钘"方术"的修正（同样修正儒家、墨家），八句无不针对宋钘。

前二句"公而不党，易而无私"，是"道"的次要属性，慎到照搬为"法"的次要属性，针对"不公而党，繁而有私"的宋钘"方术"。

慎到认为，宋钘"方术"尊重民众之"私"，但是民众之"私"必然不断膨胀，最终侵夺他人之"私"，仍然不能"各存其私"。因此慎到要求民众以庙堂为"公"，不结私党，"无私"奉献。

第三句"决然无主"，道家认为"天道"面前人人平等，别"无"其"主"。法家照搬于"王法"，主张"王法面前人人平等"，以"君"为"主"。

第四句"趣物而不两"，显示法家"方术"与道家"道术"的本质差异。法家"方术"主张"趣物而不两"，禁止民众"以德为循，自适其适"，强迫民众"役人之役，适人之适"。道家"道术"主张"吹万不同"（《齐物论》），听任民众"以德为循，自适其适"，反对民众"役人之役，适人之适"。

第五至第八句"不顾于虑，不谋于知，于物无择，与之俱往"，均为道家对"天道"的描述，法家照搬移用于"王法"。道家、法

---

1 "党"旧讹为"当"。成疏："公正而不阿党。"陆释："当，崔本作党，云：至公无党也。"道藏白文本、注疏本、赵谏议本均作"党"。卢文弨、王先谦、刘文典从之。字讹之因，或是治庄儒生谬解《天下》推尊儒学至极，进而谬解《天下》必以诸子为"不当"，遂妄改原文。

家都主张，不顾及私虑，不谋于私知，对待万物无所拣择，携带万物同往。然而两家所往之处完全不同：道家往于"天道自然"，法家往于"王道乐土"。

郭象谬注墨子章末句"其去王也远矣"曰："王者必合天下之欢心而与物俱往也。"为何郭象"玄学"与先秦道家"道术"相反，却与先秦法家"方术"相同？因为郭象"玄学"，实为汉武帝"罢黜百家，独尊儒术"之后，"王（儒）霸（法）杂用"的"阴阳儒术"之变种。

第二节，概括慎到"方术"要义，引用其语以证：

> 齐万物以为首，曰："天能覆之而不能载之，地能载之而不能覆之，大道能包之而不能辨之。"知万物皆有所可，有所不可，故曰："选则不遍，教则不至。道则无遗者矣。"

慎到"齐万物以为首"，是对宋钘"接万物以别囿为始"的修正。宋钘之"别囿"，取"有私"的个体视点，仅仅认知、告别个体之囿，用于"接万物"。慎到之"别囿"，取"无私"的群体视点，进而认知并告别天地万物之囿，用于"齐万物"。

"天能覆之而不能载之，地能载之而不能覆之，大道能包之而不能辨之"，是慎到"齐万物"的终极思辨。慎到认为，"道"不仅高于人类个体，而且高于天地万物，因为天地"万物皆有所可，有所不可"，唯有"大道能包"天地万物。由此出发，慎到认为儒家、墨家、宋钘各有所囿。

"选则不遍"，针对主张"亲亲"的儒家宗法伦理以亲疏为标准选择民众，也针对主张"尚贤"的墨家平民伦理以贤愚不肖为标准选择民众，均未一视同仁。

"教则不至"，针对儒家、墨家、宋钘的"上说下教"，认为一切说教都无法遍及天下民众，都违背一视同仁，唯有"以法为教"才是真正的一视同仁。慎到认为，仅须公布一视同仁、人人不能违背的"王法"，就能大治天下。

"道则无遗者矣"，是"大道能包之"的变文重言。慎到所谓"道"，实为"法"。

傅斯年因《天下》谓慎到"齐万物以为首"，妄言《齐物论》是慎到之作。《齐物论》反对以王法"齐万物"，主张"吹万不同"。慎到主张以王法"齐万物"，主张"编户齐民"，怎么可能撰写《齐物论》？望文生义，粗疏至极。

第三节，批评慎到"方术"偏于一方，囿于一隅，引用其语以证。

> 是故慎到弃知去己，而缘不得已，泠汰于物，以为道理。曰："知不知，将薄知，而复邻伤之者也[1]。"謑髁无任，而笑天下之尚贤也；纵脱无行，而非天下之大圣也[2]。椎拍輐断，与物宛转；舍是与非，苟可以免；不师知虑，不知前后，魏然而已矣。推而后行，曳而后往，若飘风之还，若落羽之旋[3]，若磨石之隧；全而无非，动静无过，未尝有罪。是何故？夫无知之物，无建己之患，无用知之累，动静不离于理，是以终身无誉。故曰："至于若无知之物而已，无用贤圣。夫块不失道。"豪杰相与笑之曰："慎到之道，非生人之行，而至死人之理，适得怪焉。"

---

1 "複（复）"旧讹为"後（后）"。孙诒让、武延绪、钱基博据郭注训"又"校正。

2 "也"字旧脱。王孝鱼据日本高山寺古钞本校补。

3 "落"字旧脱。严灵峰据成疏"如落羽之旋"校补。陈鼓应从之。

"慎到弃知去己"，义同上节"公而不党，易而无私"。

"缘不得已"，即"缘法"大治，而非"缘道"不治。

"冷汰于物"，义同上节"于物无择，与之俱往"，任凭民众在邀宠君王的恶性竞争中自然淘汰，近于社会达尔文主义。

"以为道理"，即以"法"为"道"，视"王法"为"天道"之"理"。

慎到说："知不知，将薄知，而复邻伤之者也。"意为：必须知晓人人必有不知，人之不知必定迫近人之所知，两者相邻，人之所知必被其所不知伤及。

"謑髁无任，而笑天下之尚贤也；纵脱无行，而非天下之大圣也"，由于人人必有不知，圣贤亦然，因此慎到反对儒家以"亲亲"为前提的不纯粹"尚贤"，也反对墨家以"兼爱"为前提的纯粹"尚贤"，主张"无任"圣贤之"人治"，一任王法之"法治"。

法家"知不知"与道家"知不知"完全一致，然而相同的前提，却得出完全相反的结论。

道家认为，人必有不知，任何人都不可能尽知天道。因此人类有限之知，均属相对之知，不能成为治人的依据，只能不任人类之知，一任天道，从而不治民众。道家逻辑，无懈可击。

法家认为，人必有不知，任何人都不可能尽知天道。因此圣贤有限之知，均属相对之知，不能成为治人的依据，只能不任圣贤之知，一任王法，从而大治民众。法家逻辑，自相矛盾。

"王法"何来？来于君主。君主、圣贤同样是人，既然不任圣贤，为何独任王法？任圣尚贤，固然属于"人治"；一任王法，表面似为"法治"，本质仍属"人治"，而且是比儒家的不纯粹"尚贤"、墨家的纯粹"尚贤"更坏的"人治"，即超级"人治"的君主专制。况且君主之知远逊圣贤之知，因此君主所定"王法"，必为"不善"之恶法。一切"王法"，均属以人灭天、以"法"僭"道"、"代大

匠斫"的悖道恶法。然而慎到认为："法虽不善，犹愈于无法，所以一人心也。"（《慎子·威德》）

"一人心"，正是名为"法治"、实为超级"人治"的法家宗旨。道家主张一任天道，不治民众，正是反对"一人心"。法家自认为比儒家更能"一人心"，因为儒家宗法伦理把民众分为不同等级，主张"刑不上大夫，礼不下庶人"，难以真正"一人心"。法家专制伦理不把民众分为不同等级，主张"王子犯法，与庶民同罪"，可以真正"一人心"。

《在宥》："天下瘠瘠大乱，罪在撄人心。"《老子》："法令滋彰而盗贼多有。"道家既反对儒家宗法伦理之"撄人心"，更反对法家专制伦理之"一人心"。"不善"之恶法，不可能"愈于"天道自转的"无法"。仅在"不善"之"法"可由民意修正而渐趋善法、渐近天道的前提下，"法虽不善，犹愈于无法"方能成立。

"椎拍輐断，与物宛转"二句[1]，义同首章第二节第二层"以法为分，以名为表，以参为验，以稽为决"，意为任法自转。

"舍是与非，苟可以免；不师知虑，不知前后"四句，意为任法自转，不恃圣贤和君主的相对是非，方能"公而不党，易而无私"。"苟可以免"的主语是君主，意为君主依法治国，可免出错，并非民众可免"王法"之治身。民众在"王法面前"无一幸免，"人人平等"地被严酷侵夺天赋自由。

"巍然而已矣"总括，意为"王法"一旦公布，就巍然如山，不再改动。实为不可能的法家幻想。君主一生，"王法"常会任意改动。王位更替，"王法"更会任意改动。因此《齐物论》把"狙公"

1　成疏："椎拍，笞挞也。輐断，行刑也。"陆释："王云：椎拍輐断，皆刑截者所用。"郭沫若："輐断，即武断。"郭嵩焘、钱基博、张默生："輐断即下文刓断。"

恶法的朝令夕改，斥为"朝三暮四"。

"推而后行，曳而后往"二句，上扣"于物无择、与之俱往"、"决然无主"、"缘不得已"，无不描述"任法自转"。

"若飘风之还，若落羽之旋，若磨石之隧"三喻，无不比喻"任法自转"。庄子也以"陶均"之转，比喻"任道自转"。道家"任道自转"，旨在不治；法家"任法自转"，旨在治人。

"全而无非，动静无过，未尝有罪"三句，义同"苟可以免"，主语仍是君主，意为君主依法治国，可以无非、无过、无罪。然而民众在君主专制之下，成了"全而无是，动静有过，未尝无罪"的专制制度奴隶。

"是何故？夫无知之物，无建己之患，无用知之累，动静不离于理，是以终身无誉。故曰：'至于若无知之物而已，无用贤圣。夫块不失道。'"这是慎到主张"任法自转"的理由：无知之物，没有知见谋略，也没有知见谋略之囿，无论动静均不离天道之理，因此终身无誉无毁。所以君主治国，应该如同无知之物，不必尚贤任圣，仅须任法自转，就能像土块一样不违背天道。

郭象反注"无用贤圣"曰："唯圣人然后能去知与故，循天之理，故愚智处宜，贵贱当位，贤不肖袭情，而云无用圣贤，所以为不知道也。"这是以儒义"愚智处宜，贵贱当位，贤不肖袭情"谬解原义。撰者认为慎到"不知道"，是因为以"法"代"道"，并非"不尚贤"，故下文称颂主张"不尚贤，使民不争"（《老子》）的老聃为"古之博大真人"。若如郭注"无用圣贤，所以为不知道"，则老聃也"不知道"矣。

郭象反注"夫块不失道"曰："道无所不在，而云土块乃不失道，所以为不知。"自己打脸而不知。既然"道无所不在"，则亦在土块，土块岂能失道？既知"道无所不在"，为何妄言万物"独化—自得"？

慎到认为无知之物也能被动顺应天道，完全正确，然而推论错误。无知土块不知王法，也能被动顺应天道；有知人类无须王法，更能主动顺应天道。天道高于土块，而且造化土块。君主既不高于民众，更未造化民众。

由于慎到以"法"为"道"，以"有知人类"为"无知土块"，均属比拟不伦，因此撰者引用豪杰之语："慎到之道，非生人之行，而至死人之理。"然后附评："适得怪焉。"认为豪杰对慎到的嘲笑诧怪，颇为有理。

慎到的"无私"方术，中经宋钘的"有私"方术，完成一轮否定之否定，又回到了墨子的"无私"方术，也回到了有"外王"、无"内圣"。

墨家与虎谋皮地要求君王"无私"，必须搬出查无实据的"鬼神"约束君王，结果彻底失败。法家为虎作伥地要求民众"无私"，仅须公布铸于刑鼎的"王法"强奸民众，结果大获成功。后世两千多年君主专制史，唯有君主尽享"活人"的无限自由，民众的天赋自由被法家的"死人之理"侵夺到几近于无。

第四节，附论田骈之"方术"，兼及传承：

> 田骈亦然，学于彭蒙，得不教焉。彭蒙之师曰："古之道人，至于莫之是、莫之非而已矣。其风窢然，恶可而言？"

彭蒙弟子田骈，"得不教"于彭蒙，领悟"自知无知"是悟道之根本，因而与"弃知去己"、"知不知"的慎到"方术"略同，主张用"法"使民齐一，反对用"礼"使民不齐。参看《尸子·广泽》："田子贵均。"《吕览·不二》："陈骈贵齐。"《尹文子·大道下》："彭蒙（谓宋钘）曰：'子之乱名甚矣。圣人者，自己出也；圣法者，自理出也。

理出于己，己非理也；己能出理，理非己也。故圣人之治，独治者也；圣法之治，则无不治矣。宋子犹惑，质于田子。田子曰：'蒙之言然。'"

田骈"得不教"于彭蒙，彭蒙"得不教"于彭蒙之师，彭蒙之师得"不言之教"于道家。然而道家"不言之教"，并非法家"以法为教"，更非"不言"，而是致无其言。致无其言是因为自知无知，又可避免"教则不至"。

因此得道家"不言之教"的彭蒙之师，仍然有言："古之道人，至于莫之是、莫之非而已矣。其风窢然，恶可而言？"

彭蒙之师得自道家的"不言之教"，传于彭蒙，已被初步割裂、遮蔽；再由彭蒙传于田骈，又被进一步割裂、遮蔽。田骈又与慎到略同，道家的"以天为道"、"不言之教"，终于变成了法家的"以法为道"、"以法为教"。

第五节，概括彭蒙、田骈、慎到"方术"之"一察"，批评其偏于一方，囿于一隅：

常反人，不见观，而不免于魭断。其所谓道，非道；而所言之韪，不免于非。彭蒙、田骈、慎到不知道。虽然，概乎皆尝有闻者也。

"常反人，不见观"：墨子大"反天下之心"，因而"天下不堪"。宋钘小"反天下之心"，因而"天下不取"。慎到仍然"常反人"，因而"不见观"。墨子"自苦"，兼苦天下，既禁民众之欲，又禁天子之欲；宋钘既不"自苦"，也不苦人，既节天子之欲，也节民众之欲，均属"活人"之"方术"；慎到不苦天子，仅苦民众，不禁天子之欲，仅禁民众之欲，遂成"死人"之"方术"。

"不免于魭断"："魭断"即上文"輐断"，指君主的独裁专断。

但上文"椎拍輐断，与物宛转"，是概括法家赞成君主独裁专断；此处"不免于刓断"，则是撰者反对君主独裁专断。

"与物宛转"，义近与时俱进。儒家、墨家"托古"立说，法家视为"法先王"，不"与物宛转"，不与时俱进。法家主张"法后王"，"与物宛转"地与时俱进，然而逻辑坎陷有二。

其一，仅用先王"必有不知"，否定先王绝对正确；却不用今王、后王"必有不知"，否定今王、后王绝对正确。一旦今王已死，后王继立，后王必将视前之"今王"为"先王"，再次"与物宛转"地与时俱进，再次断言后王绝对正确，从而重定"新法"，于是"王法"之"巍然不动"永不可得，今王、后王之"椎拍輐断"永远"不免于刓断"，君主专制一仍其旧。

其二，法家用未能"自知不知"否定儒家、墨家，却不用"自知不知"自我否定，而是像所有"治方术者"一样"自好"为"不可加"。当法家前辈已死，法家后辈继出，必将用未能"自知不知"否定法家前辈，同时仍然不用"自知不知"自我否定，而是与法家前辈一样"自好"为"不可加"，于是法家学说之"巍然不动"永不可得，法家学说之"椎拍輐断"永远"不免于刓断"，于是君主专制不断强化。

第四慎到章作为"方术"三章之末章，其章末语，自"其所谓道，非道"以下，既针对慎到，又总摄"方术"三章，而"方术"三章又涵盖天下"方术"。

"其所谓道，非道；而所言之韪，不免于非"：撰者认为，天下"方术"均属"人道"，均非"天道"，儒家以"礼"为"道"，墨家以"兼爱"为"道"，宋钘以"别囿"为"道"，慎到以"法"为"道"，均属伪道僭代真道。"天下方术"所言之"是"，儒家所言宗法伦理之"是"，墨家所言平民伦理之"是"，宋钘所言个体伦理之"是"，慎到所言专制伦理之"是"，均属相对之"是"，均非绝对之"是"，因而"不免于非"。

"彭蒙、田骈、慎到不知道。虽然，概乎皆尝有闻者也"：不仅彭蒙、田骈、慎到不知"道"，慎到反对的儒家、墨家、宋钘，宋钘"鄙傲"的儒家、墨家，墨家反对的儒家，举凡一切"不赅不遍，一曲之士"，均不知"道"，全都具有"方术"的根本特征："皆以其有，为不可加"，"各得一察焉以自好"，"天下之人各为其所欲焉，以自为方"，因此程度不等地"反天下之心"、"常反人"，也程度不等地"天下不堪"、"天下不取"、"不见观"。每一"方术"皆欲突破其他"方术"之围，也确实各有突破，"皆有所明，时有所用"，因为对"其运无乎不在"的古之"道术"，"概乎皆尝有闻"。

本章以慎到为主，连类而及田骈，追溯又及田骈之师彭蒙，追溯再及彭蒙之师，是撰者在"方术"三章之末、"道术"二章之前，有意隐伏的草蛇灰线：因为彭蒙之师实为关尹、老聃后学，因此撰者在"方术"三章之末章，从慎到上溯两代，直至战国初期的彭蒙之师，意为：彭蒙之师所闻于关尹、老聃之"道术"，尚存古之"道术"大全；传一代至彭蒙，已有割裂、遮蔽；传两代至田骈、慎到，又有割裂、遮蔽。主张"不治"、反对"法令滋彰"的道家"道术"，遂被吸收改造为主张"法治"的法家"方术"。

"方术"三章以时间先后为序，论列反对儒家的墨子、修正墨子的宋钘、修正宋钘的慎到三家代表性"方术"，"各得一察"地抉发儒家遗漏的古之"道术"局部"末度"，然而因其"不知道"，未能恢复古之"道术"大全，未能阻止"道术将为天下裂"的总体趋势。

五　关尹、老聃，传承"道术"

第五关尹、老聃章，"道术"二章之首章。春秋末期的老聃（前

570—前 480），年辈先于孔子（前 551—前 479）。老聃弟子关尹，与孔子基本同时。

"道术"首章打破"方术"三章的以时间先后为序，回溯至古之"道术"大全被天下"方术"割裂、遮蔽之前的关尹、老聃。由于古之"道术"并非始于关尹、老聃，而是承自更早的"古之博大真人"，因此仍然沿用统一句式"古之道术有在于是者，某某闻其风而悦之"。

第一节，褒扬关尹、老聃传承古之"道术"大全：

> 以本为精，以物为粗，以有积为不足，澹然独与神明居；古之道术有在于是者，关尹、老聃闻其风而悦之。

四句正扣首章所论"道术"，反扣首章所论"方术"和"方术"三章。

第一句"以本为精"，上扣首章神人"以德为本"，圣人"不离于精"。"本"训"德"，因为人不能尽知"道"之全体，必欲顺应天道，只能"以德为本"，"不离于精"；只能"以德为循，自适其适"（《大宗师》）。盲从"自好"为"不可加"的伪道，就是"役人之役，适人之适"（《大宗师》）。

成玄英妄疏曰："本，无也。物，有也。用无为妙，道为精，用有为事，物为粗。"盲从者众。以"道"为"本"，违背首章"以德为本"，未明"人不能得道"的道家入门常识。

第二句"以物为粗"，即以天地万物为粗。关尹、老聃系于"道"，不系于"物"，因而超越"方术"，进为"道术"。

第三句"以有积为不足"，即"以有积为可加"，反扣开篇首句"天下之治方术者多矣，皆以其有，为不可加"。这是"道术"与"方术"的本质差异。

郭象谬注，钱基博驳之："郭象注云：'寄之天下，乃有余也。'则若真'以有积为不足'矣！道家者言，无此呆谛也！"

第四句"澹然独与神明居"，上扣首章三次重言的"神明"。"神明"未与"方术"三章勾连，至此始与关尹、老聃勾连。"独"字针对上文"方术"三章，不针对下文庄周章。关尹、老聃"澹然"，不"自好"为"不可加"，是因为"独与神明"之道同在，彻悟万物之德皆"可加"，唯有"神明"之道"不可加"。

第二节，概括关尹、老聃"道术"的共同宗旨：

> 建之以常无有，主之以太一[1]；以濡弱谦下为表，以空虚不毁万物为实。

四句正扣首章所论"道术"，反扣首章所论"方术"和"方术"三章。

第一句"建之以常无有"，反扣开篇首句"天下之治方术者多矣，皆以其有，为不可加"。旧庄学援引《老子》"常无，欲以观其妙；常有，欲以观其徼"谬解"常无有"，未明义理，其说难通。"常无有"之"无"是动词，训致无。"有"即开篇首句"皆以其有"之"有"，谓一己所知。一切治道术者，无不致无其知，致无"其有"，《逍遥游》谓之"无何有"。

此句又与慎到"无建己之患"对比。法家之"法"，固然"无建己之患"，却有"建君之患"，仍然"有"君，未能"建之以常无有"。

第二句"主之以太一"，反扣首章第二节第四层众人初境"以

---

1 "太"原作"大"，"一"字旧脱。郭沫若据《老子》"吾不知其名，字之曰道，强为之名曰大"、《吕览·大乐》"道也者，不可为名。强为之名，谓之太一"校补。

衣食为主"，以及第二墨子章"以自苦为极"，第三宋钘章"请欲置之以为主"、"接万物以别囿为始"，第四慎到章"齐万物以为首"。"道术"致无其"有"、致无其"德"之后，必然以至高的"太一"之"道"为"主"。

此句又与慎到"弃知去己，决然无主"、"趋物而不两"、"与之俱往"对比。道家"弃知去己，决然无主"之后，"主之以太一"。法家"弃知去己，决然无主"之后，主之以僭代"道一"的"君一"；《齐物论》斥为"劳神明为一，而不知其同也，谓之朝三（暮四）"。

第三句"以濡弱谦下为表"，即"内圣"。第四句"以空虚不毁万物为实"，即"外王"。一切"方术"，既无"濡弱谦下"的"内圣"，又无"不毁万物"的"外王"，仅有"毁灭万物"的假"外王"，即以治心"名教"为表、治身"刑教"为实的俗王霸道。假"外王"的霸王硬上弓，短期或能赢得虚假的"天下归往"，然而民众并非真心归往，而是被暴政劫持，"缘不得已"地被迫"曳而后往"。

第三节，引用关尹之言，抉发关尹"道术"之宗旨：

> 关尹曰："在己无居，形物自著。其动若水，其静若镜，其应若响。芴乎若亡，寂乎若清。同焉者和，得焉者失。未尝先人，而常随人。"

《天下》所引关尹之言十一句，是今日仅存、弥足珍贵的关尹遗说。《汉书·艺文志》著录《关尹子》九篇，全佚，今本《关尹子》为伪书。明人焦竑《庄子翼序》曰："唐人王士源所著《关尹子》，书甚高，顾婴儿蕊女、咒诵土偶之类，聃时尚无之，亦后世知道之士所托为，非其真也。"

第一句"在己无居"，义同上节首句"建之以常无有"。《逍遥游》

谓之"至人无己",《齐物论》谓之"丧我"。

第二句"形物自著",义同上节"不毁万物"。《齐物论》谓之"吹万不同",《大宗师》谓之"以德为循","自适其适"。

"其动若水,其静若镜,其应若响"三句:"其动若水",是关尹承于老聃的"水喻",阐明"顺应天道"。"其静若镜",是老聃所无的关尹"镜喻",阐明"因循内德"。"其应若响",阐明"因应外境"。庄子综合老聃"水喻"和关尹"镜喻",演绎为《应帝王》的终极至人论:"至人之用心若镜,不将不迎,应而不藏,故能胜物而不伤。"

"芴乎若亡,寂乎若清"二句[1],义同上节"空虚",《人间世》谓之"唯道集虚"。《吕览·不二》:"关尹贵清,子列子贵虚。"列子为关尹弟子。

"同焉者和,得焉者失"二句,义同上节"不毁万物"之"外王"。前句《齐物论》谓之"泠风则小和,飘风则大和","和之以是非,而休乎天均","和之以天倪"。后句《大宗师》谓之"得者,时也;失者,顺也;安时而处顺,哀乐不能入也","当而不自得",《应帝王》谓之"尽其所受乎天,而无见得,亦虚而已"。《德充符》二义连表:"不知耳目之所宜,而游心乎德之和;物视其所一,而不见其所丧。"

"未尝先人,而常随人"二句,义同上节"濡弱谦下"之"内圣"。《人间世》谓之"未尝闻其有唱者也,常和人而已矣",《德充符》谓之"和而不唱"。

第四节,引用老聃之言,抉发老聃"道术"之宗旨:

1　成疏:"芴,忽也。"陆释:"芴音忽。"奚侗:"'芴'即'惚'。"陈鼓应:"'芴'与'惚'通。"

老聃曰："知其雄，守其雌，为天下溪；知其白[1]，守其辱，为天下谷。"

人皆取先，己独取后，曰："受天下之垢。"

人皆取实，己独取虚。无藏也，故有余，岿然而有余。其行身也，徐而不费。无为也，而笑巧。人皆求福，己独曲全。曰："苟免于咎。"

以深为根，以约为纪。曰："坚则毁矣，锐则挫矣。"

常宽于物[2]，不削于人。

此节可分五层。

第一层，先引老学宗旨，即"知雄守雌，知白守辱"。

蔺撰《寓言》终篇寓言老聃教诲杨朱，变文为"大白若辱，盛德若不足"。蔺撰《山木》终篇寓言杨朱教诲弟子，又变文为"行贤而去自贤之心"。可知"知雄守雌，知白守辱"是老学宗旨，也是关尹传承、庄门传承的道家要义，正是"道术"之本质：不"自好"为"不可加"，退守"可加"。"方术"之本质，则是"自好"为"不可加"。

第二层，撰者以己语概括老义之一："人皆取先，己独取后"[3]，为关尹"未尝先人，而常随人"所承。

第三层，撰者以己语概括老义之二："人皆取实，己独取虚"，为关尹"在己无居"所承。"无藏也，故有余，岿然而有余。其行

1　此下旧衍六句二十三字："守其黑，为天下式。为天下式，常德不忒，复归於无极。知其荣。"后人据《老子》传世本（伪本）补入。易顺鼎、马叙伦、陈鼓应已删。"知其白，守其辱"，合于《老子》："大白若辱。"

2　"宽"后旧衍"容"字，当属注文羼入。王孝鱼、于省吾、陈鼓应据日本高山寺古钞本校删。

3　《老子》："圣人后其身而身先。""不敢为天下先，故能为成器长。"

身也，徐而不费。无为也，而笑巧[1]；人皆求福，己独曲全"[2]，为关尹"同焉者和，得焉者失"所承。

第四层，撰者以己语概括老义之三："以深为根，以约为纪"，为关尹"芴乎若亡，寂乎若清"所承。

第五层，撰者以己语总结老义："常宽于物，不削于人"，为关尹"形物自著"所承。

撰者总结的老义"常宽于物"，也为慎到"大道能包之"所承；然而撰者总结的老义"不削于人"，法家却未承之，足证法家以"法"代"道"之似是而非。

天道无为，所以道家"常宽于物，不削于人"，反对"代大匠斫"的"齐万物"。这是以天道观照万物，透过物德之量不齐的表象，彻悟物德之质齐一于天道。听任民众成为"天子之与己，皆天之所子"的天道之子，"以德为循，自适其适"地自由发展，从而"不治"天下。

王法有为，所以法家"一视同仁，常削于人"，"代大匠斫"地"齐万物"。这是以王法裁剪万民原本不齐的物德之量，使之成为"齐一于法"的"编户齐民"，强迫民众成为"王法面前人人平等"的君王奴隶，"役人之役，适人之适"地接受"平等"侵夺，从而大治天下。

以天为道的道家之"道"，平等保护全体公民的天赋自由和天赋权利；以"法"代"道"的法家之"法"，平等侵夺全体臣民的天赋自由和天赋权利。

---

1 《老子》："无有入于无间，吾是以知无为之有益也。"
2 《老子》："曲则全，枉则正。"

可谓至极^1，关尹、老聃乎？古之博大真人哉！

第五节，对关尹、老聃之"道术"纯褒无贬，异于"方术"三章。

撰者认为，关尹、老聃之"道术"，与天下"方术"相较，可谓"独与神明居"，"可谓至极"；但与"独与天地精神往来"的庄子"道术"相较，不"可谓至极"。撰者既要推尊关尹、老聃，又必须为下文推尊庄子稍留余地，于是设问："可谓至极，关尹、老聃乎？"对关尹、老聃之"道术"是否"至极"不置可否，以颂作结："古之博大真人哉！"

本章阐明，老聃、关尹均"察古人之全"、"备天地之美"、"称神明之容"，兼有"内圣"、"外王"，均为传承古之"道术"大全的"古之博大真人"。

不过老聃、关尹，也有微异。

老聃每言"道术"之用于"天下"，"外王"居先，"内圣"居后，遂成群体中的特殊个体"侯王"之"道术"，即"外王内圣"的"君人南面之术"。故《汉书·艺文志》曰："道家者流，清虚以自守，卑弱以自持，此君人南面之术也。"

撰者所引老聃语"苟免于咎"，义同慎到"苟可以免"、"全而无非，动静无过，未尝有罪"，均指君王可以无非、无过、无咎、无罪。"坚则毁矣，锐则挫矣"^{2}，同样指君王用坚锐的王霸"方术"

---

1 郭庆藩、王先谦、刘文典、陈鼓应均断"可谓至极"为上节所引老聃语，原文遂致不通。姚鼐本"可谓"作"虽未"，《阙误》江南李氏本、文如海本同；日本高山寺古钞本作"虽未至于极"。或人未解文义，以为《天下》既然推尊庄子"至极"，不应推尊关尹、老聃"至极"，遂妄改"可谓"为"虽未"。"虽未至极，关尹、老聃乎"不通。

2 《老子》："人之生也柔弱，其死也坚强。""坚强者死之徒也，柔弱者生之徒也。""持而盈之，不若其已。揣而锐之，不可长葆。""挫其锐。"《吕览·不二》："老聃贵柔。"

必遭毁挫，用柔弱的"道术"则可免于毁挫。撰者总结老义为"常宽于物，不削于人"，仍是对君王的告诫。

关尹不言"道术"之用于"天下"，仅言"道术"之用于"在己"，尽管传承了老聃"道术"，却将"道术"之重心，从群体中的特殊个体"侯王"，移至群体中的普通个体，因此关尹之"道术"，"内圣"为主，"外王"为辅，遂成群体中的普通个体之"道术"，即"内圣外王"的"一己顺道之术"。

撰者对《老子》之言"受国之垢，是谓社稷之主；受国之不祥，是谓天下之王"，仅引"受天下之垢"，不引"是谓社稷之主"、"是谓天下之王"，是以庄学为取舍标准，赞赏关尹把老聃之"外王内圣"转换为"内圣外王"。因此，以"道术"传承的先后而言，老聃是庄子远承之祖；以"道术"传承的重心而言，关尹是庄子直承之宗。因此撰者把老聃弟子关尹，列于老聃之前。

六 推尊庄周，"道术"之极

第六庄周章，"道术"二章之末章，亦即《天下》终篇章。战国中晚期的庄子，后于老聃、关尹、孔子、墨子，与宋钘、慎到基本同时。

第一节，褒扬庄周恢复古之"道术"大全：

芴漠无形，变化无常。死欤生欤？天地并欤？神明往欤？芒乎何之？芴乎何适？万物毕罗，莫足以归；古之道术有在于是者，庄周闻其风而悦之。

第一节共有九句，在分论五章中是文字最多的第一节，这是《天下》第一主角庄周的特殊待遇。

"芴漠无形",指造化,扣首章"以道为门"。本于《大宗师》:"夫道,有情有信,无为无形"。

"变化无常",指物化,扣首章"兆于变化"。

"死敫生敫"、"天地并敫",阐明天地万物皆有死生"物化",唯有"造化"之道,"杀生者不死,生生者不生"(《大宗师》)。

"神明往敫",上扣关尹、老聃"独与神明居",揭破关尹、老聃与庄子之渊源和差异:关尹、老聃上慕"神明"之"道",庄子不仅上慕"神明"之"道",而且"神明"之"道"下降其身,扣首章"神何由降?明何由出",又扣《人间世》:"唯道集虚,虚室生白,鬼神将来舍。"

"芒乎何之?芴乎何适?"本于《老子》"道之为状,惟芒惟芴","芒芴"汉后改为"恍惚"。

"万物毕罗,莫足以归",形容庄子"道术"之博大,超越上文论列的百家"方术"和关尹、老聃之"道术"。

撰者认为,"独与神明居"的关尹、老聃,超越"不与神明居"的天下"方术";"神明往敫"、"独与天地精神往来"(下节)的庄子,又超越其所师承的关尹、老聃。因此庄周章迥异于分论五章之前四章,既不概括"内七篇"要义,也不引用"内七篇"原文,仅对其师蔺且所撰《寓言》业已抉发的"内七篇"结构再予变文演绎,并且推尊至极。

第二节,变文演绎其师蔺且所撰《寓言》业已抉发的"内七篇"微观结构,并且推尊至极:

以谬悠之说，荒唐之言，无端崖之辞，时恣纵而傥[1]，不以奇见之也[2]。以天下为沉浊，不可与庄语；以卮言为蔓衍，以重言为真，以寓言为广。独与天地精神往来，而不傲睨于万物。不谴是非，以与世俗处。

庄子运用佯谬悠远的说法，荒诞唐突的言论，不见端倪的辞语，时时恣肆放纵而倜傥不羁，不取偏于一方、囿于一隅之见。认为天下沉沦浑浊，不可与言庄重之语；因而用支离之言作为蔓衍，用重复之言隐寓真意，用寓意之言广其宗旨。独与天地精神往来，而不傲视万物。不议相对是非，以与世俗相处。

"以天下为沉浊，不可与庄语"，准确抉发"内七篇"支离其言、晦藏其旨的理由。

陆释："郭云：庄，庄周也。"今本郭注："累于形名，以庄语为狂而不信，故不与也。"没有释"庄"为"庄周"之言，必为后人为郭象遮羞而删去。今存郭注"以庄语为狂而不信"，仍不可通。不庄之语，方为"狂而不信"，庄语为何"狂而不信"？

"以卮言为蔓衍，以重言为真，以寓言为广"，精妙演绎《寓言》抉发的"内七篇"三言。

"独与天地精神往来，而不傲睨于万物"，前句推尊庄子至极，

---

1 "傥"或讹为"党"，"党"前或衍"不"。王先谦："不傥，成云'不偏党'，非也。释文作'而傥'，无'不'字，近之。谓忽然而至也。"王先谦据陆释本删"不"则是，释"傥"为"忽然而至"则非。或人先据慎到章"公而不党"妄增"不"字，再改"傥"为"党"。"傥"即"倜傥"之略，谓庄子为文洒脱而不受拘束。"傥"又通"荡"；"时恣纵而荡"，义同简文帝："立身先须谨重，文章且须放荡。"庄子固为千古放荡文宗。

2 "奇"原作"觭"。成疏："觭，不偶也。"林希逸："其所见不主一端。"宣颖："不以一端自见。""不偶"、"一端"义同，即奇。庄子反对"一端"之是、"一端"之非的绝对化，听任相对是非"两行"，故下云"不谴是非"。

上文已释。后句义同"以与世俗处",反扣天下"方术"之"自好"为"不可加",又反扣宋钘"鄙傲乎救世之士"。

第三节,变文演绎其师蔺且所撰《寓言》业已抉发的"内七篇"宏观结构,并且推尊至极:

> 其书虽环玮,而连抃无伤也[1]。其辞虽参差,而諔诡可观。彼其充实不可以已,上与造物者游,而下与外死生、无终始者为友。

庄子所撰"内七篇"尽管循环无端,却连类宛转而无伤瑰玮。庄子之言尽管支离参差,却诙谐奇诡而极为可观。他葆养真德充实学识永不停止,上与造化天道同游,下与勘破物化死生、超越天地终始者为德友。

《德充符》无趾对老聃斥孔子:"彼且蕲以諔诡幻怪之名闻,不知至人之以是为己桎梏邪?"《天下》撰者竟以"諔诡"二字还语庄子本人,亦为《天下》非庄所撰之一证。

第四节,篇终褒扬达道至人庄子,并且推尊至极:

> 其于本也,弘大而辟,深闳而肆;其于宗也,可谓调适而上遂矣[2]。虽然,其应于化而解于物也,其理不竭,其来不蜕,芒乎昧乎,未之尽者。

---

1 "抃"旧作"犿"。陆释:"犿,本亦作抃。李云:环玮连犿,皆宛转貌。""犿"为"貜"之古字,作本字解,于义难通。《吕览·古乐》:"帝喾乃令人抃。"抃,击掌。连抃,连连击掌歌舞。

2 "调"旧讹作"稠"。成疏:"真宗调适,上达玄道也。"陆释:"稠,音调。本亦作调。"赵谏议本作"调"。

庄子对作为万物之本的物德之彻悟，弘阔博大而六通四辟，深遂闳巨而肆及万物。庄子对作为宇宙宗主的天道之彻悟，可谓谐调自适而上臻道极。尽管如此推尊，然而庄子顺应造化天道，譬解天地万物，其极妙义理实难穷竭，连类而来万变不离其宗，芒芒昧昧，无法穷尽。

"其于本"之"本"，上扣首章"以德为本"，即物德；"其于宗"之"宗"，上扣首章"以天为宗"，即天道。旧庄学释"本"为"道"，所解难通。

首章"六通四辟"，未与关尹、老聃勾连，至此用"弘大而辟"独与庄子勾连。"深闳而肆"、"调适而上遂"、"其理不竭，其来不蜕"诸语，无不推尊庄子至极。

"应于化"即"顺应造化，因循内德"的"内圣"，"解于物"即"因应外境"的"外王"。次第合于关尹的"内圣外王"，异于老聃的"外王内圣"。"以德为本，以道为门"的古之"道术"大全，传至老聃，成为"外王内圣"的"君人南面道术"；传至关尹，成为"内圣外王"的"个体顺道道术"；传至庄子集其大成，终成"内圣"与"外王"二谛圆融的"至人南溟道术"。

全篇结语"芒乎昧乎，未之尽者"，回答上章之问："可谓至极，关尹、老聃乎？"推尊庄子"至极"。

终篇庄周章，对庄子六次使用第三人称"彼"、"其"、"彼其"，对"内七篇"两次使用第三人称"其书"、"其辞"，是《天下》非庄所撰的文本内证。

篇首贬斥天下治方术者"自好"为"不可加"，篇末推尊"不傲睨万物"、不"自好"为"不可加"的庄子为"不可加"，是《天下》非庄所撰的义理内证。

庄子认为人皆"知有聋盲"（《逍遥游》），"人固受其黮暗"（《齐物论》），主张"无己"（《逍遥游》）、"丧我"（《齐物论》）、"当而不自得"（《大宗师》），则是《天下》非庄所撰的庄学证据。

撰者对庄子推尊至极，郭注却说："庄子通以平意说己，与说他人无异也。"盲从者众。林云铭驳之："此篇庄子一段，备极赞扬，真所谓上无古人，下无来者，庄叟断无毁人自誉至此，是订《庄》者所作无疑。"郭沫若亦言："《天下》篇不是庄子本人所作。"王叔岷亦言："此篇非庄子作，不当视为庄子自序或后序，盖庄子学派所述，故于庄周道术章，推尊庄子至极。庄子固未尝自是者也。"

或问：《天下》撰者为谁？答曰：庄子再传弟子魏牟。

"外杂篇"佳篇，多出庄子弟子蔺且和再传弟子魏牟之手。蔺且追随庄子半生，深谙"内七篇"结构和奥义，但是未必具备撰写《天下》的足够素养；所撰《寓言》、《山木》、《达生》等篇，文风含蓄内敛，异于《天下》，均未推尊庄子至极（决非推尊不够，而是不欲明言），因而不大可能撰写《天下》。魏牟早年信奉公孙龙名学，中山灭国后流落天下，曾经问道于楚人詹何，又曾做过秦相范雎门客，还曾往见赵相平原君赵胜，游踪极广，杂学极多，影响极大，是传播庄学的第一人，被《荀子·非十二子》列为头号论敌，充分具备撰写《天下》的足够素养；所撰《知北游》、《秋水》、《外物》等篇，文风夸诞张扬，近于《天下》，《秋水》又推尊庄子为"极妙之言"，因而是《天下》的最可能撰者。

《老子》："失道而后德，失德而后仁，失仁而后义，失义而后礼。夫礼者，忠信之薄，而乱之首也。"魏牟所撰《知北游》引之。

这一古之"道术"的完整价值序列"道↘德↘仁↘义↘礼↘法……"，老聃传之，关尹承之，庄子集其大成。"内七篇"奥义，则由庄子弟子蔺且传之，再传弟子魏牟承之，庄门后学守之。因此《天道》曰："末学者，古人有之，而非所以先也。""圣人之言，古人之糟粕。"《天运》曰:"夫六经,先王之陈迹也,岂其所以迹哉?"

魏牟所撰《天下》,贬斥天下"方术"偏于一方,囿于一隅,儒家以"礼"为"道",反对儒家的墨家以"自苦"为"道",修正墨家的宋钘以"别囿"为"道",修正宋钘的慎到以"齐万物"为"道",乃至法家以"法"为"道",等等,天下"方术"无不"各得一察",仅明"末度",未明"本数"。唯有道家以"天"为"道",不偏于一方,不囿于一隅,明于"本数",系于"末度"。因此魏牟所撰《天下》,推尊道家开启者老聃、道家传承者关尹"可谓至极",推尊道家集大成者庄子"无极之外复无极"。

结语 《惠施》残篇,郭象移入

《天下》篇旨是为庄学在天下学术中定位,理应终篇于庄周章。然而郭象版《天下》在第六庄周章之下,尚有画蛇添足的惠施、公孙龙章,当属郭象裁剪刘安版《庄子》大全本之外篇《惠施》,移花接木于《天下》之末。

> 惠施多方,其书五车,其道舛驳,其言也不中。历物之意曰:"至大无外,谓之大一;至小无内,谓之小一。无厚,不可积也,其大千里。天与地卑,山与泽平。日方中方睨,物方生方死。'大同'而与'小同'异,此之谓小'同异';万物毕同毕异,此之谓大'同异'。南方无穷而有穷。今日适越而昔来。连环可解也。我知天之中央[1],燕之北、越之南是也。泛爱万物,天地一体也。"

---

1 "天"下旧衍"下"字。王叔岷、张默生据陆释本、元纂图互注本、世德堂本均无"下"字、成疏"燕北越南,可为天中"校正。

惠施以此为大，观于天下，而晓辩者。

天下之辩者相与乐之："卵有毛。鸡三足。郢有天下。犬可以为羊。马有卵。丁子有尾。火不热。山出口。轮不蹍地。目不见。指不至，至不绝。龟长于蛇。矩不方，规不可以为圆。凿不围枘。飞鸟之影，未尝动也。镞矢之疾，而有不行不止之时。狗非犬。黄马、骊牛三。白狗黑。孤驹未尝有母[1]。一尺之棰，日取其半，万世不竭。"辩者以此与惠施相应，终身无穷。桓团、公孙龙辩者之徒，饰人之心，易人之意；能胜人之口，不能服人之心，辩者之圃也。

惠施日以其知与之辩，特与天下之辩者为怪，此其柢也。然惠施之口谈，自以为最贤，曰："天地其壮乎！施存，雄而无术。"南方有畸人焉，曰黄缭，问天地所以不坠不陷，风雨雷霆之故。惠施不辞而应，不虑而对，遍为万物说；说而不休，多而无已，犹以为寡，益之以怪。以反人为实，而欲以胜人为名，是以与众不适也。弱于德，强于物，其途隩矣。由天地之道，观惠施之能，其犹一蚊一虻之劳者也，其于物也何庸？夫充一尚可曰愈，贵道几矣！惠施不能以此自宁，散于万物而不厌，卒以善辩为名。惜乎！惠施之才！骀荡而不得，逐万物而不返，是穷响以声，形与影竞走也。悲夫！

此章必为郭象裁剪别篇移入《天下》，证据极多，略举其要。

其一，魏牟所撰《秋水》、《外物》、《知北游》，均以庄子之事或庄子之言为终篇章。而《知北游》原本由庄子在终篇章担任终极

---

1 "驹"旧讹为"驹"。据《列子·仲尼》"孤驹未尝有母"《文心雕龙·诸子》"公孙之白马、孤驹"校正。

论道者，郭象为了让孔子成为终极论道者，裁剪别篇移入《知北游》篇末。因此郭象是裁剪别篇移入《天下》篇末的最可能疑犯。

其二，分论五章均有"古之道术有在于是者，某某闻其风而悦之"，此章没有。

其三，倘若《天下》原有此章，应与"方术"三章合为一组，不应列于"道术"二章之后。

其四，倘若《天下》论列"以坚白鸣"的惠施（《德充符》），以及"别同异，离坚白"的公孙龙（《秋水》），应该列于墨子章之后，因为墨子章论及"以坚白、同异之辩相訾"的墨家后学。不过更为合理的结论是，墨子章无须再论惠施、公孙龙。

其五，倘若《天下》论列惠施、公孙龙，理应像"方术"三章一样，既"然于然"地肯定其"一察"，又"不然于不然"地贬斥其囿于"一察"，而非仅有"不然于不然"。

其六，倘若《天下》论列惠施、公孙龙，理应像有引语的分论四章一样，对引语有所阐释、评论，然而此章详引惠施"历物十事"和桓团、公孙龙"辩者二十一事"，却未阐释、评论。

其七，分论五章每章论列一家，不论列这一家之论敌，然而此章既论列惠施，又论列其论敌桓团、公孙龙。

其八，分论五章均无故事，此章却有"黄缭问惠施"故事。

其九，北齐杜弼曾注《庄子·惠施》，证明郭象以前的刘安版《庄子》大全本有一篇是《惠施》。王叔岷曰："《北齐书·杜弼传》称弼注《庄子·惠施》篇，今考《天下》篇'惠施多方'以下一章，专论惠施之学说，与上文不必相连，旧必另有一篇。杜弼所注《惠施》篇，疑即指此，或存庄书之旧。今本盖郭象合之也。"

郭象裁剪《惠施》残篇，移入《天下》篇末，所以郭象版《庄子》没有《惠施》。由于《天下》末章推尊庄子至极，使郭象难以谬解《天下》撰者（诬为庄子）尊儒尊孔至极，于是移入《惠施》残篇混淆视听，便于谬解反注。

其十，《天下》第一总论章441字，第二墨子章492字，第三宋钘章254字，第四慎到章401字，第五关老章238字，第六庄周章227字。"惠施多方"以下526字，字数多于各章，附庸蔚为大国。但是作为独立篇什《惠施》，又嫌文短义简，必非全文。《庄子·惠施》原文，必有其他内容，包括对惠施"历物十事"和桓团、公孙龙"辩者二十一事"的阐释、评论，郭象担心全文移入《天下》突兀不称，于是删繁就简，以掩捣鬼之迹。

或问：《庄子·惠施》撰者为谁？答曰：仍是魏牟。因为蔺且对名家之学未必精通，所撰诸篇均未提及公孙龙，所撰《寓言》虽曾提及亲历亲闻的庄惠之辩，却未猛烈攻击惠施。而魏牟曾是名辩思潮的参与者，精通惠施、公孙龙名学，转信庄学之后，所撰《秋水》、《徐无鬼》诸篇，均对惠施、公孙龙猛烈攻击。

由于《天下》《惠施》均为魏牟所撰，因此郭象移入《天下》的《惠施》残篇，与《天下》原文仍有可通之处："惠施多方"，即以惠施为"治方术者"。"惠施以此为大"，"自以为最贤"，义同"以其有，为不可加"，"得一察焉以自好"。惠施、公孙龙"以反人为实"，义同墨子"反天下之心"，慎到"常反人"。惠施"弱于德，强于物"，"散于万物而不厌"，"逐万物而不返"，正是"以物为精"的"方术"特征，而非"以物为粗"的"道术"特征。

倘若仅见少量可通之处，不见更多不可通之处，很容易轻信此章原属《天下》，而被郭象骗过。比如徐复观认为："《天下》篇后面所述惠施一大段，今人每谓这应另为一篇。但只要想到庄子与惠施的交谊之厚，想到《逍遥游》、《德充符》、《秋水》诸篇，毕以与惠施之问答终篇，则《天下》篇若为《庄子》一书的自叙，其以惠

施终篇，并结以'悲夫'二字，以深致婉惜之情。"（《中国人性史论》）

徐复观从"庄子自叙"的错误前提，不可能推出正确结论。然而陈鼓应却赞成徐复观："叶国庆《庄子研究》、张成秋《庄子篇目考》等也认为'惠施多方'以下当别属一篇。徐复观持异议。徐说有理。"

尽管此章必为郭象移入的《惠施》残篇，然而在《惠子》全佚、《公孙龙子》亡佚大半的今天，仍是研究先秦名家的珍贵资料，因与《天下》无关，本文不再辨析。对名家之学有兴趣者，可读拙著《庄子复原本》之《惠施》。

魏牟所撰《天下》，原本篇旨极明：老聃、关尹开启的"内圣外王之道术"，被儒家、墨家、法家等天下"方术"割裂、遮蔽，"暗而不明，郁而不发"两百年，直到庄子集其大成，始复大全。然而《天下》篇旨又被旧庄学割裂、遮蔽，"暗而不明，郁而不发"两千年，直到本文予以抉发，始得澄清。

2008 年 8 月 26 日—9 月 26 日初稿

2022 年 1 月 31 日除夕定稿

余论一　《老子》：君人南面之术

大家好！

这次老庄讲座，为大家讲讲老庄之道。

老、庄有同有异。有异，所以各讲一次。有同，所以有个共同题目：老庄之道，大年正道。

什么叫大年？春夏秋冬一年，就是小年。大年是很多小年加在一起，是道家概念。小年有春夏秋冬的循环，大年也有循环。所以老庄讲座合用一个副标题：历史循环往复，中华否极泰来。"否极泰来"是一个关键词，后面我会展开。

今天第一讲的题目是——《老子》：君人南面之术。

"君人南面之术"是对《老子》的传统观点。我同意传统观点，但是解释有所不同，所以加了一个副标题——从《归藏》泰道否术，到《老子》负阴抱阳。

因为两讲有一定联系，顺便说一下第二讲的题目——《庄子》：内圣外王之道。"内圣外王"也是传统观点，我的解释也有所不同，所以也加一个副标题——从《老子》政治哲学，到《庄子》生命哲学。

讲座开始之前，先简单介绍一下我的研究经历。我从1980年进大学以后，开始研究诸子百家，重点是道家。我研究道家三十多年，前十五年主要是宏观研究。宏观研究的阶段性成果，是我1995年开笔以后，1999 年出版的第一本书《寓言的密码》，副标题是"轴心时代的中国思想探源"。因为是宏观研究，所以虽然以研究道家为主，但也兼顾诸子百家。《寓言的密码》就是研究诸子百家的宏观不同，相互之间的关系。接下来，我又研究先秦时代的诸子百家和先秦以后的中国历史文化的因果联系，2005 年出版了宏观研究的第二本书《文化的迷宫》，副标题是"后轴心时代的中国历史探秘"。二十五年的宏观研究告一段落以后，我就进入了集中研究道家的微观阶段，就是"庄子工程"。"庄子工程"以庄子为核心，研究思路是八个字：由庄溯老，由老溯易。传统学术把《易》、《老》、《庄》称为"三玄"，一向重视研究三者之间的传承关系。不过传统学术的"三玄"之"易"，是《周易》。而我认为《周易》与《老子》的关系比较疏远，用《周易》解释《老子》很难讲通。所以我的"由老溯易"，不是追溯到《周易》，而是先追溯到《归藏》易，再追溯到伏羲易。

"庄子工程"从 2005 年到现在，进行了五六年，已经写了三本书，出了两本书。2008 年出版的《庄子奥义》，专门研究庄子亲撰的内七篇。2009 年写了《庄子精义》，专门研究庄门弟子后学所撰的外杂篇。2010 年出版的《庄子复原本》，复原了郭象版以前的魏牟版《庄子》初始本和刘安版《庄子》大全本。目前正在写《庄子传》。《庄子传》完成以后，将会撰写"由老溯易"的《老子奥义》。由于《老子奥义》还没完成，所以今天讲的内容还不太成熟，仅供大家参考。

今天的内容分为七个部分。第一部分介绍老子生平。第二部分介绍老子之前的华夏古道变迁。第三部分介绍老子开创的道家之"道"与华夏古道的传承关系。第四部分是重点，就是老子之道。我对老子之道的阐释，与传统阐释非常不同。各位如果读过《老子》，已有一定理解，会对我的阐释产生疑问。所以我必须对自己的阐释进行论证，就是第五、第六部分。第七部分是小结。

一　老聃生平简介

先秦道家祖师老子，东汉以后被道教尊为"太上老君"，神化为一个神，所以生平真伪参半，有各种各样说法。比如说他之所以姓老，是因为他母亲怀胎八十一年，他生下来就满头白发。这些神话式说法，使得老子生平与他所说的道一样扑朔迷离。今天没时间辨析老子的各种生平、传说，哪些真，哪些伪，主要讲几点比较可信的。

先说姓氏。老子，又称老聃，又叫李耳。所以唐代皇帝姓李，与老子攀亲，自称老子后裔。我认为是氏老，姓李，名耳，字聃。中国古人有氏有姓，这与婚姻制度有关，一般是氏从父，姓从母，所以有学者认为老子母亲姓李。神话式说法，老子不仅在母亲胎中待了八十一年，而且后来根本没死，晚年升天成神，成了太上老君。当然不可信。老子只是比较长寿，大概活了九十岁左右（前570—前480）。

再说国籍。老子的生存年代是春秋末期，国籍是陈国，故乡是陈国相邑。传统说法却说国籍是楚国，故乡是楚国苦县，都是错的，尽管陈国相邑和楚国苦县是指同一个地方，就是现在的河南鹿邑。

为什么老子从陈国人变成了楚国人，从相邑人变成了苦县人？

原因比较复杂。最为重要的原因，是儒家要与道家争中原正统。

汉武帝"罢黜百家，独尊儒术"以后，儒家必须把最主要、最强大的对手道家边缘化。把道家边缘化的重要手段，就是逐出中原，使之外国化、蛮夷化。因为古代中国长期以黄河中游两岸的中原为中心，中原文化就是正统文化。长江两岸的楚国，对于中原而言是南蛮，是西戎、北狄、南蛮、东夷"四夷"之一。所以儒家官学运用话语权，把道家的两大代表人物老子、庄子，全都逐出了中原。老子就从中原的陈国人，庄子就从中原的宋国人，一起变成了楚国人，于是《老子》、《庄子》都成了南蛮鄙陋之学，不再是中原正统之学，罢黜道家就有了虚假的合理性。不明真相的人们，就对道家学说不再感兴趣。蔑视和淡忘的杀伤力，比罢黜和批评的杀伤力更大，道家被官学谎言剥夺了中原正统地位，从此影响力大减。

老子大约死于公元前480年，楚国灭陈是在公元前479年，在老子死后。即使老子更为长寿，活到九十五岁，近百岁，母邦陈国也是在其晚年才被楚国灭掉，楚国才把相邑改名为苦县。即使如此，老子仍是陈国人，不是楚国人。比如一个中国老人，从清朝末年活到抗日战争时期，不能因为晚年生活在日本占领区，就被视为日本人。

老子不是楚国人，另有一个旁证。周平王东迁以后，西周变成东周，由于东周王室失去权威，楚国国君率先称王，想要逐鹿中原。而老子是东周朝太史，古籍有几种说法，或说守藏史，或说柱下史。如果老子是叛周称王的楚国人，就不可能被东周王朝聘为太史。老子的生平经历，与当时周朝、楚国的对立大有关系。所以把老子改为楚国人，从史实、情理两方面，都说不通。

老子一生，大概可以分为三大时期。

第一时期是幼年、青年时期，这是老子的求道期，与周灵王在位的二十七年（前571—前545）相当。古人二十而冠，二十七岁基本已经娶妻生子，所以他也基本成熟了。

第二时期是盛年、壮年时期，这是老子的史官期，与周景王在位的二十五年（前544—前520）相当。周景王死后发生了王子朝叛乱，导致了老子辞官归隐。古人致仕，也就是退休，基本上是七十岁。周景王死时，老子不过五十出头，正当盛年、壮年，远远没到退休年龄。为什么周敬王即位以后老子就辞官归隐了呢？主要与王子朝叛乱有关。

周景王死后，嫡长子姬猛继位，即周悼王。但是周景王更喜欢庶子姬朝，死前差一点立他为太子。姬朝没当成太子，老爸一死就弑兄篡位。其他人又拥立周悼王的同母弟姬匄，即周敬王。争位战争打了五年之久，这使老子对东周王朝更加失望。王子朝最终失败，于是出奔、逃亡。逃到哪里去？当然是逃往叛周称王的楚国。王子朝出奔楚国，类似于现代人的叛国投敌。叛国投敌者，都会携带重要的情报资料，所以王子朝把东周图书馆的图书典籍席卷一空，带到了楚国。这些图书典籍，恰恰是守藏史老子要守要藏的东西。现在，老子一方面对东周王朝非常失望，另一方面职责所在要守要藏的图书典籍都被王子朝席卷而走，弄得自己没东西可守可藏，于是老子就辞官归隐了。归隐到哪里去？当然是回到母邦陈国。楚国灭陈是在公元前479年，但在灭掉之前有一个漫长过程，反反复复打仗，所以老子回到母邦陈国以后，也过得不如意。有些史料说他还在宋国沛邑、鲁国曲阜等地颠沛流离，躲避战乱。

第三时期是老年、晚年时期，这是老子的归隐期，与周敬王在位的四十三年（前519—前477）相当。由于是提前退休，又很长寿，所以老子后半生的归隐期非常长，弟子也非常多，《庄子》记载了庚桑楚、伯矩等人。最著名的弟子，是大家熟悉的关尹。老子西出函谷关，关尹请老子写下了五千言。由于老子对东周王朝很失望，母邦又面临楚国伐灭，所以晚年背井离乡，西出函谷关，到秦国去了，这是一种自我放逐。老子主动辞官，又自我放逐，离开了中原。《庄子·养生主》记载，老子死于秦国，朋友秦佚曾经吊丧。老子是会死的人，并非不死的神。

二 华夏古道变迁

把老子与老子之前的人联系起来，都会说到"黄老"。但是"黄老"是一个政治性命名，是在老子创立学说以后，再把老子与虚构的神话人物"黄帝"挂起钩来。这一挂钩，是一种政治改造，老子与黄帝其实没有什么关系，老子与伏羲才有重要关系。华夏人文初祖伏羲氏画卦以后，有了夏代《连山》、商代《归藏》、周代《周易》，都以伏羲六十四卦为基础。其中一卦"泰卦"，是伏羲所画的最重要之卦。我从老子以前的华夏古道的三大阶段讲起。

华夏古道的第一阶段，是"三皇"。

三皇时代没有君主，是道家特别推崇的时代。三皇，按照《韩非子》的说法是有巢氏、燧人氏、伏羲氏。有巢氏和燧人氏，一看就知道是什么意思。首先，人类从猿猴进化为人，从树上下地，但是刚刚下地的人类祖先还很不文明。后来人类的早期文化有所发展，学会了建造房子，躲避豺狼虎豹，就是"有巢氏"。然后人类学会了用火，就是"燧人氏"。学会用火以后，人类就能吃熟食，大脑得到进一步进化，文化得到进一步发展，于是出现了中华文明始祖伏羲氏。后人写成"伏羲"，不太容易看明白，其实最初写成"庖犠"，比较容易懂。"庖"字与伏羲之前的燧人氏可以挂上钩，燧人氏学会用火以后，烤熟食给自己吃。伏羲氏用庖厨加工成熟食以后，除了自己吃，还要感谢神灵，用作牺牲，所以叫做"庖牺氏"。庖牺的"牺"，就是牺牲的"牺"，简体字把右边变成东西的"西"，就与"羲"脱离了关系。"牺"的繁体字"犠"，与"羲"没有脱离关系，区别只是多个"牛"旁。我认为没有牛旁的"羲"，才是本字。人类最早处于游牧阶段，游牧民族祭神，主要是用羊。进入农耕阶段以后，祭神才会用牛。犹太教祭神，就是用羊。亚伯拉罕用羊代替儿子献祭给上帝，称为"替罪羊"。中国古人也经历了从游牧到农耕的过程，进入农耕阶段以后，祭神就不仅用羊，还要用牛，所以"羲"头为"羊"，后来又加"牛"为"犠"。当然祭神还会用猪，猪没有在字形里体现出来。因为造字不可能面面俱到，总会省略一些细节。

刚才说了，有巢氏是躲避豺狼虎豹，取守势。燧人氏学会用火以后，对豺狼虎豹转为攻势，人类在动物界取得了相对优势，人与动物的生存竞争，取得了长足进步，但是还没有创造文化。人类要创造文化，必须要有区别于动物的抽象思维。有巢氏、燧人氏时代，基本没有抽象思维，只是学会了创造和使用工具，包括学会了用火，在实用的形而下层面，取得了与动物竞争的相对优势。仅仅如此，不足以成为人类，伏羲氏就成为中华文明的真正祖先，所以有巢氏、燧人氏并非中华文明始祖，伏羲氏才是中华文明始祖，因为他用熟食献祭神灵，不仅在形而下层面取得了与动物竞争的实质性胜利，而且在形而上层面有了抽象化思考，就是我要说的伏羲画卦象，定卦名，以六十四卦圆图制历。

大家先看一个图——

▲伏羲四象图

伏羲四象图中间的太极图，大家肯定见过。

太极图的出处，传统说法是五代至北宋的陈抟，传出了这个图，声称"得自伏羲"。陈抟是道教的道士，道教是道家抵抗佛教传入的变体。他说太极图是伏羲传下来的，在道家、道教内部传承了几千年，直到他才公布出来。很多人怀疑陈抟是伪托古人，为什么伏羲以后几千年，大家都没见过太极图，直到你才拿出来？从北宋至今，怀疑了一千年。但是当代的考古学，已在很多上古文化遗址的彩陶纹样中，发现了大量太极图。而且夏商周至唐代以前各种器物的纹样中，也有大量太极图。证明陈抟没有撒谎（详见拙著《伏羲之道》，岳麓书社 2015 年版）。

另外一个问题是，陈抟以后，太极图的样式很多，与我这个一样的很少。上古文化遗址的大量太极图，唐代以前的大量太极图，还有蒙古国旗上的太极图，却有很多与我这个一样，都是顺时针旋转。太极图的阴阳双鱼，鱼头和鱼尾，左右和上下，到底应该在哪里？旋转方向，究竟是顺时针还是逆时针？比如韩国国旗上的太极图，是横过来的，逆时针旋转。因为韩国人不理解太极图。不过韩国人不理解太极图，根源是中国人不理解太极图。从陈抟至今一千年，一直不理解。所以北宋至今的大多数太极图，都是错误图。

为什么太极图的大多数样式都是错误图，只有这一样式才是标准图？看了我对伏羲四象图的解释，就会明白。

伏羲四象图中间的太极图，右面阳鱼的鱼尾在上，对应冬至，左面阴鱼的鱼尾在下，对应夏至，因为伏羲画卦是为了制历。伏羲画卦制历之前，先要圭表测影。表是垂直于地的表木，高度八尺。圭是横置于地的玉制尺子，上有刻度。圭表就是观测每日正午的太阳投影长短的矩尺。由于太阳在南、北回归线之间来回，每日正午的太阳投影长短不同。

"卦"字左面，是两个"土"叠起来，就是横置于地的"圭"。"卦"字后起，本字是"圭"。正如前面说过，"犧"字后起，本字是"義"。伏羲画六十四卦，其实是画六十四圭，记录一年日影的六十四个象，用于制历。后来《周易》把伏羲六十四圭转用于卜筮，才在"圭"旁加"卜"，所以《周易》六十四卦与历法脱了钩。从此以后，中国人不再明白伏羲画圭是为了制历。

圭表观测正午日影，冬至日影最长，也就是黑夜最长，白昼最短，因为冬至那天，太阳南行到达南回归线上空，最为靠南，北半球是阴极。太阳到达南回归线以后，开始回归北行，于是阴极而阳生，冬至以后，日影逐渐变短，北半球逐渐从冬天变成春天，九十一天以后走到春分，就是阴阳平分、昼夜相等的泰卦。因为春分那天，太阳北行到达赤道上空。

上面那个伏羲四象图，是伏羲六十四卦配伏羲太极图的简图，仅画外圈四卦，省略了内圈六十卦，否则太小看不清。外圈坤卦、泰卦、乾卦、否卦，分别对应冬至、春分、夏至、秋分。之间各画一个箭头，代表内圈的十五卦。四个箭头，合为内圈的六十卦，每一卦有六爻，每一爻对应一天，十五卦是九十天，六十卦是三百六十天；加上外圈四卦，就能精确计算一年历法。坤卦䷁六阴爻，对应冬至，虽然没有阳爻，但是太极阴鱼的圆头中心有个白点，所以坤卦表面上是纯阴，实际上阳在其中。冬至以后，一阳就生出来，就是一阳五阴的复卦䷗。复卦的一阳爻，从最底下生出来，古人称为"一阳来复"。

一岁四时，循环往复，第一时从一阳来复开始。在伏羲四象图上，是从北走向东，从水走向木，从冬至走向春分，就是从坤卦䷁走向泰卦䷊，用了十五卦、九十天，经过一阳五阴、二阳四阴，走到三阳三阴的泰卦。坤卦对应冬至，元素是水（冰），因为冬天滴水成冰。

泰卦对应春分，元素是木（東），因为春天草木生长，古人称为"三阳开泰"。"木"字与"東"字相关，正如"泰"字与"春"字相关。

太阳北行走完第一时，继续北行，又走第二时，北半球逐渐从春天变成夏天。在伏羲四象图上，第二时是从东走向南，从木走向火，从春分走向夏至，就是从泰卦☷走向乾卦☰，同样用了十五卦、九十天，经过四阳二阴、五阳一阴，走到六阳的乾卦，就是夏至。所以上半年的二时，是"阳复"的半圆，太极阳鱼的鱼尾在上，鱼头在下，从冬至后的一阳，走到夏至的六阳。

立圭观测正午日影，夏至日影最短，就是黑夜最短，白昼最长，因为夏至那天，太阳北行到达北回归线上空，最为靠北，北半球是阳极。太阳到达北回归线以后，转为回归南行，于是阳极而阴生，夏至以后，日影逐渐变长，北半球逐渐从夏天变成秋天。乾卦☰六阳爻，对应夏至，虽然没有阴爻，但是太极阳鱼的圆头中心有个黑点，所以乾卦表面上是纯阳，实际上阴在其中。夏至以后，一阴就生出来，从阳鱼变成了阴鱼，进入下半年的第三、第四时。

第三时太阳南行。在伏羲四象图上，从南走向西，从火走向金，从夏至走向秋分，就是从乾卦☰走向否卦☷，也走十五卦、九十天，经过一阴五阳、二阴四阳，走到三阴三阳的否卦。泰卦☷对应三阳三阴的春分，否卦☷对应三阴三阳的秋分，卦象正好相反。不过否卦也是阴阳平分、昼夜相等，因为秋分那天，太阳南行到达赤道上空。

第四时太阳继续南行。在伏羲四象图上，从西走向北，从金走向水，从秋分走回冬至，就是从否卦走回坤卦，也走十五卦、九十天，经过四阴二阳、五阴一阳，走回六阴的坤卦，回到冬至。冬至之前的最后一卦，就是《归藏》六十四卦的最后一卦，是五阴一阳的剥卦☷。所以下半年的二时，是"阴剥"的半圆，太极阴鱼的鱼尾在下，鱼头在上，从夏至后的一阴，走到冬至的六阴。

伏羲四象图也有"金木水火土"五行，"水木火金"与"坤泰乾否"、"春夏秋冬"配套。"土"指地球，就是演示地球一岁四时寒暑变化的伏羲太极图。

伏羲六十四卦配伏羲太极图的历法，属于天道，与人间政治没有关系。人类不能无视天道、干预天道、影响天道，只能探索天道、理解天道、服从天道，科学地从事农业耕作，才能提高农业生产力，否则就会受到天道惩罚。

伏羲氏探索天道，圭表测影，画卦制历，制定了当时全世界最为先进的阴阳合历，每月的日期对应月亮，十五必定月圆，二十四节气对应太阳，是指导农事的最优历法。所以成为中华文明始祖，天道文明之祖，使中国在五千年以上的农业时代，长期领先全世界其他民族，高居农业文明顶峰。总之，太极图、六十四卦、阴阳、五行，都是源于伏羲氏立圭测影、画卦制历，但是后人都不再明白。

后人为什么不再明白？因为"三皇"以后是"五帝"，华夏古道的第二阶段。

"五帝"时代，扭曲了伏羲开创的华夏天道，开启了中华人道。"五帝"与"三皇"的不同，在于政治制度。因为伏羲画卦制历以后，农业生产力大为提高，于是社会阶层开始分化，有了君主、臣民。当时的君主，不同于后来的君主，不是世袭，而是禅让，就是原始民主制度。

"五帝"的第一帝，是黄帝。大家可能听说过"黄帝垂衣裳而天下治"（《易传·系辞》），为什么"垂衣裳"就能"天下治"呢？"垂衣裳而天下治"，不是站在那里掸一掸衣裳就天下治了，没有那么潇洒。"垂衣裳"是一套政治制度，就是把上衣下裳分开，制定衣冠制度。中国古代每个朝代的政治制度、礼仪制度，都是衣冠制度。黄帝分出上衣下裳，是为了把人群分出上下，就是"立君臣，定尊卑"，确立了中国最早的衣冠制度。游牧民族，穿兽皮毛、树叶树皮，衣服不分上下，没有衣冠制度。所以中华民族的天道之祖是伏羲，人道之祖是黄帝。老子之"道"，传承的是伏羲天道，批判的是黄帝人道，所以不应该称为"黄老"，而应该称为"伏老"。战国士人为了迎合当时的政治制度、君主世袭制度，把传承伏羲天道的老子之道，改造成了符合黄帝人道的老子之道，所以只称"黄老"，不称"伏老"。

伏羲开启了中华文明的天道，黄帝开启了中华文明的人道，两者之间如何协调，成了五帝之中的一个重要人物唐尧必须面对的难题。刚才说过，伏羲开启天道，画卦制历，与人间政治没有关系。黄帝开启人道，立君臣，定尊卑，与天道历法也没有关系。这道难题摆在唐尧面前，唐尧要协调两者，想办法做到"天人合一"。唐尧的解决方案是"以天合人"，就是把伏羲圆图，改造成唐尧方图——

坤 ䷁	復 ䷗	師 ䷆	謙 ䷎	臨 ䷒	明夷 ䷣	升 ䷭	泰 ䷊
剝 ䷖	頤 ䷚	蒙 ䷃	艮 ䷳	損 ䷨	賁 ䷕	蠱 ䷑	大畜 ䷙
比 ䷇	屯 ䷂	坎 ䷜	蹇 ䷦	節 ䷻	既濟 ䷾	井 ䷯	需 ䷄
豫 ䷏	震 ䷲	解 ䷧	小過 ䷽	歸妹 ䷵	豐 ䷶	恆 ䷟	大壯 ䷡
觀 ䷓	益 ䷩	渙 ䷺	漸 ䷴	中孚 ䷼	家人 ䷤	巽 ䷸	小畜 ䷈
晉 ䷢	噬嗑 ䷔	未濟 ䷿	旅 ䷷	睽 ䷥	離 ䷝	鼎 ䷱	大有 ䷍
萃 ䷬	隨 ䷐	困 ䷮	咸 ䷞	兌 ䷹	革 ䷰	大過 ䷛	夬 ䷪
否 ䷋	無妄 ䷘	訟 ䷅	遯 ䷠	履 ䷉	同人 ䷌	姤 ䷫	乾 ䷀

▲唐尧六十四卦方图

数学史上有一个著名难题，叫做"化圆为方"，是为了计算圆周率。古希腊的阿基米德，中国的祖冲之，都在圆里面画出更多的正多边形，计算出更为精密的圆周率。唐尧化圆为方，表面上是一个技术活儿，实际上是一个政治活儿：他要把伏羲天道化为黄帝人道，让天道支持人道，为人道找到天道依据。

伏羲天道从"浑天说"引出，内涵是天柔地刚、君柔臣刚。黄帝人道从"盖天说"引出，内涵是天尊地卑、君尊臣卑。唐尧为了让伏羲天道支持黄帝人道，于是化圆为方，把伏羲圆图改造成了唐尧方图。让天上的圆，支持地上的方。其实地不是方的，而是圆的。伏羲太极图代表地，正是圆的。但是唐尧为了政治目的，抛弃了正确的"浑天说"，采用了错误的"盖天说"。

大家可以看到，只要把唐尧方图向右旋转四十五度，"坤—乾"对角线成为垂直轴，"泰—否"对角线成为水平轴，唐尧方图就与伏羲圆图非常相似。唐尧方图由九条纵线和九条横线组成，九九八十一，是八十一个点。纵横九线，围出八八六十四个方格，这些方格不叫方格，而有专门术语：罫（guà）。六十四方格的专名，就是六十四罫。所以唐尧发明这一方图，正是为了嵌入伏羲六十四卦，正是为了把伏羲圆图变成唐尧方图，就是化圆为方。

大家知道围棋是唐尧发明的，最早的围棋盘就是这个唐尧方图。据说唐尧发明围棋，是为了教导儿子丹朱，因为丹朱不贤，就发明围棋教导他，以便传位给他。这很奇怪，你要培养一个政治接班人，而他不贤，为什么不教他读圣贤书，却教他下围棋呢？难道下下围棋就能变成圣贤吗？这件事情之所以奇怪，就是因为不明白最早的围棋盘是六十四卦方图。唐尧教丹朱学习围棋，不是让他休闲娱乐，而是让他学习如何协调天道、人道，如何"化圆为方"，如何"以天合人"。结果唐尧教育丹朱失败，只好禅位给虞舜。后来虞舜又禅位大禹，这就是尧舜禹的禅让。

唐尧发明的围棋盘，只有九路，变化不多。后人为了休闲娱乐，为了增加变化和趣味，先扩充为十三路，后来又扩充为现在的十九路。但是围棋起源于唐尧的九路方图，目的是调和伏羲天道与黄帝人道的对立，希望"以天合人"。所以后来道家一直批判尧舜，就是因为尧舜扭曲了伏羲天道，改造为"以天合人"的黄帝人道，而道家主张"以人合天"的伏羲天道。后来儒家一直称颂尧舜，就是因为儒家像唐尧一样，主张"以天合人"。

"五帝"就简单介绍这些，接下去再看"三王"，华夏古道的第三阶段。

从"三皇"到"五帝"，是化圆为方。从"五帝"到"三王"，是方战胜圆。所以"三王"以后，中国人不再知道"浑天说"，不再知道伏羲画卦制历，不再知道太极图、六十四卦、阴阳、五行都与伏羲画卦制历有关。不再知道天地皆圆，只知道天圆地方。不再知道地球是圆的，只相信大地是方的。

"五帝"、"三王"之间的过渡人物、转折人物，是大禹。大禹的儿子夏后启，建立了第一个君主世袭的朝代：夏代。然后是商代、周代，这个大家都知道，不用细讲。我要讲的是，夏代有著名的夏历。夏代以后的商、周、秦，也有商历、周历、秦历，都是继承伏羲的历法，只是改朝换代都要重定正朔，正月不一样。夏历的正月，就是现在的正月：正月建寅。商历的正月往前推一月，是夏历十二月：正月建丑。周历的正月又往前推一月，是夏历十一月：正月建子。秦历的正月，又往前推一月，是夏历十月：正月建亥。汉灭秦后，汉武帝"罢黜百家，独尊儒术"，按照孔子的教导"行夏之时"，颁布太初历，重定正朔，又恢复使用夏历的正月，正月建寅，一直沿用至今。因为夏历继承伏羲历，最方便指导农事。伏羲画卦制历以后，夏代有包含六十四卦的《连山》，现在已经失传，但我认为《连山》就是夏历。夏历的依据，就是伏羲圆图。夏代在伏羲、唐尧之后，为什么夏历以伏羲圆图为依据，不以唐尧方图为依据？因为农业民族种地，需要正确的历法，伏羲圆图是制定正确历法的依据，唐尧方图不是制定正确历法的依据，仅是确立君臣纲常的依据。

商代仍是农业立国，仍然需要指导农业的历法，商历就是包含伏羲六十四卦的《归藏》。《归藏》的卦名、卦序，就是伏羲的卦名、卦序。周代与夏、商两代的最大不同，就是抛弃了以伏羲圆图为依据的夏《连山》、商《归藏》，变成了以唐尧方图为依据的《周易》。《周易》不是历法，尽管卦名与《连山》、《归藏》完全一样，但是卦序完全不同。《归藏》第一卦是"坤"，第二卦是"乾"，最后两卦，根据史书记载，是"比"和"剥"，即"首坤乾，终比剥"。《周易》的卦序，却是"首乾坤，终既济未济"。大家再看一个图，就是"周易方圆图"，也叫"周易天圆地方图"，也就是南宋朱熹的"后天六十四卦图"——

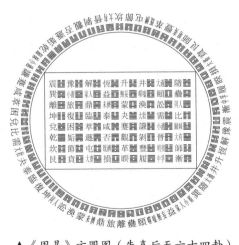

▲《周易》方圆图（朱熹后天六十四卦）

《周易》方圆图，植根于天圆地方的"盖天说"。方是根本，圆是为方服务的。人道是根本，天道是为人道服务的。天道不合人道，就扭曲、改造天道，炮制、宣扬伪天道。用伏羲圆图支持唐尧方图，自称"天人合一"，其实是伪"天人合一"，因为是违背天道的"以天合人"。

　　虽然《周易》方圆图是用伏羲圆图支持唐尧方图，但是《周易》方图的排列，却不同于唐尧方图的排列。因为唐尧化圆为方的时候，还没有《周易》，唐尧方图的排列，依据的是伏羲六十四卦的卦序。而《周易》方图的排列，依据的是《周易》六十四卦的卦序。正因为如此，所以《周易》圆图的卦序，也不同于伏羲圆图的卦序。所以《周易》方圆图，是用没有天道依据的伪天道圆图，支持乾尊坤卑、天尊地卑、君尊臣卑的人道方图。

　　《周易》六十四卦的卦序，与《归藏》六十四卦的卦序完全不同，意义也因此不同。《归藏》六十四卦的卦序，按照伏羲历法排列，前一卦、后一卦的关系，都与历法的阴阳消长相关，与太极图密不可分，是六十四卦的阴阳大循环。但是《周易》六十四卦的卦序，不按照伏羲历法排列，是周文王出于政治目的而重新排列的，史称"文王演卦"。经过周文王的重新演绎，前一卦、后一卦的关系，都与历法的阴阳消长无关，也与太极图无关，是两卦一组的吉凶小循环。与唐尧方图一样，扭曲、遮蔽了伏羲天道。

　　关于老子之前的华夏古道，就简单介绍这些。把上面所说的，概括一下：老子以前华夏古道的三阶段变迁，就是"三皇"最后的伏羲开启了华夏天道，"五帝"最早的黄帝开启了中华人道，然后是"天人交战"的夏商周"三王"。夏代《连山》、商代《归藏》传承了"以人合天"的伏羲天道，周代《周易》继承了唐尧化圆为方、"以天合人"的黄帝人道，扭曲天道用于支持人道，支持君尊臣卑的人间政治制度、君主世袭制度，希望人们相信，这种暂时的人间政治制度，符合永恒不变的天道。道家认为，从唐尧到《周易》的化圆为方、"以天合人"是错误的，违背了天道。"以天合人"一定违背天道，"以人合天"才能符合天道，这就是道家祖师老子，从商代《归藏》概括出的一套政治话语。而儒家祖师孔子，从周代《周易》概括出另一套政治话语，两套政治话语针锋相对，很不一样。哪套政治话语更为合理呢？大家可以自己评判。

华夏古道经历了三皇、五帝、三王的变迁以后，进入了一个全新阶段，就是作为轴心时代中国哲学之重大突破的"老子明道"。老子之道，以泰道为最高，专讲伏羲泰卦。为什么老子以泰道为最高之道，孔子却不以泰道为最高之道？这就涉及到老、孔二人，以及道、儒两家的不同来源，也就是学问传承、知识背景不一样。先要讲一讲商代与周代的不同。

商代的时候，太史执掌演示天命的《归藏》，也就是执掌天文、历法，天文、历法就是天道、天命。太卜才执掌卜筮人运的乌龟壳。天道就是太阳东升西落，昼出夜入，四季循环，具有很强的规律性、重复性，人力可以预测它，明年什么时候圭影最长，什么时候圭影最短，哪一天是冬至、春分、夏至、秋分，基本上按照历法，万年历都有，都可以预测，但是人力无法干预它改变它。人运却有极大的非规律性，非重复性，很难预测，所以除了尽量预测它，还要竭力干预它，设法改变它。所以商代的时候，太史和太卜分别掌管"天命"和"人运"两套预测系统，太史掌管可以精确预测、无法予以改变的天命，太卜掌管可以模糊预测、可以干预改变的人运。借用西方的一个说法，就是"上帝的归上帝，凯撒的归凯撒"，它是两分的，道家的术语叫做"天人两行"（庄子）。"天人两行"是不好的，必须使之合一，就是"天人合一"。只不过有两种相互对立的解决方案：从伏羲，到《连山》，到《归藏》，到老子开创的道家，主张"以人合天"。从黄帝，到唐尧，到《周易》，到孔子开创的儒家，主张"以天合人"。

刚才说了，周代《周易》像唐尧围棋一样化圆为方，扭曲天道来支持人道，所以周文王把伏羲、《连山》、《归藏》六十四卦的阴阳大循环，改造成了《周易》两卦一组的吉凶小循环，分为上经、下经。上经三十卦，乾、坤为首，坎、离为末，专演天命；下经三十四卦，咸、恒为首，既济、未济为末，专演人运。但是伏羲六十四卦演示的宇宙天道大循环，不能割裂成什么上经下经，一定要分，也必须分为阳复半圆的三十卦和阴剥半圆的三十卦，再细分是四时各十五卦，再细分是二十四节气。《周易》这么做，是为了让天道支持人道，"以天合人"。

刚才说了，道家出于史官，祖师是东周史官老聃，职守是掌管天文历法，所以继承伏羲、《连山》、《归藏》，专言伏羲以后的天道，所以道家讲的君应该如何，臣应该如何，这个如何，是指按照天道，君必须如何，臣必须如何。儒家出于礼官，职守不是掌管天文历法，而是掌管庙堂礼仪，所以继承周代《周易》，专言黄帝以后的人道，只讲垂衣裳、分上下、立君臣、定尊卑等等，所以儒家讲的君应该如何，臣应该如何，这个如何，是指庙堂上的言行举止，礼仪进退，与天道没有关系。所以两家的角度、层次，完全不同。道家所言天道，是形而上层次。儒家所言人道，是形而下层次，尽管自称有形而上的天道依据，其实没有形而上的天道依据，因为依据的是天圆地方、天尊地卑的庙堂意识形态，植根于错误的天文理论"盖天说"。

儒家祖师是东周鲁人孔子，祖述的是制定周礼的周公。孔子不熟悉从伏羲到《归藏》的天文历法专业知识，也不清楚唐尧、《周易》化圆为方，已与天道脱离关系，仅是一套人间政治制度的意识形态话语。孔子又不在当时的知识中心周都洛阳，而是在鲁国。鲁国虽然传承周公之礼，但是周礼属于人道，不属于天道。所以孔子早年很长一段时间内，对《周易》既不熟悉，也不重视，只对弟子讲《诗》、《书》、《礼》、《乐》，不讲《周易》。孔子晚年，周游列国十四年，才在宋国看到商代《归藏》。《礼记·礼运》记载，孔子说："我欲观殷道，是故之宋，而不足征也，吾得《坤乾》焉。"《坤乾》就是先坤后乾的《归藏》。孔子看到《归藏》以后，"五十以学易"，晚年才开始研究《周易》，也没研究出所以然，因为《周易》根本就是讲不通的，违背了伏羲画卦制历的原义。今天讲老子，不讲孔子，也不能多讲《连山》、《归藏》、《周易》，只能简单说明一下：老子开创的道家，植根于商代《归藏》和华夏文明始祖伏羲，也就是根植于华夏古道、永恒天道。孔子开创的儒家，植根于周代《周易》，也就是植根于西周礼制、暂时人道。

三　老聃远承古道

从伏羲到老子，中间隔了几千年，老子如何远承伏羲？今天时间有限，不能细讲，只能讲一个故事，我引用了《说苑·敬慎》的版本。《文子·上德》、《淮南子·缪称训》也有相似记载。

> 常枞有疾。老子往问焉，曰："先生疾甚矣，无遗教可以语诸弟子者乎？"
> 常枞张其口而示老子曰："吾舌存乎？"
> 老子曰："然。"
> "吾齿存乎？"
> 老子曰："亡。"

常枞曰："子知之乎？"

老子曰："夫舌之存也，岂非以其柔耶？齿之亡也，岂非以其刚耶？"

常枞曰："嘻！是矣。天下之事已尽矣，无以复语子哉！"（《说苑·敬慎》）

老子的老师叫常枞。常枞老病，快要死了。

老子问：先生有什么遗言传给弟子？

常枞张开嘴巴，问：我的舌头还在吗？

老子说：在。

常枞又问：我的牙齿还在吗？

老子说：没了。

常枞问：你明白了吗？

老子说：舌头还在，是因为柔软。牙齿没了，是因为刚强。

常枞说：很对！这就是天地之道。

常枞的"舌教"，究竟什么意思？就是伏羲泰道。

通过老师常枞的"舌教"，老子继承了伏羲泰道。

四 《老子》之道

前面三部分，都是第四部分的铺垫，因为今天的重点是老子之道。

把老子之道称为"君人南面之术"，出自《汉书·艺文志》：

道家者流，盖出于史官。历记成败存亡祸福古今之道，然后知秉要执本，清虚以自守，卑弱以自持。此君人南面之术也。

《汉书·艺文志》，用五句话概括道家。第一句"道家者流，盖出于史官"，刚才已经讲过。第二句"历记成败存亡祸福古今之道"，是说，道家主张人道效法天道，所以专讲古今的天道循环、朝代盛衰，这是道家的术业专攻。由于道家是史官，其专业知识是，人道是否符合天道，将会如何影响一个朝代的成败、存亡、祸福。所以君主治国，必须遵循第三句，"秉要执本"。君主治国，如何"秉要执本"？就是第四句"清虚以自守，卑弱以自持"。最后的第五句，是对道家，主要是对《老子》的定义："此君人南面之术也。"

《汉书·艺文志》对道家的五句概括，非常准确。但是为什么君主治国必须秉要执本、清虚自守、卑弱自持，什么是要，什么是本？《汉书·艺文志》没有讲，后世学者的解释，也都不知所云。由于1993年湖北王家台秦墓出土了《归藏》，现在可以为"君人南面之术"找到准确解释了。

老子之道的宗旨和内涵，我分为七点要义来讲。

1. 扬柔抑刚

老子之道的第一要义，就是扬柔抑刚。这是老子从常枞的舌柔齿刚，"舌柔而存，齿刚而亡"，引出的完整理论。

先看一部分《老子》经文，都是大家非常熟悉的——

> 柔弱胜刚强。
>
> 弱者道之用。
>
> 强梁者不得其死。
>
> 天下之至柔，驰骋于天下之至坚。

人之生也柔弱，其死也坚强。草木之生也柔脆，其死也枯槁。故曰：坚强者死之徒也，柔弱者生之徒也。强大居下，柔弱居上。

天下莫柔弱于水，而攻坚强者莫之能先也，以其无以易之也。柔之胜刚，弱之胜强，天下莫不知，莫能行。故圣人之言云曰：受国之诟，是谓社稷之主；受国之不祥，是谓天下之王。

《汉书·艺文志》所说的"清虚以自守，卑弱以自持"，就是根据《老子》经文概括的。老子"君人南面之术"的核心，就是"柔弱胜刚强"，大家都很熟悉。但他为什么这样主张，根据是什么？传统解释都说不清楚。

下面是我通过《归藏》研究《老子》的一个最新研究心得，还没有发表，供大家参考，看看我的解释是否合理。

2. 负阴抱阳

老子之道的第二要义，非常关键，就是《老子》与阴阳的关系。《老子》全书讲到阴阳的地方，只有一处，就是"负阴抱阳"。先看原文——

道生一，一生二，二生三，三生万物。万物负阴而抱阳，冲气以为和。

一共六句。前四句大家很熟悉："道生一，一生二，二生三，三生万物。"后两句历来不受重视，其实极其重要，就是："万物负阴而抱阳，冲气以为和。"很多人以为，"负阴抱阳"的"阴"、"阳"可以随便互换，说成"负阳抱阴"也可以。其实不是这样，每个字都不可移易。

为了便于理解，我用伏羲、《归藏》的知识系统，转换一下《老子》这段经文。

"道"，就是"无"，非物质的抽象规律，主宰万物的最高存在，并非不存在。

"一"，就是内含阴阳却阴阳未分的浑沌元气，就是太极图所示。

"二"，就是浑沌元气分出的阴阳二气，太极图的阴阳二鱼。

"三"，就是天地人三才，所以伏羲画八经卦，每一卦都由三条爻组成。

"万物"，就是"六合"。"六合"是道家概念，儒家没有。百家都不讲"六合"之上的天道，也都不讲"六合"。只有道家专讲"六合"之上的天道，所以有"六合之内"、"六合之外"两个重要概念。伏羲六十四卦的六爻，就是表示"六合"，因为天道主宰六合里面的天地万物。"冲气"，就是阴阳二气相冲。只有"负阴抱阳"，阴阳二气才会相冲而和。如果"负阳抱阴"，阴阳二气就不会相冲而和，而会相离而不和。"负阴抱阳"的阴阳二气，转换为伏羲的卦象，就是坤卦居上、乾卦居下的泰卦。

经过以上转换，就可以把《老子》这段经文，用伏羲卦象的符号表示出来——

○生☯，☯生阴阳，阴阳生三才，三才生六合。六合负☷抱☰，☷ + ☰以为䷊。

读做：道生一，一生阴阳，阴阳生三才，三才生六合，六合负坤抱乾，坤、乾冲气以为泰和。

什么意思呢？接着往下看："负阴抱阳"的谜底。

先看《易传·系辞》："伏羲仰观象于天，俯观法于地，始作八卦。"这两句话，每个字都不可移易。伏羲画卦的目的是，仰观天之象，俯观地之法，然后画卦制历。"立象以尽意"，显示什么是真道。"设卦以尽情伪"，显示什么是伪道。伏羲为什么要把泰卦的卦象命名为"泰"，为什么要把否卦的卦象命名为"否"？为什么坤在上、乾在下是泰？乾在上、坤在下是否？按照后来《周易》的错误解释，乾为天，坤为地。否卦的卦象☷符合其解释，天在上，地在下，应该是大吉之卦。泰卦的卦象☳不符合其解释，地在上，天在下，天地颠倒了，应该是大凶之卦。然而否卦却是大凶之卦，泰卦才是大吉之卦。可见《周易》的"乾为天、坤为地"是错误解释，是化圆为方、违背天道、迎合人道的解释。所以用《周易》解释《老子》，永远解释不通。只有用《归藏》解释《老子》，才能解释得通。泰卦是"情"卦，古文"情"的意思是"真"，"情伪"就是"真伪"，泰卦是真道之卦，否卦是伪道之卦。

《易传·象传》解释泰卦、否卦，说泰卦是"天地相交为泰"，否卦是"天地不交为否"。

泰卦的卦象是"负阴抱阳"，泰卦的卦义是"冲气为和"，因为天上的坤卦阴气往下走，地上的乾卦阳气往上走，天地之气才会相交，阴阳二气才会合气，创生万物。

否卦的卦象是"戴阳履阴"，否卦的卦义是"散气不和"，因为天上的乾卦阳气往上走，地上的坤卦阴气往下走，天地之气就不会相交，阴阳二气就会散气，不能创生万物。

所以《老子》的"负阴抱阳"，讲的正是泰卦的卦象。"冲气为和"，讲的正是泰卦的卦义。

现在回头再看，伏羲画泰卦、否卦的卦象，依据是什么？为什么不是《周易》解释的"乾为天、坤为地"，而是"坤为天、乾为地"呢？依据是"浑天说"，伏羲已经掌握了"浑天说"。

"浑天说"认为，"天地混沌如鸡子"，天就像蛋清，地就像蛋黄，所以天地都是圆的。天在外，地在内，天包在地外面。

两者的构成关系是：

柔弱轻清之气，居外为天；天的内在本质是"坤"质，天的外在位置是"乾"位。因为天的内在本质，只有柔弱轻清，天的外在位置，才能居上而覆盖万物。

刚强重浊之气，居内为地；地的内在本质是"乾"质，地的外在位置是"坤"位。因为地的内在本质，只有刚强重浊，地的外在位置，才能居下而承载万物。

所以伏羲泰卦的依据，是"浑天说"。

"负阴抱阳"的"抱"，不是说阳刚之地在阴柔之天的下面，而是说阳刚之地在阴柔之天的里面，天抱着地，正是天地皆圆的"浑天说"。如果天盖着地，就是天圆地方的"盖天说"。

黄帝开启人道，垂衣裳，分上下，立君臣，定尊卑，依据的正是"盖天说"。"盖天说"的基本要义是"天圆地方，天上地下，天尊地卑"。这就是否卦的卦象，戴阳履阴。

上面解释了伏羲画泰、否两个卦象的依据，接下去再看伏羲为什么对这两个卦象要这样命名，即"泰"、"否"两个卦名。

先看泰卦的卦名。

"泰"字的字形，上面三横是乾卦☰，即天。下面的"氺"是竖起来的坎卦☵，与坤卦☷相近，即地。再加一个"人"字，合起来就是"泰"。所以"泰"的字形是"天地人相和"，字义是"天地人之道"。由于"天地人相和"，才能万物生，才能生禾，禾是植物，然后动物食植物，人有食物，于是天地人就和谐了。

所以"万物负阴而抱阳，冲气以为和"两句，前句言"泰"，后句言"和"，合起来就是"泰和"。

顺便一说，紫禁城的主殿，君臣朝会的大殿，名叫"泰和殿"，就是取自泰卦。皇后所居的坤宁宫，居北，居上，皇帝所居的乾清宫，居南，居下，也是取自上坤下乾的泰卦。清、宁二字，也取自《老子》"天得一以清，地得一以宁"。

　　大家肯定会有疑问：泰卦的卦象，上卦是坤，下卦是乾，那么为什么泰卦的卦名"泰"字，上面是乾，下面是坤？为何泰卦的卦象与卦名相反？因为泰卦的卦象，揭示的是天地本质，泰卦的卦名，标示的是天地表象。兼顾到本质和表象，才能透过现象看本质。由于伏羲先画卦象，后定卦名，所以卦象比卦名更为重要，这就是"立象以尽意"。

　　再看"泰"的两个衍生字。

　　先看第一个，就是太阳的"太"，字形是"泰"的简写，字义是地位最高。太极图，太初历，太阳，太阴，太上，等等，"太"字都应该读做泰卦的"泰"。

　　"泰"的另一个衍生字是"大"，"大"又是"太"的进一步简写。《老子》经文里面的"道大，天大，地大，人亦大"，四个"大"字也都应该读做泰卦的"泰"，就是"道泰，天泰，地泰，人亦泰"。"道泰"就是天柔地刚，"天泰"就是天必须柔，"地泰"就是地必须刚，"人亦泰"就是人必须效法天柔地刚，君必须柔，臣必须刚。

　　再看一看泰道的应用。伏羲画了泰卦的卦象，定了泰卦的卦名，从此以后中国人就与泰道结下了不解之缘。

　　中国人的日神，名叫"东皇泰一"（屈原《九歌》）。中国人的上帝，名叫"泰一"（《史记·封禅书》）。任何民族的上帝都有名字，中华民族的上帝也有名字，就叫"泰一"。在多神教阶段，很多民族的主神都是日神，太阳神就是众神之父。等到进入一神教阶段，日神就升华为上帝。中华民族也是这样，早期的多神教阶段，众神中的主神就是日神"东皇泰一"。后来进入一神教阶段，就去掉"东皇"二字，变成了上帝"泰一"。上帝"泰一"原先是日神"东皇泰一"，日神代表太阳，所以太阳的运行轨道就是泰道，泰道就是天行之道。伏羲圆图，演示的就是太阳的运行轨道，就是天行之道，就是历法之道。

说到天行之道，大概很多人会想起一句很熟悉的话："天行健，君子以自强不息。"但是"天行健"三字，有两种读法。很多人的读法是"天／行健"，"天"单独读，"行健"连读，意思是天的行为很刚健，所以君子也要自强不息。君子自强不息干什么呢？就是维护君尊臣卑的人道。这种读法是错误的，符合黄帝人道，符合天尊地卑的"盖天说"，符合君尊臣卑的否卦，但是违背伏羲天道，违背天柔地刚的"浑天说"，违背君柔臣刚的泰卦。这三个字的正确读法，是"天行／健"，"天行"连读，"健"单独读，意思是天行之道非常强健。太阳的循环运行永恒不息，如此强健，所以君子才要自强不息，遵循天柔地刚的泰道。"天行"二字，也是道家概念，其他各家没有。虽然《老子》一次也没说到"天行"，但是《庄子》多次说到"天行"。

刚才讲的日神东皇泰一、上帝泰一、天行泰道，都是抽象观念，这些抽象观念都体现在古代重要性最高的一个宗教仪式上，就是祭祀泰山。伏羲以后的几千年，中国人祭祀日神东皇泰一、祭祀上帝泰一、祭祀天行泰道的那座圣山，名叫"泰山"。因为东岳泰山，是日出方向的最高之山。

刚才讲三皇，是有巢氏、燧人氏、伏羲氏。但是经过伏羲以后从天文、历法到宗教、哲学的几千年发展，到了春秋战国时代，道家不再称三皇为有巢氏、燧人氏、伏羲氏，而是改称天皇、地皇、泰皇。天皇的符号是八经卦的坤卦☷，地皇的符号是八经卦的乾卦

☰，泰皇的符号是六十四卦的泰卦䷊。泰皇就是画泰卦、定泰道的伏羲。泰皇伏羲，是天人合一、以人合天的，所以天皇☷＋地皇☰＝泰皇䷊。泰皇伏羲，简称"羲皇"。东晋的陶渊明，是崇尚泰道、厌恶否术的道家，所以自称"羲皇上人"。

上面讲了泰卦的卦名，下面再看否卦的卦名。

"否"的字形，是从"不"，从"和"。不过"和"字省略了左面的"禾"，只留下右面的"口"。"否"字其实是根据"泰"字而造的，"泰"字既然是"天地人相和"，"否"字就是"天地人相分"。因为奉行否术，天地人必定相分，就不能生禾，口不得食，天地人就不和。

"否"字有一个引申义，读音也不同。作为名词的时候读做"pǐ"，作为动词的时候读做"fǒu"，就是否定，意思是违背泰道，奉行否术，必须予以否定。

"否"字还有一个衍生字，就是"痞"。字形从"否"，从"病"。字义是奉行否术，必定有病。意思是违背泰道，奉行否术的人，就是痞子。

另外还有一个与泰有关的成语"国泰民安"，"国"在这里代表国君。国君遵循泰道，民众就会变成君子，国家就得以安宁。国君奉行否术，民众就会变成痞子，国家就不得安宁。这是"否"字的基本意思。

现在小结一下泰道原理。

泰卦的卦象是上坤下乾："上"是天的外在位置，"坤"是天的内在本质；"下"是地的外在位置，"乾"是地的内在本质。"上坤"的阴柔之气下行，"下乾"的阳刚之气上行，于是天地相交，阴阳相合，刚柔相济，万物得生，天地秩序欣欣向荣。

由于必须以人合天，所以人间的君臣，都要效法天地的泰道。

君主效法"上坤"的天，就是效天之位，居上；效天之质，阴柔。

臣民效法"下乾"的地，就是效地之位，居下；效地之质，阳刚。

所以春秋战国以前的先秦时代，古代华夏的中原各国，无论天子还是诸侯，都非常温柔。他们的臣民，都非常强健，非常阳刚。大家去看史书，就会有直观的了解。

3. 扬泰抑否

老子之道的第三要义，就是用第二要义"负阴抱阳"，解释第一要义"扬柔抑刚"。因为"负阴抱阳"之谜破解以后，"扬柔抑刚"的正解就会自然显现：《老子》扬柔抑刚，正是扬泰抑否。

我们先找一些证据，先看一段原文——

> 执大象，天下往。往而不害，安平泰。

"大"是"太"的简写，"太"是"泰"的简写，所以"大象"就是泰象。"安平泰"就是"国泰民安"。

这是《老子》专门讲到泰卦的卦象、卦义的地方，但是传统解释视而不见，因为没明白"泰"、"否"二卦之义，以及与《老子》的关系。

《老子》的泰道总纲，就是大家熟悉的两句话——

> 反者道之动，弱者道之用。

两句分别讲泰道的体和用。

"反者道之动"，是泰道如此运行的体。"反"不是"相反"的"反"，而是"返回"的"返"。泰道的体，就是伏羲圆图的返归循环。泰道返归循环，一年又一年循环。小年这样循环，大年也这样循环，永恒不变。

"弱者道之用"，是泰道如此运行的用。泰道的用，就是"柔弱胜刚强"，就是"清虚自守，卑弱自持"。

不仅这两句泰道总纲，说的是泰道的体和用；而且整部《老子》，无不展开泰道的体和用。我选了两段比较重要的。

先看第一段——

> 万物并作，吾以观其复也。天道圆圆，各复其根。归根曰静，静曰复命。复命常也，知常明也。不知常，妄作凶。

"万物并作，吾以观其复"，天道的特征是"复"，复归，循环。"复"字，又指"一阳来复"的复卦䷗。

再看第二段——

> 有状混成，先天地生。寂兮寥兮，独立而不改，周行而不殆，可以为天下母。吾不知其名，字之曰道，强为之名曰大。大曰逝，逝曰远，远曰反。

这是《老子》论"道"的一个重要段落。

"有状混成"，后来的许多版本，比如通行的王弼版《老子》，是"有物混成"，遮蔽了道的非物质性，引起了许多无谓争论。这个"状"字，是根据郭店出土的战国《老子》竹简复原的。

"先天地生。寂兮寥兮，独立而不改，周行而不殆。"讲的正是伏羲圆图的那个泰道，"周行"就是圆周运行的循环往复。

"可以为天下母"，不说"可以为天下父"，因为天的本质是坤，不是乾。

"吾不知其名，字之曰道。"这是老子为最高存在取的表字。老子以前，没人把最高存在命名为"道"。伏羲把它命名为"泰"，老子又为它取了个表字，叫"道"。古人有氏，有姓，有名，有字，所以老子氏老，姓李，名耳，字聃。名比字重要，名是"泰"，字是"道"，合称"泰道"。由于"名可名，非常名"，老子又用四个别名来描述泰道，就是"大"（太／泰）、"逝"、"远"、"反"（返）。都是讲它的返归循环，是泰道的体。

《老子》展开泰道的用，就是展开"弱者道之用"、用弱守柔，比展开泰道之体的文字多很多。下面举出其中九条——

> 上善若水。水善利万物而不争。居众之所恶，故几于道矣。
> 抟气致柔，能婴儿乎？天门启阖，能为雌乎？
> 飘风不终朝，骤雨不终日。孰为此者？天地。天地尚不能久，而况于人乎？
> 柔弱胜刚强。
> 强梁者不得其死。
> 天下之至柔，驰骋于天下之至坚。
> 人之生也柔弱，其死也坚强。草木之生也柔脆，其死也枯槁。故曰：坚强者死之徒也，柔弱者生之徒也（泰卦之义）。
> 强大居下，柔弱居上（泰卦之象）。
> 天下莫柔弱于水，而攻坚强者莫之能先也，以其无以易之也（《周易》欲易之）。柔之胜刚，弱之胜强，天下莫不知，莫能行。故圣人之言云曰：受国之诟，是谓社稷之主；受国之不祥，是谓天下之王。

第一条："上善若水。"万物之中，水的特点最符合"柔弱胜刚强"的泰道，所以老子认为水最接近于道。

《老子》有很多话，都与柔弱有关。比如第二条："抟气致柔，能婴儿乎？天门启阖，能为雌乎？"与泰卦☰☷的上卦坤☷有关。

第三条："飘风不终朝，骤雨不终日。孰为此者？天地。"后面两句"天地尚不能久，而况于人乎？"传统解释大都是错的。《老子》不是说天不能久，地不能久，因为《老子》明确说过"天长地久"。"天地尚不能久"是说，天地刮强风，刮不了多久，下暴雨，也下不了多久，一会儿就不行了。天地本身虽然很长久，很强健，但是也不得不遵循泰道，不能长久逞强而奉行否术。

人没有天地那么长久，那么强健，如果人不遵循泰道，而是逞强奉行否术，那就更不行了。这就是第四条："柔弱胜刚强。"

第五条："强梁者不得其死。"是说奉行否术的痞子，不得好死。

第六条："天下之至柔，驰骋于天下之至坚。"第七条："人之生也柔弱，其死也坚强。草木之生也柔脆，其死也枯槁。"以人和草木为例，说明天地万物都必须遵循泰道。然后总结："坚强者死之徒也，柔弱者生之徒也。"这是常枞的"舌教"。

有人不服常枞"舌教"，不同意"柔弱胜刚强"，于是抬杠说：人死了以后，肉体、舌头全部烂光，可是牙齿还在，不是牙齿更强吗？

那是死之道，《老子》讲的是生之道。遵循万物生的泰道，就是"柔弱者生之徒"。你硬要逞强，奉行万物杀的否术，就是"坚强者死之徒"。所以死尸的舌头烂掉，牙齿不烂，不能反驳"柔弱胜刚强"的泰道。

第八条："强大居下，柔弱居上。"正是泰卦☰☷的卦象、卦义，强大的乾卦☰居下，柔弱的坤卦☷居上。强大的民众居下，柔弱的君王居上。

最后是第九条。老子反复讲水，前面讲"上善若水"，这里又说："天下莫柔弱于水，而攻坚强者莫之能先。"随后是一句很有意味的话："以其无以易之也。"是指《周易》把《归藏》的坤、乾，改易成乾、坤，妄想刚强胜柔弱。老子认为天道不能改易，把坤、乾改易成乾、坤，就是奉行否术。所以西周奉行否术，一开始虽然很强，到了东周就很弱，很快就不行了，因为奉行否术不可能天长地久。

"柔之胜刚，弱之胜强，天下莫不知，莫能行"，这句话也很有意味。是说当时人人都知道，君王也知道，从伏羲传到夏代《连山》、商代《归藏》，一直传到西周初年，大家都知道伏羲天道是泰道，黄帝人道是否术，但是君王不愿遵循君柔臣刚的泰道，只想奉行君尊臣卑的否术，所以没过多久就天下大乱。老子所处春秋末年的东周天子，不再是"社稷主"和"天下王"，即将改朝换代。

4. 扬正抑奇

老子之道的第四要义，是扬正抑奇，其实也是扬泰抑否。

《老子》有一句名言：

> 以正治国，以奇用兵。

意思就是以泰治国，以否用兵。

《老子》另外还有一句名言："道泛兮，其可左右。"伏羲圆图，就是左右周行运转的，所以说大道既有泰的成分，也有否的成分。正如天道循环，既有泰卦对应的春分，也有否卦对应的秋分。但是刚才已经讲过，人死了以后，舌头会烂，牙齿不会烂，好像牙齿很厉害。一到秋天，秋风一刮，秋风扫落叶，好像秋风很厉害，否术也很厉害。但是我们寻求的是生之道，不是死之道，所以必须遵循泰道。"道泛兮，其可左右"，就是左为泰道，右为否术。然后下面一整段举例，都讲左右，就是什么时候应该左，什么时候应该右——

> 夫兵者不祥之器也，物或恶之，故有欲者弗居。君子居则贵左，用兵则贵右。故兵者非君子之器也，不祥之器也，不得已而用之，恬淡为上，勿美也。若美之，是乐杀人也。夫乐杀人，不可以得志于天下矣。是以吉事尚左，丧事尚右。偏将军居左，上将军居右，言以丧礼居之也。故杀人众，则以悲哀莅之。战胜，则以丧礼处之。

"君子居则贵左，用兵则贵右。"求生的时候，太平的时候，贵的永远是泰道。用兵的时候，战乱的时候，贵的暂时是否术。由于不可能天天打仗，不可能天天秋风扫落叶，所以泰道才是"常道"，否术不是"常道"。

贵左贵右，讲的是在朝廷之上，站在君王两边的左丞相（文臣行泰）、右丞相（武将行否）的"贵贱"。左贵还是右贵，古今有过多次变化，有时候左贵，有时候又右贵，对应的是伏羲太极图的天图和地图，因为"天左旋，地右旋"，就是天球顺时针左旋，地球逆时针右旋。

下面又讲"吉事尚左，丧事尚右"，就是说当你处理喜事的时候，左面的比右面的贵，但是处理丧事的时候，右面的比左面的贵。同样，平时在朝堂之上是贵左（泰道文治），只有在战场之上才是贵右（否术武功），"偏将军居左，上将军居右"。

所以《老子》最后总结说，打仗即使打赢，也要用丧礼的方法来对待。他这样来论证，就是说，从古到今的政治制度，人道都必须效法天道，遵循泰道，扬泰抑否，以正制奇。

以上四点要义，讲了《老子》之道是天道，泰道才是"常道"。以下三点要义，要讲《老子》之道如何应用。

5. 人道效法天道

老子之道的第五要义，人道必须效法天道，遵循泰道。因为天地之道是天柔地刚，所以君臣之道必须是君柔臣刚。

前面我用卦象转译了经文，现在合看一下这一章的第二段，就能明白第一段的宗旨——

> 道生一，一生二，二生三，三生万物。万物负阴而抱阳，冲气以为和。
>
> 人之所恶，唯孤、寡、不穀，而王公以自名也。是故物或损之而益，或益之而损。人之所教，亦我而教人。

看了第二段，就能明白第一段讲"负阴抱阳"的泰道，不是随便讲的，而是为了阐明"君人南面之术"。所以第一段讲负阴抱阳、天柔地刚的天道，第二段就讲人道效法天道，君必须柔，臣必须刚。

"人之所恶，唯孤、寡、不穀，而王公以自名也。"王公为什么要用恶名来自称"孤家"、"寡人"？是因为遵循泰道。伏羲根据天道奠定了泰道以后，君王必须遵循泰道，必须"清虚自守，卑弱自持"。所以古代圣王都明白，君王只有自损，才能自益，因为这是天长地久的泰道。君王如果自益，就会自损，因为这是不能天长地久的否术。所以《老子》说："人之所教，亦我而教人。"他说的人之所教，就是伏羲所立的泰道，常枞所传的舌教。

第一段，"道生一，一生二"，是讲天道；"负阴抱阳"，是讲天柔地刚的泰道。第二段，王公以恶名"孤、寡"自称，是讲人道必须效法天道，君王必须遵循泰道，用弱守柔，从而"损之而益"；君王一旦奉行否术，逞强用刚，就会"益之而损"。老子讲道的宗旨，就是主张君柔臣刚的泰道，反对君尊臣卑的否术，意思非常明显。

另外还有两句非常著名，也顺便说一下——

> 知其雄，守其雌，为天下溪。
> 知其白，守其黑，为天下式。

两句都是讲泰卦，就是君王必须明白，自己的位置虽然在上，是乾位，为雄，为阳，为白，但是君王的本质是坤质，为雌，为阴，为黑。君王想要天长地久，不被民众推翻，必须遵循泰道，知雄守雌，知白守黑，用弱守柔，不能奉行否术，不能逞强用刚，不能刚愎自用。

6. 君术四境，太上无为

老子之道的第六要义，就是"君人南面之术"。

《老子》把"君人南面之术"，分为四种境界。

> 太上，不知有之；其次，亲而誉之；其次，畏之；其下，侮之。

第一境界，是"太上，不知有之"，最高。上古圣王遵循泰道，"清虚自守，卑弱自持"，对国家进行无为而治，民众就会"日出而作，日落而息，凿井而饮，耕田而食，帝力于我何有哉"（《古诗源·击壤歌》）。民众自己就会遵循天道，按照伏羲历法，该种的时候种，该收的时候收，这样就国泰民安了。民众不必知道人间的君王（假君）是谁，只要服从天上的君王（真君）就行。

第二境界，是"其次，亲而誉之"，就差一些。第一境界是民众不知上有君王，第二境界民众皆知上有君王。即使民众是真心诚意赞誉君王，也不如不知上有君王。何况民众自己未必想知道，而是君王强迫民众知道，还强迫民众亲近他，赞誉他。这种君王，已经走向了否术。

第三境界，是"其次，畏之"，更差一些。民众不再亲近、赞誉君王，而是害怕、畏惧君王。这种君王，已经强化了否术。

第四境界，是"其下，侮之"，最差，最低。民众已经对君王极其不满，咒骂他，侮辱他了。这种君王，已经走到了否术极端。

只有第一境界民众"不知有之"的圣王，才是遵循天道、泰道。后面三种境界的君王，都是奉行人道、否术。

中国历史上的每一个朝代，都会先后走过这样的治国四境。我们现在所处的时代，属于老子所说的治国四境的哪一境界，每个人可以自己判断。

7. 无为无不为

老子之道的第七要义，就是著名的"无为无不为"。我的解释是：老子主张"君主顺道无为，臣民循德无不为"。

我选了三段经文，先看第一段——

> 道恒无名。朴虽小，天下不敢臣。侯王若能守之，万物将自宾。天地相合（泰卦之象），以降甘露，民莫之令而自均（泰卦之义，国泰民安）。始制有名（泰卦之名），名亦既有，夫亦将知止，知止所以不殆。

"朴"，就是处于无名状态的道。侯王"守之"，就是守泰道。"天地相合"，是泰卦的卦象；"以降甘露，民莫之令而自均"，是泰卦的卦义。这样就能国泰民安。

"始制有名",道本来是无名的,伏羲始制泰卦之名以后,道就有了名称。从此以后,侯王就必须遵循泰道,不得已打仗而暂时使用否术,也必须"知止",这样才能"不殆"。

再看第二段——

> 道恒无为。侯王若能守之,万物将自为。为而欲作,将镇之以无名之朴。夫亦将知足,知足以静,万物将自定。

老子先讲"道恒无为",因为道没有意志,不会有意作为,但是永恒运行,极其强健,造化天地万物。然后又讲"侯王若能守之",就是侯王应该效法天道而顺道"无为"。最后又讲"万物将自为",万物和万民,均有天道分施之德,均能循德"自为",亦即循德"无不为"。

再看第三段——

> 为学者日益,为道者日损。损之又损之,以至于无为,无为而无不为。

这是讲黄帝人道和伏羲天道的不同。第一句"为学者日益",是讲黄帝人道,不断地增加,增加统治的方式,增加法律法规,越来越有为,有为人道干预无为天道,必定添乱,于是拆东墙补西墙,结果是"法令滋彰而盗贼多有"。后面四句都是讲伏羲天道,"为道者日损,损之又损之,以至于无为,无为而无不为",君王只有顺道"无为",民众才能循德"无不为",亦即循德"自为"。

关于老子之道,就讲以上七点。

最后用一个示意图,简要概括一下《老子》之道的逻辑结构——

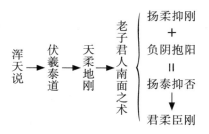

▲老学逻辑结构图

　　《老子》的"君人南面之术",从负阴抱阳、天柔地刚的伏羲泰道引出。不过这要等到 1993 年王家台《归藏》出土以后,才能明白。以前由于唐尧化圆为方、《周易》以天合人,扭曲和遮蔽了伏羲泰道,后来秦始皇焚烧古籍,汉武帝罢黜百家,又导致《连山》、《归藏》全都亡佚,所以两千年来一直不明白伏羲画卦制历,也不明白老子之道的主旨。

　　《老子》"君人南面之术"的主旨,是扬柔抑刚、扬泰抑否、扬正抑奇。核心要义,就是从"天柔地刚"引出的"君柔臣刚"。

五　道家《庄子》、《文子》之旁证

　　上面讲了我对老子之道的基本解释。我的解释与各种传统解释很不相同,所以我要引一些旁证,一方面支持我的解释,一方面让大家扩展一下视野,不局限于《老子》这本书。

　　道家另有两部重要著作,一部是《庄子》,一部是《文子》。《庄子》同样扬泰抑否,首先是内篇《应帝王》说:"有虞氏不及泰氏。""有虞氏"就是虞舜,属于五帝。"泰氏"就是泰皇伏羲,属于三皇。

其次是外篇《田子方》说，孔子去向老子问道，老子讲了四句话：

> 至阴肃肃出乎天，至阳赫赫发乎地，两者交通成和，而物
> 生焉。

这四句话是阐释《老子》的"负阴而抱阳，冲气以为和"，对应《归藏》伏羲泰卦的卦象、卦义。按照《周易》的解释，乾为天，坤为地，应该是"至阳赫赫出乎天，至阴肃肃发乎地"。但是老子不采用《周易》的错误解释，而采用《归藏》的正确解释，就是坤为天，乾为地，所以"至阴肃肃"的坤☷"出乎天"，"至阳赫赫"的乾☰"发乎地"。

还有外篇《徐无鬼》，说开启中华人道的黄帝，去向开启华夏天道的伏羲问道。问完以后，黄帝称"泰隗"，就是泰皇伏羲为"天师"。这是一个寓言，因为黄帝不可能去问伏羲，时代相差很多。寓言的寓意是，道家认为"人王"黄帝应该拜伏羲为"天师"，放弃君尊臣卑的否术，遵循君柔臣刚的泰道。

《庄子》之道，继承《老子》之道。《庄子》赞扬伏羲，批评黄帝，也证明称"伏老"比称"黄老"准确。

另有一部道家经典《文子》，是专门解释《老子》之道的，非常明确地用泰、否二卦来解释《老子》之道——

> 天气下，地气上；阴阳交通，万物齐同；君子用事，小人
> 消亡，天地之道也。
> 天气不下，地气不上；阴阳不通，万物不昌；小人得势，
> 君子消亡，五谷不植，道德内藏。（《文子·上德》）

第一段，赞扬泰卦的卦象和卦义。"天气下，地气上"，是泰卦

☳的卦象。上卦是坤☷，坤是阴，所以天之气，阴而柔，往下走。下卦是乾☰，乾是阳，所以地之气，阳而刚，往上走。于是天地相通，阴阳相交，万物齐同。这是天地正道，也是人间正道。只要以人合天，遵循泰道的君子就能得到重视，奉行否术的小人就会遭到黜退。

第二段，批评否卦的卦象和卦义。"天气不下，地气不上"，是否卦☶的卦象。上卦是乾☰，乾是阳，所以天的气往上走，下不来；下卦是坤☷，坤是阴，所以地的气往下走，上不去。于是天地不通，阴阳不交，万物不昌。这不是天地正道，也不是人间正道。如果以天合人，奉行否术的小人就会得势，奉行泰道的君子就会消亡。不仅如此，还会五谷不生，天下大乱，天道人德全部内藏。

六　黄老《吕览》、儒家《礼记》之旁证

其他道家著作可以证明《老子》讲的是泰道、否术，宗旨是扬泰抑否，不算稀奇，因为道家出于史官，术业有专攻，具有伏羲泰道和《连山》、《归藏》的专业知识。由于伏羲是华夏天道之祖，比黄帝早，说中华民族是炎黄子孙，还没有真正认祖归宗，说中华民族是伏羲子孙，才是真正的认祖归宗。伏羲是中华文明之根，所以伏羲泰道也被道家以外的百家所了解。正如我们人人知道泰山，知道祭祀泰山是自古以来的中华文化传统，所以道家以外的诸子百家，生活在华夏文明始祖伏羲开创的这一传统之中，也知道泰道、否术，也主张扬泰抑否。证据是，在黄老学派的《吕览》、儒家学派的《礼记》里面，都有类似的话语，可以与道家经典互相印证。

先看《吕览》——

天气下降，地气上腾。天地和同，草木繁动……无变天之道，

无绝地之理，无乱人之纪。(《吕览·十二纪·孟春》)

"天气下降，地气上腾"，是泰卦的卦象。然后说，只有这样，天地之气才能相通、相交，草木才能繁殖萌动。"天地和同"，就是"负阴抱阳，冲气以为和"。最后说，天的道不能变动，必须柔；地的理也不能断绝，必须刚；人的纲纪也不能乱，君必须柔，臣必须刚。

《吕览》是先秦黄老学派的集大成之作，与《老子》相通，也不太稀奇。儒家与道家不同，但是个别儒家经典同样扬泰抑否，起码先秦时代如此。先秦以后，秦始皇、汉武帝以后，依附庙堂的儒家官学，就不再扬泰抑否，而是扬否抑泰。

我们看一下先秦儒家经典《礼记》，怎样扬泰抑否——

地气上齐，天气下降；阴阳相摩，天地相荡，鼓之以雷霆，奋之以风雨，动之以四时，暖之以日月，而百化兴焉。(《礼记·乐记》)

"地气上齐，天气下降"，也是泰卦的卦象。然后说"阴阳相摩，天地相荡，鼓之以雷霆，奋之以风雨，动之以四时，暖之以日月，而百化兴焉"，也是说泰卦的卦象和卦义。

所以我们看到，先秦时代，泰道、否术是士人常识，扬泰抑否是百家共识。

最后讲一个链接。《易传·系辞》说：

天尊地卑，乾坤定焉。

这是鼓吹君尊臣卑的否术，主张乾为天，坤为地。天的本质如果是乾，刚强重浊，天就会崩下来；地的本质如果是坤，轻清柔弱，地就会陷下去。所以有一个成语叫做"杞人忧天"。杞国是大禹的后裔，周武王灭商以后，把大禹的后裔封在杞。杞人之所以有这种忧虑，就是因为《周易》的"乾坤"取代、改易了《归藏》的"坤乾"，用"天尊地卑、君尊臣卑"取代、改易了"天柔地刚、君柔臣刚"，所以杞人忧虑否术取代泰道以后，天会崩下来，地会陷下去。天地秩序和人间秩序，必将大乱。

《易传·系辞》的"天尊地卑，乾坤定焉"，是化圆为方、以天合人，扭曲天道来支持人道，是依附庙堂的儒家官学扬否抑泰的理论源头和根本依据。这种错误学说，植根于错误的"盖天说"，囿于天地表象，只看重天地的外在位置，遮蔽了天地的内在本质；囿于君臣表象，只看重君臣的外在位置，遮蔽了君臣的内在本质。

七　小结：政治圣经，庙堂正道

最后小结一下，分为四点。

第一，《老子》之道是伏羲泰道的升华。

泰卦对应于历法上的春分，春天万物生，所以泰道是生生之正道。天道主宰万物之生杀，但是《老子》只说"道生一，一生二"，不说"道杀一，一杀二"，也就是只讲"生生"之道，泰道正是生生之道。所以《老子》主张"以正治国"，也就是"以泰治国"。

否卦对应于历法上的秋分，秋天万物杀，所以否术是刑杀之奇术。所以《老子》主张"以奇用兵"，只能"不得已而用之"，不能"以奇治国"，也就是不能"以否治国"。

《老子》主张，君子要扬泰抑否，正人要扬正抑奇；小人才会以否制泰，痞子才会以奇制正。

第二，正确理解"无为无不为"。

很多人没有理解《老子》，就胡乱批判《老子》，错误理解了"无为无不为"。《老子》之道是"君人南面之术"，教育对象是君王。如果你不明白《老子》是教育君王如何治国，误以为《老子》是教育普通人如何做人，就很可能胡乱批判《老子》。《老子》的主旨是以泰道教育君王顺道无为，用弱行柔。《老子》的副旨才是以泰道教育臣民循德无不为，用强行刚。所以你如果不是君王，就不要错误地对号入座，误以为《老子》是教你无为，要守柔，要软弱，其实《老子》是教你无不为，要强健，要刚强，因为君柔臣刚才是正道。如果君刚臣柔，那么刚强的君，就是刚愎自用的否王，柔弱的臣，就是柔媚自利的痞臣。所以我坚守传统见解，就是《老子》之道是"君人南面之术"，只不过对其内涵做出了全新阐释。

《老子》的"无为无不为"，是君主无为，臣民无不为。君主无为，不是无所作为，而是顺道无为。臣民无不为，不是无所不为，更不是胡作非为，而是循德无不为。所以《老子》又说，"妄作凶"。如果你说《老子》叫我无不为，所以我可以胡作非为，也违背了《老子》的教诲，更违背了伏羲的泰道。

第三，中华历史，否极泰来。

我们可以用泰道、否术来分析中华历史。

秦汉以前的夏商周两千年，独尊儒术以前，道统高于政统，普遍信仰泰道，泰道是中原正统。当时"君柔臣刚"的泰道强盛，"君尊臣卑"的否术弱小，君王多柔，臣民多刚，君子、真人贵显，小人、痞子退隐。春秋战国时代和秦汉之际，天道与人道进行斗争，泰道与否术进行博弈，结果人道否术暂时胜利了，这就是《庄子·天下》所说的"道术将为天下裂"。所以秦汉以后的中华帝国两千年，独尊儒术以后，政统高于道统，普遍信奉否术，道家被逐出中原，泰道被遮蔽了，遗忘了，否术成了中原正统。"君柔臣刚"的泰道退隐了，"君尊臣卑"的否术强盛了。后来的君王多刚，臣民多柔，小人、痞子贵显，君子、真人退隐。刚才已经说过,君王刚强叫做"刚愎自用",根本不配做君王；臣民柔弱叫做"柔媚自利",根本不配做大臣。

秦汉以后的君主制度，一般来说，朝代刚刚建立之时，对民众比较温柔，采用的统治方式，比较接近泰道，虽然总体而言是否术。但是等到统治稳定、天下安定以后，就逐渐开始露出否术的狰狞面目，所以一般是先泰后否，先柔后刚。而且泰与柔是表象，否与刚是本质。刚则用否，否极则灭，否极泰来，改朝换代，一个朝代就此灭亡。然后再这样重新来一遍，这是小年的循环。

但是历史有小年，也有大年。我坚信，否术压制泰道的中华历史小年一定会过去，因为《老子》说过"飘风不终朝,骤雨不终日"。泰道战胜否术的中华历史大年一定会来，未来中国必将否极泰来。

第四，中华泰道，永恒适用。

泰道不仅可以用来检验中华历史，也可以用来检验中国以外的世界历史。因为伏羲开创、老子弘扬的中华泰道，永恒而且普遍适用。

首先，中华泰道对于未来中国，仍然有永恒的适用价值。

"天柔地刚,君柔臣刚"的泰道，植根于"天地浑沌如鸡子"的"浑天说"，等价于"地心说"。虽然学说会从粗疏到精细，但是"浑天说"的方向正确，可以发展为"地心说"，"地心说"又可以发展为"日心说"，"日心说"正是启动现代科学的发动机。有了现代科学以后，人类进入更高的文明阶段，现代民主制度就发展出来了。泰道与民主制度的关系，大家可以思考。我认为，古代的君柔臣刚，是泰道的初级阶段。现代的民主制度，是泰道的中级阶段。泰道的高级阶段还没到来，现代的民主制度也有它的缺陷，不过它方向正确，是往泰道的方向走的。

"天尊地卑，君尊臣卑"的否术，植根于"天圆地方"的"盖天说"。这种学说是错误的，所以它只能引出君主制度，也只能强化君主制度，不能引出"日心说"，只有"浑天说"才能引出"日心说"。因此"盖天说"是否术植根的土壤。由于秦汉以后，否术压倒了泰道，因此中华民族在伏羲以后早就用"浑天说"制定的历法如此先进，远远领先于其他农业民族，但在政治层面，"浑天说"的正确性却不被承认。中国古代的朝代，都有观天的官员，制历的官员。西汉的落下闳，东汉的张衡，三国的王蕃，北宋的苏颂，都制作过浑天仪。现在的北京古观象台，还有元代郭守敬制作的浑天仪。由于"浑天说"被当时的君主专制制度，认为政治上不正确，所以大多数中国人，直到现在都不知道"浑天说"，大家仍然认为天圆地方是天经地义的。天圆地方的"盖天说"，是支持君尊臣卑的君主专制制度的错误学说，既违背初级阶段的泰道，更违背中级阶段、高级阶段的泰道，也违背民主制度。所以中华泰道不是只适用于古代中国的价值体系，也是适用于现代中国、未来中国的价值体系。

其次，中华泰道不仅适用于古代中国、现代中国、未来中国，也适用于外国历史，包括起源于西方、适用于全球的民主制度。刚才说过，民主制度部分符合天道，部分符合泰道，比古代君柔臣刚的泰道高级一点，进入了中级阶段。但是它还不够高级，为什么这么说呢？现代民主制度有了历史性进步，是它内部，已经没有君也没有臣了，可以说是总统比较柔，公民比较刚，接近泰道；也没有君主世袭，又胜过古代君柔臣刚的世袭制度。但这只是处理国家内部关系的泰道，在处理国家外部的国际关系时，近现代的西方民主制度国家，对外搞殖民主义或者后殖民主义，也会常常使用否术。所以西方现代民主制度，仅是局部达到了泰道，内部遵循泰道，还没有达到内外皆泰的高级阶段。人类文明还没有达到高级阶段，西方民主制度也没有达到高级阶段。

今天讲座的结论是：《老子》是轴心时代中国哲学突破的重大成果，是政治圣经。《老子》之道是庙堂正道，是对伏羲开创的中华泰道的哲学提炼，是人类政治的永恒正道，古今中外，普遍适用。

最后，把《老子》的几句话送给大家——

上士闻道，勤而行之。
中士闻道，若存若亡。
下士闻道大笑之，不笑不足以为道。

吾言甚易知，甚易行。
而天下莫之能知，莫之能行。

2011 年 10 月 7 日深圳老庄讲座第一讲
2011 年 12 月汪跃云根据录音整理
2012 年 11 月 9 日改定
2022 年 2 月 1 日修订

余论二 《庄子》：内圣外王之道

大家好！

上次讲了老子之道，今天讲庄子之道。

题目是——《庄子》：内圣外王之道。

副标题是——从《老子》政治哲学到《庄子》生命哲学。

讲老子分为七个部分，讲庄子也分为七个部分。

第一部分介绍庄老同异。第二部分介绍"内圣外王之道"的内涵。第三部分讲庄学三义。第四部分讲庄学四境。第五部分讲道术九阶。第六部分是举例说明，如何按照三义、四境、九阶，成为庄学至人。最后第七部分是小结，介绍庄学的后世影响。

一　庄老同异

老庄是道家两大代表人物，一祖一宗。老子是道家祖师，道家开创者。庄子是道家宗师，道家集大成者。所以有同有异，有继承有发展，我分为四点来讲。

1. 外境迥异：泰隐否显

老庄学说，有同有异，首先在于所处时代的有同有异。老子处于春秋末期。我用九个字概括老庄的时代差异：老（前570—前

480）、孔（前551—前479）殁，春秋（前770—前481）终，战国（前480—前221）始。

庄子（前369—前286）处于战国中期，晚于老子、孔子百余年，与孟子（前372—前289）基本同时。

道、儒两大代表人物，都是基本同时。

老、孔基本同时，处于春秋末期。

庄、孟基本同时，处于战国中期。

中间相隔百余年。

上次讲过，老子时代，泰道与否术处于斗争之中，所以《老子》"君人南面之术"的宗旨是，弘扬"负阴抱阳、天柔地刚、君柔臣刚"的泰道，批判"戴阳履阴、天尊地卑、君尊臣卑"的否术。经过百余年的历史变迁，否术压倒了泰道，结果是泰道退隐，否术大显。这就是庄子面对的政治现实。

庄子的生平史料，所知不多。只知道他姓庄，名周，是宋国蒙邑人，生活在宋桓侯、宋剔成君、宋康王时期。

早年是宋桓侯时期，庄子曾经担任漆园吏，以此谋生。

庄子三十岁前后的三年之中，宋国接连发生了两次宫廷政变。

第一次是宋戴公的后裔戴剔成，弑君篡位，杀了宋桓侯（前380—前340在位），自立为君，就是宋剔成君（前340—前338在位）。

第二次是宋剔成君三年，他的弟弟戴偃驱逐了哥哥戴剔成，又篡位自立，就是宋君偃。

宋君偃不太有名，但他后来称"王"，史称"宋康王"，大大有名。

宋康王是战国时代的著名暴君，也是中国历史上排得上号的著名暴君之一。他与庄子完全同时，在位时间很长，长达五十二年（前337—前286），直到宋国被齐国灭掉，宋康王死去，庄子也死了。所以暴君宋康王的残暴统治，笼罩了庄子一生。这与庄子的思想和

《庄子》这本书的特殊表达方式，都有很大关系。

宋康王篡位以后，庄子不愿在其残暴统治下继续担任小吏，于是辞去漆园吏，从此生活贫困，住在陋巷，编织草鞋和钓鱼为生，曾经穷到断粮。

庄子对待黑暗政治现实的态度，可举三个国君为例。

一是与庄子一生共始终的母邦暴君宋康王。

《庄子·曹商》记载，庄子抨击宋康王"猛过骊龙"，一旦被他盯上，就会粉身碎骨。《吕览》记载了宋康王的凶猛残暴。他问宰相唐鞅：我杀了那么多人，为什么宋国百姓还不怕我？唐鞅说：大王只是对犯了轻罪的人，处以重刑。杀的都是有罪的人，无罪的人当然不害怕。大王如果希望人人害怕，就要多杀无罪的人。于是宋康王立刻把唐鞅杀了。

唐鞅为暴君出谋划策，结果先害了自己，又害了很多宋国人。当时的宋国政治极其黑暗，这就是庄子既不愿在母邦为官出仕，也不愿在母邦为吏谋生的原因。

二是与庄子同时的楚威王（前339—前329在位）。

庄子虽然生在宋国，却是楚人后裔。因为庄子出生以前，楚悼王用卫人吴起为相，实行变法，触犯了楚国贵族的利益。于是楚悼王死后，七十多家楚国贵族在楚悼王的葬礼上发动叛乱，乱箭射死吴起。混乱之中，箭射到了楚悼王的尸体。于是楚悼王的儿子楚肃王为父王报仇，大杀叛乱贵族。楚国庄氏，是楚庄王的后裔，也是七十多家叛乱贵族之一。庄子的先人未必参加叛乱，但是受到牵连，为了逃避此祸，被迫逃到宋国。

庄子三十岁以后，四十岁以前，安贫乐道，贤名闻于天下。楚威王听说以后，派了两个大夫来到宋国，送上千金，礼聘庄子做楚国宰相。庄子虽然很穷，但他拒绝了。

三是与庄子同时的魏惠王。

魏惠王在位时间也很长，长达五十一年（前369—前319），只比宋康王少一年。魏惠王是战国中期的风云人物，孟子也见过他。《孟子》有一篇《梁惠王》，说的就是魏惠王，因为魏国定都大梁。

魏惠王用宋人惠施为相。庄子曾经游历魏国，与宋国同胞惠施成了朋友。魏惠王也听说了庄子的贤名，于是召见庄子。《庄子》书中记载了他们之间的一段对话。

魏惠王问庄子：你是天下闻名的贤士，为什么这么穷？竟然穿破衣服，穿烂鞋子？

庄子就说：我身处"昏上乱相"的时代，政治如此黑暗，贤德之士只能如此贫穷。

政治黑暗时代，也有人飞黄腾达。有的人没有机会，也要创造机会向上爬。庄子有机会，却宁愿受穷，是什么原因呢？主要就是刚才说的"泰隐否显"。老子时代，政治也很黑暗，但比庄子时代稍微好些，老子已对中原的政治状况非常失望，弃官而走，既不做周朝的史官，也不住在中原，西出函谷关，到秦国去了。庄子时代，政治环境更加黑暗，所以庄子有机会做大官也不做，宁愿受穷，对当时的黑暗政治，采取不合作态度。

庄子对母邦、异邦的统治者，都采取不合作态度，是因为他对庙堂政治的黑暗，有极其清醒、极其深刻的认识。庄子亲撰的《大宗师》，有这样十六个字：

天之小人，人之君子；天之君子，人之小人。

意思是说，天道眼中的小人，才会成为人道里面的君子，就是庙堂里的卿相。天道眼中的君子，就会成为人道里面的小人，就是江湖中的穷人。

庄子宁愿做人道眼中的小人，天道眼中的君子，所以不愿做官。

庄子这一判断，涉及一个非常重大的问题，就是庙堂价值观与天道价值观是颠倒的。有了这一判断，才有了司马迁所说的，庄子"终身不仕，以快吾志"。

这是庄老同异的第一点，就是他们的外境不同。

2. 庄之承老：世称老庄

世称"老庄"，大家都知道。我这次讲座，就是讲老庄之道。不过"老庄"二字，本来是不连在一起的，因为老子之道与庄子之道内涵很不一样，而且老子、庄子之间差了一百多年，老子也没有直接教过庄子。所以庄子当时，以及庄子死后几百年，很少有人认为庄子与老子属于同一学派。历史上并称"老庄"的第一人，是汉高祖刘邦的孙子，淮南王刘安。刘安写过一本道家的书，叫《淮南子》，又编过一本《庄子》大全本，下面我会讲到。

司马迁与刘安同时代，都是汉武帝时代的人，不过司马迁（前145—前90）比刘安（前179—前122）年轻三十四岁，所以司马迁写《史记》的时候，在《史记·老子韩非列传》里面，写完老子以后，附记了一段庄子。这是接受了刘安"老庄"并称的观点，认为庄子之道继承了老子之道。

《史记·老子韩非列传》——

（庄周）其学无所不窥。

然其要本，归于老子之言。

著书诋訾孔子之徒，以明老子之术。

善属书离辞，指事类情。

其言洗洋自恣以适己。

故自王公大人不能器之。

司马迁评论庄子，第一句是"其学无所不窥"。提起中国古代最博学的人，我们首先想到的，大概就是司马迁。因为他写了中国第一部通史，总结了此前两千年的历史，学问非常大。但在司马迁眼里，有一个人学问比自己更大，就是庄周，是诸子百家里面学问最大的人，"其学无所不窥"。

司马迁明白庄周学问极大，但是第二句话却说："然其要本，归于老子之言。"把什么都懂的庄周，与只讲政治的老子挂了钩。

司马迁的第三句话，是判明庄子著书的宗旨："著书诋訾孔子之徒，以明老子之术。"因为孔子的政治学说，与老子的政治学说很不一样。庄子继承老子，所以批评孔子。

司马迁的第四句话，是评论庄周这个人，说庄子"善属书离辞，指事类情"。是说，庄子讲了很多故事，这些故事的寓意，不局限于故事本身，而是相当于 MBA 案例，可以推广到其他相类似的事情中。这种表述法，叫做寓言。"寓言"一词，就是《庄子》里面首次出现的。

庄子为什么要写这些寓言故事呢？司马迁的第五句话作出了解释，"其言洗洋自恣以适己"。是说，庄子的目的是"适己"，适合自己，只往自己愿意走的方向去，"洗洋自恣"。后人把司马迁的"洗洋自恣"四个字，改了一改，变成了"汪洋恣肆"。改了以后，意思稍有不同。不过从此以后，"汪洋恣肆"四字，成了对《庄子》这本书的想象力、文学魅力的定评。

司马迁的第六句话，最后一句话，非常重要。他说，由于庄子只想"适己"，不愿"适人"，所以"王公大人不能器之"。比如说楚威王请他做宰相，他不做，就是不愿成为"器"，不愿成为"材"，不愿被当时的黑暗政治所局限。因为《老子》里面，"道"和"器"是冲突的，求道的人不能成器，成器的人很难求道。

这是庄老同异的第二点，就是庄子之道继承了老子之道，所以世称"老庄"。

3. 庄之超老：又称庄老

第三点，有点争议。有人认为庄子超越了老子，所以不称"老庄"，改称"庄老"。历史上改称"庄老"的第一人，是竹林七贤的领袖嵇康。嵇康改称"庄老"，就是认为庄高于老，超过了老。嵇康的观点，同意的人不多，我是同意的一个。所以我不说"老庄"同异，而说"庄老"同异。

虽然嵇康最早发明"庄老"一词，但是庄子的后学其实已有类似的意思。庄子再传弟子魏牟在《庄子·外篇·天下》的倒数第二章，先讲老子和关尹，最后一章才讲庄子，就是认为庄周既继承了老子，又超越了老子。

最后一章的第一句话"古之道术有在于是者，庄周闻其风而悦之"，就是讲"古之道术"传到了老子、关尹，然后"庄周闻其风而悦之"。

后面三句话："以谬悠之说，荒唐之言，无端崖之辞，时恣纵而傥"，是讲庄子写的内七篇，有这样的文学风格，风貌特征，它的理由，它的构成。下面两句："以天下为沉浊，不可与庄语"，说明了庄子不按常理出牌，写书写成这种风貌的原因，是那个时代非常沉沦、污浊，也就是我刚才所说的"泰隐否显"。庄子无法对那些奉行否术的君王正经讲道理，只能用一种特殊的表达方式，让能懂的人懂。

庄子的写法，并不是胡乱出招，他的劈风剑法，也有招数。主要是三招："以卮言为蔓衍，以重言为真，以寓言为广。"一招是卮言，一招是重言，一招是寓言。

《天下》又评论庄子这个人，是"独与天地精神往来，而不傲睨于万物"。认为庄子的道术极高，"独与天地精神往来"，这是庄子的"逍遥游"；不过庄子的脚跟没有离地，因为万物都是天道所生，所以"不傲睨于万物"，这是庄子的"齐物论"。

庄子虽然学问极大，境界极高，却不自满，不傲慢，所以《天下》又评论庄子"彼其充实，不可以已"。就是自我充实，不断求道、明道，终生没有停止。

庄子抵达的境界，就是"上与造物者游，而下与外死生、无终始者为友"。"造物者"，《庄子》内篇里面称为"造化者"，就是指"道"。就是说庄子不仅自己游心于道，庄子的很多朋友也是达道的人，是"外死生、无终始者"，就是庄学至人。

《天下》最后几句，是对庄子的总结，实际上是说庄子超越了老子。"其于本也，弘大而辟，深闳而肆；其于宗也，可谓调适而上遂者矣。"上遂就是上行，达道。

这是《庄子·天下》对庄子的评价，蕴含着嵇康的意思，庄超过了老。所以庄子除了承老，还有超老，是道家集大成者。

4. 庄之异老：别为一宗

超老，其实就是异老。异老，所以别为一宗。

"别为一宗"的观点，是明末大儒王夫之提出的。他不同意"老庄"并称的传统观点，认为老庄不是一家，庄子别为一宗。王夫之的观点，也有道理。不过庄之承老、超老和异老，其实不矛盾，不冲突。

现在说一说庄老之异。庄子既然承老，为什么又会"别为一宗"？

上次讲过，《老子》之道是"君人南面之术"，是群体政治哲学，教育君王遵循"负阴抱阳、天柔地刚、君柔臣刚"的泰道，无为而治，就能"国泰民安"。但是从春秋转入战国的一百多年，君王不听老子的教导，甚至不听孔子的劝诫，不肯遵循泰道，全都奉行否术，全都实行了变法。所谓变法，就是抛弃泰道，推崇否术。

所以一百年后，庄子面对的就是这些抛弃泰道、奉行否术的君王。在这种情况下，庄子应该怎么办呢？

不负责任的人会说，当代政治状况如此糟糕，我没有办法。

那样的话，他的人生高度，就被庙堂政治的屋顶高度限定了。而且他还有理由："人在屋檐下，不得不低头。"

庄子的态度，不是这样。

你的人生高度，不能被屋檐的高度限定，因为你可以走出屋檐，不在屋檐下。政治状况的好坏，不能决定一个人生命境界的高低。用政治现实黑暗，来为自己生命境界不高寻找理由，不成其为理由，是对自己不负责任的借口。对自己也不负责任的人，更不可能对别人负责任，不可能有社会责任感。在屋檐下低头，还自诩有社会责任感，只是自我贴金和自我拔高，是武大郎冒充武松。

即使是较好的政治环境，较好的政治制度，比如说民主制度之下，也有不少人的生命境界不高。民主制度被称为最不坏的政治制度，也就是说它未必是最好的。我们做人的目标，大概不是做一个最不坏的人，因为这个目标太低了。所以再好的政治制度，即使是最不坏的民主制度，也是一个屋檐，也会限定你的人生高度和境界。任何时代，每一个人所向往的人生境界，都不应该受政治制度的限制，虽然你不得不与它周旋。

老子的群体政治哲学，虽然某种程度超越了小年政治，但是还在君主制度的屋檐之下，顶多是希望屋檐宽一些，屋顶高一些。随着人类社会发展，历史小年过去以后，君主制度会被历史大年淘汰。只有庄子的个体生命哲学，不仅超越了小年政治，而且超越了一切政治制度的优劣，超越了所有政治环境，使任何一个人在任何一种政治状况下面，任何一个政治制度下面，是好皇帝也罢，坏皇帝也罢，好总统也罢，坏总统也罢，都不妨碍你提升自己的生命境界。

为什么老子的群体政治哲学，会转为庄子的个体生命哲学？刚才讲了从春秋到战国，"泰隐否显"等一些外境的理由，但是战国时代的其他诸子百家，也处于同样的悖道外境，面对同样的黑暗政治，为什么都没有取得庄子这样的道术突破？因为庄子有超越于同时代人，甚至直到今天还很难被超越的惊世骇俗的极致思想。

我们先看庄子的这一句话：

天子之与己，皆天之所子。(《内篇·人间世》)

当时的大多数人，都认为君主制度是天经地义的，符合天道的。个别较为大胆的战国思想家，比如慎到、吕不韦，顶多是说，设立天子不是为了天子本人的利益，而是为了天下人的利益。这些人想消解君王的一部分神圣性，但是仍然拥护君主制度，没有根本否定君主制度。只有庄子的消解是最彻底的。他的消解，近乎文字游戏，把"天子"两个字拆开，认为不仅庙堂里面的君王是天子，我也是天子，任何人都是"天之所子"。这一思想，符合道家哲学，是从《老子》里面引申而出。但是老子，以及其他道家前辈，都没有引申出这一思想，只有庄子引申出了这一思想。

万物都是天道所生，所以除了庙堂里面的君王是天子，人类中的任何人也是天子。这一观点，庄子的表述已经够到位了，但是还很含蓄。他的弟子表述得更为生猛：

天子不得臣，诸侯不得友。(《外篇·让王》)

先秦诸子百家，只有庄子及其弟子才达到了如此的思想高度。当时没有第二家，后世也无人可及。

这就是庄子与老子的重大不同。

也正因为如此，老子虽然是道家祖师，很高，比诸子百家中的很多家都要高，但是老子毕竟与诸子百家的大部分人一样，都是面对君王说话，劝君王要这么干，不要那么干，要做圣君、贤君，不要做暴君、昏君。

只有庄子，独此一家，在诸子百家中，只有他根本不对君王说话，只对天下人说话。庄子只对那些在屋檐下被迫做臣子，又做得心不甘、情不愿的人说话，告诉他们：你可以走出屋檐，成为天地至人，你也可以像我一样，独与天地精神往来。你不要被你所处时代的宋康王、魏惠王之类君王限制住。他那么矮，你被他的屋顶压住，武大郎开店是开不高的。你在里面，只能屈膝弯腰，躬着跪着。但你可以走出政治庙堂，走向无限广阔的江湖天地。

这就是第四点，庄子与老子的特别不同，王夫之称为"别为一宗"。王夫之之所以特别推崇庄子，称为"别为一宗"，是因为王夫之在明末清初的时候，清人入关以后，不愿臣服，做了遗民。王夫之是一个伟大的儒家，他对庄子特别亲近，能够看出庄子与老子的特别不同之处。

5. 庄书之劫：郭象删改反注

刚才介绍了庄子思想的超前性。如果站在当时庙堂政治的立场上，这种超前性，就是危害性和颠覆性，所以《庄子》成书以后，长期受到小年政治的敌视。晚于庄子的韩非，就站在庙堂政治的立场上，主张君王把"不臣天子、不友诸侯"的人，列为"首诛"，首先全部杀掉。但是当时庄子早已死了，韩非子、秦始皇、汉武帝不可能再杀对庙堂危害性最大、颠覆性最强的庄子本人，怎么办呢？只能对庄子的书进行处理，最好是消灭它。

但是《庄子》这本书写得太好，是文哲合璧的汉语极品，无数人喜爱至极，反复抄引，除非把所有中国书全部消灭，否则根本消灭不了《庄子》。秦始皇焚书坑儒，汉武帝罢黜百家，消灭了无数危害性不大、颠覆性不强的百家之书，却消灭不了危害性最大、颠覆性最强的《庄子》，怎么办呢？只好退而求其次，篡改这本无法消灭的大毒草，改造它的思想，消除它的危害性和颠覆性，让它无害化。

我简单介绍一下《庄子》这本书在历史上的基本流变。

《庄子》初始本，是在战国晚期，由他的再传弟子魏牟编成，分为"内篇七"，"外篇二十二"，总共二十九篇，没有"杂篇"和"解说"。一百多年后，首次并称"老庄"的淮南王刘安，另外编了一部《庄子》大全本。因为魏牟死后，庄学还在传，一代一代传，刘安供养的众多门客里面，就有不少庄门后学和魏牟后学。刘安把这些庄门后学写的文章，按七的倍数凑起来，新加了外篇六，变成"外篇二十八"，又新增"杂篇"，收入"杂篇十四"，另外自己写了三篇文章评论前面的四十九篇，成为"解说三"，一共增加了二十三篇。刘安增加了《庄子》的篇目和分类，变成了《庄子》大全本。鲁迅有全集，还有大全集，鲁迅大全集不会篡改鲁迅全集的文字，只是把全集没有收入的书信等收进去，变成大全集。刘安版比魏牟版更全，所以把魏牟版《庄子》初始本淘汰了，这是正淘汰。

《庄子》初始本和大全本的两个编者，都是庙堂中人。魏牟是战国中期中山先王的儿子，刘安是西汉初期汉高祖的孙子，他们都出身庙堂，都对庙堂黑暗有深刻认识，都知道庙堂的屋檐会限制自己的人生境界，所以成了本阶级的背叛者，魏牟成了庄子的再传弟子，刘安成了庄子的私淑弟子。他们天生享有荣华富贵，但是明白荣华富贵不能提升人生境界，因为人生的境界是精神境界，所以都成了庄子的信徒，走出了庙堂的屋檐。

但是很多人不出身于庙堂，并非天生富贵，所以羡慕富贵，非常渴望进入庙堂的屋檐下。其中有个与《庄子》有关的关键人物，就是刘安以后四百年的西晋儒生郭象。

郭象（252—312）是普通士人，为了在庙堂里面谋取富贵，于是做了一件迎合庙堂的事情，就是在魏牟、刘安之后，编了第三部《庄子》。郭象版《庄子》，改造了《庄子》的反庙堂思想，让庄子矮化，把他高出屋檐的部分砍掉，强迫他进入屋檐之下。郭象通过篡改原文，反注原义，让危害、颠覆庙堂伪道的真《庄子》，变成鼓吹、拥护庙堂伪道的伪《庄子》，强迫逍遥江湖的精神巨人庄子，跪在庙堂屋檐下，成了精神侏儒。

郭象版《庄子》问世以后，消灭了庙堂的最大敌人，所以受到庙堂的极大欢迎，淘汰了刘安版《庄子》大全本，这是逆淘汰。郭象以后的人们，直到今天，读的都是郭象版伪《庄子》。为什么说是伪《庄子》呢？因为郭象版《庄子》是删改本，郭象捣了很多鬼，做了很多手脚。简单来说，郭象删掉了刘安版《庄子》大全本五十二篇中的十九篇，变成了郭象版《庄子》的三十三篇。剩下的三十三篇，郭象又做了很多篡改。内篇他不敢改动太多，因为内篇已经传了五六百年，很多人读过抄过，改动太多就会面临很多质疑，所以郭象主要是对大家不熟悉、抄得少的外杂篇，做了很多手脚。对郭象做了什么具体手脚有兴趣的朋友，可以去看我的《庄子复原本》（江苏文艺出版社 2010 年第 1 版，天地出版社 2022 年修订版）。

经过二十多年考证，我复原了郭象以前的两个版本，一是战国晚期的魏牟版《庄子》初始本，二是西汉早期的刘安版《庄子》大全本。

我简单介绍一下《庄子》三大版本的篇目和分类，有些什么不同。

《庄子》三大版本篇目、分类异同表

内篇七	外篇二十八				杂篇十四		解说三
逍遥游	→寓言	知北游	→盗跖	天运	说剑	游凫▲	庄子后解▲
齐物论	山木	→庚桑楚	→列御寇	骈拇	渔父	子胥▲	庄子略要▲
养生主	达生	→徐无鬼	→天下	马蹄	泰初△	意修▲	解说第三△
人间世	至乐	管仲△	惠施▲	刻意	百里奚△	厄言▲	
德充符	曹商△	→则阳	宇泰定△	缮性	子张△	重言△	
大宗师	秋水	→外物	胠箧	在宥	马捶▲	畏累虚▲	
应帝王	田子方	→让王	天地	天道	阖弈▲	亢桑子▲	

内七篇的篇目，三个版本完全一样，只是郭象版的内七篇，郭象篡改了大量的关键文字。

刘安版大全本，新增了《骈拇》以后的二十三篇，就是新外篇六，杂篇十四，解说三，共有五十二篇，十多万字。

郭象版删改本，删掉了标三角形的十九篇，只剩三十三篇，六万多字，而且郭象篡改了大量的关键文字。

今天不能详细讲版本，还是继续讲，庄子之道为什么是"内圣外王之道"。

二　内圣外王之道

"内圣外王之道"的出处，是《庄子·天下》。刚才已经讲过《庄子·天下》最后一章对庄子的评价。现在我们看一看《庄子·天下》

第一章的两段。

第一段，讲了庄子道术和百家方术的不同——

> 天下大乱，贤、圣不明，道、德不一，天下各得一察焉以自好，譬如耳目鼻口，皆有所明，不能相通，犹百家众技也，皆有所长，时有所用。虽然，不赅不遍，一曲之士也。判天地之美，析万物之理，不察古人之全，寡能备于天地之美，称神明之容。（《外篇·天下》）

因为天下大乱，泰隐否显，所以百家学说都出来了，大部分都是鼓吹否术，打压泰道。老子是讲泰道的，孔子之道也有部分泰道。但是孔门后学，从子夏开始，却转向否术。子夏是孔子的弟子，法家的祖师。孔子死后，子夏成为魏文侯、李悝的老师，于是魏文侯、李悝开始了魏国变法。随后子夏的弟子吴起，在楚国变法。随后李悝的弟子商鞅，在秦国变法。其他各国也在子夏后学的鼓动下，先后变法，于是战国时代就从泰道转向否术。这是春秋、战国之交的思想学术重大转变，各国君王都不愿意遵循泰道，全都奉行否术。诸子百家的大部分政治学说，大多迎合庙堂，迎合君王，鼓吹否术，到了法家集大成者韩非，否术大成。随后秦始皇按照韩非的否术，汉武帝按照董仲舒的否术，建立了秦汉帝国。从此以后，中华帝国奉行否术两千多年，至今遗毒深重。

春秋、战国之交，否术即将压倒泰道，老子是逆这个潮流而动。战国、秦汉之交，否术已经压倒泰道，庄子也是逆这个潮流而动。老、庄全都反对否术，全都弘扬泰道。尽管在两千多年的历史小年里面，否术暂时占了上风，但是按照道家的天道观，在历史大年里面，必将否极泰来。

老、庄都站在历史大年的泰道立场上，对历史小年的否术政治进行了批判。

老子是把泰道应用于群体政治，正面教育君王，教育效果应该说不佳。

于是庄子不再把泰道应用于群体政治，而是把泰道应用于个体自治，从教育君王转向教育民众，从群治的泰道转向自治的泰道。就是说，即使君王不愿遵循泰道，个体在否术统治之下，也应遵循泰道，走向人生最高境界。

庄子的个体生命之道，就是《天下》第一章所说的"内圣外王之道"。我们再看看接在第一段文字之后的第二段——

> 是故内圣外王之道，暗而不明，郁而不发。天下之人各为其所欲焉，以自为方。悲夫，百家往而不返，必不合矣。后世之学者，不幸不见天地之纯，古人之大体，道术将为天下裂。（《外篇·天下》）

由于诸子百家的大部分士人都抛弃泰道，转向否术，所以"内圣外王之道暗而不明，郁而不发"。"百家往而不返，必不合矣"，"道术将为天下裂"。这个"道术"，专指道家的泰道。

这就是"内圣外王之道"的出处。《天下》认为庄子之道是"内圣外王之道"，专指庄子亲撰的内七篇所言之道。

我的"庄子工程"第一本书《庄子奥义》（江苏文艺出版社2008年第1版，天地出版社2020年修订版），就是专门研究庄子亲撰的内七篇。《庄子奥义》有一个南溟吊诡图，专门解释《庄子》内七篇之间的学理层次和结构关系——

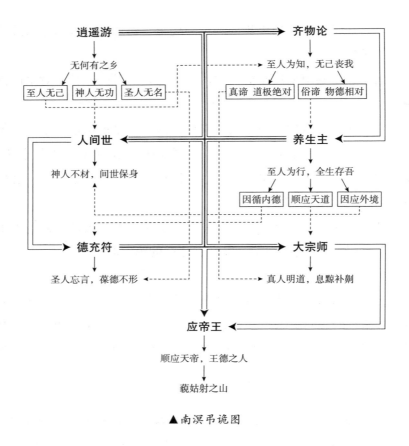

▲南溟弔诡图

由于庄子"于学无所不窥",庄子之道极其博大精深,《庄子》内七篇又用谬悠之说、荒唐之言的寓言方式来表达,所以庄子"内圣外王之道"的学理层次和结构关系十分繁复,今天没有时间细讲,只能单讲"南溟弔诡图"中部右侧《养生主》下面的第三行:

中间是"顺应天道",左面是"因循内德",右面是"因应外境"。

这三点,都与"内圣外王之道"六个字有精确对应。我们今天主要围绕这三点来讲。这三点,我称为"庄学三义"。

三　庄学三义

1. 顺应天道

庄学三义的第一义，是"顺应天道"，对应的是"内圣外王之道"的"之道"二字。

为什么庄子要提出"顺应天道"这样一个命题？因为有人不顺应天道，违背天道，尤其是君王不顺应天道，庙堂人道违背了江湖天道。

为什么必须顺应天道？因为天道遍在永在。遍在永在的道，才是大年之道。如果某种道仅是小年存在，大年却不存在，就不是大年之道，只是小年之道，更准确地说，只是小年之术。小年之术，常常小年存在，大年不存在，时间上不是永在。或者东方存在而西方不存在，西方存在而东方不存在，空间上不是遍在。只有空间上遍在，时间上永在，才是遍在永在的大年正道。

（1）天道遍在永在

我从《庄子》中选了三段话，证明庄子所说的天道，是遍在永在之道——

> 夫道，有情有信，无为无形。可传而不可受，可得而不可见。自本自根，未有天地，自古以固存。神鬼神帝，生天生地。在太极之上而不为高，在六极之下而不为深。先天地生而不为久，长于上古而不为老。（《内篇·大宗师》）

> 遍然而万物，自古以固存；六合为巨，未离其内；秋毫为小，

待之成体。(《外篇·知北游》)

　　东郭子问于庄子曰："所谓道，恶乎在？"

　　庄子曰："无所不在。"(《外篇·知北游》)

　　第一段出自庄子亲撰的《内篇·大宗师》，其中有"自古以固存"五字。第二段出自庄子弟子写的《外篇·知北游》，重复了"自古以固存"五字。"自古以固存"，讲的是天道在时间上永在。

　　《老子》的"独立而不改，周行而不殆"，也是讲天道"自古以固存"，时间上永在。不过老子讲的天道，与人有一点距离，有点远，高高在上，与我们人类，与其他万物，似乎没有关系。其实老子之道，同样空间上遍在，只不过老子没有明确表述出来。

　　《知北游》的"遍然而万物"，讲的就是天道在空间上遍在。自古以来永在的天道，不是外在于人类、万物而永在，而是遍在于人类、万物而永在。

　　第三段也出自《知北游》，也讲天道在空间上遍在。东郭子问庄子，天道在什么地方。庄子说"无所不在"，稻谷、野草、砖瓦、屎尿里面，都有天道。

　　（2）人道效法天道

　　正因为天道是空间上遍在，时间上永在，所以人类必须顺应它，不能违背它。因为人道不是遍在永在的，比如说君主制度就不是遍在永在，民主制度也不是遍在永在。也就是说，无论小年政治的屋顶多么高，屋檐多么宽，普通身高的人走进去，可能不觉得这个屋子很矮，但是来个特殊身高的，就必须把头低下来，只能弯着腰进去，无法站直，只能跪着。所以小年政治之术，限定了人的精神高度，但是天道却不限定人的精神高度，任何人都可以自由发展，能长多高就长多高。

为什么人道与天道发生冲突以后，不能迎合人道，只能顺应天道？屋檐这么矮，我就弓着腰，低个头，跪下来，不行吗？庄子认为不行，因为人道违背了天道。

我们看一看庄子是怎样表达这一观点的，我选了两段。

> 畜万物而不为义，泽及万世而不为仁；长于上古而不为老，
> 覆载天地、刻雕众形而不为巧。（《内篇·大宗师》）

这一段是称颂天道。庄子说，天道"畜万物而不为义，泽及万世而不为仁"。强调天道没有仁义，天道不仁也不义。对应《老子》这句话："天地不仁，以万物为刍狗；圣人不仁，以百姓为刍狗。"

现在有很多人，不从道家立场上来理解《老子》这句话，而从儒家立场上来理解这句话，以为老子批判了"天地不仁"。这些人误以为，老子主张天地应该仁，圣人应该仁，所以"天地不仁"不好，"圣人不仁"不好。他们没想到，老子认为"天地不仁"、"圣人不仁"是好的。如果老子认为"天地不仁"、"圣人不仁"不好，怎么可能把"不仁"的人称为"圣人"呢？怎么可能称颂天地呢？怎么可能主张"人法地，地法天"呢？

大家可能很奇怪，老子为什么称颂天地的不仁不义呢？因为老子认为，人道的有为仁义，是伪仁义。天道的无为不仁，才是真仁义。天道虽然无为不仁，万物却能自由生长。天道如果有为，如果仁义，万物就不能自由生长。人君有为，人道仁义，只不过是成为一个屋檐。人君人道，自以为这个屋檐可以让屋檐下的臣民遮风避雨，所以自居仁义，其实屋檐阻碍了每个人的自由生长，限定了每

个人的精神高度,扭曲了摧残了屋檐下的人们,你还自称这是仁义?这是道家站在天道立场上,批判所有小年政治的终极依据。天道无为,无所亲疏,没有仁义,但是天道却是最伟大的,它对万物的至仁至义,远远超过了小年政治的小仁小义和伪仁伪义。

所以《老子》说政治有四种境界,最高境界就是"太上,不知有之",这种境界就是人道效法天道,无为而治。但是小年政治无不违背大年天道,都是有为而治,都属于《老子》所说四种政治境界的后三种。

称颂天道之后,庄子又批判人道。庄子如此描述当时的庙堂人道、小年政治:

> 泉涸,鱼相与处于陆。与其相呴以湿,相濡以沫,不如相忘于江湖。与其誉尧而非桀也,不如两忘而化其道。(《内篇·大宗师》)

它对《老子》的继承,一目了然。《老子》说"上善若水","鱼不可脱于渊",你对鱼好,就不要让它离开水。但是现在自称对臣民有仁有义的君王,却让民众离开了天道,让鱼离开了水,处在陆地之上。

很多人被庙堂伪道洗脑以后,把鱼处在陆地上,视为天经地义。然后开始表扬陆地上的那些鱼,说这两条鱼特别要好,"相呴以湿,相濡以沫",互相吐唾沫,互相把对方的嘴巴弄湿,延长在陆地上的生存时间。被庙堂伪道洗脑的人们,又表扬好君王给陆地上的那些鱼喷喷水,增加它们的湿度,延长它们在陆地上的苟活时间,这就叫仁义。

庄子认为,君王如果对鱼真的仁义,就不应该把鱼弄到陆地上,而应该让鱼回到水里去。这个水，就是上善之水，就是江湖，就是江湖天道，不是庙堂人道。

那些对陆地上的鱼实行仁义统治的君王，比如尧舜，被人们赞誉为贤君。那些对陆地上的鱼进行残暴统治的君王，比如桀纣，被人们贬斥为暴君。但是庄子却说："与其誉尧而非桀也，不如两忘而化其道。"因为尧舜虽然为陆地上的鱼浇水，桀纣虽然把陆地上的鱼杀死，但是尧舜其实与桀纣一样，也没有把鱼放归江湖。所以尧舜、桀纣全都违背了天道。

很多人不明白人道把鱼放在陆地上，违背了天道，所以赞誉尧舜，非议桀纣。庄子与老子一样，认为尧舜没有达到"太上，不知有之"的最高境界，顶多是"其次，亲而誉之"的第二境界。

尧舜可能确实达到了第二境界，民众是真心赞誉他。更多的君王呢，只达到第三境界"其次，畏之"和第四境界"其下，侮之"，仍然强迫民众赞扬他，以此自居尧舜。因此道家认为，一切人为的政治建构，有为仁义的人道，顶多达到第二境界，不如无为不仁的天道。

这是庄学三义第一义"顺应天道"的根本理由。

我们看一看《老子》对天道、人道的对比性评价："天之道，损有余而益不足；人之道不然，损不足而奉有余。"虽然老庄反复讲天地不仁，天道不仁，但是天道的不仁却是"损有余而益不足"。虽然人道反复讲自己是仁的、义的、伟大的、光荣的、正确的、战无不胜的，却是"损不足而奉有余"。所以这种人道，毫无疑问违背天道。只有特权阶层，既得利益者，那些进入庙堂跪着的权贵，才会发自内心地"亲而誉之"。受到损害的民众，只能在暴力胁迫之下，违心而被迫地"亲而誉之"。

2. 因循内德

庄学三义的第二义"因循内德",对应的是"内圣外王之道"的"内圣"二字。

如果君王不遵循泰道,只奉行否术,民众应该怎么办?老子没有讲。老子顶多是问问那些奉行否术的君王,"民恒不畏死,奈何其以杀惧之"?官逼民反,你有办法吗?既然没办法,你就必须遵循泰道。老子苦口婆心地教诲君王遵循泰道,却没讲如果君王不遵循泰道,民众应该怎么办。而一百年后的庄子,直接面对这一问题。庄子认为,既然君王不遵循泰道,我就必须走出屋檐,因循内德。

我分三点,来讲因循内德。

(1)天道绝对,物德相对

天道遍在永在,所以是绝对之"是",庄子称为"物之所同是"(《内篇·齐物论》)。万物都是天道所生,但是天道生出来的每物都不一样,因此没有一物是绝对之"是"。君王也是道生万物之一,也不可能是绝对之"是"。任何人,任何物,都是相对之"是"。因此庄子在《齐物论》里面,专门论述物德相对。

我们看一下三句原文。

第一句是"物固有所然,物固有所可"。庄子不是绝对肯定物,而是相对肯定物。相对肯定物的目的,是"天子之与己,皆天之所子",没有一个人应该接受另一个人的统治和奴役。

第二句"无物不然,无物不可",也是讲道生之物的天赋权利。

第三句"万物尽然,而以是相蕴",讲每物各有所是,各有所然,所以每物的相对之"是"和相对之"然",不能否定另一物的相对之"是"和相对之"然",而应该互相蕴含,各存其相对之"是"和相对之"然"。这一思想,庄子又用一个寓言来表达——

民湿寝，则腰疾偏死，鳅然乎哉？木处，则惴慄恂惧，猿猴然乎哉？三者孰知正处？

民食刍豢，麋鹿食荐，蝍蛆甘带，鸱鸦嗜鼠。四者孰知正味？

猿，猵狙以为雌，麋与鹿交，鳅与鱼游。毛嫱西施，人之所美也，鱼见之深入，鸟见之高飞，麋鹿见之决骤。四者孰知天下之正色哉？（《内篇·齐物论》）

这个寓言，分为三层。

第一层，庄子以居处为例。他说，人类、泥鳅、猿猴，喜欢的最佳住处不一样。人类不喜欢住在湿地，但是泥鳅喜欢。人类也不喜欢住在树顶，但是猿猴喜欢。那么我们人类，能不能把自己的最佳住处，当做泥鳅、猿猴的最佳住处，强迫它们接受呢？不能。反过来当然也不能。所以，万物共有的唯一"正处"是不存在的。每物都不能把自己的"正处"，当做万物的共同"正处"和唯一"正处"。庄子这里针对的，可能是他"终身不仕，以快吾志"，一辈子遇到过很多次的问题。他用这个寓言告诉你，不是所有人都愿意弯腰低头，走进庙堂的屋檐之下。比如说楚威王请他做宰相而他不做，假如他的妻子理解他，而他的老丈人不理解他，老丈人就会问他，你为什么不愿做楚国的宰相呢？庄子就用这个回答他，有人愿意进入庙堂，卑躬屈膝，跪下来，是他的选择和意愿。但他凭什么认定这是唯一"正处"，非要把他的意愿强加于我呢？

第二层，庄子以食物为例。人是杂食动物，吃"刍豢"，"刍"是素的，"豢"是荤的。麋鹿是素食动物，不吃荤，只吃素，就是吃草。"蝍蛆"即蜈蚣，"带"即小蛇。蜈蚣是肉食动物，不吃素，只吃荤，专吃小蛇。鸱鸦也是肉食动物，但是不吃小蛇，专吃老鼠。每一种动物,食谱都不一样,你说哪一种是唯一"正味"呢?各有"正味",不能相互否定,不能自居绝对正确,不能强加于他人。庄子用这个例子,来消解庙堂人道、小年政治自封的绝对正确性和唯一正确性。

第三层,庄子又以美丑为例。这个例子非常著名,现在有一个专门用于形容美人的成语,叫做"沉鱼落雁",出处就在这里,但是意思却与庄子的原义完全相反。因为经过了郭象的篡改反注,意思就与庄子的原义相反了。庄子说"毛嫱西施,人之所美也,鱼见之深入,鸟见之高飞,麋鹿见之决骤"。"鱼见之深入"就是"沉鱼","鸟见之高飞"就是"落雁"。庄子的原义是说,人类认为西施是大美女,但是鱼、鸟、麋鹿看见西施,都会逃掉。鱼下沉,鸟高飞,都是不以西施为美,因为万物没有唯一的"正色"。用"沉鱼落雁"形容美人,是把人类的美丑观强加于鱼、雁,也强加于庄子。

庄子这个寓言,通过三个层次,肯定了天道的绝对性,否定了物德的绝对性。既然物德是相对的,所以一个人不能臣服于另一个人,不能被另一个人奴役,而必须因循内德。

（2）不畜樊中,逍遥自适

由于物德的相对性,所以庄子不愿被另外一个人奴役,哪怕他是自封唯一"天子"的君王。庄子在《养生主》里,又讲了一个寓言——

泽雉十步一啄,百步一饮,不祈畜乎樊中。(《内篇·养生主》)

这个寓言是说,江湖中的野鸡,走十步才啄一口食,走百步才饮一口水,虽然吃不饱穿不暖,但它不愿成为樊笼里面的家禽,只想"逍遥于天地之间而心意自适"(《外篇·让王》)。这就是不畜樊中，逍遥自适。通过天道绝对、物德相对，庄子论证了自己拒绝臣服于庙堂、拒绝跪在屋檐之下的理由。

下面是《外篇·达生》的一个寓言故事，庄子弟子蔺且发挥了庄子这一思想——

祝宗人玄端以临牢筴，说彘曰："汝奚恶死？吾将三月豢汝，七日戒，三日斋，藉白茅，加汝肩尻乎雕俎之上，则汝为之乎？"

为彘谋，曰不如食以糠糟，而错之牢筴之中；自为谋，则苟生有轩冕之尊，死得于腞楯之上、聚偻之中，则为之。为彘谋，则去之；自为谋，则取之。其所异彘者，何也？（《外篇·达生》）

第一段是寓言。祝宗人是一个大官，猪隐喻普通老百姓。

祝宗人到牢笼里面去，劝说那头将要成为牺牲的猪：你不要害怕被我养一段时间以后杀死，因为我在杀你之前，会让你过得很幸福。而且杀你之时，仪式也很隆重。把你杀掉以后，还会把你放在雕花案板上，让你死得十分荣耀。

用于献祭的物品，称为"牺牲"。我们现在经常说，为了什么什么而牺牲，非常伟大非常光荣。庄学认为，世界上最不幸的事情，就是成为被统治者利用的牺牲品。这两种相反观点，现在仍然并存。一方面，"牺牲"是褒义词，所以有人歌颂牺牲精神。另一方面，"牺牲品"是贬义词，成为牺牲品是不值得的，是被献祭者利用的炮灰。

第二段是评论。庄子弟子蔺且评论说，祝宗人自己跪在庙堂屋檐之下，还要欺骗被庙堂牺牲掉的那些牺牲品、炮灰，做庙堂的牺牲品和炮灰，很值得，很光荣。但是祝宗人虽然得到了荣华富贵，却不明白，自己跪在庙堂屋檐之下，也是不自知的牺牲品。

最后一句"其所异彘者，何也？"是说，祝宗人和猪，表面上虽然有所不同，其实都是庙堂的牺牲品，而且还因为庙堂伪道的错误价值观，而颠倒了高低。祝宗人付出跪下的代价，得到了荣华富贵，自以为很成功，其实人生境界很低，比猪更低。因为猪需要祝宗人的欺骗和洗脑，受骗上当以后，才半信半疑，心不甘情不愿，无可奈何地成为牺牲品。祝宗人不需要别人欺骗和洗脑，就深信不疑，心甘情愿，自鸣得意地成了牺牲品，比猪更加可悲。

（3）以德为循，自适其适，义设于适

论证了"因循内德"的必要性，还要展开"因循内德"的内涵。也就是怎样才算"因循内德"？先看一些原文——

> 天子之与己，皆天之所子。（《内篇·人间世》）
> 天子不得臣，诸侯不得友。（《外篇·让王》）
> 殉名失己，亡身不真，是役人之役，适人之适，而不自适其适者也。古之真人，以德为循。（《内篇·大宗师》）
> 义设于适。（《外篇·至乐》）
> 尽其所受乎天，而无见得。（《内篇·应帝王》）

第一、第二句，刚才已经说过，是"因循内德"的理由，就是"天子之与己，皆天之所子"，"天子不得臣，诸侯不得友"。由此引出第三句，既然你与天子一样，都是道生之物，那么你臣服于他，被他奴役，就是"殉名失己，亡身不真，是役人之役，适人之适"。

"役人之役，适人之适"，与"以德为循，自适其适"相反。庄子反对"役人之役，适人之适"，主张"以德为循，自适其适"。

第四句是庄学对"适"、"义"的定义。古文有两个字，现在仍然常用，就是"适宜"。一件事情适宜这么做，不适宜那么做。"宜"

这个字，又通"义"。所以《庄子·外篇·至乐》里面讲，自适才是"义"，适人是"不义"，这就是庄学对"适"、"义"的定义："义设于适"。只有"自适其适"，才是天地正义。如果"适人之适"，就是"义设于不适"，违背了天地正义。

听到这里，大家不难明白，庄子在两千三百年前就提出这样一种思想，过于超前，过于超越时代。西方哲学之父苏格拉底，与老子、孔子基本同时，比庄子稍早，主张"认识你自己"，认识自己什么呢？认识自己以后的目标，又是什么呢？苏格拉底没讲。后来，西方哲学发展了两千多年，发展到尼采，西方哲学最后一位大师，提出的思想与庄子很接近，他说："不要跟随我，跟随你自己。"跟随自己，就是"自适其适"。跟随别人，就是"适人之适"。从苏格拉底的"认识你自己"，到尼采的"跟随你自己"，西方哲学发展了漫长的两千多年。但是比尼采早两千多年的庄子，就提出了"自适其适"，非常超前，在古代很难做到。想要做到，只能隐而行之，尽量不让想要强迫天下人"役人之役、适人之适"的君王，识破你是一个"天子不得臣，诸侯不得友"的人，否则就会被杀头。提出"庄老"的嵇康，就被杀头了。

"以德为循，自适其适"，前往什么目标呢？是不是自己想去哪里就去哪里，想干什么就干什么？正是。不过有一个前提，就是"顺应天道"，你的"自适其适"，不能妨碍别人的"自适其适"，因为道生万物，"无物不然，无物不可"。你想自适其适，他也想自适其适，人人各适其适，才能"以是相蕴"。奴役他人的"自适其适"，是以他人"适人之适"为前提，只是单方面的"自适其适"，是违背天道的变态"自适其适"。"顺应天道"的"自适其适"，是全方位的、每个人的"自适其适"。也就是马克思说的"每个人的自由发展"。

个体"顺应天道，因循内德"的终极目标，庄子称为"尽其所受乎天"（《内篇·应帝王》）。这六个字，用现代语言来讲，就是自我实现。这个自我实现，不能做世俗的理解。因为按照世俗的理解，升官发财，不做被迫牺牲的猪，而做自愿牺牲的祝宗人，就是"自我实现"的"成功人士"。庄子认为，进入庙堂，跪于庙堂，役人之役，适人之适，成为牺牲品和炮灰，就不可能自我实现，不可能"尽其所受乎天"。因为庙堂的屋檐只有一米八，你长到一米八二就不行了。只有走出庙堂的屋檐，才有可能长到一米八以上，长到超过屋檐。

"无见得"，与《天下》对庄子的评价一样，就是一方面"独与天地精神往来"，自适其适，另一方面又"不傲睨于万物"，尊重他人的自适其适。

所以说，"尽其所受乎天"，是因循内德、自适其适的终极目标。怎样衡量是否抵达这一目标？《达生》里面，有一组非常巧妙的比方——

> 忘足，屦之适也；
> 忘腰，带之适也；
> 知忘是非，心之适也；
> 不内变，不外从，事会之适也。
> 始乎适而未尝不适者，忘适之适也。（《外篇·达生》）

判断鞋合不合脚，脚是不是舒适，就看你能不能把鞋和脚忘了。如果鞋夹脚，你就不可能忘掉鞋，也不可能忘掉脚，因为脚很疼。你忘了腰带和腰，也是因为腰带合腰，腰很舒适。忘了是非，也就是庙堂人道的错误价值观和伪是非，你的心灵就会非常舒适。

"不内变"，是"因循内德"的变文。达到"忘适之适"，就是"尽其所受乎天"的最高之适，无往而不适的至适。

"不外从"，就是庄学三义的第三义：因应外境。

3. 因应外境

庄学三义的第三义"因应外境"，对应的是"内圣外王之道"的"外王"二字。

很多朋友可能很奇怪，因为大家已经听惯了"内圣外王之道"的儒家解释。

庄学的"内圣"，与儒家的"内圣"，意思虽然不同，但是还不太奇怪。

庄学的"外王"，与儒家的"外王"，意思反差太大，所以显得特别奇怪。

"内圣外王之道"是《庄子·天下》发明的，而《庄子·天下》的"内圣外王之道"，讲的是庄子之道。儒家借用这个庄学专用名词，对于庄学来说，是很荣幸的，但不能因为这个词被儒家借去，就忘掉这个词的庄学本义。

"因应外境"为什么就是"内圣外王"的"外王"呢？必须与"天子之与己，皆天之所子"联系起来，才能明白。庄子认为，天子与我是一样的，天子是王，我也是王。天子这个庙堂之王，奉行群治之术，想要统治别人、奴役别人。我这个"王德之人"，遵循自治之道，不想统治别人、奴役别人，更不愿被别人统治、奴役，只想因循内德，逍遥自适，尽其所受乎天。

庙堂之王，是否术之王，才想统治和奴役别人，而且想统治和奴役天下一切人。

王德之人，是泰道之王，不想统治和奴役别人，也不接受任何人的统治和奴役。

所以王德之人与否术之王是尖锐对立的，简直不共戴天。王德之人想要"自适其适"，必须因应想要强迫天下人"役人之役，适人之适"的否术之王，既不接受统治和奴役，又要避免被他杀害，这就是因应外境。

（1）浑沌凿窍

庄子要因应的外境，是怎样的外境呢？就是泰隐否显以后，庙堂伪道蓄意隐瞒了"太上，不知有之"这个道家眼中的最高政治境界，而是欺骗民众，对民众洗脑，告诉你："其次，亲而誉之"这个道家眼中的第二政治境界，才是最好的。也就是告诉你，屋檐下的伪仁义才是最好的，鱼在陆地上被浇浇水，互相吐唾沫，苟延残喘，好死不如赖活着，才是最好的。它对你欺骗、洗脑，你脑子不清楚，就相信了，你的价值观就被它影响了，你的世界观就被庙堂伪道改造了。你就会认为，只有进入庙堂屋檐跪下，卑躬屈膝做官，你才可以自我实现，才能抵达人生的最高境界。你就会认为，做天子的顺民，被君王统治和奴役，像鱼在陆地上一样相濡以沫，才能获得皇恩浩荡的最大幸福。

庙堂伪道改造你的世界观的过程，《庄子》用内七篇的最后一个寓言故事，来"指事类情"——

> 南海之帝为儵，北海之帝为忽，中央之帝为浑沌。
> 儵与忽时相与遇于浑沌之地，浑沌待之甚厚。
> 儵与忽谋报浑沌之德，曰："人皆有七窍以视听食息，此独无有，尝试凿之。"
> 日凿一窍，七日而浑沌死。（《内篇·应帝王》）

南海之帝、北海之帝，是指君王。

浑沌，是指供养君王的民众。

寓言说，南海之帝、北海之帝受到浑沌的款待，然后想要报答浑沌的莫大恩德，就把浑沌害死了。

民众供养君王，君王却以报答的名义，仁义的名义，对民众洗脑，改造你的价值观，让民众认为，被暴君生杀予夺是天经地义的，是符合天道的。

庄学三义的第三义"因应外境"，也可以在《老子》里面找到对应的话，只不过角度有所不同。我找了三句——

> 朴散则为器。
>
> 大器免成。
>
> 使有什佰人之器不用。(《老子》)

后面两句，很多朋友可能又会奇怪，因为你们读过的各种《老子》通行本，都是被篡改过的，变成了"大器晚成"、"使有什佰之器而不用"，都是讲不通的。现在西汉的马王堆《老子》和战国的郭店《老子》都出土了，很多关键字眼都与通行本不同，证明《老子》也像《庄子》一样，被小年政治的庙堂伪道篡改过了，改造过了。

老子也反对黥劓民众。他教育君王，不要自作聪明地对民众洗脑，不要雕琢民众，因为民众一旦失去纯朴的真德，习染虚假的伪德，变得所谓"聪明"，就会"朴散则为器"，虽然能够为君王所用，但是也会反过来颠覆君王的统治。

同时，老子也反对民众成器，主张"大器免成"。因为成"器"以后就失去"朴"了，所以老子主张返朴归真。但是很多人想要成器，想要做官，所以就篡改了《老子》，变成了"大器晚成"。

老子又反对君王重用那些成器之人，就是"使有什佰人之器不用"。"什佰人之器"，指的是十个人、一百个人里面最成器的贤人。篡改以后，变成了老子反对物质文明的罪状。老子如果是这个意思，为什么还要备着什佰之器？这不是脑子有病吗？根本不通。老子教育君王不要重用这种成器的贤人，所以主张"不尚贤，使民不争"。因为君王一旦重用成器的贤人，民众一定会争，都想争做"什佰人之器"。你自称十百人里最成器，最聪明，他也自称十百人里最成器，最聪明。武大郎为了博取荣华富贵，一定会作伪，作弊，欺诈，投机取巧，冒充武松。最终成功得到荣华富贵的人，一定不是武松，而是武大郎，一定不是贤人，而是奸人，就是庄子说的"天之小人"，成了"人之君子"。

但是老子的劝告无效，君王仍然雕琢民众的真德，民众仍然接受了伪道的洗脑，君王越来越悖道，外境越来越险恶。到了庄子时代，庙堂小年政治的相对是非，被庙堂伪道拔高成了绝对是非。庄子就要超越悖道庙堂的小年政治，破除庙堂伪道的伪是非，于是提出了"息黥补劓"。

（2）息黥补劓

庄子在《大宗师》里，讲了这样一个故事——

意而子见许由。许由曰："尧何以资汝？"

意而子曰："尧谓我：'汝必躬服仁义而明言是非。'"

许由曰："尔奚来为只？夫尧既黥汝以仁义，而劓汝以是非矣……"

……

意而子曰："……庸讵知夫造物者之不息我黥而补我劓，

使我乘成以随先生邪？"

许由曰："噫！未可知也！我为汝言其大略：吾师乎！吾师乎！齑万物而不为义，泽及万世而不为仁；长于上古而不为老，覆载天地、刻雕众形而不为巧。"（《内篇·大宗师》）

大家知道，唐尧要把天下让给许由，许由不受。庄子在寓言里，加了一个角色鹄疥子，让许由教育鹄疥子，从而批评唐尧。

鹄疥子见过唐尧以后，来见许由。

许由问他，唐尧对你说了什么？

鹄疥子回答说，唐尧对我说，要讲仁义，要讲是非。

许由就说，那你何必再来见我，你已经被唐尧的伪仁义伪是非洗过脑了，你已经不明白天道了，你只以为人道是对的。

大家肯定觉得很奇怪，为什么唐尧这样一个儒家眼中的圣君，在道家这里评价这么低呢？就是因为上次《老子》讲座讲过的，唐尧化圆为方，扭曲伏羲天道来支持黄帝人道，唐尧是人道违背天道的重要转折人物，使很多人误以为人道符合天道，包括这个鹄疥子。

天道不仁，但是它对万物却是无限的仁。人道之仁，经常是自我标榜仁义的伪仁义，常常以仁义的名义干坏事。有时候不是主观想干坏事，而是想干好事，但是因为人道的有为造作，违背了天道的无为自然，主观想干的好事也经常变成坏事。只有天道的无为自然，比如现在的市场经济，才能繁荣市场。你用计划经济的有为造作去做，即使主观意图是造福民众，客观效果却是祸害民众。一切计划经济，肯定不如市场经济。半计划经济，也不如全市场经济。在经济上，天道的自然运转，完全超出统治者自以为是、自作聪明的人为干预。即使主观意图是仁义，客观效果也必定违背仁义，最终天怒人怨，天下大乱。所以，唐尧在儒家看来是圣君，被洗脑的很多人也认为是圣君，在道家看来并非第一境界的圣君，顶多是第二境界的贤君。庄子要为天下"息黥补劓"，把他们接受的违背天道的错误价值观，恢复为符合天道的正确价值观。也与《老子》的一句话可以对应："为天下浑其心。"

以上就是庄学三义，庄子之道的三大组成部分。

四　庄学四境

庄子《大宗师》认为，求道或学道，分为四大阶段：
闻道，悟道，行道，成道。简称"闻悟行成"。

比如说，没听说过庄学三义，是没有闻道。听说以后，执迷不悟，是没有悟道。闻道而且悟道以后，就要行道，成道。

如何闻、悟、行、成？这就要讲到庄学四境。

庄子提出个体生命的四种境界，既承老，又异老、超老。刚才已经提过《老子》君人南面之术的四种境界，我们再看一下。

1.《老子》君术四境

《老子》君术四境——

太上，不知有之。（圣君）

其次，亲而誉之。（贤君）

其次，畏之。（暴君）

其下，侮之。（昏君）

民众"不知有之"的，是圣君。

民众"亲而誉之"的，是贤君。

民众"畏之"的，是暴君。

民众"侮之"的，是昏君。

暴君、昏君，总是比圣君、贤君有为，比如秦始皇造了万里长城，隋炀帝修了大运河。从小年人道的政治角度来看，这些暴君很有功德。但从大年天道的自然角度来看，这些暴君、昏君都违背了天道。连贤君也违背了天道，因为强迫鱼待在陆地上，不许它们逍遥江湖。

除了老子的君术四境，道家另有一种四境说，就是杨朱的弟子子华子提出的人生四境。可能就是杨朱的思想。

2.《子华子》人生四境

《子华子》人生四境——

> 全生为上，（自适其适者）
> 亏生次之，（适人之适者）
> 死次之，
> 迫生为下。（役人之役者）

最高的第一境界是"全生"，次高的第二境界是"亏生"，最低的第四境界是"迫生"，比死还不如。死是第三境界，高于"迫生"。所以宁死不愿"迫生"，就是后世所谓"不自由，毋宁死"。这一认识已经达于极致，后世无法超越。杨朱和子华子是庄子的道家前辈，庄子的思想先驱。

老子生活在春秋晚期，提出君主的四种境界，希望君主达到第一境界。但是到了杨朱和他的弟子子华子的战国早期，他们已经认识到，不能再像老子那样奢望君主遵循泰道，人必须超越庙堂的黑暗政治，实现自己的生命价值。

杨朱、子华子提出了老子没有想到、没有回答的时代性命题：既然君王都达不到第一境界，民众应该怎么办呢？杨朱、子华子认为，即使君王违背泰道而不柔，但是民众不能违背泰道而不刚。君王有四种境界，民众也有四种境界，无论君王能否达到他的第一境界，民众仍然应该达到自己的第一境界。所以杨朱主张"为我"，子华子主张"全生"，只有"为我"而"全生"，才能抵达人生最高境界。这是老子以后，庄子以前，道家思想的一个根本性转向。

可以从庄学角度，理解子华子的人生四境。

"全生"，庄子称为"尽其所受乎天"的"自适其适"。

"亏生"，庄子称为"适人之适"，就像跪在庙堂里面的祝宗人，虽然取得了荣华富贵，其实属于亏生，亏损的不是物质，而是精神，就是亏德，亏心，帮助君王强化否术，奴役民众。

"迫生"，庄子称为"役人之役"，普通民众在庙堂的屋檐之下，不能取得荣华富贵，只能充当牺牲品和炮灰，物质也损失，精神也损失，近乎奴隶，所以是迫生，比死还不如。当然，亏生的祝宗人，不知道自己是亏生，他没有这样的自我反省，反而洋洋得意，自居成功人士。迫生的广大民众，也不知道自己是迫生，他们没有这样的生命觉醒，反而认为好死不如赖活着。他们也未必承认自己是赖活，更不愿承认自己的状态比死还不如。但是道家认为，亏生只比死好一点点，迫生比死还不如。所以，道家宁愿为"不臣天子，不友诸侯"付出死亡的代价，比如嵇康。

《庄子·养生主》，提到了"全生"，所以杨朱和子华子，是从老子到庄子的一个过渡。庄子继承并超越了老子，也继承并超越了关尹、列子、杨朱、子华子等道家前辈，所以是道家集大成者。

杨朱、子华子完成了老子以后、庄子以前的道家思想转向，从老子思考君术四境，转向思考人生四境。杨朱、子华子提出的"为我"

而"全生",确实是最高的人生目标,问题在于,怎样做到呢?杨朱、子华子没有具体的方案,没有实现的路径。这一莫大难题,留给了庄子,所以庄子提出了个体生命的四种境界。

3.《庄子》生命四境

《庄子》生命四境——

> 至知(无知),大知,小知,无知。

庄子认为,一个人对于"道",有四种认知境界。最低境界,是无知。不是对一般性知识的无知,而是对"道"的无知,包括对天道、人道的无知。小知对天道、人道的认知,稍微高一点,一知半解。大知对天道、人道的认知,又稍微高一点,但还没有达到至知。

老子所说的君主四境,只有最高的"太上,不知有之",是符合天道的人道。"亲而誉之"以下三境,都是违背天道的人道。杨朱、子华子所说的人生四境,只有最高的"为我"而"全生",才是符合天道的最高境界,亏生、迫生都是违背天道的低境界。同样,庄子所说的生命四境,最高境界是对天道、人道的"至知",就是"知天之所为,知人之所为"(《内篇·大宗师》),顺应天道,批判人道,超越庙堂的小年政治。"大知"以下三境,都是违背天道,盲从人道,把庙堂人道、小年政治,奉为绝对是非,都倚待庙堂而生活,都在庙堂的屋檐之下。只有"至知"不倚待庙堂而生活,走出了庙堂的低矮屋檐,逍遥于江湖的广阔天地。

"至知"是怎样的状态呢?庄子在《逍遥游》里,对"至知"下了三个定义。

第一定义,是"至人无己",《齐物论》称为"吾丧我",就是不把自己的相对之"是"拔高为绝对之"是",不强加于人,不奴役他人。

第二、第三定义,是"神人无功,圣人无名","功、名"是倚待庙堂、在屋檐下生活的那些所谓"成功人士"追求的两大目标,庄子都予以否定。刚才说了秦始皇造长城,隋炀帝挖大运河,又有功,又有名,但是他们既没有达到老子的"太上不知有之"政治境界,也没有达到杨朱、子华子的"为我全生"人生境界,更没有达到庄子的"至知至人"生命境界。

《外篇·山木》提出了一句话:"去名与功,而还与众人同。"因为道家主张"天柔地刚,君柔臣刚"的泰道,所以有齐物观,认为万物平等,众生平等,人人都是天道之子。自己虽然"独与天地精神往来",境界很高,但是仍然"不傲睨于万物"。

庙堂人道的错误价值观,主张"天尊地卑,君尊臣卑"的否术,鼓吹"吃得苦中苦,方为人上人",没有齐物观,不肯与众人同,所以总是要比高低,你官大还是我官大,你功大还是我功大,你名大还是我名大,你钱多还是我钱多。

庙堂人道的比高低,不是天赋真德的高低,而是人为等级的高低。两个人本来一样高,比如都是一米八,但是一个人跪的台阶高,一个人跪的台阶低,就有了前者高于后者的假象。甚至一米六、一米七的人,因为跪的台阶高,也会产生高于一米八、一米九的人的假象,于是高低就颠倒了。武大郎一旦成为武松的上司,就比武松高了。所以庙堂人道的等级制度,经常颠倒高低,颠倒是非,逆淘汰。

只有至人,不在庙堂屋檐之下,不与别人比世俗高低,独与天地精神往来,逍遥于天地之间而自适其适。达到了至人的境界,就超越了世俗的功名,"还与众人同",愿意与普通人一样。既然他不希望君王、天子奴役自己,不认为天子高于自己,当然也不认为自己高于别人，不会奴役其他人。这是价值观决定的。

一个人愿意跪在比自己强势的天子面前，必然就会欺负比自己弱势的其他人，强迫比自己弱势的人跪在自己面前。

所谓强势、弱势，不是天赋真德的大小，只是社会等级的高低，政治权力的强弱。在等级决定一切的君主制度下，不受制约的政治权力颠倒了一切。

4.《达生》斗鸡四境

《庄子》书中，很多地方讲到庄学四境。下面我们看一个比较简单的例子——

> 纪渻子为王养斗鸡。
>
> 十日而问："鸡可斗已乎？"
>
> 曰："未也。方虚骄而恃气。"
>
> 十日又问。
>
> 曰："未也。犹应响影。"
>
> 十日又问。
>
> 曰："未也。犹疾视而盛气。"
>
> 十日又问。
>
> 曰："几矣。鸡虽有鸣者，已无变矣，望之似木鸡矣，其德全矣。异鸡无敢应，见者返走矣。"（《外篇·达生》）

这一寓言，借用斗鸡的四种境界，隐喻人生的四种境界。

首先是"无知"。无知的斗鸡，既对天道无知，也还没有被人道彻底洗脑，只是凭着一股血气之勇，所以"虚骄而恃气"，处于无知状态。

然后是"小知"。斗鸡进入小知状态，就会求功，对周围环境的响声和影子都有反应，而且是迎合性的反应。这是隐喻普通民众盲从外境，迎合庙堂伪道。

然后是"大知"。斗鸡进入大知状态，就会求名。在庙堂屋檐下的等级里面，大知已经功成名就，武大郎成了武松的上司，于是自居成功人士，"疾视而盛气"。这是隐喻祝宗人这样的大官，付出跪下的代价，爬上了高位，得到了荣华富贵，从"天之小人"，变成了"人之君子"，于是得意洋洋，不可一世，专横跋扈，气焰嚣张。

以上三种境界，"无知"是愚昧状态，对道无知，只有天然的血气之勇。"小知"是求功状态，总是要与各种各样的外境应酬，应酬过程有相当的迎合性，因为还没有爬到很高的社会等级。"大知"是求名状态，已经爬到了很高的社会等级，快要碰到屋檐屋顶了，"一人之下，万人之上"。天子的头顶上，没有更高的东西了，所以戴着平天冠，只是往下看，以为所有人都在自己之下。不知道在他之下的人，都是跪在庙堂屋檐下的武大郎。逍遥江湖的武松，不仅远比武大郎高得多，而且也比天子高得多，就是抵达至境的"至知"。

"至知"是最高境界。抵达"至知"的斗鸡，对外境已经没有应酬性、迎合性的反应，有响声，有影子，也不受影响，更不害怕，内德很全，达到了全生，看上去像一只木鸡。

成语"呆若木鸡"，也像成语"沉鱼落雁"一样，违背了庄学原义。

讲完三义、四境，再讲道术九阶。

五　道术九阶

领悟了庄学三义和庄学四境，已是"至知"，但还不是"至人"。因为知了以后，还要行。知行合一，才是"至人"。知而不行，知行分离，人格分裂，天人交战，就不是"至人"，仍是大知小知。从"至知"之知，到"至人"之行，还有九个阶梯。

1. 闻道九阶

庄子在《大宗师》里，讲了闻道九阶，这是成为"至知"的九个阶梯——

　　1 副墨之子→2 络诵之孙→3 瞻明→4 聂许→5 需役→6 於讴→7 玄冥→8 参寥→9 拟始（《内篇·大宗师》）

"副墨之子"，就是读书。古人用墨写在竹简上，这是创作者。你抄这本书，就是"副墨"。

抄完以后，就要去读，就是"络诵之孙"。这些都是拟人化的说法。

除了读书而闻道，听老师传授而闻道，你还要亲眼去看天地万物，"瞻明"就是用眼睛看。

你还要亲耳去听天地万籁，"聂许"就是用耳朵听。

看完听完以后，你还要在亲身实践中感受天道，"需役"就是必需的服役，不是服人道之役，而是服天道之役，"尽其所受乎天"。

"於讴"是古代民谣，你还要从中了解古人对天道的领悟，继承古道。

"玄冥"、"参寥"、"拟始"，是先于古人的天地之始，因为天道遍在永在，在人类存在之前就已存在。

庄子用一个拟人化的寓言，说明了闻道九阶，但是单单闻道是不够的。《老子》说，"上士闻道，勤而行之。中士闻道，若存若亡。下士闻道大笑之，不笑不足以为道。"上士、中士、下士闻道以后的反应不一样，只有上士悟道了，中士半悟半不悟，半信半疑，下士执迷不悟，所以大笑。因此闻道是达到至境的第一步，不闻道肯定达不到至境，但是仅仅闻道也达不到至境，后面还有三个阶段：悟道，行道，成道。

所以庄子不仅讲了"闻道九阶"，又讲了"成道九阶"。

2. 成道九阶

成道九阶，是从"至知"变成"至人"的九个阶梯——

1 外天下→2 外物→3 外生→4 朝彻→5 见独→6 无古今→7 入于不死不生→8 撄宁→9 撄而后成（《内篇·大宗师》）

成道九阶，展开的是闻道之后的悟道、行道、成道。

成道九阶的前七阶，讲的都是"悟道"以后的精神变化，精神升华，精神超越。

第一阶是"外天下"，认为天下都是身外之物。听上去好像没什么意思，其实有非常强的针对性，就是不做世俗的君王。《庄子》书里专门有一篇叫做《让王》，就是说你做了世俗的君王，也不过是在屋檐下面最高的地方，最接近天花板的地方，但是天花板不是天，天花板限定了你的高度，天不会限定你的高度。只有"外天下"，走出屋檐下，才能"尽其所受乎天"。不仅臣民应该走出屋檐下，连君王也应该走出屋檐下，当然这对君王有点勉为其难。世俗出身越高，世俗地位越高，受到的精神限制越大。

第二阶是"外物"，认为物质财富也是身外之物。超出基本需要的身外之物越多，越容易为物所累。

第三阶是"外生"，认为生命也是天道所赐，也是身外之物。所以子华子的人生四境认为："全生为上，亏生次之，死次之，迫生为下。"当你明白，死也比迫生好，你就"外生"了。你就知道怎样才是高于生存的存在，"自适其适"的全生，就是高于生存的存在，是自由独立的存在。"适人之适"的亏生，是不自由不独立的依附性生存。"役人之役"的迫生，是比死还不如的行尸走肉。

上来接连三个"外"，就是把世俗权力、功名、外物，甚至自己的肉体生命，全都看作阻碍你达到最高精神境界的障碍。现在也有一句类似的俗话，叫做"身外之物，生不带来，死不带去"。不过很多人嘴上这么说，实际做不到，顶多能舍物质财富，舍不了权力功名。

做到三个"外"的领悟，就会一朝通彻，领悟真道，这是第四阶"朝彻"。

第五阶"见独"，就是窥见《老子》所言"独立而不改，周行而不殆"的天道。

第六阶"无古今"，是说，天道是大年之道，人道是小年之术。小年之术，古有今无，今有古无，中有外无，外有中无，不是遍在永在。超越古今中外，遍在永在的，才是真道。

一旦你窥见遍在永在、古今永存的天道，就会明白天道也在你自己身上，你就与天道同一了。所以第七阶是"入于不死不生"，只有天道是不死不生的，万物都有死生，包括天地。

从"外天下"到"入于不死不生"，前七阶都是闻道之后的精神升华，就是悟道。最后两阶，则是行道、成道。

第八阶"撄宁"，是行道。当你闻道、悟道以后，外境没有闻道、悟道的大知、小知、无知，那些跪在庙堂里的人，或者还没资格进入庙堂却渴望富贵功名的人，就会不断来干扰你，影响你，这就是"撄"。外境要来"撄"你，你的内德要"宁"。这个"宁"，庄学叫"泰定"，佛学叫"禅定"，俗话叫"淡定"。

碰到外境撄扰，大多数人不能淡定，极少数人能淡定。有些自诩淡定的人，小撄能够小宁，中撄能够中宁，大撄却不能大宁，露出了马脚。叫你做知县，很淡定，不做。叫你做知府，还是淡定，不做。叫你做宰相，你未必还能淡定，未必能像庄子那样不做。

美国人做过一项社会调查：给你十万美元，出卖朋友、亲人，做不做？不做。五十万呢？还是不做。一百万呢？犹豫一下，低低问一声：我出卖他们，你会把他们害到什么程度？

所以，你可能小撄能宁，中撄能宁，都很淡定，大撄可能就不再淡定。闻道、悟道以后，行道极难，比闻道、悟道难得多。你也许可以在一定程度上"行道"，但是未必能够"成道"。"五十九岁现象"，就是一辈子不敢胡作非为，离休之前，利用最后的权力大贪一把，末日狂欢，于是功败垂成。所以《老子》说："民之从事也，恒于几成而败之。故慎终如始，则无败事。"

第九阶"撄而后成"，才是成道。闻道、悟道以后，一生行道，不死不休，一以贯之，终生不变，不被任何外撄打扰，永远宁定，永远"泰定"，永远淡定，才是"撄而后成"。善始善终，才能功德圆满。

这就是成道九阶，从"至知"成长为"至人"。

3. 学道九阶

上面讲了《庄子》内篇的闻道九阶、成道九阶。我们再看一看外杂篇的通俗说法。这是《外篇·寓言》的学道九阶——

一年而野，	一年由文返野，
二年而从，	二年顺从内德，
三年而通，	三年与道相通，

四年而物，	四年与物齐同，
五年而人来，	五年众人来亲，
六年而鬼入，	六年鬼神来舍，
七年而天成，	七年天然有成，
八年而不知死不知生，	八年超越死生，
九年而大妙。	九年达道大妙。
（《寓言》原文）	（张远山今译）

外杂篇虽然是内篇的通俗版，现在的人还是不太容易理解，我翻译了一下。学道九阶，也是从三义、四境的角度来解释的。

第一年"由文返野"。"文"是指庙堂伪道，用小年政治的错误价值观，对你洗脑。一般来说，我们上中小学的时候，都会接受这种洗脑。但是当你进入社会以后，就会发现这些价值观非常虚伪，很不真实。一个人成熟，就是认识到你受到的教育，很大一部分是错误的教条，于是反过来认知自己内心，认知真实世界，就可以由文返野，返朴归真，也就是前面讲过的"息黥补劓"。这是最为重要的因应外境。

一个人不可能生下来就进入求道之路，一定会接受文化教育，被伪道洗脑。但是有些人成熟以后，会对自己所受的教育有所批判，有所过滤。有人是三十岁，有人是四十岁，闻道、悟道的年龄不一样。也有人一辈子都没有闻道悟道，或者闻道以后大笑之。所以要进入至境，第一年，学道第一阶，就是由文返野，返朴归真，息黥补劓。

第二年"顺从内德"，就是因循内德，自适其适。

第三年"与道相通"，与"见独"相似，窥见天道，与道相通，但还没有与道合一。

第四年"与物齐同"，既然与道相通了，你就明白了万物均为天道所生，就能获得齐物观。就是《齐物论》所言"天地与我并生，万物与我为一"。

第五年"众人来亲"，有了齐物观，当然就"不傲睨于万物"，"还与众人同"，众人就会与你相亲。

第六年"鬼神来舍"，是寓言化表述。人类只是万物中的一部分，与人相亲以后，还要与万物相亲，与天神地祇相亲。

第七年"天然有成"，就是与天地万物相亲以后，"尽其所受乎天"，自我实现，成就你的人生最高境界。

第八年"超越死生"，就是当你"天然有成"以后，同时也会明白自己与万物一样，并非无所不能，而是有其极限。万物的极限之一是有生有死，只有天道没有极限，没有生死。超越死生，就是不执着于生死，不怕死，只怕亏生、迫生。

不过大家注意，道家的说法与普通的说法有一个重大区别，就是从来不说"生死"，永远都说"死生"——与此相关，也从来不说"始终"，永远都说"终始"。因为"死生"与"生死"有认知上的本质差别。当你说"生死"的时候，你没有意识到自己和万物的相通之处。宗教认为人死了以后有灵魂，道家不是宗教，而是哲学，不认为人死了以后有灵魂，而是认为万物都是一气所化，人死了以后并不是彻底消失了，"气聚则生，气散则死"。"气"永远存在，按照现代科学的说法，就是物质不灭。道家的很多思想，都非常符合现代科学。

超越死生，就是明白人死了以后继续进入万物的循环，通过另一种形态复生。前物虽然没了，但是后物还会生，生生不息。超越死生，就是超越个体，超越自我的小年、百年。因此至人不生活在小年之中，不仅不生活在小年的政治外境之中，也不生活在小年的自我生命之中，而是生活在大年天道之中，生活在大年的群体生命之中，生活在天地之中，与道同一，天人合一。因此，最后一阶就是第九年"达道大妙"。九是最大的阳数,九年隐喻一生的"闻悟行成"。

4. 闻悟行成

了解了"道术九阶"以后,现在再看庄子在《逍遥游》第一章讲的"鲲化为鹏"寓言,就能明白讲的其实是如何"闻悟行成",完成"九阶"——

> 北溟有鱼,其名为鲲。鲲之大,不知其几千里也。化而为鸟,其名为鹏。鹏之背,不知其几千里也。怒而飞,其翼若垂天之云。
>
> 鹏之徙于南溟也,水击三千里,搏扶摇而上者九万里,去以六月息者也。
>
> 且夫水之积也不厚,则其负大舟也无力。覆杯水于坳堂之上,则芥为之舟;置杯焉则胶,水浅而舟大也。风之积也不厚,则其负大翼也无力。故九万里则风斯在下矣,而后乃今培风,背负青天而莫之夭阏者,而后乃今将图南。(《内篇·逍遥游》)

这一寓言非常著名,人人知道鲲鹏。深圳的简称也是鹏城。前两天我与深圳的朋友开玩笑说,北溟在北方,是鲲化为鹏以后起飞的地方;南溟在南方,是鲲化为鹏以后抵达的地方,就是深圳。

这一寓言,讲鲲化为鹏的成长过程,也就是从无知成长为至知至人的过程。

鲲的本义是鱼卵、鱼子,隐喻"无知"。

鲲的另一义是小鱼,隐喻"小知"。

"鲲之大,不知其几千里",就是从"无知"成长为"小知",再成长为"大知"。

鹏就是凤,大鹏就是凤凰。大鲲化为大鹏,就是"大知"化为

"至知"。大鹏从北溟起飞，经过九万里，就是经历九阶，从"至知"变成了"至人"。大鹏飞到南溟，就是闻悟行成、顺道循德、逍遥自适、尽其所受乎天的庄学至人。

下面用一个示意图，说明一下庄学三义、四境、九阶的结构关系——

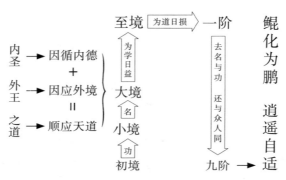

▲庄学三义、四境、九阶关系图

首先，庄子之道是"内圣外王之道"，从中引出庄学三义。

"之道"，引出"顺应天道"。

"内圣"，引出"因循内德"。

"外王"，引出"因应外境"。

庄学三义，构成一个"王"字，就是"王德之人"，精神境界比天子更高的天道之子。因为天子被庙堂的屋顶限定了精神高度，而王德之人走出了庙堂的屋檐，是人类探索天道的精神巨人。

无数帝王将相，都是违背天道的精神侏儒。

庄子和庄学至人，却是顺应天道的精神巨人。

运用庄学三义来看，人生有四种境界——

最低的是初境，无功无名，但是渴望功名。

从初境向小境，是求功。

从小境向大境，是求名。

达到大境，已经很不容易了，从世俗角度来看，已是功成名就的成功人士。

但是道家不满足于大境，进一步向至境发展，就是从"为学"阶段，转入"为道"阶段。

《老子》说："为学者日益，为道者日损。"为学阶段，就是受教育的阶段，这一阶段都是增益知识，可能被伪道洗脑，也可能闻道、悟道，但是还不能行道、成道。如何行道、成道呢？就要"为道者日损"。

《老子》说："损之又损之，以至于无为，无为而无不为。"所以到达第九阶以后，必须具有齐物观，"去名与功，还与众人同"。境界最高的人，不会盛气凌人。刚才我们已经在"斗鸡四境"里面看到了，无知、小知、大知，都有不同程度的盛气凌人。只有至知，不再盛气凌人，"呆若木鸡"，"还与众人同"。

为道日损，完成九阶，庄学鲲鹏就可以起飞了，就可以逍遥自适，尽其所受乎天，自我实现，抵达人生最高境界。

六　庄学至人：庖丁解牛，游刃有余

讲完三义、四境、九阶，举个范例，看看怎样的人，才是履践三义、抵达至境、走完九阶的庄学至人。

先看《庄子》内七篇最后一篇《应帝王》，对至人的语言概括——

体尽无穷，而游无朕（顺应天道）。

尽其所受乎天，而无见得，亦虚而已（因循内德）。

至人之用心若镜，不将不迎，应而不藏，故能胜物而不伤（因应外境）。

（《内篇·应帝王》）

庄子认为，至人必须做到三点。

第一，"体尽无穷，而游无朕"。就是"上与造物者游"，"独与天地精神相往来"，就是"顺应天道"。知天达道，闻悟行成，《庄子》称为"达人"。不是"达人秀"的达人。"达人秀"的达人是达技。庄学达人是达道，由技进道，循德达道。

第二，"尽其所受乎天"。就是"因循内德"、"自适其适"的目标，自我实现，把天道、造化赋予你的一切潜能，全部挖掘出来。内德是真德，所以循德自适的至人，《庄子》又称为"真人"。"而无见得，亦虚而已"，是不自得，很虚心，一生求道行道至死，永不自居得道成道。

第三，"至人之用心若镜"。镜子鉴照外物，就是"因应外境"。至人的用心，像镜子一样，对世界洞若观火，伪道欺骗不了他，忽悠不了他，无法对他洗脑。镜子和木鸡，其实很相似，"不将不迎"，不盲从外境，不迎合外境，但是并非不知外境，而是深知外境，"不出于户，以知天下"（《老子》）。虽然在庄学三义里面，"因应外境"排在最后，但它在技术上，操作上，却是最难。因为"顺应天道，因循内德"是闻道、悟道以后的行道意愿，而行道的意愿必须化为实际的行动，只能在外境之中完成。没有"因应外境"的至高技艺，"顺应天道，因循内德"全都无法实现。就像学道九阶里面，"由文返野"是因应外境，"息黥补劓"也是因应外境。没有"由文返野"的"息黥补劓"，就不可能"因循内德"，更不可能"顺应天道"，只能盲从伪道，成为牺牲品和炮灰。所以"顺应天道"是达道，"因循内德"是循德，"因应外境"是循德达道，以人合天，"乘物游心"，"物物而不物于物"。大部分盲从伪道的人，都是以天合人，根本不知有天，所以被物所乘而不能游心，被物所役而"物于物"，"逐万物而不返"。循德达道，以人合天，善应外境，才能知行合一，功德圆满。

再看《庄子·养生主》描绘的庄学至人经典形象，就是解牛的庖丁——

庖丁为文惠君解牛，手之所触，肩之所倚，足之所履，膝之所踦，砉然响然，奏刀騞然，莫不中音。合于《桑林》之舞，乃中《经首》之会。

文惠君曰："嘻，善哉！技盖至此乎？"

庖丁（至人）释刀对曰："臣之所好者道也，进乎技矣。始臣之解牛之时，所见无非全牛者。三年之后，未尝见全牛也。方今之时，臣以神遇而不以目视，官知止而神欲行。依乎天理（顺应天道），批大郤，导大窾，因其固然（因循内德）。技经肯綮之未尝，而况大骨乎？良庖（大知）岁更刀，割也；族庖（小知）月更刀，折也。今臣之刀十九年矣，所解数千牛矣，而刀刃若新发于硎。彼节者有间，而刀刃者无厚；以无厚入有间，恢恢乎其于游刃必有余地矣，是以十九年而刀刃若新发于硎。虽然，每至于族，吾见其难为，怵然为戒，视为止，行为迟，动刀甚微（因应外境），謋然已解，如土委地。提刀而立，为之四顾，为之踌躇满志，善刀而藏之。"

文惠君曰："善哉！吾闻庖丁之言，得养生焉。"

（《内篇·养生主》）

庖丁解牛这一寓言非常著名，知道的人很多，但能精确理解其庄学真义的不多。

第一段，说庖丁为文惠君解牛，"合于《桑林》之舞"等，非常美妙。文惠君就赞扬庖丁技艺高超。结果庖丁说，我喜欢的是道，不是技。道的程度，远远高于技。

庖丁说的"依乎天理"，就是顺应天道。

庖丁说的"因其固然"，就是因循内德。

庖丁最后一段说的"每至于族，吾见其难为，怵然为戒，视为止，行为迟，动刀甚微"，就是因应外境。庖丁的解牛技艺如此高超，但是碰到错综复杂的外境，骨头、筋脉、肌肉纠结在一起的地方，解起来还是非常小心，一点也不马虎，因为因应外境极难。

所以说，庖丁解牛这一寓言，包含了庄学三义。当然，也包含庄学四境。

"庖丁"是知行合一、以人合天的至知至人，"良庖"是大知，"族庖"是小知。为什么没有"无知"呢？因为不会解牛的人，就是"无知"。每个人在自己的专业领域，起码是小知，外行才是无知。所以每个人都有无知的领域，至知永远知道自己的无知。自诩无所不知的大知、小知，才不知道自己的无知。

大知良庖，用刀割肉，所以必须一年换一把刀。

小知族庖，用刀砍骨头，所以必须一个月换一把刀。

至人庖丁呢？他的刀既不割肉，也不砍骨头，"游刃有余"，所以十九年不必换刀，解牛数千头，"刀刃若新发于硎"，像在磨刀石上刚刚磨过一样。成语"游刃有余"，出在这里，这个成语基本上不违背庄子的原义。不过郭象以来一千七百年的旧庄学，都不知道庖丁解牛包含了"庄学三义"和"庄学四境"，更不知道包含了"道术九阶"。

庄学三义、庄学四境、道术九阶，都是我否定郭象旧庄学以后，对庄学的全新独家解释。

七　后世影响：文化圣经，江湖正道

简略串讲了庄学要义之后，最后做个小结。

庄子的个体自治之道，超越了老子的群体政治之道，开启了在任何政治环境下成为达道至人的个体生命逍遥自适之道。那么庄子之道是不是只能用于个体自治呢？不是。我们讲过天道遍在永在，其实庄子之道同样遍在永在。虽然庄子之道仅是人对天道的一种认知，即"道术"，不能等同于"天道"。但是庄子的"道术"，对"天道"的认知达到了极致境界，所以也像天道一样遍在永在。

举个例子，说明庄子之道遍在永在于中国文化之中。

先看一张图片——

▲上海豫园：艮岳遗石玉玲珑

图片中间，是上海豫园的一块著名的太湖石。这块太湖石，与北宋亡国之君宋徽宗所造的御花园里面的一座人造之山有关。宋徽宗把御花园里的人造之山，命名为"艮岳"。大家如果看过《水浒传》，就知道里面讲的"花石纲"。"花石纲"是指到江南采办太湖石。宋徽宗导致了北宋的灭亡，是失败的昏君，也是不受制约的专制皇权的受害者，但是如果他不在庙堂之内，走出庙堂屋檐，一定是伟大的艺术家，很可能成为庄学至人。宋徽宗非常崇拜老子和庄子，自称"道君皇帝"。他用八卦之一的"艮"卦（艮为山）命名这座人造之山，称为"艮岳"，号称天下第六岳。他命令江南各地采办花石纲，于是江南各地的知府、知县，征集了大量的太湖石，挑选精品进献。很多不够完美的太湖石，征集以后落选，散落民间。其中一块，就在上海豫园，名叫"玉玲珑"。北京北海公园，据说也有一些艮岳遗石。

为什么举这个例子？看一看我对它的解释——

太湖石的造石原则，是以人合天，天人合一。

以人合天，就是人道顺应天道。

以天合人，就是扭曲天道来迎合人道。

所以"天人合一"有两种。以人合天是顺道，才是真正的天人合一。以天合人是悖道，不是天人合一，而是"以人灭天"（《庄子·秋水》）。

我们再看一看太湖石的制造过程——

石匠选定石料，斧削，凿孔，加工到接近美学理想。中国艺术的美学理想，就是天人合一的庄学之道。人力加工，只是刚刚达到初境。然后用绳子挂住，沉入太湖，所以称为太湖石。沉下去干什么？让它天人合一。任凭湖水冲刷侵蚀，消除一切斧凿痕迹。经过很长时间，有时几年，有时几十年，太湖石才能完成。最为美妙的太湖石，旷世极品，通常要隔代问世。所以好的太湖石，也不局限于小年，也在某种程度上超越了小年。

世界上，只有中国人，在庄学的影响之下，才会这样创造艺术品，而且不限于太湖石。今天时间有限，只能举太湖石为例，因为比较方便直观。

太湖石的石料，来自造化。石匠的加工，属于文化，而且这个文化一定不是悖道文化，不是违背造化的文化，而是顺道文化，顺应造化的文化。湖水冲刷，使它重新复归造化。因此太湖石这样一种其他任何民族都没有的独特艺术品，符合中华道术，尤其符合庄子美学。在它身上体现出的，是文化顺应造化，人道顺应天道，以人合天，天人合一的境界。可以用八个字来形容它："浑然天成，无斧凿痕。"这八个字，也可以用于其他一切中国艺术领域。

比如唐人李白认为，好的诗应该"清水出芙蓉，天然去雕饰"。与这八个字的精神完全一致。这是诗歌领域的庄子之道，中国文学的重大法则。

又如唐人张彦远的《历代名画记》记载了张璪的名言，认为好的画应该"外师造化，中得心源"。这是绘画领域的庄子之道，中国绘画的重大法则。而且用了庄子发明的独家术语"造化"，主张"外师造化"。

再如明人计成的《园冶》认为，好的园林应该"虽由人作，宛自天开"。这是中国园林的庄子之道，中国园林的重大法则。

我们可以发现，无论雕塑、诗歌、绘画、园林，一切中国艺术的最高法则，无不相通，因为全都遵循庄子之道。所以说，庄子之道像大年天道一样遍在永在。这些艺术法则的源头，在中国古代任何其他人的书里都找不到，只能在《庄子》里面找到。所以《庄子》这本书，不仅在道术上境界极高，而且在文学上、艺术上，也是中国文学、中国艺术的至高典范。庄子之道浸透了中国艺术的一切血脉，所以中国艺术的风貌如此独特，完全不同于其他民族的艺术。庄子之道既可以指导人生实践，又可以指导艺术创作。虽然中国政治常常受到时代局限，具有小年局限性，但是只要遵循庄子之道，人生境界可以超越小年局限性，艺术创作也可以超越小年局限性。即使不做艺术家，不做艺术品，也可以拥有艺术化的完美人生。

最后用两个示意图，总结一下这次老庄讲座，说明从老子之道到庄子之道的继承与发展。

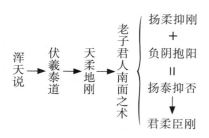

▲老学逻辑结构图

这是上次已经讲过的"老学逻辑结构图"，从"浑天说"引出伏羲泰道，引出"天柔地刚"，引出《老子》的"君人南面之术"。《老子》的扬柔抑刚，包含一个"负阴抱阳"的泰卦之谜，解开"负阴抱阳"之谜以后，就能明白《老子》之所以扬柔抑刚，是因为扬泰抑否。所以《老子》主张"君柔臣刚"的泰道，反对"君尊臣卑"的否术。

老子的泰道不被庙堂君王接受以后，庄子继承和突破了老子之道，超越了小年政治和庙堂伪道，开创了一条个体生命逍遥自适抵达至境的全新道路，就是江湖真道。

我们再看一看庄学逻辑结构图——

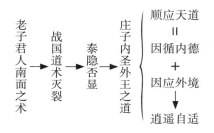

▲庄学逻辑结构图

从春秋转入战国以后，道术灭裂，泰隐否显，因此庄子不再讲老子的"君人南面之术"，而是提出了"内圣外王之道"，包含"顺应天道，因循内德，因应外境"三义，终极目标是"逍遥自适"，"尽其所受乎天"。庄学四境和道术九阶，都是庄学三义的展开。

以上是老庄讲座的全部内容，谢谢大家！

2011 年 10 月 16 日深圳老庄讲座第二讲
2012 年 9 月汪跃云根据录音整理
2012 年 11 月 14 日改定
2022 年 2 月 1 日修订

余论三　庄子学派与反庄派两千年博弈史

弁言　《庄子》是庄子学派总集

《庄子》并非庄子一人之书，而是庄子学派总集。

作为庄子学派总集的《庄子》，共有三大版本：战国晚期结集的魏牟版《庄子》初始本，西汉早期结集的刘安版《庄子》大全本，以及西晋出现、唐代钦定的郭象版《庄子》删改本。三大版本对不同时期的中国思想、中国文化、中国文学、中国艺术产生了巨大影响。

西晋出现、唐代钦定的郭象版《庄子》删改本，唐宋以后逆淘汰了郭象以前的《庄子》两大版本，成为传世的《庄子》唯一版本，成为郭象开创的旧庄学之依据。我治庄四十年，复原了郭象以前的两大版本，确认了郭象版《庄子》删改本是伪《庄子》，论证了郭象开创的旧庄学是反庄学的伪庄学，创立了以郭象以前的《庄子》两大版本为依据的新庄学。

新庄学与旧庄学的重大区别之一，就是旧庄学盲信郭象谬论"外杂篇均为庄撰"，新庄学根据大量史实确立了"内七篇均为庄撰，外杂篇无一庄撰"。按照旧庄学盲信的郭象谬论"外杂篇均为庄撰"，《庄子》是庄子一人之书，不存在庄子学派。按照新庄学确立的"内七篇均为庄撰，外杂篇无一庄撰"，《庄子》不是庄子一人之书，而是庄子学派总集。本文在此基础上，梳理庄子学派的形成史，庄子学派总集《庄子》的流变史，庄子学派、宗庄派与反庄派的博弈史，以及贯穿汉后两千年的漫长博弈对中国思想、中国文化、中国文学、中国艺术的影响史。

一　战国庄子学派：庄周、蔺且、魏牟

战国二百六十年（前480—前221），分为三大阶段，战国早期一百年（前480—前380），战国中期一百年（前380—前280），战国晚期六十年（前280—前221）。

庄子（前369—前286）处于战国中期，亲传弟子蔺且（前340—前260）和再传弟子魏牟（前320—前240）处于战国中晚期。庄子、蔺且、魏牟共同开创了战国庄子学派。

庄子亲传弟子蔺且是宋国人，五十四岁之时，齐湣王伐灭宋国（前286），庄子仙逝，此后蔺且成为宋国遗民，基本居于宋地，包括授徒魏牟之时。蔺且是庄子后半生的亲历亲闻者，也是庄子与惠施交友论辩的亲历亲闻者。《庄子》"外篇"所言庄子生平和庄惠之辩，幸赖蔺且实录而传之后世。蔺且秉承师教而陆沉大隐，仅见于《庄子》，时人不知，后人鲜闻，诸书不载，生平详见拙著《庄子传》。

庄子再传弟子魏牟是中山国人，二十五岁之时，赵武灵王伐灭中山（前296），此后魏牟成为中山国遗民，但未定居一国。先游楚国，师事楚人詹何，进入道家之门。再游宋国，师事宋人蔺且，成为庄子再传弟子。后游秦国，教诲秦相范雎。又游赵国，教诲赵相平原君赵胜，面斥平原君门客公孙龙，教诲赵悼襄王如何治国等。魏牟弘扬庄学而名扬天下，既见于《庄子》，又见于先秦古籍《荀子》《吕览》等，汉后古籍《淮南子》、《韩诗外传》、《战国策》、《七发》、《说苑》、《汉书》、《列子》、《文心雕龙》等，生平详见拙著《庄子复原

本》绪论《庄子初始本编纂者魏牟论》和《庄子传》。

　　魏牟自撰之书《公子牟》四篇，著录于《汉书·艺文志》，汉后久佚。魏牟编纂之书《庄子》初始本，是战国晚期结集的第一部庄子学派总集，共计二十九篇、六万余言。"内七篇"为庄子亲撰，约一万三千言。"外篇二十二"为蔺且、魏牟等庄门弟子所撰，约四万余言。庄门弟子蔺且、魏牟不仅都是战国诸子的重要一子，而且才华仅次于庄子，高于其他战国诸子。由于后人盲信郭象谬论"外杂篇均为庄撰"，导致庄子的两大传人蔺且、魏牟沉入了历史忘川。

　　拙著《庄子复原本》，根据战国晚期《吕览》、《荀子》、《韩非子》和西汉早期贾谊二赋、《韩诗外传》的大量抄引、大量化用，复原了第一部庄子学派总集：魏牟版《庄子》初始本。

　　《庄子复原本》分别论列了战国庄子学派的宗师庄子及其两大传人蔺且、魏牟。

　　论列庄子继承老学而开宗立派：

　　　　道术传承大要：老、关、列、杨、庄（此略杨、庄之间的子华子）。

　　　　老聃道术"外王内圣"，外向而注重群体。关尹道术"内圣外王"，内转而注重个体。此即"老聃贵柔，关尹贵清"（《吕览·不二》）之老、关小异。

　　　　关尹弟子列子仍然"道术内转"，更轻"外王"，更重"内圣"，于"内圣"又偏重"自逍己德"。此即"关尹贵清，列子贵虚"（《吕览·不二》）之关、列小异。

　　　　老聃数传弟子杨朱，鉴于列子虚己而藏，导致道术隐微，方术猖獗，于是彰明老聃道术，突显"外王"，稍减"内圣"，于"内圣"又偏重"自葆己德"，以矫列子之弊。此即"列子贵虚，阳生贵己"（《吕览·不二》）之列、杨小异。

　　庄子鉴于杨学影响极大，虽有光大道术之功，小屈方术之力，但有矫枉过正之弊，自矜自得之嫌，遂承老聃道术之总体格局，又承关尹道术之内转义理，首重"内圣"，不废"外王"，于"内圣"则兼明"自葆己德，自逍己德"，以矫杨朱之弊。此即"杨子为我"、"庄子无己"之杨、庄小异。庄义"自葆己德，自逍己德"，即《齐物论》"葆光"二义，《养生主》谓之"善刀而藏之"，《德充符》谓之"才全而德不形，内葆之而外不荡"，《应帝王》谓之"尽其所受乎天，而无见得"，均合老义"光而不耀"。

　　庄学三义"顺应天道，因循内德，因应外境"，集古之道术大成。庄学宗旨"顺应天道"，为古今道术共有之宗旨。庄学真谛"因循内德"，为古今道术共有之"内圣"。庄学俗谛"因应外境"，为古今道术共有之"外王"。庄周道术，终古不废；传之大年，后世大幸。

论列蔺且、魏牟传承庄学而发扬光大：

　　庄学大鹏，以哲学义理、文学表述为其两翼。蔺且、魏牟各有所偏。蔺且哲学悟性较强，文学悟性较弱。魏牟文学悟性较强，哲学悟性较弱。

　　蔺且哲学悟性较强，因而蔺撰五篇大量抉发内七篇奥义。

　　迫于悖道外境之险恶，庄撰内七篇不得不支离其言、晦藏其旨，虽然表述极其成功，以致古今庄学之友无须借助蔺撰五篇，仍能大致领悟内七篇义理，然而一旦遇到反诘，比如郭象反注及其追随者之妄注，那么内七篇义理究竟为何就会陷入悬疑，变成公说公有理、婆说婆有理的扯皮。蔺撰五篇正是摆脱这一困境的最大强援，尽管蔺撰五篇对内七篇奥义的抉发，仍然不得不支离其言、晦藏其旨。

作为庄子亲传弟子（或为唯一弟子），蔺撰五篇在抉发内七篇奥义的过程中，大量著录其所亲历亲闻的庄子实事，共计九事：庄惠辩孔，庄论间世，庄过魏王，庄子悟道，庄子妻死，庄斥曹商，庄斥宋王，庄拒聘相，庄子将死。蔺撰五篇之著录庄事，虽然服从于抉发庄义而有所选择（其未著录于所撰之篇的诸多庄事，经其口述或另传而转录于魏撰十三篇和或撰四篇），仍然大致完整地记录了庄子生平，对庄学之友深入理解内七篇，具有无可替代的极大帮助。

蔺且作为庄子亲传弟子，无愧为传承庄学、阐释庄学第一人。蔺撰之篇文风含蓄，意旨隐晦，义理水准胜于魏牟；偶尔表述欠佳，设喻不当，文学水准逊于魏牟。

魏牟文学悟性较强，因而魏撰十三篇的文风可与内七篇乱真。诸多细证，详见各篇，此举其三。

一、内七篇有大量人格化动植物，说话动物 5 种、植物 6 种。蔺撰五篇极少人格化动植物，无一说话。魏撰之篇有大量人格化动植物，说话动物 8 种、植物 3 种。

二、《德充符》之鲁哀公改变自称，蔺且未窥此义，导致蔺撰《达生》之周威公自称不当，而魏撰《徐无鬼》之魏武侯自称得当。

三、魏牟具有撰写长篇寓言的能力，《秋水》第一章、《庚桑楚》、《盗跖》、《列御寇》，均为后世中国短篇小说的祖构。

魏牟哲学悟性较弱，对于内七篇奥义少有新的抉发，但是相当全面地理解了蔺撰五篇抉发的内七篇奥义，而且凭借其文学才华作出了生动演绎，使内七篇义理更为形象易解。仅有《秋水》失误一次，把庄学真谛"然不然"、庄学俗谛"不可乎不可"混淆为一，变文为"然不然，可不可"归于被其痛诋的公孙龙，成为后世混淆庄学二谛、不明庄学真谛之滥觞。

魏牟的学术视野，则比蔺且远为宽广，甚至比庄子也有过之。而其编纂《庄子》初始本的传播庄学之功，则无人能及。

二 战国反庄派：荀况、韩非

魏牟版《庄子》初始本作为第一部庄子学派总集，战国晚期甫一问世，立刻风靡天下，也立刻出现了爱庄、反庄两派。爱庄派的代表是编纂《吕览》的秦相吕不韦及其门客，反庄派的代表是儒家集大成者荀况、法家集大成者韩非师徒。

荀况（前313—前238）后于庄子、蔺且、魏牟，由于蔺且大隐而鲜为人知，魏牟大显而名扬天下，荀况除了在《荀子·解蔽》中攻击"庄子蔽于天而不知人"，又在《荀子·非十二子》中把庄周、魏牟列为第一组攻击对象，其言曰："它嚣（庄周）、魏牟纵情性，安恣睢，禽兽行，不足以合文通治。"

韩非（前280—前233）继承其师荀况，对庄子、魏牟更加深恶痛绝，《韩非子·外储说右上》杀气腾腾地隐名攻击庄子、魏牟，其言曰："不臣天子，不友诸侯，吾恐其乱法易教也，故以为首诛。""不臣天子，不友诸侯"出自魏牟版《庄子》初始本的外篇《让王》。

上举诸多史实证明，南宋大儒朱熹所言："庄子当时，也无人宗之，他只在僻处自说。"乃是扬儒抑道、违背史实的无知妄言。

庄子生前，亲传弟子蔺且传承其学，开宗立派，影响巨大。宋相戴盈闻其大名，向庄子请教治国之道。楚威王闻其大名，欲聘庄子为楚相。魏相惠施闻其大名，害怕庄子夺其魏相。魏惠王闻其大名，恭恭敬敬召见庄子。这叫"当时无人宗之，只在僻处自说"？

庄子死后，再传弟子魏牟弘扬其学，编纂《庄子》，风靡天下。秦相范雎、赵相平原君、赵悼襄王、名家集大成者公孙龙闻其大名，无不礼敬魏牟。秦相吕不韦在秦国大抄魏牟版《庄子》而赞之，儒家集大成者荀况在赵国大抄魏牟版《庄子》而反之，法家集大成者韩非在韩国大抄魏牟版《庄子》而反之，把庄子、魏牟列为头号攻击对象和"首诛"对象。这叫"当时无人宗之，只在僻处自说"？

与庄子同时的大儒孟子，贵为食禄万钟的齐国稷下大佬，但其弟子公孙丑、万章等人，仅见《孟子》，不见诸子，更未受到各国君相礼敬。《汉书·艺文志》著录的"《孟子》十一篇"，也是孟子学派总集，但是孟子弟子所撰"外篇四"《性善》、《辩文》、《说孝经》、《为政》，质量远逊于孟子所撰"内篇七"，汉后全部亡佚。今存《孟子》传世本，仅存孟撰"内篇七"。

庄子弟子蔺且所撰五篇：《寓言》、《山木》、《达生》、《至乐》、《曹商》；再传弟子魏牟所撰十三篇：《秋水》、《田子方》、《知北游》、《庚桑楚》、《徐无鬼》、《管仲》、《则阳》、《外物》、《让王》、《盗跖》、《列御寇》、《天下》、《惠施》；以及姓名不详的庄门弟子所撰四篇：《宇泰定》、《胠箧》、《天地》、《天运》；全都不同程度地可与庄撰"内七篇"乱真，从而为郭象妄言"外杂篇均为庄撰"提供了可乘之机。历代庄学家受到郭象误导，也反复妄言《寓言》是庄子亲撰的《庄子》自序"，《天下》是庄子亲撰的"《庄子》后序"，《秋水》是"非庄叟不能为"的"天下第一妙文"等，尽管是张冠李戴的谬见，但是足以证明庄子弟子蔺且、庄子再传弟子魏牟之杰出，远胜孟子和其他诸子百家的弟子、再传弟子。这叫"当时无人宗之，只在僻处自说"？

战国之时名动天下的诸子百家，又有几人受到各国君相争相礼敬？又有几人的著作风行到诸子大佬大抄特抄？又有几人的弟子、再传弟子受到各国君相争相礼敬？

综上所言，庄子所撰"内篇七"是远远高于战国诸子的珠穆朗玛峰，庄门弟子所撰"外篇"是远远高于战国诸子的青藏高原。两者共同构成了中国文化的世界屋脊——庄子学派总集《庄子》。

老子之后、庄子之前的先秦道家，均属老子学派，全都没有发展出自己的独立学派，所以没有关尹学派、列子学派、杨朱学派、子华子学派。庄子之后的先秦道家，除了老子学派，还有庄子学派。所以老子是道家祖师，庄子是道家集大成者，西汉刘安称道家为"老庄之术"，清代王夫之认为庄子学派"别为一宗"。

三　西汉庄子学派：枚乘、刘安、司马迁

历史进入西汉，庄子学派进一步发展，形成了西汉庄子学派。

西汉早期实行"黄老之治"，道家受到普遍尊崇。朝廷主要尊崇老子，士林主要尊崇庄子。由于汉武帝"罢黜百家，独尊儒术"，导致《汉书·艺文志》著录之书百不存一，所以西汉庄子学派的成员大都沉入了历史忘川，目前确知的仅有二人。

西汉初期的枚乘（约前210—前141），是目前确知的西汉庄子学派第一人。

汉文帝时，枚乘为吴王濞郎中。吴王濞密谋叛乱之时，枚乘以《上书谏吴王》劝阻。吴王濞不纳，枚乘即去。汉景帝即位，采纳晁错之策，发布"削藩令"。吴王濞遂与六国发动叛乱，枚乘又上书谏之。汉景帝平定七国之乱，召拜枚乘为弘农都尉，枚乘称病辞官。汉武帝即位，以安车蒲轮的最高规格征召枚乘。事详《汉书·枚乘传》。

枚乘是史家公认的汉赋第一名家，名篇《七发》是史家公认的第一汉赋，标志着汉赋的正式诞生。《文心雕龙》予以确认："枚乘摛艳，首制《七发》。"

《七发》是致敬庄子、魏牟之作。篇名之"七"，兼扣庄子所撰"内七篇"、魏牟所撰《秋水》北海若教诲河伯的七番问答。文体仿拟《秋水》，变成吴客教诲楚太子的七番问答。

《七发》最后一番问答，吴客如此教诲楚太子：

> 将为太子奏方术之士有资略者，若庄周、魏牟、杨朱、墨翟、便蜎、詹何之伦，使之论天下之精微，理万物之是非；孔、左览观，孟子持筹而算之，万不失一。此亦天下要言妙道也，太子岂欲闻之乎？

枚乘列举先秦巨子，庄周列于第一，魏牟列于第二，超越所有诸子百家，居于杨朱、墨翟、便蜎、詹何之前，尊为"论天下之精微，理万物之是非"的"要言妙道"。孔孟、《左传》仅备"览观"。

枚乘甚至未言道家祖师老子，仅言影响最大的老子传人杨朱，以及楚国道家詹何。墨翟是墨家祖师，便蜎（环渊）是齐国稷下学宫的著名学士，均非道家。

先秦古籍极少言及詹何，因为詹何既非诸子中的重要人物，亦非道家中的重要人物，仅对庄子学派的魏牟一系才是重要人物。魏牟亡国以后游楚，曾受楚国道家詹何教诲，然后至宋师事庄子弟子蔺且。枚乘把"魏牟"列于"庄周"之后，又举仅对魏牟进入庄门非常重要的"詹何"，证明枚乘的师承出于魏牟一系。枚乘生于魏牟卒后约三十年，中隔一代，当属魏牟再传弟子。

荀况《非十二子》把"它嚣（庄周）、魏牟"列于第一组予以贬斥，枚乘《七发》把"庄周、魏牟"列于第一组予以尊崇，从正反两面证明，战国晚期的荀况、韩非师徒，西汉早期的枚乘及其交游的邹阳、司马相如等人，全都熟读魏牟版《庄子》初始本，全都明白魏牟是庄子学派的代表人物。

枚乘《上书谏吴王》，其中一节与《庄子》相关："人性有畏其影而恶其迹，却背而走，迹愈多，影愈疾，不如就阴而止，影灭迹绝。"类似之语，不见于魏牟版《庄子》初始本，却见于刘安版《庄子》大全本增入的杂篇《渔父》："人有畏影恶迹而去之走者，举足愈数而迹愈多，走愈疾而影不离。自以为尚迟，疾走不休，绝力而死。不知处阴以休影，处静以息迹，愚亦甚矣。"

枚乘比刘安大三十一岁，所以撰写《上书谏吴王》之时，《渔父》尚未编入刘安版《庄子》大全本。《渔父》与魏牟所撰《盗跖》、《庚桑楚》、《列御寇》等篇，同为中国短篇小说的祖构，主题又同于《盗跖》，所以《渔父》撰者与枚乘一样出于魏牟一系。《渔父》撰者或为枚乘，或为枚乘师友，难以判定。究竟是先有《渔父》，然后《上书谏吴王》化用，还是先有《上书谏吴王》，然后《渔父》化用，同样难以判定。可以判定的仅是，枚乘自撰或其师友所撰的《渔父》，在撰成、流传若干年之后，被刘安收入了刘安版《庄子》大全本。

贾谊（前200—前168）、韩婴（前200—前130）同年出生，比枚乘（约前210—前141）约小十岁，比刘安大二十一岁，所以作品中均曾抄引、化用魏牟版《庄子》初始本，未曾抄引、化用刘安版《庄子》大全本的新增之篇。贾谊、韩婴均为儒家，不属西汉庄子学派。

淮南王刘安（前179—前122），是汉高祖刘邦幼子淮南王刘长之长子，是目前确知的西汉庄子学派第二人。刘安生年，枚乘约三十一岁。枚乘卒年，刘安约三十八岁。枚乘、刘安是同时代的前辈、晚辈，同属西汉庄子学派。二人有无师承虽不可考，但是刘安的众多门客中，必有枚乘一系的西汉庄子学派成员，否则《渔父》等篇就不可能进入刘安的视野。枚乘一系的刘安门客协助刘安编纂了《庄子》大全本和《淮南子》内外篇，并在《淮南子》内外篇中大量抄引刘安版《庄子》大全本。

刘安酷爱魏牟版《庄子》初始本，也喜爱西汉庄子学派枚乘及其师友的作品，认为《渔父》等篇也应收入庄子学派总集《庄子》，于是在其门客协助下，把魏牟版《庄子》初始本扩充编纂为刘安版《庄子》大全本：魏牟版的庄撰"内篇七"，原封不动，不增不减。魏牟版的"外篇二十二"，扩充为刘安版的"外篇二十八"，补入"新外篇六"：《骈拇》、《马蹄》、《刻意》、《缮性》、《在宥》、《天道》，撰者是战国晚期至西汉早期的庄子学派成员，包括刘安及其门客。新增魏牟版没有的"杂篇十四"：《说剑》《渔父》《泰初》《百里奚》、《子张》、《马捶》、《阕弈》、《游凫》、《子胥》、《意修》、《卮言》、《重言》、《畏累虚》、《亢桑子》，撰者是西汉早期的庄子学派成员，包括枚乘及其师友、刘安及其门客。新增魏牟版没有的"解说三"，撰者是刘安。刘安版《庄子》大全本，共计五十二篇、十余万言，比魏牟版《庄子》初始本多二十三篇、四万余言。

刘安版《庄子》大全本是西汉早期结集的第二部庄子学派总集，其中刘安所撰"解说三"《庄子略要》、《庄子后解》、《解说第三》，又被刘安收入了《淮南子》外篇（今佚），成为刘安编纂《庄子》大全本的铁证。刘安所撰《淮南子·要略》曰："考验乎老庄之术，而以合得失之势。"这是汉语史上首言"老庄"。

魏牟版《庄子》初始本成书以后，战国晚期至西汉早期风靡天下，诸子大佬爱之反之，天下文士读之抄之。庄子学派的弟子后学则仿之拟之，成为刘安扩充编纂《庄子》大全本的素材。刘安选取了二十三篇增入《庄子》大全本，弃选作品不知凡几。

刘安版《庄子》大全本成书以后，再次风靡天下，天下士人无不顶礼。刘安新增的《骈拇》、《马蹄》、《说剑》、《渔父》等二十三篇，尽管风格大相径庭，水准参差不齐，后人褒贬不一，但其文辞之优美，想象之奇特，仍然超越其他先秦诸子和西汉无数名家，被刘安以后两千年的中国士人视为珍宝。其中的相对劣篇《说剑》等，后人盲信郭象谬见"外杂篇均为庄撰"而视为庄子亲撰，也不以为异，比如李白《侠客行》就是《说剑》的生吞活剥，足证其极致品质仍然全面碾压古今一切汉语作品。所以庄子学派总集《庄子》汉后两千年渗透进入中国文化每一角落，既是受惠于庄子亲撰的"内七篇"，也是受惠于非庄所撰的"外杂篇"。

其他先秦诸子的个人著作，无人仿拟演绎，无人收集编纂，仅有魏牟版《庄子》初始本，先被士林仿拟演绎，后被刘安收集编纂，这是庄子学派从战国晚期至西汉早期不断发展壮大的自然结果。百余年间，庄子学派人才辈出，华夏英才齐集庄门。

西汉中期，汉武帝宣布"罢黜百家，独尊儒术"，这是影响汉后两千年的华夏历史重大改道。

直接影响之一，是汉武帝诬陷首言"老庄"、编纂《庄子》大全本的刘安谋反，使其被迫自杀，一举终结了西汉庄子学派。庄子学派进入了西汉中期至东汉晚期的两百多年低谷期。

直接影响之二，是汉武帝时期的士人被迫弃道入儒。即使内心崇尚"黄老"或"老庄"，也不得不假装弃道入儒。

弃道入儒的第一案例，是与汉武帝同时的司马谈、司马迁父子。

西汉初期崇尚"黄老之道"，导致"文景之治"，所以司马谈所撰《论六家之要指》，对阴阳、儒、墨、名、法五家各有褒贬，独对道家有褒无贬，评价最高：

道家使人精神专一，动合无形，赡足万物。其为术也，因阴阳之大顺，采儒墨之善，撮名法之要，与时迁移，应物变化，立俗施事，无所不宜，指约而易操，事少而功多。

汉武帝"罢黜百家，独尊儒术"以后，司马迁不得不在《史记》中兼采道儒，假装弃道入儒。

司马谈（前169—前110）比刘安（前179—前122）小十岁，司马迁（前145—前90）比刘安（前179—前122）小三十四岁。所以刘安编撰的《庄子》大全本和著述的《淮南子》内外篇，是司马谈、司马迁父子的必读书。

司马迁采纳了刘安首言的"老庄"，《史记·老子列传》附入《庄子列传》：

庄子者，蒙人也，名周。周尝为蒙漆园吏，与梁惠王、齐宣王同时。其学无所不窥，然其要本归于老子之言。故其著书十余万言，大抵率寓言也。作《渔父》、《盗跖》、《胠箧》，以诋訾孔子之徒，以明老子之术。《畏累虚》、《亢桑子》之属，皆空语无事实。然善属书离辞，指事类情，用剽剥儒、墨，虽当世宿学不能自解免也。其言洸洋自恣以适己，故自王公大人不能器之。

楚威王闻庄周贤，使使厚币迎之，许以为相。庄周笑谓楚使者曰："千金，重利；卿相，尊位也。子独不见郊祭之牺牛乎？养食之数岁，衣以文绣，以入大庙。当是之时，虽欲为孤豚，岂可得乎？子亟去，无污我。我宁游戏污渎之中自快，无为有国者所羁，终身不仕，以快吾志焉。"

司马迁所举《庄子》五篇,《盗跖》《胠箧》二篇已见魏牟版《庄子》初始本,《渔父》、《畏累虚》、《亢桑子》三篇是刘安版《庄子》大全本新增之篇。司马迁所引庄子之言"游戏",不见于魏牟版《庄子》初始本,当引自刘安版《庄子》大全本。司马迁所言《庄子》"十余万言",不合于魏牟版《庄子》初始本,合于刘安版《庄子》大全本。证明司马谈、司马迁父子所读、所论《庄子》,不是魏牟版《庄子》初始本,而是刘安版《庄子》大全本。

后于司马迁的刘向(前77—前6)《别录》、刘歆(前50—23)《七略》曰:"《庄子》五十二篇,宋之蒙人。"证明刘向、刘歆父子所读、所论《庄子》,也不是魏牟版《庄子》初始本,也是刘安版《庄子》大全本。

司马迁处于"罢黜百家,独尊儒术"的发轫阶段,尽管认为庄子"诋訾孔子之徒,以明老子之术",但不因此否定庄子,未加任何贬语,而是礼赞庄子"王公大人不能器之",亦即表彰庄子"不臣天子,不友诸侯"。

刘向处于"罢黜百家,独尊儒术"的强化阶段,所以刘向《别录·孙卿书录》抨击庄子"滑稽乱法"。

司马迁的赞庄和刘向的贬庄,成为汉后两千年宗庄派、反庄派的先声。

四 东汉反庄派:扬雄、班固

王莽篡汉十五年(8—23)的短暂插曲之后,历史进入东汉(25—220),"罢黜百家,独尊儒术"继续强化,士人弃道入儒也在增加新例。

弃道入儒的新增案例之一，是严遵、扬雄师徒。

蜀人严遵（前87—6），是西汉晚期的重要道家，兼治易老庄，著有《老子指归》。

蜀人扬雄（前53—18），处于两汉之际，早年是严遵弟子，熟读易老庄，又是痴迷《庄子》、《楚辞》并予仿拟的辞赋家，撰有《反离骚》、《广骚》。中年以后宣布"雕虫小技，壮夫不为"，不再撰写辞赋。背叛师教，弃道入儒，仿拟文王《周易》而作《太玄》，仿拟周公《尔雅》而作《方言》，仿拟孔子《论语》而作《法言》。文拟三圣，自命新圣。但其晚年辞赋《太玄赋》《解嘲》，仍然深受《庄子》影响。

《法言·五百》评论庄子、杨朱："庄、杨荡而不法。"这是承袭刘向之言："庄周滑稽乱法。"

《法言·问道》又评论庄周、申、韩：

> 庄周、申、韩不乖寡圣人而渐诸篇，则颜氏之子、闵氏之孙其如台。或曰：庄周有取乎？曰：少欲。邹衍有取乎？曰：自持。至周罔君臣之义，衍无知于天地之间，虽邻不觌也。

扬雄认为庄周与申不害、韩非之流相同，假如不乖谬于圣人孔子，那么列于"孔门十哲"第一、第二的颜回、闵子骞，也将难以望其项背。可惜庄子乖谬于圣人孔子，"罔君臣之义"，所以即使住在隔壁，扬雄也不看一眼。

扬雄鄙视颜、闵才正而不高，鄙视庄、韩才高而不正，自居才高且正，自命孔子以后第一才子。桓谭《新论》记载，东汉士人也把扬雄视为孔子再世。

弃道入儒的新增案例之二，是班嗣、班固伯侄。

班嗣是班彪之兄，班固是班彪之子、班嗣之侄。班固《汉书》记载，桓谭（前23—56）曾向班嗣借阅《庄子》：

> 嗣虽修儒学，然贵老、严（庄）之术。桓生欲借其书，嗣报曰："若夫严（庄）子者，绝圣弃智，修生保真，清虚澹泊，归之自然，独师友造化而不为世俗所役者也。渔钓于一壑，则万物不奸其志；栖迟于一丘，则天下不易其乐。不絓圣人之罔，不嗛骄君之饵，荡然肆志，谈者不得而免焉，故可贵也。今吾子已贯仁义之羁绊，系名声之缰锁，伏周、孔之轨躅，驰颜、闵之极挚，既系挛于世教矣，何用大道为自眩耀？昔有学步于邯郸者，曾未得其仿佛，又复失其故步，遂匍匐而归耳！恐似此类，故不进。"

班嗣的言谈，证明其非儒家，而是道家，又是道家中的宗庄派。班固谓其"修儒学"，仅是"独尊儒术"的"政治正确"饰辞，因为班固已经弃道入儒。

班嗣嘲笑桓谭的儒家立场，不肯把《庄子》借给桓谭。班嗣与桓谭的对话，与庄子所撰《大宗师》许由与意而子的对话，蔺且所撰《达生》子扁庆子与孙休的对话，如出一辙。班嗣又化用了魏牟所撰《秋水》的邯郸学步典故，可见庄学素养深厚。

桓谭没向班嗣借到《庄子》，并不死心，后来想方设法读到了《庄子》，证见其书《新论》。

《新论·本造》评论庄子："庄周等虽虚诞，故当采其善，何云尽弃耶？"桓谭虽是儒家，却为庄子辩护，隐驳"罢黜百家，独尊儒术"的朝廷政策和刘向、扬雄、班固的反庄立场。

《新论·祛蔽》又引用了"庄周病剧"一事："庄周病剧，弟子对泣之。应曰：'我今死，则谁先？更百年生，则谁后？必不得免，何贪于须臾？'"此事不见于魏牟版《庄子》初始本，是郭象所删刘安版《庄子》大全本十九篇之文。再次证明刘安以后的两汉士人，从司马谈、司马迁父子到刘向、刘歆父子，从严遵、扬雄师徒到班嗣、班固伯侄，再到桓谭等一切士人，所读、所论均非魏牟版《庄子》初始本，均为刘安版《庄子》大全本。

班固既反伯父班嗣的道家立场，更反伯父班嗣的宗庄立场，于是在《汉书·古今人表》中，把《庄子》的虚构寓言人物"王倪"、"巢父"、"许由"、"子州支父"列于第二等"上中"，把《庄子》的虚构寓言人物"啮缺"、"石户之农"、"北人无择"、"卞随"、"务光"列于第三等"上下"，留下了作为史家的莫大笑柄；又把庄子学派的两大代表人物"严周（庄周）"、"魏牟"贬入第六等"中下"，表明了自己的反庄立场。班固意犹未尽，又撰写了《难庄论》（今佚），成为东晋王坦之撰写《废庄论》、唐代李磎撰写《广废庄论》的先声。

"罢黜百家，独尊儒术"的朝廷政策，导致了两汉士人的大规模弃道入儒。士人弃道入儒，开始是被动无奈的，甚至是假装的，如西汉中期的司马迁；逐渐变成积极主动的，常常发生在中年识时务以后，如西汉晚期的扬雄；最后变成自然而然的，常常发生于少年受教育时期，如东汉早期的班固。然而即便弃道入儒，刘安以后的士人仍然无人不读刘安版《庄子》大全本，正如刘安以前的士人无人不读魏牟版《庄子》初始本。

两汉四百年，《庄子》受到枚乘、刘安、班嗣等宗庄派的追捧，受到刘向、扬雄、班固等反庄派的贬低，受到贾谊、韩婴、司马迁、桓谭等爱庄派的引述，影响越来越大。所以士人必须像桓谭那样想方设法借到《庄子》、读到《庄子》。因为不读《庄子》的士人，不可能读懂他人诗文中无所不在的《庄子》典故，怎能跻身士林？

五　魏晋庄子学派：嵇康、阮籍和竹林七贤

东汉灭亡，"罢黜百家，独尊儒术"破产。历史进入魏晋，道、儒孰为天下正道，成为士林"清谈"的第一命题。唐宋"儒释道三教合一"以后，宋儒抨击"清谈误国"的真意是：讨论道、儒孰为天下正道必将误国，确认儒术为天下正道才不误国。

魏晋士林"清谈"易老庄，导致庄子学派在两百多年低谷期之后重新发展，出现了魏晋庄子学派，史称"竹林七贤"。

"竹林七贤"的两大领袖公开宗庄，嵇康宣布"庄周吾之师也"，阮籍宣布"以庄周为模则"。嵇康又在刘安首言"老庄"之后，首言"庄老"。"老庄"是刘安以后的道家代称，"庄老"是嵇康以后的宗庄标志。

嵇康、阮籍共同师事的隐士孙登，正是汉武帝"罢黜百家，独尊儒术"以后隐于江湖的宗庄派。庄子之后的一切隐逸者，都是"不臣天子，不友诸侯"的宗庄派。按照反庄急先锋韩非的主张，"不臣天子，不友诸侯"属于"首诛"之列。文景时期崇尚"黄老之道"，宗庄派枚乘可以不隐。汉武帝"罢黜百家，独尊儒术"，宗庄派刘安被迫自杀以后，宗庄派孙登不得不隐。东汉灭亡宣告"罢黜百家，独尊儒术"破产，宗庄派"竹林七贤"再次高调登场。

嵇康《与山巨源绝交书》宣布"非汤武而薄周孔，越名教而任自然"，挑战儒家"名教"，崇尚道家"自然"。阮籍《达庄论》、《大人先生传》《咏怀诗》，深入演绎庄学，但比嵇康低调。阮籍之侄阮咸，与猪同槽饮酒，像列子一样"食豕如食人"，又像嵇康一样酷爱音乐，发明了乐器"阮咸"。刘伶借酒避祸，《酒德颂》是寓庄于谲的妙文。以上四人是竹林七贤的中坚。

山涛贪恋庙堂富贵，依附司马氏，还想把嵇康拉下水。嵇康发

表《与山巨源绝交书》公开拒绝。王戎同样贪恋庙堂富贵，依附司马氏，被阮籍称为"俗物"。王戎家有好李，欲以牟利，又恐别人得其佳种而分其利，遂钻其核，然后出售。

嵇康高调宗庄，挑战儒家"名教"，被司马氏罗织罪名公开诛杀，年仅四十岁（224—263）。同年阮籍悒郁而卒，年仅五十四岁（210—263）。

向秀（227—272）比嵇康小三岁，比阮籍小十七岁，天人交战，依违两者之间。嵇、阮死后，他写了《思旧赋》以表怀念："悼嵇生之永辞兮，寄余命于寸阴。"又向故人告罪："将命适于远京兮，遂旋反而北徂。"请求嵇、阮原谅他向司马氏被迫屈服。屈服的主要举措，就是撰写《庄子注》歪曲庄学，违心表白与嵇、阮划清界限。但是书未写完，嵇、阮死后九年，他也悒郁而卒，年仅四十六岁。倘若预知其寿不永，向秀必定后悔歪曲庄学以求自保。

嵇康公开被诛和阮籍悒郁而卒，"竹林七贤"随之解体，魏晋庄子学派遭遇重创。

韩非宣布"不臣天子，不友诸侯，吾恐其乱法易教也，故以为首诛"之后，首言"老庄"的刘安被诬谋反而被迫自杀，此事隐秘不宣，所以刘安并非"首诛"的宗庄派第一烈士。首言"庄老"的嵇康高调宗庄而公开被诛，此事轰动士林，所以嵇康成为"首诛"的宗庄派第一烈士。

嵇康高调宗庄而公开被诛，导致了影响深远的五大结果：一是西晋郭象的注庄反庄，二是东晋陶渊明的低调宗庄，三是六朝山水诗派、山水画派的隐秘宗庄，四是唐宋以儒解庄派的注庄反庄，五是唐代李白、宋代苏轼的继续宗庄却被郭象误导。下文分别梳理。

六　西晋反庄派：旧庄学第一权威郭象

为了挽救"罢黜百家，独尊儒术"破产，魏晋儒生从两个角度入手。一是儒生何晏重注《论语》，这是正面抢救危房。二是儒生王弼、儒生郭象反注"易老庄"，这是侧面应对挑战。

王弼（226—249）比嵇康（224—263）小二岁，比向秀（227—272）大一岁，先完成《周易注》，提出"得意忘象"谬见，导致华夏易学误入歧途；再篡改《老子》完成《老子注》，针对嵇康、阮籍的"越名教而任自然"，提出"名教合于自然"。

王弼年仅二十四岁即死，未能完成《庄子注》。未竟之业留给了西晋儒生郭象。王弼死后三年，郭象出生（252—312）。王弼死后十四年，嵇康被诛，郭象十一岁。

郭象人格卑污，学识浅陋，智力低下，不可能理解《庄子》真义，于是走了一条投机取巧的捷径，剽窃向秀《庄子注》。向秀卒年，郭象二十岁。

《世说新语·文学》如此记载郭象剽窃向秀案：

> 初，注《庄子》者数十家，莫能究其旨要。向秀于旧注外为解义，妙析奇致，大畅玄风，唯《秋水》、《至乐》二篇未竟而秀卒。秀子幼，义遂零落，然犹有别本。郭象者，为人薄行，有俊才。见秀义不传于世，遂窃以为己注，乃自注《秋水》、《至乐》二篇，又易《马蹄》一篇，其余众篇或定点文句而已。后秀义别本出，故今有向、郭二《庄》，其义一也。

《晋书·郭象传》如此记载郭象剽窃向秀案：

郭象，字子玄，少有才理，好《老》、《庄》，能清言。太尉王衍每云："听象语，如悬河泻水，注而不竭。"州郡辟召，不就。常闲居，以文论自娱。后辟司徒掾，稍至黄门侍郎。东海王越引为太傅主簿，甚见亲委，遂任职当权，熏灼内外，由是素论去之。永嘉末病卒，著碑论十二篇。

先是，注《庄子》者数十家，莫能究其旨统。向秀于旧注外而为解义，妙演奇致，大畅玄风，唯《秋水》、《至乐》二篇未竟而秀卒。秀子幼，其义零落，然颇有别本迁流。象为人行薄，以秀义不传于世，遂窃以为己注，乃自注《秋水》、《至乐》二篇，又易《马蹄》一篇，其余众篇或点定文句而已。其后秀义别本出，故今有向、郭二《庄》，其义一也。

郭象以向秀《庄子注》为基础，对刘安版《庄子》大全本做了大量手脚，举其大端有七。

其一，郭象删除了刘安版《庄子》大全本的十九篇、四万余言。此即郭象《庄子注》跋语公开承认的"十分有三，略而不存"。

郭象所删十九篇、四万余言，包括三部分。第一部分是"外篇十四"之四篇，即《曹商》、《管仲》、《惠施》、《宇泰定》。第二部分是"杂篇二十八"之十二篇，即《泰初》、《百里奚》、《子张》、《马捶》、《阕弈》、《游凫》、《子胥》、《意修》、《卮言》、《重言》、《畏累虚》、《亢桑子》。第三部分是"解说三"之全部，即《庄子略要》、《庄子后解》、《解说第三》。

其二，郭象对其保留的二十六篇"外杂篇"，予以裁剪拼接。此即郭象《庄子注》跋语公开承认的"裁取其长"。

郭象裁剪拼接的"外杂篇"，可知者如下：郭象版外篇《天地》，是刘安版外篇《天地》、杂篇《泰初》之裁剪拼接。郭象版外篇《至乐》，是刘安版外篇《至乐》、杂篇《马捶》之裁剪拼接。郭象版外篇《田子方》，是刘安版外篇《田子方》、杂篇《百里奚》之裁剪拼接。郭象版杂篇《庚桑楚》，是刘安版外篇《庚桑楚》、外篇《宇泰定》之裁剪拼接。郭象版杂篇《徐无鬼》，是刘安版外篇《徐无鬼》、外篇《管仲》之裁剪拼接。郭象版杂篇《盗跖》，是刘安版外篇《盗跖》、杂篇《子张》之裁剪拼接。郭象版杂篇《列御寇》，是刘安版外篇《列御寇》、外篇《曹商》之裁剪拼接。郭象版杂篇《天下》，是刘安版外篇《天下》、外篇《惠施》之裁剪拼接。

其三，郭象又把刘安版《庄子》最为重要的九篇"外篇"，即《寓言》、《庚桑楚》、《徐无鬼》、《则阳》、《外物》、《让王》、《盗跖》、《列御寇》、《天下》，移至"杂篇"，以便降低其重要性，为其全面反注制造伪证。

其四，郭象又全面删除了郭象版《庄子》中庄门后学所撰"外杂篇"的庄后史实，为其谬论"外杂篇均为庄撰"制造伪证。

郭象删除了"外杂篇"中的"荆轲"、"田光"、"燕太子丹"，因为荆轲刺杀秦王嬴政，事在秦始皇二十年（前227），庄子已殁五十九年。郭象删除了"外杂篇"中的秦始皇"封于泰山，禅于梁父"，因为事在秦始皇二十八年（前219），庄子已殁六十七年。郭象删除了"外杂篇"中秦始皇坑杀的儒生"卢敖"，因为事在秦始皇三十五年（前212），庄子已殁七十四年。郭象删除了刘安撰写的"解说三"，因为刘安出生之时（前179），庄子已殁一百零七年。

"外杂篇"至少有十五条庄子死后的史实。其中十条又是蔺且死后的史实，证明《庄子》初始本并非蔺且编纂，而是魏牟编纂。其中八条又是魏牟死后的史实，证明《庄子》大全本并非魏牟编纂，而是刘安编纂。

其五，郭象又全面删除了郭象版《庄子》中不利其反注的原文，为其主张"庄子尊孔尊儒至极"制造伪证。郭象删除了《达生》中承蜩丈人贬斥孔子的"汝逢衣徒也"等24字，删除了《天运》中孔子赞扬老聃的"至于龙，吾不知也"等55字，以便否定司马迁所言《庄子》"诋訾孔子之徒，以明老子之术"。

其六，郭象又全面篡改了郭象版《庄子》中不利其反注的原文，为其反注《庄子》制造伪证。郭象把《庄子》原文"达人"改为"大人"，把《庄子》原文"至知"改为"大知"，为其谬解"庄子褒大知贬小知"制造伪证。郭象把《庄子》原文"自适"改为"自得"，为其谬解"庄子主张自得反对自适"制造伪证。郭象把《庄子》原文贬斥"儒墨"改为贬斥"杨墨"，把《庄子》原文贬斥"礼乐遍行，则天下乱矣"，改为贬斥"礼乐偏行，则天下乱矣"，为其谬解庄学不异儒学制造伪证。

其七，郭象又全面反注郭象版《庄子》的原义，使之成为不异儒学、尊孔尊儒的伪庄学，亦即官方儒学的传声筒和应声虫。

郭象十分清楚自己反注《庄子》必被士林发现，所以在《庄子注》序言中，借用《老子》之言"正言若反"，为其反注《庄子》自我辩护。意为：庄子是老子之徒，根据《老子》教导"正言若反"，撰写了《庄子》，所以《庄子》的字面之义，并非《庄子》真义。我根据《老子》教导"正言若反"，反注《庄子》的字面之义，才是《庄子》真义。

郭象《庄子注》序言，把《庄子》定位于"不经而为百家之冠"。"百家之冠"是褒语，意为诸子百家之冠。"不经"是贬语，意为不合官方儒经。郭象《庄子注》的宗旨，就是把《庄子》之"不经"，篡改反注到符合官方儒经。

尽管郭象删残篡改《庄子》的详情鲜有人知，但是郭象的弱智反注和低劣狡辩只能骗鬼，所以历代有人批评郭象反注《庄子》。

北宋禅师宗杲曰："曾见郭象注《庄子》，识者云：却是《庄子》注郭象。"

南宋大儒朱熹曰："自晋以来，解经者却改变得不同，如王弼、郭象辈是也。汉儒解经，依经演绎，晋人则不然，舍经而自作文。"（《朱子语类》卷六十七）

清代周拱辰《读南华内篇影史》曰："晋人注《庄》，只将'无为'、'自然'、'无余'、'自足'数语，锢尽一部全经。舌轻手滑，段段如然，更无别理别思标新领异。且判句分疏，复多纰漏。鸟以一音自欢，彼固自谓已足矣，而不知其陋也。"

清代方潜《南华经解》曰："世称郭象善解庄，郭象恶知庄？……不知庄子之本，恶知庄子？特晋人清谈陋习，窃取老庄绪言，文其浅陋，误国败俗，上诬古人，下惑后世者也。而世固称为善解庄，岂非以聋审音，以盲辨色哉？"

现代大儒钱穆曰："《逍遥游》明明分别鲲鹏、学鸠大小境界不同，但郭象偏要说鹏、鸠大小虽异，自得则一。庄子明明轻尧舜而誉许由，但郭象偏要说尧舜是而许由非。可见郭象注《庄》，明非庄子本义。"

可见郭象反注《庄子》并非鲜为人知，而是知者甚多。但是郭象在嵇康被诛之后反注《庄子》，符合"独尊儒术"的"政治正确"，宗庄派在嵇康被诛之后无法反击。

七　东晋庄学传人：宗庄派第一隐士陶渊明

魏晋嵇康高调宗庄被诛，西晋郭象删改反注《庄子》之后，东晋陶渊明（约365—427）被迫低调宗庄。

陶渊明对《庄子》有深入理解，而且"上士闻道，勤而行之"，把庄学精髓融入了终生实践。

《拟古·其八》明确表达了毕生效法庄子："路边两高坟，伯牙与庄周。此土难再得，吾行欲何求？"

《归园田居》具体展开了如何实践庄学："少无适俗韵，性本爱丘山。误落尘网中，一去三十年。羁鸟恋旧林，池鱼思故渊。开荒南野际，守拙归园田。方宅十余亩，草屋八九间。榆柳荫后檐，桃李罗堂前。暧暧远人村，依依墟里烟。狗吠深巷中，鸡鸣桑树颠。户庭无尘杂，虚室有余闲。久在樊笼里，复得返自然。"

《归去来兮辞》则是效法庄子、实践庄学的宣言："实迷途其未远，觉今是而昨非。"

《五柳先生传》曰："好读书，不求甚解。每有会意，便欣然忘食。"实为好读《庄子》之书，不告甚解；默而志之，毕生履践。

《饮酒·其五》曰："结庐在人境，而无车马喧。问君何能尔？心远地自偏。采菊东篱下，悠然见南山。山气日夕佳，飞鸟相与还。此中有真意，欲辨已忘言。"这是鉴于嵇康高调宗庄而被诛，因此借用《庄子》的"忘言"名相，不再高调宗庄。

《饮酒·其二十》曰："羲农去我久，举世少复真。汲汲鲁中叟，弥缝使其淳。"这是隐晦表达宗庄不宗孔的立场。

《桃花源记》是仿拟《庄子》寓言的第一名篇。"避秦"躲入"桃花源"，"不知有汉，无论魏晋"，隐喻直接跳过秦汉魏晋，上接战国庄子。"不足为外人道"，隐喻嵇康高调宗庄被诛之后，自己被迫低调宗庄。太守遣人问津，"遂迷不复得路"，隐喻后人将被反庄学的郭象伪庄学误导，难以明白《庄子》真义。

陶渊明不被反庄学的郭象伪庄学误导，原因之一是陶渊明的庄学悟性极高，原因之二是陶渊明不读郭象版《庄子》删改本，只读刘安版《庄子》大全本。

陶渊明不再像嵇康、阮籍那样公开宣称"庄周吾之师也","以庄子为模则",而是隐晦表达为"伯牙与庄周,此士难再得"。陶渊明也不再像嵇康、阮籍那样公开宣称"越名教而任自然",而是隐晦表达为"久在樊笼里,复得返自然"。概而言之,陶渊明不再效法嵇康、阮籍,而是效法嵇康、阮籍之师孙登,成了宗庄派隐士。

汉后两千年的宗庄派隐士中,陶渊明成就最高,所以陶渊明是汉后两千年的宗庄派第一隐士。南朝齐钟嵘《诗品》推戴陶渊明为"古今隐逸诗人之宗",成为历代定评。后世隐逸诗人,无不宗庄慕陶。

陶渊明是"竹林七贤"之后的魏晋庄子学派殿军,陶渊明的诗文是魏晋庄子学派的最后杰作。然而正如郭象及其追随者必欲把庄子整容为尊孔尊儒者,郭象的后世追随者也必欲把陶渊明整容为尊孔尊儒者。

清儒沈德潜妄言曰:"晋人诗旷达者征引老庄,繁缛者征引班、扬,而陶公专用《论语》。汉人以下宋人以前,可推圣门弟子者渊明也。"

朱自清《陶诗的深度——评古直〈陶靖节诗笺注本〉》,根据古直的统计,证明陶诗征引《庄子》、《列子》远远多于征引《论语》,有力驳斥了沈德潜的妄言。

徐复观《中国艺术精神》说:"在庄子以后的文学家,其思想、情调,能不沾溉于庄子的,可以说是少之又少,尤其是在属陶渊明这一系统的诗人中,更为明显。"尽管没有明驳沈德潜的妄言,但是肯定了"陶渊明这一系统的诗人"都是宗庄派。

陶渊明是魏晋庄子学派被迫从高调转为低调的标志性人物。嵇康被诛之前,魏晋庄子学派可以与魏晋反庄派进行公开的思想争鸣和文字较量。嵇康被诛之后,魏晋庄子学派无法与魏晋反庄派进行公开的思想争鸣和文字较量,被迫转入"此中有真意,欲辨已忘言"

的低调宗庄，以"不足为外人道"的宗庄实践做出实质反击。

与陶渊明同时代的东晋王坦之（330—375）撰写了《废庄论》，开篇即引三位反庄派先驱："荀卿称庄子'蔽于天而不知人'，扬雄亦曰'庄周放荡而不法'，何晏云'鬻庄躯，放玄虚，而不周乎时变'。三贤之言，远有当乎！"最后结论曰："天下之善人少，不善人多，庄子之利天下也少，害天下也多。""庄生作而风俗颓。"文中所举《庄子》之例，完全盲从郭象反注，连《庄子》字面之义也未懂，其陋不值一驳，所以陶渊明等六朝宗庄派士人无一公开反击。

八　六朝宗庄盛况：《世说》名士和《文选》群英

六朝士林与陶渊明一样，普遍不被郭象版伪《庄子》及其反注误导，因为郭象剽窃向秀并非秘密，郭象的卑污人格又遭到普遍鄙视，亦即《晋书·郭象传》所言"任职当权，熏灼内外，由是素论去之"。北齐颜之推《颜氏家训》亦言："郭子玄以倾动专势，宁后身外己之风耶？"所以魏晋六朝士人普遍不读郭象版伪《庄子》，只读魏晋司马彪（？—306）、魏晋孟氏注释的刘安版《庄子》大全本。

魏晋六朝士人在日常清谈中，热烈谈论刘安版《庄子》大全本，见于南朝宋刘义庆（403—444）编纂的《世说新语》，证明《世说新语》的"魏晋风度"，正是"不臣天子，不友诸侯"的庄学风度。

魏晋六朝士人在诗文著作中，大量化用刘安版《庄子》大全本，见于南朝梁昭明太子萧统（501—531）编纂的《昭明文选》，证明《庄子》尽管"政治不正确"，仍是士林珍爱的第一秘笈。

唐代李善（630—689）又为《昭明文选》作注，其《文选注》成为唐宋元明清的士林第一参考书。研究此书成为一门独立学问，号称"选学"。"五四"新文化运动的口号"选学妖孽，桐城谬种"，将其列为头号打倒对象。《文选注》大量引用魏晋司马彪注释的刘安版《庄子》大全本,详注魏晋六朝诗文中的庄学典故。这些诗文、注文,为我复原刘安版《庄子》大全本,提供了郭象所删十九篇的大量佚文和丰富史证。

《世说》名士和《文选》群英的宗庄盛况,详见二书,本文仅举三例。

其一,西晋夏侯湛(243—291)《庄周赞》曰:"迈迈庄周,腾世独游。遁时放言,齐物绝尤。垂钓一壑,取戒牺牛。望风寄心,托志清流。"

其二,南朝梁沈约(441—513)《宋书·谢灵运传论》曰:"有晋中兴,玄风独振。为学穷于柱下,博物止乎七篇,驰骋文辞,义殚乎此。"

其三,南朝梁刘勰(约465—?)《文心雕龙·时序》曰:"诗必柱下之旨归,赋乃漆园之义疏。"

必须重点提出的,是《昭明文选》单独标举的特殊文体"七体"。"七体"由西汉枚乘《七发》首创,后世仿拟者不绝,名篇有东汉傅毅《七激》、东汉张衡《七辩》、东汉马融《七厉》、三国曹植《七启》、西晋张协《七命》等。一篇赋开创一种文体,汉后两千年仅此孤例。

上文已言,《七发》兼扣庄子所撰"内七篇"、魏牟所撰《秋水》七番问答,文体也是仿拟《秋水》七番问答,致敬对象则是"庄周、魏牟",所以"七体"是"独尊儒术"以后士人隐秘宗庄的标准文体,正如"庄老"是嵇康被诛以后士人隐秘宗庄的联络暗号。东汉以后"七体"风行天下,导致不知隐情的反庄派也热衷于撰写"七体",因为反庄派误以为"七体"源于《楚辞·七谏》,浑然不知掉进了宗庄派所挖的巨坑。

刘勰是汉后两千年首屈一指的文学批评巨匠,深知"七体"是"独尊儒术"以后士人隐秘宗庄的标准文体,所以《文心雕龙·杂文》曰:"枚乘摛艳,首制《七发》;腴辞云构,夸丽风骇。"刘勰同样深知"庄老"是嵇康被诛以后士人隐秘宗庄的联络暗号,所以《文心雕龙·明诗》曰:"宋初文咏,体有因革;庄老告退,山水方滋。"

正因"庄老"是嵇康被诛以后士人隐秘宗庄的联络暗号,所以"庄老告退"的真义,实为"庄老转进"。

"山水方滋"包含两方面,一是谢灵运(385—433)、鲍照(416—466)、谢朓(464—499)为代表的六朝山水诗派,二是顾恺之(348—409)、宗炳(375—443)为代表的六朝山水画派。两者都是嵇康高调宗庄而被诛、陶渊明低调宗庄而全生之后,六朝宗庄派因应外境的特殊调整。

宗炳《画山水序》是六朝山水画派的宗庄宣言,也是唐宋以后一切山水画派的宗庄圣经,其言曰:"圣人含道暎物,贤者澄怀味像。至于山水,质有而灵趣,是以轩辕、尧、孔、广成、大隗、许由、孤竹之流,必有崆峒、具茨、藐姑、箕、首、大蒙之游焉。又称仁智之乐焉。夫圣人以神法道,而贤者通;山水以形媚道,而仁者乐;不亦几乎?"用语全都出于《庄子》,证明六朝山水画派所画的并非普通山水,而是宗庄山水。宗炳唯恐读者不懂,又予挑明:"若老子与庄周之道,松乔列真之术,信可以洗心养身。"(《明佛论》)

北宋郭熙《林泉高致·画意》同样挑明了宗庄之旨:"庄子说画史解衣盘礴,此真得画家之法。"

中国画以妙品为最高。何为妙品?北宋黄休复《益州名画录》曰:"画之于人,各有本性,笔精墨妙,不知所然。若投刃于解牛,类运斤于斫鼻。自心付手,曲尽玄微,故目之曰妙格尔。"用语全都出于《庄子》。

徐复观《中国艺术精神》如此概括山水画的宗庄本质:"庄学

是艺术的根源，尤其是山水画的根源。"六朝以后的历代山水名画，如五代荆浩《匡庐图》、关仝《秋山晚翠图》、巨然《秋山图》、董源《潇湘图》，北宋范宽《溪山行旅图》、王希孟《千里江山图》，南宋马远《山径春行图》，元代黄公望《富春山居图》等，无不属于宗庄山水。

嵇康高调宗庄而被诛，陶渊明低调宗庄而全生，对六朝宗庄派士人具有警示作用和示范效应，所以六朝宗庄派士人大多低调宗庄或隐秘宗庄。山水诗、山水画是六朝士人低调宗庄、隐秘宗庄的两种方式，所以六朝山水诗、六朝山水画成了"漆园之义疏，柱下之旨归"。

综上所论，山水诗是士人宗庄的隐秘表达，山水画是山水诗的视觉表达，士人园林是山水画的立体表达。明代张凤翼《乐志园记》如此概括士人园林的宗庄本质：园林逆旅，过眼云烟，万物熙然，人置一丘一壑间，作庄子逍遥游，则乐莫甚于此。

六朝以后的士人山水诗、士人山水画、士人园林，以及一切中国艺术，都是"得意忘言"的宗庄表达，亦即陶渊明所言"此中有真意，欲辨已忘言"。所以"庄老告退"仅是六朝士林因应外境的历史表象，"庄老转进"才是六朝士林集体宗庄的历史真相。

九　唐代以儒解庄派：郭象两大护法成玄英、陆德明

两汉四百年"罢黜百家，独尊儒术"而最终灭亡，导致了魏晋六朝士林普遍转向道家和佛教。魏晋六朝士林普遍转向道家，群体之道则崇老，个体之道则宗庄，已如上言。魏晋六朝士林普遍转向佛教，见于杜牧名诗"南朝四百八十寺，多少楼台烟雨中"，无须赘言。

经过魏晋六朝四百年的道家复兴和佛教勃兴，唐代庙堂无法简单延续"罢黜百家，独尊儒术"，必须重建儒学意识形态，于是不

得不改为"儒释道三教合一",即把官方儒学的两大挑战者道家、佛教予以儒学化,消弭其间的重大差异和严重对立。由于唐代皇室姓李,遂与老聃李耳联宗,立道教为国教,把以儒解老的王弼版伪《老子》钦定为《道德真经》,把以儒解庄的郭象版伪《庄子》钦定为《南华真经》,于是王弼成了以儒解老派的第一权威,郭象成了以儒解庄派的第一权威。

唐初以儒解庄派的两位大家,是御用道士成玄英(601—690)和御用文人陆德明(550—630)。成玄英被唐太宗封为"西华法师",陆德明被唐太宗招为文学馆学士、国子博士,他们的奉命工作,是为郭象剽窃向秀、删改反注《庄子》洗地,把六朝士林普遍鄙视的郭象卑污人格洗白。

成玄英所著《南华真经注疏》,总体忠于郭象反注,局部略有补充修正。

其《南华真经疏序》曰:"夫《庄子》者,所以申道德之深根,述重玄之妙旨,畅无为之恬淡,明独化之窅冥,钳揵九流,括囊百氏,谅区中之至教,实象外之微言者也。"这是承于郭象的"独化"谬说,违背庄子的"造化"论。又曰:"依子玄所注,辄为疏解。"成玄英把反庄学的郭象伪庄学,尊为庄学至高权威,于是严守"疏不破注"的官学传统,成为反庄学的郭象伪庄学之第一护法。

陆德明所著《经典释文·庄子音义》,总体忠于郭象反注,局部略有补充修正。多引司马彪全注本、崔譔选注本、向秀选注本、李颐选注本、元嘉选注本与郭象版不同的异文,为我复原刘安版《庄子》大全本,提供了郭象所存三十三篇的大量异文和丰富史证。

其《经典释文》序录曰:"时人皆尚游说,庄生独高尚其事,优游自得。"这是承于郭象的"自得"谬说,违背庄子的"不自得"论。又曰:"庄生宏才命世,辞趣华深……后人增足,渐失其真。……

唯子玄所注，特会庄生之旨，故为世所贵。"陆德明把反庄学的郭象伪庄学，洗地为"特会庄生之旨"，洗白为"为世所贵"，于是严守"疏不破注，释不破疏"的官学传统，成为反庄学的郭象伪庄学之第二护法。

唐代以后的以儒解庄派，识见不出郭、成、陆范围，都是以反庄学的郭象伪庄学，阐释反《庄子》的郭象伪《庄子》，本文不再详论。

老子之时有孔子，庄子之时有孟子，这是共时性的生态平衡和镜像对称。庄子、蔺且、魏牟开创了庄子学派，郭象、成玄英、陆德明开创了以儒解庄派，这是历时性的生态平衡和镜像对称。由于汉后两千年始终实行"罢黜百家，独尊儒术"，唐宋以后"三教合一"的表象之下，仍是换汤不换药的"罢黜百家，独尊儒术"，所以真庄学鲜为人知，成为隐于海面之下的冰山，伪庄学占据主流，成为浮出海面之上的冰山。李代桃僵，真隐伪显，并非人类历史的偶然现象，而是每个时代相似困境之下的某种常态。此即刘安版《庄子》大全本之杂篇《泰初》所言："至言不出，俗言胜也。"

唐宋以后，刘安版《庄子》大全本亡佚。唐宋以后士人所读、所引、所论，都是郭象版伪《庄子》，常常浑然不知掉进了郭象版伪《庄子》及其反注所挖的巨坑，连陶渊明以后的两大庄学传人李白、苏轼也未幸免。

十　唐代庄学传人：宗庄派第一狂士李白

唐代李白（701—762），是陶渊明以后第一位影响巨大的庄学传人，也是汉后两千年的宗庄派第一狂士。

由于陶渊明的名气远逊于李白，所以历代都把李白视为汉后两千年的庄学第一传人。比如明代杨慎《杨升庵外集》曰："庄周、李白，神乎文者也，非工于文者所及也。"明代顾璘《息园存稿》曰："文至庄周，诗至太白，书法至怀素，皆兵法所谓奇也。"明代方孝孺《李太白赞》曰："惟昔战国，其豪庄周。公生虽后，其文可侔。"清代徐而庵《说唐诗》曰："吾尝谓作古诗长篇，须读《庄子》、《史记》。子美歌行，纯学《史记》。太白歌行，纯学《庄子》。"

李白并非儒生，而是道家，又是道家中的宗庄派。

《古风·其二十九》曰："仲尼欲浮海，吾祖之流沙。"称老子为"吾祖"，是公开宣布崇道不崇儒。

《庐山遥寄卢侍御虚舟》曰："我本楚狂人，凤歌笑孔丘。"自比《庄子·德充符》中嘲笑孔子的楚狂接舆，比陶渊明隐讽"汲汲鲁中叟，弥缝使其淳"远为直白，是公开宣布宗庄不宗孔。

《梦游天姥吟留别》曰："安能摧眉折腰事权贵，使我不得开心颜。"《忆旧游寄谯郡元参军》曰："黄金白璧买歌笑，一醉累月轻王侯。"这是公开宣布传承庄子的"不臣天子，不友诸侯"。杜甫《饮中八仙歌》："李白一斗诗百篇，长安市上酒家眠。天子呼来不上船，自称臣是酒中仙。"是其旁证。

除了自比楚狂接舆，李白又自比大鹏。

《大鹏赋》曰："南华老仙，发天机于漆园。吐峥嵘之高论，开浩荡之奇言。征至怪于齐谐，谈北溟之有鱼。吾不知其几千里，其名曰鲲。化成大鹏，质凝胚浑……尔乃蹶厚地，揭太清。亘层霄，突重溟。激三千以崛起，向九万而迅征。背嶪太山之崔嵬，翼举长云之纵横。左回右旋，倏阴忽明。历汗漫以夭矫，恣闶阆之峥嵘。簸鸿蒙，扇雷霆。斗转而天动，山摇而海倾。怒无所搏，雄无所争。固可想象其势，仿佛其形……俄而希有鸟见谓之曰：伟哉鹏乎，此之乐也。吾右翼掩乎西极，左翼蔽乎东荒。跨蹑地络，周旋天纲。

以恍惚为巢，以虚无为场。我呼尔游，尔同我翔。于是乎大鹏许之，欣然相随。此二禽已登于寥廓，而尺鷃之辈，空见笑于藩篱。"

《上李邕》曰："大鹏一日同风起，扶摇直上九万里。"

《古风·其三十三》曰："北溟有巨鱼，身长数千里。仰喷三山雪，横吞百川水。凭陵随海运，燀赫因风起。吾观摩天飞，九万方未已。"

元代祝尧《古赋辨体》曰："太白盖以鹏自比……此显出《庄子》寓言，本自宏阔，太白又以豪气雄文发之，事与辞称。俊迈飘逸，去《骚》颇近。"前语大致不误，末句"去《骚》颇近"则是"政治正确"饰词，详下"宗庄宗骚"公案。

李白被郭象版伪《庄子》及其反注误导，误以为"庄子褒大知，贬小知"，误以为"大鹏"为庄子所褒，不知"大鹏"属于庄子所贬的"大知"，而非庄子所褒的"至知"。

根据学者研究，李白诗文有160余处化用了郭象版《庄子》，涉及郭象版《庄子》三十三篇的二十九篇，仅有《骈拇》、《马蹄》、《天道》、《寓言》四篇未曾涉及。

《春夜宴桃李园序》曰："大块假我以文章，阳春召我以烟景。""大块"出自《庄子·齐物论》"大块噫气"。

《大猎赋》曰："访广成于至道，问大隗之幽居，使罔象掇玄珠于赤水，天下不知其所如也。""广成子"出自《庄子·在宥》，"大隗"出自《庄子·徐无鬼》，"罔象"、"玄珠"、"赤水"出自《庄子·天地》。

《侠客行》："赵客缦胡缨……十步杀一人，千里不留行。"活剥《庄子·说剑》"缦胡之缨"，"十步一人，千里不留行"。

其他例子还有无数，全都不出郭象版伪《庄子》范围。李白诗文除了大量化用《庄子》原文，甚至化用郭象注文，是其深受郭象版伪《庄子》误导的实证。明代杨慎《庄子解》已言，李白《日出行》："草不谢荣于春风，木不怨落于秋天。"化用《庄子·大宗师》郭象

注："暖焉若春，阳之自和，故泽荣者不谢；凄乎若秋，霜之自降，故凋落者不怨。"

《赠宣城宇文太守兼呈崔侍御》曰："过此无一事，静谈《秋水》篇。"李白把魏牟所撰《秋水》视为《庄子》第一名篇，也是被郭象谬见"外杂篇均为庄撰"误导。

李白名句"白发三千丈，缘愁似个长"，"飞流直下三千尺，疑是银河落九天"，则是《逍遥游》"水击三千里"的缩微版。李白不敢用"三千里"，只敢用"三千丈"、"三千尺"。因为李白仅是"谪仙"，只敢自比《庄子》中的楚狂接舆和大鹏，不敢自比"南华老仙"庄子。

作为宗庄派第一狂士，李白对前代才子中的反庄派不假辞色，李白挚友任华称其"嗤长卿，笑子云"。《赠张相镐》如此"嗤长卿"："十五观奇书，作赋凌相如。"对汉武帝的御用文人司马相如，不屑一顾。《侠客行》如此"笑子云"："谁能书阁下，白首《太玄经》？"对撰写《太玄经》的扬雄之反庄，迎头痛击。

作为宗庄派第一狂士，李白对前代才子中的宗庄派则不吝赞词。《宣州谢朓楼饯别校书叔云》是向魏晋六朝宗庄群英的致敬之作："蓬莱文章建安骨，中间小谢又清发。"《戏赠郑溧阳》是向宗庄派第一隐士陶渊明的致敬之作：

陶令日日醉，不知五柳春。
素琴本无弦，漉酒用葛巾。
清风北窗下，自谓羲皇人。
何时到栗里，一见平生亲。

尽管唐代力主"儒释道三教合一"，导致宗庄派第一狂士李白如此张狂，但是反庄派的气焰依然嚣张。唐代晚期的宰相李磎（？—

895），眼看"儒释道三教合一"也挽救不了唐代灭亡，于是在班固《难庄论》、王坦之《废庄论》之后，撰写了《广废庄论》。

其言曰："王坦之作《废庄论》一篇，非庄周之书，欲废之，其旨意固佳矣，而文理未甚工也。且只言其坏名教，颓风俗，而未能屈其辞，折其辨，是直诟之而已。庄周复生，肯伏之乎？""庄生之书，古今皆知其说诡于圣人，而未有能破之者。何哉？则圣人果非，而庄周果是矣。既庄生云非，圣人云是，是何为不能胜非哉？余甚憎之。或有曲为之说，使两合于六经者，或有称名实学与玄奥不同，欲两存者，皆妄也。故荀卿曰：'天下无二道，圣人无两心'，则异术必宜废矣。余既悟荀卿言，嘉王生之用心，而怜其未尽，故为广之云。"

李磎称《庄子》"汪洋七万余言"，证明所读为郭象版伪《庄子》，不是刘安版《庄子》大全本。文中所举之例，与王坦之《废庄论》一样，完全盲从郭象反注，连《庄子》字面之义也未懂，其陋不值一驳，所以唐后宗庄派士人无一公开反击。

十一　宋代庄学传人：宗庄派第一全才苏轼

北宋苏轼（1037—1101），是陶渊明以后第二位影响巨大的庄学传人，也是汉后两千年的宗庄派第一全才。

李白被历代士林尊为"南华老仙"庄子之后的"谪仙"，苏轼被历代士林尊为"南华老仙"庄子之后的"坡仙"，所以李白、苏轼是汉后两千年宗庄派才子中旗鼓相当的双雄。李白、苏轼究竟谁是陶渊明之后的最大庄学传人，宋代至今争讼千年，未有定论。

南宋林希逸《庄子口义发题》曰："东坡一生文字，只从此悟入。"清代刘熙载《艺概》认为："太白在《庄》、《骚》之间，东坡则出于《庄》者十之八九。"都是倾向于苏轼更得庄子真传。尤其是"其学无所不窥"方面,苏轼确实更得庄子真传,陶渊明、李白瞠乎其后。

苏辙《东坡先生墓志铭》曰:"(苏轼)读《庄子》,喟然叹息曰:吾昔有见于中,口未能言,今见《庄子》,得吾心矣。"这是苏轼宗庄的明确宣言。

苏辙《追和陶渊明诗引》曰:"其诗比李太白、杜子美有余,遂与渊明比。"这是苏轼慕陶不慕李的明确宣言。所以苏轼既是影响巨大的宗庄派,又是空前绝后的慕陶者。

苏轼《与苏辙书》曰:"吾于诗人无所甚好,独好渊明之诗。渊明作诗不多,然其诗质而实绮,癯而实腴。自曹(植)、刘(桢)、鲍(照)、谢(朓)、李(白)、杜(甫)诸人皆莫及也。吾前后和其诗凡一百有九,至其得意,自谓不甚愧渊明。……然吾于渊明,岂独好其诗也哉?如其为人,实有感焉。……吾真有此病而不早自知,平生出仕,以犯世患,此所以深愧渊明,欲以晚节师范其万一也。"

苏轼《和陶诗》四卷,共计109首,把《陶渊明集》的每一首诗都和了一遍,成为中国诗史上绝无仅有的孤例。

苏辙受到苏轼影响,写了87首和陶诗。黄庭坚也受到苏轼影响,写了20首和陶诗。《将归叶先寄明复季常》曰:"平生白眼人,今日折腰诺。可怜五斗米,夺我一溪乐。"《和外舅夙兴三首》曰:"无诗叹不还,千古一潜郎。"黄庭坚当然不是推戴陶渊明为"千古第一人",而是推戴陶渊明为"宗庄第一人"。正如苏轼不服李白、杜甫,"独服渊明",亦非推戴陶渊明为"千古第一人",而是推戴陶渊明为"宗庄第一人"。苏、黄志趣相投,原因正是宗庄慕陶。

黄庭坚仿效《庄子》内篇、外篇,把自己的诗集分为《内集》《外集》。自言诗法"夺胎换骨",诗文充满《庄子》典故。根据学者统计,其诗化用《庄子》典故多达738处,一半出自内七篇。化用《老子》典故也有 87 处。南宋沈作喆《寓简》曰："黄鲁直离《庄子》、《世说》一步不得。"

苏轼《东坡题跋·评韩柳诗》赞扬陶渊明之诗："如大匠运斤，无斧凿痕。"黄庭坚《与王观复书之二》批评友人之诗："所寄诗多佳句，犹恨雕琢功多耳。……文章成就，更无斧凿痕，乃为佳作耳。"全都化用"雕琢复朴"的庄子美学。

黄庭坚《庄子内篇论》曰："彼鲲鹏之大，鸠鹦之细，均为有累于物而不能逍遥。"《黄几复墓志铭》又曰："常恨魏晋已来，误随向、郭，陷庄周为齐物，尺鹦与海鹏，之二虫又何知，乃能逍遥游乎？"深得庄子真义。可见苏、黄不以李白为然，并非斗气争胜，而是庄学悟性高于李白。

苏轼临终遗言"慎无哭泣以怛化"（苏辙《东坡先生墓志铭》），仍是化用《庄子》典故，无愧其为陶渊明之后的最大庄学传人。

明代杨慎《庄子解》认为，苏轼《秀州僧本莹静照堂》："君看厌事人，无事乃更悲。"化用《庄子·缮性》郭象注："寄去不乐者，寄来则荒矣。"杨慎这一指控，其实看走眼了，苏轼诗与郭象注毫无关系。苏轼的庄学悟性尽管低于陶渊明，但是高于李白，所以苏轼受到郭象版伪《庄子》及其反注误导的程度，也低于李白。苏轼与李白既有同病之处，也有相异之处。苏轼附和郭象伪庄学，主要是迫于外境，不得不揣着明白装糊涂。

比如苏轼《庄子祠堂记》曰："庄子盖助孔子者，要不可以为法耳。"这是驳斥司马迁的正见"庄周诋訾孔子之徒,以明老子之术"。又曰："其正言盖无几。"这是赞成郭象的谬见《庄子》"正言若反"。

苏轼谬见"庄子盖助孔子者"，遭到了南宋汤汉《褚伯秀〈南华真经义海纂微〉序》的讥评："古诸子之书，若孟子之正，蒙庄之奇，皆立言之极至。后世虽有作者，无以加之矣。而《庄子》尤难读。大聪明如东坡翁，自谓于《庄子》有得，今观其文，间有说《庄》者，往往犹未契本旨。"

其实"大聪明如东坡翁"，"庄子盖助孔子者"当然不是真心话，而是违心话和障眼法，目的是保护《庄子》免于遭到禁绝。苏轼熟读陶渊明的每句诗文，当然了解陶渊明的秘授心法"此中有真意，欲辨已忘言"、"不足为外人道"，无法挑战"独尊儒术"的"政治正确"，只能"有见于中，口未能言"。"形势比人强"，"胳膊拧不过大腿"，可谓古今同慨。

陶、李、苏是汉后两千年成就最高的宗庄派三杰。六朝第一才子陶渊明，是汉后两千年的宗庄派第一隐士。唐代第一才子李白，是汉后两千年的宗庄派第一狂士，宋代第一才子苏轼，是汉后两千年的宗庄派第一全才。

陶渊明处于反庄学的郭象伪庄学之发轫阶段，郭象版伪《庄子》尚未被钦定为官方标准版本，六朝士林均知郭象剽窃向秀，鄙薄郭象的卑污人格而"素论去之"，况且六朝士人仍能读到刘安版《庄子》大全本，所以陶渊明不被反庄学的郭象伪庄学误导，是其时代优势所致。

李白、苏轼处于反庄学的郭象伪庄学之强化阶段，郭象版伪《庄子》已被钦定为官方标准版本，郭象剽窃向秀已经鲜为人知，郭象的卑污人格也因官方力挺而洗白，从"素论去之"变成了"为世所贵"，况且唐宋士人无法读到刘安版《庄子》大全本，所以李白、苏轼被反庄学的郭象伪庄学误导，是其时代劣势所致。

李白不敢自比庄子，只敢自比楚狂接舆、大鹏。苏轼不敢自比庄子，只敢自比渊明。苏轼《江城子》曰："只渊明，是前生。"李白仅把陶渊明视为"平生亲"，苏轼则把陶渊明视为"前生"。李、苏的共性是宗庄慕陶，但是苏轼生于李白之后，具有后发优势，可在宗庄慕陶的一切方面赶超李白，李白无法回应。

本文所论汉后两千年宗庄派士人的人格风采和艺术成就，无不源于读庄而宗庄。魏晋宗庄派三子读庄而宗庄，因此孙登近于庄子，嵇康近于魏牟，阮籍近于蔺且。汉后宗庄派三杰读庄而宗庄，因此陶渊明近于蔺且，李白近于魏牟，苏轼近于庄子。

正因陶、李、苏的人格风采和艺术成就源于读庄而宗庄，所以评论陶、李、苏之言，均可移用于庄、蔺、魏。反之亦然。

苏轼《与苏辙书》评论陶渊明之言："渊明作诗不多，然其诗质而实绮，癯而实腴。"即可移用于蔺且。我评论蔺且之言："文风内敛含蓄，意旨支离隐晦。"也可移用于陶渊明。

杜甫《赠李白》评论李白之言："痛饮狂歌空度日，飞扬跋扈为谁雄。"即可移用于魏牟。我评论魏牟之言："文风张扬夸诞，意旨鲜明辛辣。"也可移用于李白。

司马迁《史记》评论庄子之言："其学无所不窥，善属书离辞，指事类情，洸洋自恣以适己。"即可移用于苏轼。我评论庄子之言："文哲合璧，汉语极品。"也可移用于苏轼，不过苏轼终究逊于庄子。

蔺且、陶渊明传承了庄子之哲思，文风质实深邃。魏牟、李白、苏轼传承了庄子之文采，文风轻灵飞扬。由于庄子之哲思深邃，庄子之文采飞扬，所以传承庄子之深邃哲思的蔺且、陶渊明均非仙才，传承庄子之飞扬文采的魏牟、李白、苏轼则是庄后三大仙才。庄子、魏牟见于《庄子》，世人合称"南华老仙"。李白、苏轼源于《庄子》，世人分称"谪仙"、"坡仙"。合为华夏四大仙才。

李白第一名篇《大鹏赋》，近于魏牟第一名篇《秋水》，是两大仙才"飞扬跋扈"之实证。苏轼第一名篇《赤壁赋》，近于庄子第一名篇《逍遥游》，是两大仙才"无所不窥"之实证。由于《庄子》是文哲合璧的汉语极品，永远被仰望，从未被超越，所以《大鹏赋》

距离《秋水》,《赤壁赋》距离《逍遥游》,尚有一箭之地。其他历代第一才子的第一名篇,比如两汉第一才子扬雄的第一名篇《太玄赋》,三国第一才子曹植的第一名篇《洛神赋》,与四大仙才的四大名篇不属同一量级。

刘熙载《艺概》评论庄子之言,也可通用于魏牟、李白、苏轼:"文之神妙,莫过于能飞,庄子之言鹏曰'怒而飞',今观其文,无端而来,无端而去,殆得'飞'之机者。"

北宋国力强盛之时,苏、黄宗庄的压力相对较小,但已屡遭贬黜,厄运不断。南宋国力衰微之时,反庄派再次像历代反庄派一样,不思反省儒学,而把矛头指向庄子,亦即不解决问题,只解决提出问题的人。

南宋理学尽管大量吸收道家、佛学的养料,但已不太愿意"儒释道三教合一",所以理学大家程颐攻击庄子曰:"庄子叛圣人者也,而世之人皆曰矫时之弊。矫时之弊固若是乎?伯夷、柳下惠,矫时之弊者也,其有异于圣人乎?"

理学宗师朱熹,也不无自得地贬损庄子:"庄子当时,也无人宗之,他只在僻处自说。"须知汉代儒学和宋代理学得到了庙堂权力之力挺,才从某个"僻处"进至庙堂,得到了功名利禄之加持,才会有人"宗之"。"叛圣人"的庄学,从未得到庙堂力挺,士人宗庄具有莫大风险,可能付出巨大代价,或如刘安被诬谋反而自杀,或如嵇康被诬冤狱而被诛,或如陶渊明不肯折腰而受穷,或如李白不事权贵而放归,或如苏轼不合时宜而流放,仍有无数士人发自内心爱之"宗之"。庄学尽管不在庙堂,然而遍在永在于浩渺江湖的每一"僻处"。

即便程朱理学得到庙堂力挺、利禄加持,成为儒生考取功名的标准答案,仍然挡不住士林一如既往的宗庄热情。所以两宋以后的元明清，仍有无数宗庄派才子，如刘伯温、徐文长、袁宏道、张宗子、金圣叹、李笠翁、袁子才、曹雪芹等。因其人格风采和艺术成就均未超越汉后两千年的宗庄派三杰陶、李、苏，本文不再细论。

十二　第一才子公案：庄子是天下第一才子

汉后两千年的宗庄、反庄博弈史，另有两大公案。一是"第一才子"公案，由于不涉道统，从无争议。二是"宗庄宗骚"公案，由于涉及道统，素有争议。

"第一才子"公案，始于战国晚期魏牟所撰《庄子·天下》：

> 芴漠无形，变化无常。死欤生欤？天地并欤？神明往欤？芒乎何之？芴乎何适？万物毕罗，莫足以归；古之道术有在于是者，庄周闻其风而悦之。

> 以谬悠之说，荒唐之言，无端崖之辞，时恣纵而傥，不以觭见之也。以天下为沉浊，不可与庄语。以卮言为曼衍，以重言为真，以寓言为广。独与天地精神往来，而不敖睨于万物。不谴是非，以与世俗处。

> 其书虽环玮，而连抃无伤也。其辞虽参差，而诚诡可观。彼其充实不可以已，上与造物者游，而下与外死生、无终始者为友。

> 其于本也，弘大而辟，深闳而肆；其于宗也，可谓调适而上遂矣。虽然，其应于化而解于物也，其理不竭，其来不蜕，芒乎昧乎，未之尽者。

战国魏牟《天下》认为，庄周是天下第一才子，其他先秦诸子无人能比。

西汉枚乘《七发》认为，庄周是天下第一才子，魏牟是天下第二才子。

西汉司马迁《史记》，称颂庄子"其学无所不窥，善属书离辞，指事类情，其言洸洋自恣以适己"。历代公认从无异议，但把"洸洋自恣"改为"汪洋恣肆"。此词独属庄子，不可移用他人。

西晋郭象《庄子注》序言，褒贬庄子"不经而为百家之冠"。贬语"不经"常被后人驳斥，褒语"百家之冠"历代公认从无异议。唐代成玄英《南华真经疏序》，称颂庄子"钳揵九流，括囊百氏"，义与郭同。南宋林希逸《庄子口义发题》亦言："郭子玄谓其'不经而为百家之冠'，此语甚公。"又曰："《大藏经》五百四十函，皆自此中抽绎出。左丘明、司马子长诸人，笔力未易敌此。"认为庄子是高于左丘明、司马迁的天下第一才子。

西晋郭象《庄子注》跋语，又称"庄子闳才命世，诚多英文伟词"。唐代陆德明《经典释文》序录，亦言"庄生宏才命世，辞趣华深"，义与郭同。

南朝梁简文帝萧纲注毕《庄子》，口吐妙论："立身之道，与文章异：立身先须谨重，文章且须放荡。"鲁迅推为文章之道的第一名言。《庄子》自是千古第一"放荡"之文。

北宋邵雍深研易老庄，其言曰："庄周雄辩，数千年一人而已。"

明代杨慎著有《庄子解》、《庄子阙误》、《庄子难字》，其言曰："《庄子》书诙谲俶诡于《六经》之外，殆鬼神于文者乎？"

明代归有光著有《庄子释意》、《南华真经评注》，自言"读书万卷，得力于《南华》"。

清代徐笠山著有《庄子南华经注》，其言曰："内七篇有鹅鹳之锐阵，鱼丽之横阵，八门之方阵，五花之圆阵。洰水用寡，淮阴用奇；量沙以少为多，减灶以有若无。全部中，有春潮者，有渴蜺者，有呼枭者，有蛛垂丝者，有星移者，有飞花粘絮者。合处反多脱缝，断处转多牵缠。闪仄眩乱，不可思拟，亦非口说所能穷也。"

清代胡文英著有《庄子独见》，其言曰："庄子是全副才情。老子只有一副家伙，钩着他没有的家伙，他便不动手。管子、荀子是收拾圣人的旧家伙而改造之者，故尔也还用得，只是不醇不备。若遇庄子动手，自然在诸子之上。"

清代周拱辰著有《南华真经影史》，其言曰："《南华》一书，仙之上真，禅之散圣。谈义诠玄，每踞最上。义天性海，渊微莫朕。正如百尺红珊瑚，非得龙伯国人，操铁网求之，便不知底里所在。"

清代宣颖著有《南华经解》，其言曰："呜呼！庄子之文，真千古一人也！……真自恣也！真仙才也！真一派天机也！""《庄子》之文，长于譬喻。其玄映空明，解脱变化，有水月镜花之妙。且喻后出喻，喻中设喻，不啻峡云层起，海市幻生，从来无人及得。古今格物君子，无过庄子。其佺色揣称，写景摘情，真有化工之巧。……若不是仙才变化，如何有这许多文字？"

今人鲁迅评论庄子："其文汪洋捭阖，仪态万方。晚周诸子之作，莫能先也。"前语承袭司马迁"洸洋自恣"，后语承袭郭象"百家之冠"。

今人郭沫若评论庄子："秦汉以来的每一部中国文学史，差不多大半是在庄子的影响之下发展的。"

今人顾颉刚评论庄子："在战国时代里，《庄子》是最高的哲学表现。"

今人闻一多评论庄子："中国人的文化上永远留着庄子的烙印。"

今人李泽厚评论庄子："中国文人的外表是儒家，但内心永远是庄子。"

综上所举，古今名家巨子，公认庄子是"百家之冠"，"仙之上真"，"鬼神于文"，"全副才情"，"每踬最上"，"从来无人及得"，"古今格物君子，无过庄子"，"千古一人"，"数千年一人而已"，亦即"天下第一才子"，先秦诸子百家无人能敌，汉后历代第一才子同样无人能敌。所以汉后历代所评、所争"第一才子"，或为"本朝第一才子"，或为"跨代第一才子"，亦即"庄后第一才子"，从未有人自居超过庄子，更未公认某人超过庄子。"本朝第一才子"，仅是一代文宗。"庄后第一才子"，则是跨代文宗。"天下第一才子"庄子，乃是万世文宗。

清代金圣叹把《庄子》、《离骚》、《史记》、杜诗、《水浒》、《西厢》列为"天下六才子书"，《庄子》是"天下第一才子书"，《离骚》是"天下第二才子书"，从无异议。

由于庄子、屈原同时，均处战国中期，所以金圣叹把《庄子》列于《离骚》之前，并非按照时间先后，而是根据才学高低、影响大小。由于庄高于骚是历代公论，所以无论宗庄派、反庄派，自古以来仅称"庄、骚"，不称"骚、庄"。

金圣叹被诛早夭，未能完成"天下第一才子书"《庄子》点评，但其点评《水浒传》、《西厢记》、《天下才子必读书》，经常提及《庄子》，认为庄子高于屈原。

金圣叹点评《水浒传》曰："夫以庄生之文，杂之《史记》，不似《史记》；以《史记》之文，杂之庄生，不似庄生者，庄生意思欲言圣人之道，《史记》摅其怨愤而已。其志不同，不相为谋，有固然者，毋足怪也。若复置其中之所论，而直取其文心，则惟庄生能作《史记》，惟子长能作《庄子》。吾恶乎知之？吾读《水浒》而知之矣。"又曰："若诚以吾读《水浒》之法读之，正可谓庄生之文精严，《史记》之文亦精严。"金圣叹认为，庄子能作《史记》，屈原不能作《史记》。

金圣叹点评《西厢记》曰:"六部书,圣叹只是用一副手眼读得。如读《西厢记》,实是用读《庄子》、《史记》手眼读得。便读《庄子》、《史记》,亦只用读《西厢记》手眼读得。如信仆此语时,便可将《西厢记》与子弟作《庄子》、《史记》读。"金圣叹认为庄子、司马迁能作《西厢记》,屈原不能作《西厢记》。

金圣叹点评《水浒传》,总论文章三境:"心之所至,手亦至焉者,文章之圣境也。心之所不至,手亦至焉者,文章之神境也。心之所不至,手亦不至焉者,文章之化境也。"金圣叹认为,六大才子书均属化境,《庄子》第一,高于另外五大才子书。

历代士林评议"天下第一才子",共有三义,分别是共时态,历时态,超越共时态、历时态。

共时态的"天下第一才子",意为"本朝第一才子"。比如扬雄是两汉"天下第一才子",曹植是三国"天下第一才子",李白是唐代"天下第一才子",苏轼是宋代"天下第一才子"。

历时态的"天下第一才子",意为"庄后第一才子"。比如曹植出,夺去扬雄"庄后第一才子"之名,成为跨越汉后各代的"庄后第一才子",但有争议。李白出,夺去扬雄、曹植"庄后第一才子"之名,成为跨越汉后各代的"庄后第一才子",但有争议。苏轼出,夺去扬雄、曹植、李白"庄后第一才子"之名,成为跨越汉后各代的"庄后第一才子",但有争议。

超越共时态、历时态的"天下第一才子",仅指庄子。历代公认,从无争议。

汉后论列文章宗师,分为庄、孟两宗:庄子是道家之文宗,孟子是儒家之文宗。汉后论列诗赋宗师,分为庄、骚两宗:庄子是道家之诗宗,屈原是儒家之诗宗。因为孟子能文不能诗,屈原能诗不能文,唯有庄子是万法归宗的唯一宗师,唯有《庄子》是文哲合璧的汉语极品。仅因汉后两千年"罢黜百家，独尊儒术"，所以士林不便把"诋訾孔子之徒，以明老子之术"的庄子尊为"天下第一圣人"，只能把庄子尊为"天下第一才子"。

十三　宗庄宗骚公案：庄子是万世不易文宗

厘清了"第一才子"公案，即知"宗庄宗骚"公案属于伪命题。这一伪命题，始于"宗庄"全盛时期的南朝刘勰《文心雕龙》。

首先必须明白，刘勰是反庄派，证见《文心雕龙·论说》："是以庄周《齐物》，以论为名；于是聃周当路，与尼父争途矣。"刘勰与郭象一样，反对"聃周当路，与尼父争途"。

《文心雕龙·物色》如此概括庄、骚以降的文苑沿革："古来辞人，异代接武，莫不参伍以相变，因革以为功，物色尽而情有余者，晓会通也。"

刘勰认为中国文学有其正源，"异代接武"，"参伍相变"，万变不离其宗，十分正确。按照两汉士林、魏晋士林的普遍宗庄，尤其是六朝士林的狂热宗庄，亦即沈约《宋书·谢灵运传论》所言："有晋中兴，玄风独振。为学穷于柱下，博物止乎七篇，驰骋文辞，义殚乎此。"尤其是刘勰《文心雕龙·时序》自言："诗必柱下之旨归，赋乃漆园之义疏。"刘勰理应认为庄子是中国文学之正源，然而刘勰身为儒生，尽管明知魏晋六朝"聃周当路"，仍然不愿承认庄子是中国文学之正源，必须坚持"独尊儒术"的"政治正确"，以其谬说加入"争途"，于是《文心雕龙·通变》妄言曰："楚之骚文，矩式周人；汉之赋颂，影写楚世；魏之篇制，顾慕汉风；晋之辞章，瞻望魏采。"

刘勰妄言"楚之骚文"是中国文学之正源，既是违背事实的伪命题，又是自己打脸的亏心语。由于《文心雕龙》是中国第一部文学批评巨著，因此刘勰妄言"楚之骚文"为中国文学之正源，开启了争讼千年的"宗庄宗骚"公案。

历代儒生和历代反庄派追随刘勰开启的伪命题，继续违背事实地否认庄子是中国文学之正源，妄言屈原是中国文学之正源。历代宗庄派迫于"独尊儒术"的时代困境，只能像陶渊明一样"此中有真意，欲辨已忘言"，只能像苏轼一样"有见于中，口未能言"，无法反驳这一"政治正确"的伪命题，只能绕着圈子打太极拳。

清代早期的金圣叹（1608—1661）是宗庄派，于是隐晦回应"宗庄宗骚"公案，把《庄子》列为"天下第一才子书"，把《离骚》列为"天下第二才子书"。

清代中期的胡文英（1723—1790）也是宗庄派，所撰《庄子独见》曰："庄子最是深情。人第知三闾之哀怨，而不知漆园之哀怨有甚于三闾也。盖三闾之哀怨在一国，而漆园之哀怨在天下。三闾之哀怨在一时，而漆园之哀怨在万世。"也是隐晦回应"宗庄宗骚"公案，认为庄子既是"天下第一才子"，又是"万世不易文宗"。

清代晚期的刘熙载（1813—1881）不是宗庄派，所撰《艺概》曰："诗以出于《骚》者为正，以出于《庄》者为变。少陵纯乎《骚》，太白在《庄》、《骚》之间，东坡则出于《庄》者十之八九。"

刘熙载也是隐晦回应"宗庄宗骚"公案，追随刘勰而选择了"独尊儒术"的"政治正确"，只愿承认庄子是"天下第一才子"，不愿承认庄子是中国文学之正源和"万世不易文宗"，于是不惜自己打脸，妄言宗骚"为正"，宗庄为"变"。又举三人之例为证，杜甫宗骚"为正"，苏轼宗庄为"变"，李白兼宗庄、骚。貌似持论公允，不偏不倚，似乎庄、骚打了个平手，其实是选择个别证据，无视普遍事实，遮蔽了汉后两千年士林普遍宗庄不宗骚的历史真相。

综上所言，屈原并非中国文学之正源和万世文宗，庄子才是中国文学的唯一正源和万世不易文宗。由于"天下第一才子"不涉及儒家道统，所以历代儒生和历代反庄派迫于事实，不得不承认庄子是"天下第一才子"，顶多像郭象那样在"百家之冠"前加个贬词"不经"。然而"万世不易文宗"涉及儒家道统，面对"诋訿孔子之徒，以明老子之术"的庄子，历代儒生无视普遍事实，把"独尊儒术"的"政治正确"硬挺到底，即使自相矛盾、自己打脸，也坚决否认庄子是中国文学的唯一正源和"万世不易文宗"。正如历代儒生和历代反庄派为了"独尊儒术"的"政治正确"，违背庄子宗老之事实而妄言庄子宗孔，违背陶渊明宗庄之事实而妄言陶渊明宗孔，违背枚乘《七发》所创"七体"实为宗庄而妄言宗骚。然而一切妄言改变不了事实，庄子是无与争锋的"天下第一才子"和"万世不易文宗"。

若论庄、骚对汉后两千年中国思想、中国文化、中国文学、中国艺术的影响力，不说庄占其九，骚占其一，至少庄占其七，骚占其三。或者借用谢灵运之言：庄子独占八斗，屈原得一斗，自古及今天下共分一斗。

结语　庄子学派主宰汉后两千年中国顺道文化

战国晚期庄子学派形成以后两千余年，中国文化之三大宗是道、儒、释。

战国时期，道、儒争鸣，道家完胜，所以汉初实行"黄老之治"，庙堂崇老黜孔，士林崇老宗庄。

西汉汉武帝实行"罢黜百家，独尊儒术"，两汉庙堂改为崇孔黜老，两汉士林仍然普遍宗庄。

东汉灭亡导致"罢黜百家，独尊儒术"破产，魏晋庙堂崇孔难以为继，魏晋士林趋于狂热宗庄。

魏晋王弼、郭象篡改反注"易老庄"，六朝庙堂崇孔勉强维持，六朝士林仍然普遍宗庄，部分士人转而崇佛。

唐初把王弼版伪《老子》、郭象版伪《庄子》钦定为《道德真经》、《南华真经》，重建"儒释道三教合一"，真老学、真庄学消失，反老学的伪老学、反庄学的伪庄学成为主流，士林仍然普遍宗庄，但被反庄学的郭象伪庄学误导。

先秦时代是中国文化的轴心时代，先秦思想是后轴心时代的思想基因。然而先秦时代的其他诸子百家，尤其是儒家经典，无不面对庙堂君子，只讲如何治民，如何治国，所以儒家经典被庙堂尊为政治圣经。只有庄子不为庙堂君子立言，仅对江湖民众传道。不言如何治民，如何治国，而是教导江湖民众如何顺应天道，因循内德，因应外境，避免成为政治牺牲品。同时广泛深入地完美描述了江湖民众的百工众技，如何顺道解牛，如何顺道养猴，如何顺道养虎，如何顺道牧马，如何顺道牧羊，如何顺道钓鱼，如何顺道斗鸡，如何顺道捕蝉，如何顺道相狗，如何顺道相马，如何顺道相人，如何顺道游泳，如何顺道驾船，如何顺道驾车，如何顺道种树，如何顺道种谷，如何顺道运斤，如何顺道斫轮，如何顺道捶钩，如何顺道铸钟，如何顺道调瑟，如何顺道奏乐，如何顺道赏乐，如何顺道画图，如何顺道射箭，如何顺道使剑，如何顺道读书。庄子虽未言尽天下众技，但是顺道技艺无不相通，各行各业可以举一反三，触类旁通。

由于庄子其学无所不窥，庄子学派总集《庄子》包罗万有，人神鬼怪，鸟兽虫鱼，无所不及；至大无外，至小无内，无所不至；六合之内，六合之外，无所不包；因此庄子学派开拓了汉后两千年中国顺道文化的全部疆野，框定了汉后两千年中国顺道文化的全部边界，开创了汉后两千年中国顺道文化的一切母题，示范了汉后两千年中国顺道文化的一切风格，所以汉后两千年的中国顺道文化无不宗庄。

汉后两千年的中国士人，有崇道而不读孔、佛者，有崇儒而不读老、佛者，有崇佛而不读老、孔者，但是没有不读《庄子》者；有不服孟子者，有不服屈原者，有不服扬雄者，有不服曹植者，有不服陶渊明者，有不服李白者，有不服杜甫者，有不服苏东坡者，但是没有不服庄子者。士人熟读《庄子》，成为一流哲人、一流文人、一流诗人、一流画家即非难事。士人不读《庄子》，成为一流哲人、一流文人、一流诗人、一流画家即无可能。不读《庄子》即为半文盲，无缘跻身士林，遑论成为文化巨人。

由于庄子是"天下第一才子"，"万世不易文宗"，《庄子》是贯通道、儒、释的唯一公约数，是汉后两千年须臾不能离的文化基因、至高无上的文化圣经，所以庄子学派主宰了汉后两千年的中国顺道文化，进而影响了华夏周边日本等国的顺道文化。

近代以降，经由中国、日本两条传播路径，庄子学派又极大地影响了近代欧美的文化艺术。文艺复兴以降五百年的近代欧洲，首先受到出口欧洲的中国瓷器艺术、中国丝绸艺术的影响，摆脱了中世纪欧洲的哥特式风格，转入近代欧洲的巴洛克风格、洛可可风格，然后受到日本浮世绘的影响，摆脱了从达·芬奇到安格尔的古典派艺术，转入印象派艺术、后印象派艺术、表现派艺术、立体派艺术、抽象派艺术、超现实主义艺术。因此庄子学派的影响力，与近代中国融入世界同步，从中国走向世界，影响了全球的文化艺术。

明清以降，欧洲传教士东来中国，把中国经典译为欧洲各国语言，儒家经典被西哲嗤之以鼻，《老子》被西哲视若珍宝，《庄子》则受到了全球文豪的膜拜。

英国作家王尔德说："这部完成于两千年前的中国书，对欧洲人来说，依然早了两千年。如果你们真正了解庄子是什么样的人，你们一定会吃惊得发抖！"

法国作家罗曼·罗兰说："庄子是历史上第一个自觉而深刻地揭示人与自然关系的美学家。"

奥地利作家卡夫卡说："我读不懂《老子》，但我至少读懂了《庄子》。"

德国戏剧家布莱希特说："这样的书，在我们这里再也写不出来了，因为缺乏这种智慧。"

阿根廷作家博尔赫斯说："魔幻文学祖师爷的头衔轮不到我，两千多年前梦蝶的庄周也许当之无愧。"

墨西哥诗人帕斯说："我最崇拜的散文家之一，是位中国人——庄子。我推荐所有人都读读庄子的书。"

日本物理学家汤川秀树说："我特别喜欢庄子，他的作品为我提示了一个充满幻想的广阔世界。"

拂去伪庄学的蒙尘，恢复真庄学的光彩，《庄子》必将成为未来中国新文化乃至未来人类新文化的至上瑰宝。

2022 年 2 月 2—25 日（五十九岁生日）

跋　语　天地有大美而不言

庄学三书已经出了两版，而为读者熟知：《庄子传》呈现庄子生平和战国时代，《庄子复原本》复原亡佚两千年的《庄子》两大版本，《庄子奥义》阐释庄子亲撰的"内七篇"。然而很多读者不知，另有庄学第四书：《庄子精义》阐释庄门弟子后学所撰的"外杂篇"。

2007年《庄子奥义》在杂志连载完毕，2008年1月就出版了。2008年《庄子精义》在杂志连载完毕，十四年来未能出版。

2021年庄学三书修订版出齐以后，举行了庄学三书研讨会，与会作家学者得知另有庄学第四书《庄子精义》，纷纷呼吁出版界朋友尽快出版此书。

闻中先生在会上说："我自己虽不是出版家，但非常期待张远山的所有书都能够出版，包括《庄子精义》等。听说，他还有大概三分之一的著作尚且藏在他自己的抽屉里面，还未出版。惜哉！故此，董曦阳兄是了不起的，吴剑文兄也很了不起，而且如此年轻，懂得张远山的价值，主动联系，主动编辑出版。至于出版之后，应该不仅仅是我们这些朋友同道阅读，我想，还应该让更多的中国人读起来，让更多的同时代人读起来。"

于是借了庄学三书修订版的东风，《庄子精义》在完成十四年之后，终于由北京出版社出版。

《庄子复原本》尽管复原了《庄子》大全本的五十二篇，包括郭象删除的十九篇"外杂篇"，但是注释较为零碎，系统理解需要读者自己脑补整合，吃深吃透仍然难度不小。所以我另外写了二书，《庄子奥义》帮助读者系统理解庄子亲撰的"内七篇"，《庄子精义》帮助读者系统理解庄门弟子后学所撰的"外杂篇"。

《独与天地精神往来：庄子奥义》与《天地有大美而不言：庄子精义》，是配套组合的姊妹篇。冠名二书的《庄子》名句，全都出自"外杂篇"名篇："独与天地精神往来"出自《天下》，"天地有大美而不言"出自《知北游》。

北京出版社去年同时出版了我的两本书：《寓言的密码》第4版，以及二十年精选集《思想真的有用吗》。今年又同时出版了我的两本书：《庄子精义》第1版，以及《通天塔》二十年典藏版。在此诚挚致谢。尤须特别感谢的是，责编吴剑文在编辑本书的过程中，建议我补写一文论述庄子学派。于是我花了一个月，撰写了本书余论三《庄子学派与反庄派两千年博弈史》，作为新庄学的总结之文，也是本书的压卷之作。

《庄子精义》的问世，以及庄子学派的新论，使新庄学趋于完备。借用《天下》的名句，《庄子精义》能够帮助读者更加深入地走进诙诡奇幻的庄学宇宙，更加充分地领略"天地之美，万物之理，古人之全，神明之容"。

2022 年 2 月 26 日